本书由福建师范大学协和学院、福建省高等学校人文社会科学研究基地—现代物业管理研究中心资助出版

物业管理实务

陈太盛　方　忠　薛见寒◎编著

中国财经出版传媒集团
经济科学出版社
Economic Science Press

图书在版编目（CIP）数据

物业管理实务/陈太盛，方忠，薛见寒编著．—北京：经济科学出版社，2021.6
ISBN 978-7-5218-2648-7

Ⅰ.①物… Ⅱ.①陈…②方…③薛… Ⅲ.①物业管理-高等学校-教材 Ⅳ.①F293.347

中国版本图书馆CIP数据核字（2021）第118197号

责任编辑：孙丽丽　胡蔚婷
责任校对：靳玉环
责任印制：范　艳　张佳裕

物业管理实务
陈太盛　方　忠　薛见寒　编著
经济科学出版社出版、发行　新华书店经销
社址：北京市海淀区阜成路甲28号　邮编：100142
总编部电话：010-88191217　发行部电话：010-88191522
网址：www.esp.com.cn
电子邮箱：esp@esp.com.cn
天猫网店：经济科学出版社旗舰店
网址：http://jjkxcbs.tmall.com
北京季蜂印刷有限公司印装
787×1092　16开　19印张　490000字
2021年6月第1版　2021年6月第1次印刷
ISBN 978-7-5218-2648-7　定价：66.00元
（图书出现印装问题，本社负责调换。电话：010-88191510）

前　　言

我国物业管理起步于20世纪80年代，以深圳市的物业管理公司的成立为标志。经过四十多年的发展，我国物业管理得到普及和快速发展。截至2018年，我国物业管理行业在管面积约279.3亿平方米，经营收入为7043.63亿元，从业人口达到983.7万人。相对于物业管理行业的飞速发展，我国物业管理教育方面发展比较缓慢。2012年以后，教育部才允许设立物业管理本科专业，全国各地也仅有少数本科院校陆续开设物业管理专业；虽然中专和大专的物业管理专业设立的时间较早，但也只有少数中专和大专学校开设物业管理专业。从教材方面来看，适合本科专业的物业管理专业教材比较少。福建师范大学协和学院于2016年向福建省教育厅申请设立物业管理专业，2017年开始向社会招生。基于此方面的考虑，2020年，福建师范大学协和学院和现代物业管理研究中心组织学院有多年物业管理专业教育经验的老师编写《物业管理实务》教材，希望能为我国物业管理教育的建设做出一定的贡献。

本书以物业管理实务的具体内容设计各章节理论知识体系，主要内容共9章节。第一章物业管理概论，重点阐述物业管理和物业管理实务。第二章房屋维修、养护和装修管理，重点阐述房屋安全管理、维修管理、养护管理和装修管理。第三章物业设施设备管理，重点阐述物业设施设备的构成、维修和养护管理。第四章物业安全管理，重点阐述物业治安管理、消防管理和车辆管理。第五章物业环境管理，重点阐述物业卫生管理和绿化管理。第六章物业租赁管理，重点阐述物业租赁的管理程序。第七章物业管理风险，重点阐述物业管理的风险及保险。第八章物业客户关系管理，重点阐述物业客户沟通、投诉管理及其客户满意度评价。第九章物业服务质量管理。

本书在编写过程中，主要体现以下三个特点：

一是务实性。2003年6月，国务院颁布了《物业管理条例》，物业管理经济活动随之有法可依，标志着我国物业管理走上了法制建设的新阶段。到目前为止，我国物业管理的法律法规有很多，如《中华人民共和国物权法》《住宅室内装饰装修管理办法》《城市危险房屋管理规定》《住宅专项维修资金管理办法》《物业服务收费管理办法》，等等。这些法律法规规定越来越明确，涉及物业管理的方方面面，物业管理也要依照这些法律法规；因此，本书在编写过程中，对《物业管理实务》的知识点的编写，主要是参照相关法律法规。同时，在每个章节后面尽可能地附上了该章节所涉及的主要法律法规。

二是实践性。物业管理是实践性比较强的专业，本书在编写过程中，侧重培养学生实践性能力。根据知识能力培养的层次性以及《物业管理实务》在人才培养的定位，在每个章节布置一些实训题，要求学生在学习过程中，以小组的形式完成一些实训任务。希望学生能通过实地调研等方式，了解物业管理实务的具体内容，弥补课堂教学的不足，从而培养实践能力。

三是知识广泛性。《物业管理实务》是物业管理专业的必修课程，教学目的是让学生认知物业管理的具体内容，为以后学习其他专业课程建立良好的基础。为了更好地让学生了解本书的主要内容，本书在写作过程中，收集了大量的案例，阅读资料，并插入文章的专栏中。这些资料既有前沿理论，也有物业企业的管理案例，希望学生拓展见识，培养物业管理的兴趣。

本书在编写过程中，参考大量的文献材料，得到了一些物业企业的支持，也得到了福建师范大学协和学院、现代物业管理研究中心的扶持和帮助，在此一并表示感谢！

本书是具有丰富教学经验的一线教师倾力合作与集体智慧的结晶。尽管我们在写作过程中，做了很多方面的努力，但难免水平有限，多有不妥之处，敬请专家和读者批评指正！

陈太盛

2021 年 1 月

目　录

第一章　物业管理概论

本章学习目标

通过本章的学习，了解房地产、不动产与物业之间的联系与区别，熟悉物业的分类和性质，掌握物业的含义和要素。熟悉物业管理的概念、特点和目标，掌握物业管理类型。了解物业管理产生、发展以及物业管理在我国的兴起和发展，熟悉我国物业管理发展现状、问题和发展趋势。了解物业管理实务的概念，熟悉物业管理实务的原则，掌握物业管理实务的内容。

第一节　物业概述

一、物业的含义

“物”是指占有空间，可以看得见、摸得着的形形色色的实体。“物”不同于“物质”。“物”是由物质构成，但不包含空气、声、光、电和射线等；而“物质”除了精神、思想以外，宇宙万物皆包含在内。“物质”一般为自然形成，而“物”除有自然形成外，还有人工形成。物业中所指的“物”，则是由人工形成的“物”。

“业”是指付出劳动的过程及其成果。在取得成果的过程中，有直接参与过程的，也有间接参与过程的。成果可以是实物，也可以是知识，如学业、职业、事业等。随着社会和经济的发展，人们对实物描绘的词语越来越丰富，故而出现了家业、基业、产业等词汇。由此可知，物业中所指的“业”，应该是形体上有一定规模，有人工付出的劳动，有所归属，即有业主的实物成果。

一般认为，“物业”一词来自我国香港地区地方习惯用语，意为个人或团体所拥有的单元性房地产产业，相对应的英文是 estate 或 property。该词作为香港当地房地产领域中一个普遍使用并具有较确切定义的重要称谓，其用法在大部分的场合大致等同于我国内地通常理解的房地产或不动产，但又不完全一致。香港李宗锋法官在《香港房地产法》中为“物业”做的解释是：“所谓物业，是单元性地产。一住宅单位是一物业，一工厂楼宇是一物业，一农庄也是一物业。故物业可大可小，大物业可分割为小物业。”这个解释比较清晰地表达了“物业”一词在我国香港当地使用时的意义、内涵和属性。

随着我国经济的开放和房地产市场的培育与发展，20 世纪 80 年代以来，物业概念开始从香港经由广东传入内地，逐渐为我国内地的地产界及普通百姓所接受，广为流传使用。住建部发布的《房地产业基本术语标准》对物业的概念表述为：“正在使用中和已经可以投入使用的各类建筑物及附属设备、配套设施、相关场地等组成的单宗房地产实体及依托于该实体上的权益。”

值得注意的是，“物业”一词在我国民间的使用中，往往还有另外一种含义。人们通常将物业管理经营行业和从事物业管理的企业也都简称为“物业”，含有“物业管理行业”“物业服务公司”“物业服务企业”“物业管理人”等意思。这是一种不规范的简称，应当与物业概念的本身相区别。

二、物业的要素

物业的类型有住宅、别墅、工业厂房、写字楼、酒店、公寓、购物中心、学校、医院甚至教堂和监狱等，不论物业的具体形式是什么，作为完整的物业，至少应包括以下五个基本要素。

（一）房屋建筑物本体

房屋建筑物本体可以是供居住用的住宅房屋，也可以是非居住用的厂房、仓库、商场等。以居住物业为例，建筑物本体既包括业主、使用人自用的卧室、客厅、厨房、卫生间、阳台、天井、庭院和室内墙面等部位，也包括一幢住宅内部由整幢住宅的业主和使用人共同使用的门厅、楼梯间、水泵间、电表间、电梯间、电梯机房、走廊通道、传达室、内天井、房屋承重结构、室外墙面及屋面等部位。

（二）附属设备

附属设备即房屋建筑物内部的各项附属设备。以居住物业为例，附属设备既包括住宅内部的门窗、卫生洁具以及通向总管的供水、排水、燃气管道、电线等设备，也包括住宅内部由整幢住宅的业主和使用人使用的供水管道、排水管道、落水管、照明灯具、垃圾通道、电视天线、水箱、水泵、电梯、邮政信箱、避雷装置、消防器具等设备。

（三）配套设施

商店、幼儿园、医院等公共建筑设施。

（四）场地

场地是指物业管理区域范围内的建筑地块、建筑周围的庭院、停车场、小区内非主干交通道路等。

（五）权益

附着在上述各实体上的各种权益。权利人依法对特定的物业享有占有、使用或处分的权利。

三、物业的分类

根据不同的分类标准，可以把物业分成以下几种不同的类型。

（一）按物业的使用功能划分

1. 居住物业

居住物业是指专供居住的物业，包括住宅小区、单元式住宅、别墅、公寓等。

住宅小区也称居住小区，是指被居住区及道路或自然分界线所围合，并配套建有公共服务设施的与以家庭为单位的生活聚居地。

单元式住宅又叫梯间式住宅，是以一个楼梯为几户服务的单元组合体，一般为多、高层住宅所采用。

别墅是指在郊区或风景区建造，具有良好的自然环境和人文景观，供休闲度假使用的独立式、规模较大的住宅。

公寓是指拥有多个居住单位的楼宇，包括出租型、自住型和混合型公寓三种类型。公寓式住宅是区别于独院独户的西式别墅住宅而言的。公寓式住宅一般建造在大城市里，多数为高层楼房，标准较高；每一层内有若干单户独用的套房，包括卧房、起居室、客厅、浴室、厕所、厨房、阳台等；有的附设于旅馆酒店之内，供一些常常往来的中外客商及其家属中短期租用。还可根据公寓的结构和形态，将其分为小型公寓、花园公寓和高层公寓。

2. 商业物业

商业物业是指业主或使用人用于商业活动的物业，包括写字楼、购物中心、商铺、酒店等。其中，写字楼是指国家机关、企事业单位用于办理行政事务或从事业务活动的建筑物。

3. 工业物业

工业物业是指用于工业和交通运输生产活动的物业，包括工业厂房、仓库等。

4. 其他类型物业

体育类物业：体育场、体育馆、健身房

文教娱乐类物业：学校、影剧院、音乐厅、游乐场、文化广场

卫生保健类物业：医院、疗养院、养老院

交通类物业：车站、航空港

名胜古迹类物业：古建筑、名人故居

宗教类物业：教堂、礼拜寺、庙宇、宗祠

5. 混合物业

混合物业一般是指居住型和非居住型物业进行混合设计和建造的物业。如有些学校内部既有教学、试验用房屋，也有行政办公用房屋和居住用房屋；一个住宅小区内部既有住宅，又有商铺或写字楼等。

这里特别值得一提的是商务公寓。商务公寓项目规划按照住宅申报，在房屋内部空间和宣传创意上向写字楼靠拢。当然，商务公寓的内部设施兼顾了居住和办公两个方面的需要。由于商务公寓比写字楼在报批和税费以及建筑安装成本等方面有明显的优势，在租金和能源消耗上也比写字楼低廉，所以，这种类型的物业在北京、上海、重庆、南京等地上市开盘时很受业主的欢迎，吸引了很多中小企业主和投资者前来购买。

（二）物业的权属关系划分

物业是重要的资产形式，任何一宗物业都有明确、特定的权利归属。在我国，政府对

房屋产权实行登记制度，物业产权人是房屋所有权证书上记载的人。

1. 国有物业

产权归国家所有的物业称为国有物业，包括党政机关、部队、国有事业单位和国有企业的物业。

2. 个人物业

产权归个人所有的物业称为个人物业。早在 1989 年，我国全面推行了住房分配的货币化改革，此后，大部分城镇居民享有对住宅的所有权，住宅也就成了最典型、最普遍的私产物业。

3. 法人物业

产权归法人所有的物业称为法人物业。

（三）按营业性质划分

1. 私益性物业

为物业产权人垄断性占有和使用，能为其创造生活便利或带来经济利益的物业称为私益性物业。如住宅、写字楼、商场、会展中心、酒店、工业厂房等。

2. 公益性物业

公益性物业是指为社会公众提供公共性服务或用于社会公益性活动的物业。行政办公大楼、学校、医院、图书馆、礼拜堂等都属于公益性物业。

四、物业的性质

物业的性质可分为自然属性和社会属性。

（一）自然属性

物业的自然属性又称物理属性或物理性质，是指与物业的物质实体或物理形态相联系的性质，它是物业社会属性的物质内容和基础。物业的自然属性主要表现如下。

1. 物业的二元性

物业的物质实体表现为具有特定用途和明确属性的建筑物，任何建筑物的基础都是建立在土地之上的，从而成为土地的附属物，土地的功能则借助建筑物得以充分发挥。因此，在经济发达的社会中，物业大多都是指土地与建筑物的统一体，兼有土地与建筑物两方面的物质内容。当然，对于不同的物业，其二元的组成比重是不同的。例如，城市物业建筑面积与土地面积的比值一般高于农村；而经济、文化、商业中心物业建筑面积与土地面积的比值一般高于重工业基地。物业的这种二元性是一般商品所不具备的，它决定了物业必然兼有土地与建筑物两方面的性质。

2. 物业的固定性

土地是不可移动的。这里所说的不可移动性，并不是指泥土或者地下埋藏的东西不可移动，也不是指地质地貌不可改变，而是指土地的空间方位、位置的确定性。土地是不可移动的，那么作为依赖于土地之上的各类建筑物，不管其形状如何、性能怎样、用途是什么，也是不能随便移动的。当然，随着现代科学技术的发展，有些建筑物，甚至整座楼宇，都可以移位。但是总不能像其他商品一样，把这块土地连同其上的建筑物装上火车、轮船、飞机运往另外一个地方。土地和各类建筑物是不可移动的，那么与各类建筑相配套的设施，如管道、道路、电缆等也是不可移动的，这就像手脚、血管长在人的身上，是人体的有机组成部分一样，缺少了它们，人也就会失去部分甚至整体的功能。也就是说，物业在空间位置上是不可移动的。

3. 物业的有限性

物业的有限性主要是由土地供给的有限性决定的土地的绝对数量是有限的，且具有不可再生性，而用来开发建设的土地就更有限了。随着社会经济的发展，土地面积在日益减少，人类只能在有限的土地上开发建设，从而使物业的数量受到一定的限制。同时，建筑材料、建筑技术、建设资金等物业建设所必需的相关资源的有限性也决定了物业的供给是有限的。

4. 物业的差异性和多样性

物业的差异性也可以称为物业的多样性或单一性。就土地而言，处在不同地理位或区位的物业是不同的。就建筑物本身而言，由于建筑物的结构、功能、自然环境、技术经济条件不同，形成了物业形式上的多样性。不管房地产多么简单，哪怕只是一间小屋；也不管它有多大，几万甚至几十万平方米的规模；结构多么复杂、内容多么繁多、用途多么广泛，它们都是单件产品。房屋建筑不可能像其他工业品一样，可以按照同一套图纸、同一个模具或原料进行“原版复制”，即使是按照同一套图纸或原料进行复制，它们也因为房屋在建造过程中所使用的材料和消耗的劳动，即物化劳动和活劳动消耗的不同而不同，世界上不存在完全一样的建筑物。同时，人们在建造一处建筑物，特别是比较大型的建筑物的时候，往往还要力求表现或追求一种理念或艺术视觉效果，这就使各类建筑物更加丰富多彩。因此，也可以说房地产、物业在形式上和内涵上都具有多样性，是无数个个性的统一。

5. 物业的耐久性

房屋和土地都是相当耐久的资产。土地的使用可以说是无限期的，它具有不可毁灭性，即永恒的价值。物业一经建造完成，可供人们长期使用，建筑业中经常提到“精心设计，百年大计”，说明建筑物一般是要使用数十年甚至更长时间的，特别是那些具有文物价值的建筑，具有更长久的保护价值。

6. 物业的配套性与系统性

一个完整的物业是一个系统，物业的各组成部分之间彼此联系或相互配套组成一个整体才能发挥物业所应有的功能，满足人们生活、工作和消费的需求。没有配套设施的物业难以发挥功能，难以满足各种需要，人们的各种现实需求从客观上决定了物业的配套性和系统性。

物业的系统性要求各种配套设施应当齐全，否则将影响物业功能的发挥。以住宅为例，室内设备配套至少应包括厨房、厕所、上下水、电等，否则就会产生不便，影响房屋居住功能。住宅小区的配套包括文化教育设施、卫生保健设施、商业服务设施、环境保护设施等；市政配套设施包括交通、邮电、能源、自来水、供热等。具有这些配套设施的住宅小区可以形成一个完善的系统，充分发挥住宅小区的功能，即物业的配套设施越齐全，其功能发挥就越充分。物业的配套设施不仅要完善，而且组成部分要运转正常，即系统的每个组成部分都要正常发挥其应有的功能，否则，整个系统的功能就要受到影响。这也是物业管理的目标所在。

（二）社会属性

物业的社会属性包括物业的社会经济属性和法律属性，是指与所有权及商品经济相联系的性质。

1. 物业的权属性

物业的权属性是指物业在法律上有着明确的权属关系。这种明确的权属关系使物业的所有者、经营者和使用者各方的经济利益在物业的开发、建设经营、管理与使用过程中都会受到法律的保护。物业权属最重要的内容就是物业的所有权和物业的使用权。

物业的所有权是指物业所有者在法律规定的范围内对该物业所拥有的占有、使用、收益和处分的权利。物业所有者的经济利益主要表现在当其物业留作自用时，不必向任何人缴纳租金，当依法将物业出租时，可以向承租人收取租金。

物业的使用权是指依法经营或使用物业的权利。在我国，物业的使用权是指实行所有权与使用权分离以后出现的一种依法成立的有限产权。使用者取得物业使用权后，就得向物业所有者缴纳租金，而不论其将物业留作自用还是用于出租。

2. 物业的商品性

在市场经济条件下，物业本身既有经济价值又有使用价值，因而物业的基本经济属性是商品。物业的商品属性主要体现在以下几个方面：一是物业开发建设的整个过程中凝聚了不同行业不同人员的脑力劳动和体力劳动，是人类一般劳动的凝结，因而它具有价值；二是特定的物业都具有满足人们某种需要的属性，即物业具有使用价值；三是物业的价值和使用价值可以通过市场交易活动实现，物业的买卖、租赁、抵押、土地使用权的出让和转让，都是体现物业商品性的具体方式；四是物业的开发建设、经营管理活动，都是商品经济活动，必须遵从价值规律来运行；五是物业的分配与消费，即便是非营利性的，也充斥着商品的行为，奉行“商品—货币”的规则；六是参与物业开发建设、经营与管理以及消费的人与人之间的关系是建立在市场经济基础上的经济关系，从生产到消费都不是无偿的。

3. 物业的稀缺性

这种稀缺性主要是相对于人类的需要而言的。一方面表现为土地资源供应上的绝对短缺，另一方面表现为建筑资源供应上的相对短缺。从整个人类历史发展来看，人口的数量在不断增长，而整个地球的陆地面积并没有增加，人均占有土地面积不断缩小，这就是土地的绝对短缺。从人们占有房屋空间的角度来看，这是一个可大可小的伸缩过程。房屋建筑面积小，一个人有张床就可以了；房屋建筑面积大一些，人们就希望一个人有一间房，如果条件再好些，人们还希望一个人拥有一套房。因此，从这个意义上讲，人们对占有房屋空间的面积大小总是不够充分满意的，这就是建筑资源上的相对短缺。

4. 物业的效用性

物业的效用性是指对人类社会的使用价值属性，即人们因占有使用物业而得到某些需求的满足。物业若无效用，就不会存在物业价格，人们就不会产生占有物业的欲望。物业作为物质资料既可以为生活服务，也可以为生产服务；既可以充当消费资料，又可以充当生产资料，如住宅就是消费资料，厂房、商店就是生产资料。物业作为资本参与经营活动。由于任何经营活动都需要一定的空间场所，所以物业又可以作为资本作价入股，构成企业生产经营过程中投入的固定资产，收取投资利润，也可以按期出租等。物业还可以用来抵押进行融资。作为不动产，物业可谓永恒资本，被视为最可靠的债务抵押物或担保物。物业可以被赠送和继承。物业产权所有人可以将所属物业无偿地赠予他人，也可将其作为遗产，留给子孙后代等。

5. 物业的保值、增值性

物业这种商品在社会实际购买力的长时期的时间序列上，呈现一种递增趋势。而且这种递增趋势主要不是由于直接追加的劳动，而是物业本身的一种“自然增值”。我国城市建筑用地的价格从20世纪80年代初到现在已在成百倍地增长，房屋的价值也上升了几十倍，而这种保值增值不是直线上升的。从短期来看，可能升值、也可能降值。但是从长期来看，物业的价值趋势无疑是呈现出在波动中上扬、螺旋式上升。

五、房地产、不动产与物业之间的联系与区别

（一）联系

1. 房地产

房地产有狭义和广义两种解释，狭义的房地产主要是指房屋、屋地基以及附属土地。附属土地是指房屋的院落占地、楼间空地、道路占地等空间上与房屋和屋地基紧密结合的土地。广义的房地产是指全部土地和房屋，以及附着于土地和房屋上不可分离的部分。从法律意义上说，房地产本质上是指以土地和房屋作为物质存在形态的财产。这种财产是指蕴含于房地产实体中的各种经济利益以及由此形成的所有权、使用权、租赁权、抵押权等财产权益。

2. 不动产

不动产一词译自英语 real estate 或 real property。在英语中，real estate 具体是指土地及附着在土地上的人工建筑物和房屋；real property 具体是指 real estate 及其附带的各种权益。房地产由于其位置固定、不可移动，通常又被称为不动产。从广义的“房地产”概念来说，“房地产”与“不动产”是同一语义的两种表述，但是在某些方面，不动产所涉及的范围要比房地产更宽泛。房地产的表述倾向于表明这种财产是以房屋和土地作为物质载体，而不动产的表述更侧重于表明这种财产具有不可移动的独特属性。

（二）区别

1. 内涵的区别

房地产一般是指一个国家、一个地区或一个城市所拥有的房产和地产的总和；而物业一般是指单元性房地产，即一个单项的房地产、具体的房地产。从宏观的角度来讲，一般只用房地产，而不用物业，如“房地产业”一般不能说“物业业”；房地产体制改革一般也很少用“物业体制改革”来代替。

2. 称谓领域上的区别

房地产一般是指对房屋开发、建设、销售、管理等方面的统称，是对房屋建筑物进行

描述时最常使用的概念；不动产一般在界定法律财产关系时使用，其着眼点是该项财产实物形态的不可移动性；物业一般在描述具体的房地产项目时使用，是针对具体房屋建筑物及其附着物的使用、管理、服务而言的概念。

3. 适用范围的区别

房地产一般在经济学范畴使用，用于研究房屋及其连带的土地的生产、流通、消费和随之产生的分配关系；不动产一般在法律范畴使用，用于研究该类型财产的权益特性和连带的经济法律关系；物业一般在房屋消费领域使用，而且特指在房地产交易、售后服务这一阶段针对使用功能而言的房地产，一般是指具体的房地产。

第二节　物业管理概述

一、物业管理的定义

物业管理可以从广义和狭义两个方面定义。广义的物业管理是不动产管理活动的总称，是指业主通过自行管理、委托物业服务企业或其他管理人管理等方式，对其所有的建筑物及其附属设施进行维修、养护和管理的活动。狭义的物业管理，是指业主通过选聘物业服务企业，由业主和物业服务企业按照物业服务合同约定，对房屋及配套的设施设备和相关场地进行维修、养护、管理，维护相关区域内的环境卫生和秩序的活动。本书主要研究狭义的物业管理。

业主是物业的所有权人，有权根据不同情况，对建筑物及其附属设施选择不同的管理方式：一是业主自己进行管理；二是将不同的服务内容分别委托给不同的专业服务企业；三是统一委托物业服务企业提供综合管理服务。在尊重业主自主选择权的前提下，提倡按照市场规则委托专业的物业服务企业实施物业管理，这是现阶段我国物业管理政策的基本导向。可以从三个方面理解物业管理的概念。

（一）物业管理是业主选聘物业服务企业的管理方式

虽然法律并不强制业主必须选择物业服务企业来管理物业，但是业主选聘物业服务企业本身就是行使自主权的一种方式，应当受到法律保护。同时，将业主选聘物业服务企业作为物业管理活动的前提条件，就是将物业管理与传统意义的行政管房模式区分开，强调物业管理是一种市场行为、市场关系和市场活动，必须遵守市场规则。不仅如此，业主选聘物业服务企业，必须在平等、自愿、等价有偿、诚实守信的基础上，必须通过公开、公平、公正的市场竞争机制进行，必须纳入市场秩序。制定市场规则，维护市场秩序，是政府履行物业管理市场监管职能的重要手段。因此，业主通过选聘物业服务企业的方式来对物业进行管理的，必须遵守物业管理的市场秩序，服从政府主管部门的监管。

（二）物业管理的依据是物业服务合同

物业管理活动的实质，是业主和物业服务企业以物业管理服务为标的进行的一项交易。在市场经济条件下，交易的进行主要是通过合同作为纽带完成的，交易的双方就是合同的主体。物业管理作为一种市场行为，是通过物业服务合同的签订和履行得以实现的。物业服务合同，是业主和物业服务企业订立的关于双方在物业管理活动中的权利义务的协议，是物业管理活动产生的契约基础。物业服务企业是基于物业服务合同的约定来为业主提供物业管理服务的，物业服务企业为业主提供哪些服务，服务标准是什么，业主如何承担服务费用，以及业主与物业服务企业相互之间所承担的违约责任，都必须在物业服务合同中做出明确约定。物业服务合同确立了业主和物业服务企业之间被服务者和服务者的关系，明确了物业管理活动的基本性质。物业服务企业根据物业服务合同提供物业管理服务，业主根据物业服务合同交纳相应的物业服务费用，双方是平等的民事法律关系。

（三）物业管理的内容是维修、养护、管理物业及维护环境卫生和秩序

物业管理的内容主要有两方面：一是对房屋及配套的设施设备和相关场地进行维修、养护、管理；二是维护相关区域内的环境卫生和秩序，包括物业服务企业提供的清洁卫生、秩序维护、装饰装修管理等服务。在履行物业管理基础服务义务的前提下，物业服务企业还可以接受业主和使用人的委托，为其提供物业服务合同约定以外的服务项目，例如，利用物业资源和客户资源开展多种经营，为业主提供租赁服务管理、物业招商、营销策划、销售代理等不动产投资理财服务。

二、物业管理的特点

物业管理是城市管理体制、房地产管理体制的重大改革，是一种与房地产综合开发，与现代化生产方式相配套的综合性管理；是随着住房制度改革的推进而出现的产权多元化格局后与之相衔接的统一管理；是建立与社会主义市场经济体制相适应的社会化、专业化、市场化的管理。按照社会产业部门划分的标准，物业管理属于第三产业。社会化、专业化、市场化是物业管理的三个基本特征。

（一）社会化

物业管理的社会化，指的是摆脱了过去那种自建自管的分散管理体制，由多个产权单位、产权人通过业主大会选聘物业服务企业。物业管理社会化有两个基本含义：一是物业的所有权人要到社会上去选聘物业管理企业；二是物业管理企业要到社会上去寻找可以代管的物业。物业的所有权、使用权与物业的经营管理权相互分离，是物业管理社会化的必要前提，现代化大生产的社会专业分工，则是实现物业管理社会化的必要条件。

（二）专业化

物业管理的专业化可以从两个方面认识：一是物业管理由专门的物业服务企业通过合同的签订，按照产权人和使用人的意愿和要求去实施专业化的管理；二是物业管理中的各项专业服务的科技含量不断提高，使物业管理越来越强烈地体现出专业化的趋势。现代物业管理是在专业人才、专业设备、规范程序和严格管理下进行专业化物业管理。物业管理专业化是社会分工的必然结果，也是产权人或使用人对物业管理的要求。

（三）市场化

物业管理的市场化是物业管理最主要的特点。在市场经济条件下，物业管理的属性是经营，所提供的商品是劳务，方式是等价有偿，业主通过招投标选聘物业服务企业，由物业服务企业来具体实施。物业服务企业是按照现代企业制度组建并运作，具有明确的经营宗旨和管理章程，实行自主经营、独立核算、自负盈亏，能够独立承担民事责任的企业法人。物业服务企业向业主和使用人提供劳务和服务，业主和使用人购买并消费这种服务。在这样一种新的机制下逐步形成有活力的物业管理竞争市场，业主有权选择物业管理单位，物业服务企业必须靠自己良好的经营和服务才能进入和占领这个市场。这种通过市场竞争机制和商品经营的方式所实现的商业行为就是市场化。双向选择和等价有偿是物业管理市场化的集中体现。

三、物业管理的目标

概括地讲，物业管理的目标是为了保证和发挥物业的使用功能，使其保值增值，达到社会收益和福利的最大化；为物业所有人和使用人创造整洁、文明、安全、舒适的生活和工作环境；最终实现社会、经济、环境三个效益的统一和同步增长，提高城市的现代文明程度和保证城市的可持续发展。

（一）实现物业的保值增值

物业管理的对象首先是物业，没有物业，就没有物业管理。物业管理首先要管理物业、管好物业。房地产作为不动产，是一个国家最主要的自然社会资源和财富载体。对于一个家庭来说，拥有的房产或称物业是其主要或重要的财富。因此，很多国家都把实现物业的保值、增值作为物业管理的最终目的或首要目的，这也是业主委托物业服务企业对物业实行统一有效管理的初衷。优秀的物业服务企业，不仅能对物业善加爱护，确保和延长物业的使用期限，完善和增强物业的使用功能，还能使企业形象潜移默化地进入市场，扎根在消费者心中，形成物业自身建筑以外的价值。

（二）为广大业主或使用人创造良好的生活、工作环境

物业为人所用，物业的产权人、使用人具有多元化的特征。在物业管理的具体实施过程中，其管理服务必须坚持以人为核心，通过开展全方位、多层次、高效率、高质量的管理服务工作，为广大业主或使用人提供整洁、文明、安全、舒适的良好生活、工作环境和秩序，以保障人们生活、工作的正常、有序进行。

（三）促进社区管理和社会的和谐和稳定，提高城市的现代文明程度和可持续发展

城市的基础是社区，每个社区又由众多的居住小区和其他物业组成。因此，从一定意义上讲，物业管理，尤其是住宅小区的物业管理，是社区管理和城市管理的基础性工作之一。做好物业管理工作，就能保障和促进社会的和谐和稳定，提高城市管理水平和现代文明程度。

四、物业管理类型

根据开发商、物业业主和物业管理机构的关系，物业管理分为自主经营型和委托管理型两大类。

（一）自主经营型物业管理

自主经营型物业管理是指房地产开发企业或物业业主自己设立物业管理机构，对自有物业进行管理的模式。自主经营型物业管理有以下几个基本特点：物业所有权同经营管理权融为一体；业主结构单一，只有一个业主；以创造良好的使用环境或提高出租率为主要目标。适用于非居住物业的管理，如大型商场、酒店、写字楼、工业厂房等类型的物业。

但是，自主经营型物业管理存在很多的弊端。首先，自主经营型物业管理很难保证物业管理的质量；其次，容易使开发商或物业业主陷入管理规模小、经济效率低的尴尬境地。此外，还过多地分散了开发商或物业业主的精力，使得他们不能将资源集中于所擅长的领域。

（二）委托管理型物业管理

委托管理型物业管理是指房地产开发企业或物业业主选聘物业服务企业进行的管理，包括自用委托型物业管理和租赁经营型物业管理两种类型。

自用委托型物业管理是指房地产开发企业或物业业主将自有、自用物业委托物业服务企业进行的管理。居住类物业以及党政机关和企事业单位办公类物业多采用这种做法。对房地产开发企业或物业业主来说，委托物业服务企业管理的事项可以是全部物业管理服务，也可以是部分或单一的物业管理服务。

租赁经营型物业管理是指物业服务企业受房地产开发企业或物业业主的委托，在实施物业管理的同时，负责招商宣传、市场开发、交易咨询、估价、合同签署、收取租金等全部或部分租赁经营业务。多适用于商场、写字楼物业的管理。

同自主经营型物业管理相比，委托管理型物业管理有以下三个明显的特点。一是委托管理型物业管理是一种专业化、开放式的管理，社会化程度高。二是物业所有权和经营管理权分离。三是外部关系复杂，服务纠纷多。委托管理型物业管理涉及物业服务企业、开发商、小业主、租户等多方面，其外部关系复杂，容易引发各种服务纠纷和矛盾。

专栏 1-1　扬州："三位一体"物业管理模式值得推广①

为进一步促进市区物业服务水平的提高，6 月 14 日上午，扬州市推行"三位一体"物业服务模式现场会在春江花园举行。

---

① 中国物业管理协会：《中国物业管理协会 2013 年工作总结》，2014 年 4 月 11 日。

会上，扬州市房管局杨学华局长肯定了春江花园“三位一体”物业管理经验，提出建立“三个三”的管理新模式，一是努力推行物业服务“三种模式”，即由物业服务企业、街道办事处、广大业主的服务模式，扩大市区物业服务覆盖面；二是努力构建物业服务“三大体系”，即物业服务实施体系、街道社区的推广体系、业主为主体的监督服务体系；三是着力探索和推广物业服务企业、业主委员会、社区“三方联手”的服务协调机制，积极推动物业服务水平的提升。“三位一体”物业管理模式的推广将大大改善群众生活条件，构建物业服务协调机制，责任重大，意义重大。

文汇街道办事处的姜主任告诉记者，所谓“三位一体”就是业委会、物业公司和社区党支部共同管理小区日常工作的一种模式。大家互相扶持、互相帮助，各自发挥优势为居民办实事。居委会党支部要发挥核心作用，统一协调物业管理工作，协调组织各方为业主提供规范化、人性化等服务。业委会直接参与物业服务费的收支管理、服务质量的监督，消除小区业主对物业服务企业的不信任心理。物业主要是提供比较好的专业化物业服务。三方定期或不定期召开会议，商讨解决居民关注的热点和焦点问题。

据了解，去年5月中旬，文汇街道春江社区成立了市区首家“三位一体”的社区服务中心，并在春江花园内试运行。一年过去了，春江花园物业服务新模式得到了大家的认可，物业管理费收缴率达90%以上，单项拆迁安置户收缴率达92%，业主投诉越来越少。春江社区居委会主任朱月勤告诉记者，这都是“三位一体”物业管理模式起的作用。

第三节　物业管理的产生和发展

一、物业管理的产生与发展

（一）物业管理的产生

一般认为，物业管理作为一种有效的房屋管理模式起源于19世纪60年代的英国。当时英国正处于一个工业发展高涨的阶段，大量农村人口涌入城市，造成城市房屋的空前紧张，一些房地产开发商相继修建了一批简易住宅并廉价出租给工人家庭使用。由于住宅设施简陋，环境条件差，人为破坏房屋设备、设施的现象时有发生，工人们也经常拖欠租金，业主的经济收益难以得到保障。这种情况下，一位名叫奥克维娅·希尔（Octavia Hill）的女士为其名下出租的物业制定了一套行之有效的管理措施要求承租者严格遵守，不仅自己的收益得到保证，租户也比较满意。希尔的做法引起了英国政府的重视，并迅速在英国推广。一种新型的房屋管理模式就这样诞生了，这就是物业管理的雏形。

物业管理虽然起源于英国，但真正意义上的现代化物业管理形成于19世纪末期的美国。19 世纪末，美国经济正处于迅速发展时期，伴随着建筑技术的不断进步，一幢幢高楼大厦拔地而起。这种情况下，大厦管理问题越来越突出。于是专业物业管理机构开始出现并迅速增加，物业管理行业组织也逐渐形成。

1908 年，世界第一个物业管理组织——芝加哥建筑物管理人员组织（Chicago Building Managers Organization，CBMO）成立。随后 3 年中，CBMO 先后在底特律、华盛顿和克里夫兰举行了年会，由此推动了第一个全国性业主组织—建筑物业主组织（Building Owners Organization，BOO）的成立。CBMO 和 BOO 的成立及其积极的工作，推动了美国物业管理的发展。在这两个组织的基础上，美国又成立了建筑物业主与管理人员协会（Building Owners Organization and Managers Association，BOMA），它是一个地方性和区域性组织的全国联盟，代表在物业管理过程中业主和管理人员的利益。目前，美国已成立房地产经纪人协会物业管理分会，它有 100 多个地方分会，注册物业管理师约有 1.5 万名。在上述组织和物业管理师的影响和推动下，美国物业管理已走在了世界的前列。

我国香港的物业管理源自英国，从发展的角度来看，始于第二次世界大战后的 20 世纪 50 年代。第二次世界大战前，香港人口不足 100 万，其社会经济发展和城市建设还比不上广州和上海，很少有高楼大厦，即使是最豪华的“洋楼”，也只有三四层，整幢楼房的产权仅属于一个业主所有，因而楼宇屋村管理的概念尚未形成。第二次世界大战后，一方面由于遭到战火摧残，房屋残破短缺；另一方面，又有大量内地人口（主要是劳工）涌入港岛，香港人口剧增。1947 年，全港人口已增至 180 万人，1951 年达 200 万人。急剧增长的人口需要大批量地提供住所，于是一些大型楼宇应运而生，拥有百个以上单元的大型楼宇相继推出，并由房地产开发商分层、分单元地出租或出售。人口密集、产权分散带来了治安等问题。这些大楼开始聘用专业人员为居民服务，这就是楼宇管理的萌芽。

1953 年圣诞夜，香港石硖尾木屋区发生特大火灾，5 万多人无家可归，形成了严重的社会问题。这促使特区酝酿产生“公共房屋计划”，并组织建设了一批批住宅、楼宇。同时，为筹划和管理好这些公共楼宇和屋村，政府特地从英国聘来了房屋管理经理，至此，专业性物业管理的概念和方法才正式引进香港。1966 年，香港从业人员成立了英国皇家物业经理学会香港分会。同时，香港政府也注意发挥业主或物业使用人自我管理、民主管理的作用。1970 年，香港特区政府制定了《多层建筑物（业主法团）条例》，使楼宇和屋村的管理更加完善。

20 世纪 80 年代，香港特区政府倡导“良好大厦管理”，鼓励大厦小业主积极参与大厦的日常管理事务，使管理服务更具活力、更加蓬勃发展。在此期间，成立了“私人大厦管理咨询委员会”和“香港物业管理公司协会”（1989 年）。这些组织的建立，使香港物业管理更加全面、深入，更具有群众基础和权威性。

（二）物业管理的发展状况

1. 英国的物业管理

英国不仅是物业管理的发源地，其物业管理水平也是世界一流的。我国香港的物业管理大多源于英国，实际上不少国家和地区的房地产及物业管理的发展也是借鉴了英国的经验。英国物业管理服务的内容非常广泛，除了传统意义上的楼宇维修、养护、清洁、保安外，还延展至工程咨询及物业功能布局和规划、市场行情调研与预测、目标客户群认定、物业租售推广代理、通信及旅行安排、智能系统化服务、专业性社会保障服务等全方位服务。

英国物业管理的最大特色就是依法管理，最常见的有关房地产开发管理的法律法规就有50多种。《城乡规划》及“土地开发许可制”，对土地的取得、处置、征用、开发等作了具体的规定，要求房地产开发必须符合城市规划，必须保护好环境，不与公共利益相抵触。

英国有比较丰富的古建筑与历史遗址，政府特别注意这些古迹的保护，专门制定了政策、法规进行管理，如《城乡保护1990年法案》《建筑编目与保护区域1990年规划法案》等都是对房地产开发中的古建筑和历史遗址保护的立法。这些法案对古建筑、古遗址保护的职责措施、处罚等作了强制性规定，在控制发展的区域内一律禁止建设新房屋等。

2. 美国的物业管理

美国是一个以土地私有制为基础的国家，这决定了物业管理的基本模式主要是运用现代化的管理工具和方法，以保护和提高业主财产价值、增加业主收入为目标，全方位地满足业主或使用人的各层次需求，同时实现物业服务企业自身的发展目标。

（1）严格资质管理，确保物业管理质量。

20世纪30年代初期，美国通过借鉴英国的经验，强化政府在住房管理中的角色，促使住宅业迅速发展起来，同时带动了物业管理的发展，各地纷纷建立各类物业管理公司或类似的专业公司。因此，帮助业主选择有能力和有资质的管理企业以及管理人员，成为政府的一项必要任务。承担这项任务的是全美房地产经纪人协会物业管理学会（IREM）。IREM成立至今已有近70年历史，一直致力于物业管理的教育培训和资格认证工作。

IREM认证分成两类：一类是对单位的认证，即AMO证书；另一类是对个人的认证，即CPM证书。所谓AMO（accredited management organization）即合格管理机构，是颁发给合格房地产管理公司的称号。获AMO称号的公司至少拥有一名CPM（certified property manager），即注册物业管理师。

注册物业管理师（CPM）证书是颁发给在经验、教育和职业道德规范上有杰出表现的专业物业管理者。要获得CPM执照，必须经过候选和正式获取两个阶段。取得正式证书必须符合五个方面的条件：一定年限以上管理经验；成功地通过几门以上专业课；至少1年以上全职进行有效的物业管理计划、决策和组织；成功接受有关职业道德教育；必须获得分会和总会的批准。此外，CPM的资格并非终身制，一旦违反IREM制定的职业道德条款，物业管理人员就会被取消CPM资格。

（2）实施专业服务，提高服务效率。

在美国房地产发展的初期，物业管理大都是内部管理，即由业主自己管理。但是，这种形式的管理受到业主的精力和专业知识的限制，弊端越来越明显，因此后来逐步转向承包管理，即聘请专业物业管理公司和专业人员管理。美国的专业物业管理公司并非独自完成所有的服务项目，相反，由于美国的社会分工很细，物业管理往往将保安、清洁、工程维修、绿化等工作承包给专业公司。这既为物业管理公司开展全方位服务创造了条件，也提高了工作效率和质量。

（3）重视法规建设，规范物业管理行为。

美国是一个法治的国家，法律法规十分健全，在物业管理方面也是如此。例如，为了避免在民族、肤色、宗教和性别等方面的歧视，《联邦住宅法》和《保护残疾人法》要求各物业管理公司所管的楼宇和公共场所、娱乐场所必须设有残疾人专用的停车位、轮椅通道、电话、饮水管，电梯的按钮必须以轮椅为高度，还要求设有把手和专用卫生间以及宽敞的门位等。在美国这个典型的契约社会中，业主与物业管理公司、物业管理公司与专业服务公司都通过合同契约形式，建立了广泛的联系，并以此作为实施权利、义务的依据。政府为了检查有关法规的落实执行情况，经常采用“微服私访”的方式，对违法者及时给予审查和惩罚。这些法律法规的最终实施都是通过建筑设计、施工准则及政府的批准手续、监督得以落实，从而为物业管理公司实施管理打下了良好的基础。

（4）设施齐全，服务到位。

配套设备、设施齐全与否直接关系到物业管理服务质量的好坏。美国的市政公建配套水平相当高，政府对所有的建筑工程都要求应具备必要的公共设施，否则不能获准动工兴建，要求对给排水系统、污水处理系统、道路系统、电话、供变电等系统以及公园绿地和企业公共设施进行必要的投资。在公共设施方面，美国特别注重车库的建设和管理。美国是一个以车代步的国家，几乎所有楼宇都建有地下车库，不少建筑物将第三、四层甚至第五、六层都作为车库，以满足大量的汽车停放需求。另外，物业管理中计算机的使用十分普遍，包括计算机安全监控、冷热装置的调控等。这些物业管理公司，工程师可以在家中办公，通过计算机网络，即可了解所管物业区域的设备设施情况与管理活动。不少物业管理公司通过互联网了解房地产市场的最新信息，掌握房地产管理法规的最新动态，进行跨国的房屋租赁业务等。

3. 新加坡的物业管理

在新加坡，物业管理公司根据管理范围的不同一般分设财务组、工程维修组、市场管理组、环境清洁组、园艺组、服务组、文书组、监督组等组织机构。新加坡的物业管理范围很广，除购房和转销直接向建屋发展局申请以外，其他业务一般都在物业管理单位办理。物业管理的业务范围包括房屋的维修与养护；机电设备、消防设备的维修保养；商业房屋的租赁服务与管理；出租住宅的租金缴纳与售房期款的收取；公共场所的出租服务与管理；小区停车场的管理；小区环境清洁园艺及绿化的实施与管理；配合治安部门搞好治安工作；负责居民劳动就业介绍和其他方面的服务等。

新加坡在居住区公共设施的养护及服务方面有较为细致的管理：如建屋发展局规定每5年对整幢楼房的外墙、公共走廊、楼梯、屋顶及其他公共场所进行一次维修；物业管理单位保证对电梯进行维修和检查，一旦电梯发生故障，只要按响警铃，5分钟内维修人员就会赶到；建屋发展局设有热线电话，为居民提供24小时服务，热线传呼与各区物业管理单位保持联系，一旦居民求助，维修车会及时赶到工作现场；每幢住宅楼都设有公共电视天线以保证良好的收视效果；一般高层住宅底层没有围护，是敞开的空间，叫作“楼下旷地”，是公共活动场所，居民遇到婚丧喜事及其他活动时可以租用，但须办理准用证；小区停车场由小区物业管理单位统一管理，任何拥有车辆的住户必须向物业管理单位申请“停车季票”，每户只准申请一个车位，外来车辆一律按钟点收费。此外，停车场还提供洗车服务；为确保小区整洁，全面推行垃圾袋装化，太重和太大的垃圾实行定期处理，规定易燃、易爆碎物不准投入垃圾箱等。

为了加强对居住小区的管理，物业管理部门还编写了《住户手册》《住房公约》《防火须知》等有关资料，把入住新居后应注意的事项和有关知识详细地告诉住户，以明确住户的权利和义务，以及物业管理部门的权力和职责等。

二、我国物业管理的发展历程、现状及其问题

（一）我国物业管理的发展历程

真正现代意义上的物业管理在我国起步较晚，开始于20世纪80年代初期，以深圳市的物业管理公司的成立为标志。但是，如果向前追溯历史，我们还是能够看到我国物业管理发展历程的大致脉络。

1. 中华人民共和国成立前的物业管理

从20世纪20年代初期起，我国沿海及内地一些大城市的房地产业蓬勃发展。北京、上海、武汉、广州、沈阳、哈尔滨在内的很多大中城市陆续建起了许多八九层高的楼房。仅以上海为例，它当时是东方第一大城市，高楼林立。英法等租界地区出现了不少西式风格的住宅。外滩建筑群，南京路，淮海路的商业街，也从那时起逐渐形成。房地产业的繁荣带动了物业管理市场的发展。当时已经出现了代理经营租赁、清洁卫生、住宅装修、服务管理等经营性的专业公司，形成了中国现代物业管理的雏形。

2. 中华人民共和国成立后计划经济时代的房屋管理

1949年中华人民共和国成立后，城市的土地及房产逐步转为国家和集体所有，住宅基本上由政府出资建设，房屋也是作为福利品分配给职工的。内务部、城市服务部、第二商业部、国家城市建设总局和城乡建设环境保护部先后成为中央政府房地产管理的职能机构。而具体管理一个城市住宅生产经营及维修保养活动的机构——城市房管机构也经常变化，时而撤销，时而合并。即使独立存在，也是政企不分，用简单的行政管理办法代替了商品化的经营管理。如此一来，房地产经营活动基本停止，物业管理随房地产市场一度销声匿迹，存在的只是政府有关部门对房屋的生产和维修保养，不带有商业色彩。

3. 改革开放以后的物业管理

改革开放以后，我国物业管理发展历程大致相当，主要经历了如下四个阶段。

（1）起步阶段（1981年3月~1994年3月）。

1981年3月10日全国第一家物业服务企业——“深圳市物业服务企业”成立，在我国率先对计划经济条件下形成的传统房地产管理体制进行了改革，开始了对物业管理新体制的探索和实践，拉开了我国物业管理的帷幕，标志着我国物业管理的诞生。

（2）规范化的发展阶段（1994年4月~1999年9月）。

这个阶段以《城市新建住宅小区管理办法》的颁布和实施为标志。这是新中国成立以来颁布的全国第一个有关物业管理方面的法规规定。该办法明确了住宅小区应当逐步推行社会化、专业化的管理模式，由物业服务企业统一实施专业化管理。

（3）快速发展和市场化阶段（1999年9月~2003年6月）。

建设部1999年5月23日在深圳市召开了全国物业管理工作会议，之后物业管理队伍继续壮大，物业管理市场培育步伐加快，物业管理招标项目明显增多，各项配套政策逐步完善。深圳市长城物业管理股份有限公司中标北京回龙观住宅区，是全国最大的一次物业

管理招投标，万科物业有限公司接管建设部机关大院为国家机关实行物业管理起了带头作用。

（4）法制化阶段（2003 年 6 月至今）。

2003 年 6 月，国务院颁布了《物业管理条例》，物业管理经济活动随之有法可依，标志着我国物业管理走上了法制建设的新阶段，物业服务企业进入一个崭新的发展时期。2004 年 5 月 1 日起实施的《物业服务企业资质管理办法》对物业管理市场的准入进行了限制。

（二）我国物业管理发展现状

1. 物业管理活动主体趋于理性和成熟

物业管理活动的主体包括建设单位、业主、业主大会以及业主委员会、物业服务企业、政府及物业服务相关的主体（供水、供电以及供气单位）。随着物业管理的不断发展，政府监管、推动立法等力度日益加大，各方主体行为日趋成熟，物业管理活动逐步呈现出法制化、规范化、制度化状态。开发商主动遵守法律法规、依法尽责，全体业主依法自我约束，依法维护合法权益，物业服务企业规范化经营和服务的气氛正在逐步形成。

2. 物业管理水平正在提高

由于建设单位物业销售的需要和业主对服务需求的不断提高，使得物业服务企业不断优化资源配置，提升物业管理服务品质。虽然全国各地物业管理水平发展不均衡，但总体的物业管理服务整体水平在不断提高，物业服务企业对规范化和标准化的研究不断深入，人力资源管理、质量控制等企业内部管理环节的管理水平显著提高。

3. 物业管理内涵更加丰富

目前，物业管理服务已经不仅仅局限于提供房屋维修、保安、保洁绿化、代收代缴水电费等公共性服务，还提供更加人性化的各种专项和特约服务，如环境设计、代订书刊报纸、代理房屋租售、家政服务、接送儿童及托管和组织安排度假消遣等服务。优秀的物业企业还注重小区文化的建设，进一步拓展物业管理的生存和服务空间，通过 ISO 9000 质量体系认证，在社会上树立了良好的信誉和形象。

4. 物业管理越来越规范化

自 1994 年建设部出台了《城市新建住宅小区管理办法》后，深圳、珠海、广东、上海、宁波、青岛、厦门、江西等八个省市先后出台了物业管理条例，北京、重庆、江苏、山东等近百个省市先后制定出台了本地区的物业管理办法。国家有关部门也相继制定了相关的配套法规，2003 年出台了《物业管理条例》，2004 年发布《物业服务收费管理办法》，还有《业主大会规程》《前期物业招投标管理暂行办法》。2007 年 10 月 1 日新《物业管理条例》施行，根据新的《物业管理条例》有关条款，各级地方政府及相关职能部门又相继修订和完善了一系列的物业管理法规，使得物业管理法律、法规逐步得以初步健全，为物业管理行业的发展奠定了法律基础，使物业管理实务越来越规范化。

（三）我国物业管理的问题

1. 发展越来越不均衡

我国各地区物业管理发展速度存在很大区别，以北上广为代表的大型一线城市的物业管理起步较早，因此发展较为迅速，同时相应的服务规范也更加完善，大部分从事物业管理的企业都具备很好的经营理念以及先进的企业意识。相比之下，我国一些中小规模的城市在物业管理的发展上就不是那么乐观，无论是在发展的水平还是在普及的程度上都和一线城市存在较大的差距。

2. 缺乏复合型的物业管理人才

在我国物业管理行业还属于一个新兴的行业，正处于发展的阶段，但由于种种原因，造成物业管理企业缺乏复合型的物业管理人才。由于很多物业管理公司是原来房地产公司成立的，从事物业管理方面的人才大多是从原有的房地产管理人才转行过来，这在一定程度上造成了他们专业知识的匮乏。很大部分大学生传统观念落后，认为物业管理工作低人一等，社会地位比较低，大学毕业后不愿意到物业服务企业工作。高校的专业设置上也很少会设置物业管理专业，这在一定程度上限制了我国从事该行业的专业人数。

3. 相关主体矛盾频发

物业管理活动涉及业主之间、业主与物业服务企业和开发企业之间、物业服务企业与公用事业单位之间，以及物业管理各方主体与政府之间的复杂关系。各方认识上的差异和利益分配关系使得相关主体对一些问题的理解不尽一致。在缺乏充分沟通和及时协调的情况下，物业管理运作中会不断暴露出一些矛盾和问题，其或在少数住宅小区发生比较尖锐的冲突，在社会上引起较大反响。

4. 有关制度尚待落实

《物业管理条例》经过 2003 年首次颁发和两次修订后再实施，仍在部分省市出现了贯彻不力、执行失效等情况。物业管理地方法规的立、改、废工作仍显滞后，有些甚至与《物业管理条例》精神相左，给物业管理的和谐推进带来困难。一些企业没有认真学习和贯彻《物业管理条例》确立的各项制度，对《物业管理条例》的有关精神吃得不透，理解有偏差，至今仍固守多年的习惯做法，运作中越位和错位的问题比较普遍。

5. 执法困境没有解决

《物业管理条例》及其配套政策在执行过程中，遇到许多困扰和阻力。部分垄断行业的强势地位，以及有关的协调工作力度不够，使一些地方供电、供水等部门至今没有按照《物业管理条例》规定向最终用户收取有关费用，转嫁收费风险给物业服务企业的状况在很多城市依旧无法得到彻底改变。此外，对业主违章建筑、违法装修和擅自改变房屋使用性质等违法行为的执法活动，需要有关行政主管部门出面，所经过的程序、经历的时间极其复杂和漫长，使得物业服务企业不能有效制止业主在物业使用过程中的违规行为。尽管《物业管理条例》规定了业主的缴费义务，但业主拒缴物业服务费用的情况时有发生。这一问题虽说可以通过司法途径解决，但由于物业服务企业必须对欠费业主分别提起诉讼，实际操作上相当烦琐与困难。再加上受公共服务特征的制约，诉讼方式不宜多用，使得收费难问题仍然是困扰一些企业的难题。

三、物业管理的发展趋势

（一）标准化

长期以来，一些物业企业因为没有认识到标准化建设的重要性，对标准化建设工作积极性不高，甚至认为国内各地情况差异较大，没有必要或不能开展标准化建设。因此，物业管理行业要做好标准化建设工作，首先是要深刻认识开展标准化建设的重要意义。

1. 标准化是提升物业服务质量的重要手段

就基础物业服务而言，物业服务活动具有一定的规律性、重复性和可追溯性特点，因此，加强物业服务标准化建设，构建统一的服务标准化指导及评价体系，引导物业服务企业根据自身管理和发展情况，对应“国标”“社团标准”，乃至于“国际标准”，建立适合企业运营的客户服务标准。通过标准化设计，进一步细分管理模块和服务流程，针对服务现场制订可视化、程序化、图文并茂的各岗位、工种作业手册（指引），可以使各层级员工能简单掌握，准确应用，从而节省管理资源，减少服务质量缺陷，提高服务效率。

2. 标准化是引领物业服务企业创新发展的推动力量

加强物业服务标准化建设将为物业服务企业创新发展提供引擎推动力，推动物业服务企业跨区域、跨领域融合创新，通过创新服务和管理模式，改造和提升企业组织管理架构，促进物业管理及服务软硬件全面升级。当然，在此过程中，应注意标准的调整和更新，用标准化规范创新，使之简单且便于落地执行，同时也使物业服务创新成果应用趋于扁平化、智能化和标准化，为物业服务企业可持续发展提供坚实保障和战略支撑。

3. 标准化是构建企业核心竞争力的重要因素

当前，物业服务供给侧改革也正着力向深水区推进，物业服务企业要在新一轮行业洗牌中脱颖而出。想要占据竞争高地，拓展高附加值市场，赢得技术和品牌优势，就必须从组织和技术层面全面强化标准化建设，坚持标准化发展思维和底线意识，将标准化成果转化为企业核心竞争力。正所谓一流企业做标准，二流企业做品牌，三流企业做产品。事实上，当前已经有不少物业服务企业也正在采取类似策略，通过标准化的服务，不断扩大自己在所在服务领域的影响力，主导所在服务领域的标准制定权，在具体细分业态市场构建易于客户接受和能提升客户体验感的评价标准，打造企业核心竞争力。

专栏 1-2　建标准、重培训，提升设施设备管理的专业能力①

2020 年，是全面建成小康社会和“十三五”规划收官之年，也是中国物协定义的行业“能力建设年”。沈建忠会长提出以“抓重点，补短板，强弱项”为抓手，切实提高贯彻新发展理念的能力水平，推动行业高质量发展。在客观分析物业设施设备专业化管理水平的基础上，围绕物业设施设备全生命周期运行管理和科学维护的基本要求，笔者认为“建标准、重培训”是提升物业设施设备专业化管理能力的着力点。

一、找准物业设施设备管理的“短板”和“弱项”是关键

近年来，行业通过开展以《物业设施设备管理指南》和《物业承接查验操作指南》（以下简称《指南》）为教材的技能培训、全国职业技能竞赛等，推动技术人才体系建设；通过举办专业（含绿色发展）论坛、加强与国际设施设备专业社团组织的交

① 李建辉：《建标准、重培训，提升设施设备管理的专业能力》，载于《中国物业管理》2020 年第 5 期。

流合作，开展物业设施设备管理现状摸查和行业热点难点课题的研究，以及互（物）联网等新技术在设施设备运行管理领域的应用研究等，加快行业的转型升级，积累了一定的宝贵经验。

但是，与高速发展的社会需求相比，行业的设施设备管理工作还存在较大差距。主要表现在物业设施设备的标准化建设滞后，企业设施设备运行管理和科学维护的专业能力不足，令部分设施设备的安全运行处于高风险的“博弈”状态；专业技能培训、鉴定与评价体系缺失，集技术、实用与可操作的基础性、系统性知识库缺乏；科技应用与融合、绿色运行推广与样板创建、认证等工作仍停留在调研阶段而未建立体系；AI、物联网、互联网工具的使用未形成可推广、可应用的标准化、规范化模式。在新冠肺炎疫情的防控中，大多数物业服务企业经受住了考验，但也有部分企业在应对公共卫生事件的防控预案、实施方案和专业处置能力等方面存在不足。

上述“短板”和“弱项”可归纳为设施设备领域的治理能力欠缺，综合表现为安全风险意识淡漠，专业能力不足，以及新技术的运用与融合度不高。物业设施设备专业管理能力的提升，关键在于标准化建设和培训两大法宝来支撑，前者通过标准化建设，推动物业设施设备运行管理和科学维护的规范化建设；后者是确保行业标准得以贯彻落实的根本措施，为行业高质量发展提供强大的人才保证和智力支持。

二、加快物业设施设备管理的标准化建设是前提

2019 年是中国物业管理协会确立的行业标准建设年，客观看，物业管理行业物业设施设备管理与运行维护的标准化建设，滞后于行业的整体发展水平。目前除了行业头部企业及部分对设施设备较为重视的企业，初步形成了设施设备运行和维护的企业标准，一些企业无论在设施设备的运行数据监测、维护保养频次或周期的科学设置和数据动态分析等方面，还是在实施预防性维护（修）的制度建设方面，仍处于缺乏有效、适应规范化操作规程的无序状态，甚至少数企业还存在设施设备自然运行至故障停机，再进行应急处理或抢修，一些重要的机电设备长期处于高风险的“带病”运行，归根到底是行业仍未建立起一整套适宜、充分和有效的物业设施设备运行维护的标准化体系。标准化建设是实现物业设施设备规范化、专业化和智能化管理的前提，也是促进物业设施设备安全、可靠和高效运行的基础，因此，遵循行业标准化建设的要求，从物业设施设备“八大”专业系统、运行管理和科学维护两个维度，加快物业设施设备管理团体标准的建设，成为推动物业设施设备规范化管理的重要抓手。事实上，近年来，行业的部分头部企业通过规范化、标准化、专业化和智能（慧）化建设，在推动自身转型升级方面做了很多有益的尝试，也积累了一定的经验。中国物业管理协会应做好物业设施设备标准化建设总体规划的顶层设计，在广泛采集领先企业设施设备标准化标本的基础上，加快物业设施设备运行管理和维护保养团体标准的建设，并同步编制印发相配套的物业设施设备样板机房或实训基地的验收标准、验收办法和动态管理的制度，一方面强化设施设备团体标准的培训，提升设施设备专业人员的标准化管理能力；另一方面对验收达标的样板机房，树立为行业相互交流、共同提高的实训基地，推动各类物业设施设备团体标准的宣传贯彻和落实，达到缩短差距，拉长短板，提升行业设施设备的整体管理水平。

三、构建物业设施设备专业人员培训体系是保证

中国经济正迈入高质量发展的新阶段，迫切需要通过技术创新、管理创新培育新动能。如何主动适应经济发展新常态，行业的专业技术人才培训体系建设面临着新的挑战。优化完善专业人才培训体系，加快专业技术人才队伍建设，以提高专业水平和创新能力为核心，满足行业可持续健康发展的实际需求，是行业一项十分迫切的重要工作。

构建物业设施设备人才科学有效的培训体系，应当包括培训内容、培训方式和受训人员的能力评价等多个方面，主要包括：

第一，紧密围绕物业设施设备运行管理和维护保养所存在的突出问题，坚持以标准化、专业化管理为导向，以安全、可靠和绿色运行管理为核心，适时开发、补充和更新培训内容。如消防系统是关系到人民群众生命财产安全的头等大事，更属于物业设施设备管理系统中的重要机电设备。国务院应急管理部门在加快消防法律法规和政策的立法进度的同时，也加大了对消防责任事故责任人的惩戒力度。任何企业在管物业发生消防事件后，不仅企业很“受伤”，行业更“受伤”。又如近年来发生的各类电梯安全事故，不仅成为社会广泛关注的热点，也成为行业健康发展的“痛点”，及时组织有关专业技术力量，依法依规进行物业设施设备安全风险管控要点、方式和方法的研究，形成行业培训交流的针对性内容，全面提升设施设备专业人员预防性维护（修）和应急突发事件的处置能力，真正杜绝物业设施设备各类责任事故的发生。

第二，目前，物业设施设备人员的专业培训方式仍以线下培训为主，如中国物协从2010年开始，通过与各省市物业管理协会友好合作，以《指南》为培训教材所开展的线下培训，在全国范围内组织开展了共65期70个班、受训人员超过18700人，为物业设施设备技术队伍的能力建设，作出了积极贡献。随着信息科技的发展，线下培训已无法满足行业技能型人才培养的实际需求，其培训方式、成本、效率和要求均受到一定的限制，特别是本次新冠肺炎疫情发生后，线上培训以其跨时空、跨地域、零距离、便捷高效等特点越来越为企业、从业者所接受。因此，构建起线上线下有机结合的培训方式，成为创新物业设施设备专业人员培训方式的必由之路。在物业管理行业设施设备人员综合专业知识特别是应用技能不足的背景下，线上培训应以设施设备专业技术的应用能力提升为导向，通过微视频、VR技术、电视教学和动漫等多种形式展示，尽可能使受训人员利用碎片时间，持续学习、掌握和积累应知应会的知识要点，增强专业知识向应用能力的转化。

第三，在国家加快行政审批制度改革步伐，降低行业准入门槛、加强“事中监管、事后处罚”背景下，以加强专业能力建设为目标，紧密围绕技术人才体系建设，构建专业技术评审、认证体系，应成为加快专业化人才队伍建设的重要举措。中国物协应遵循2019年9月国家人社部颁布施行的《关于改革完善技能人才评价制度的意见》通知精神，建立起物业设施设备人员技能评价体系。在坚持“考培分离，统一考纲，统一发证或统一认证”的原则下，现阶段，确定物业设施设备人员线上线下培训方式、内容和考试标准，受训人员考试合格后发证。着眼于未来开展水平岗位技能等级认证工作的要求，同步建设技能等级认证标准、培训教材及考试大纲、确定认证考试命题原则、编审认证题库及组织实施继续教育等工作，最终形成设施设备专业技术人才的职业水平评价体系，促进物业设施设备技术人才体系建设。相信在全行业的共同努力下，找准物业设施设备管理的“短板”和“弱项”，凝聚共识、凝聚智慧、凝聚力量，加快物业设施设备管理的标准化建设步伐，注重专业人员培训体系的优化完善，构建专业人才评价体系，定能为物业管理行业的高质量发展做出积极贡献。

（二）信息化

随着城镇住房体制改革的深入，物业管理范围不断扩大，对物业管理也提出了更高要求。但是物业管理公司存在着各部门各自为政的现象，信息得不到共享，严重影响到了物业管理效率。面对快速发展的社会形势，传统的物业管理模式已经不适用，迫切需要进行创新。信息化时代里，信息化管理优势逐渐显现出来，以信息技术取代传统的管理方式，可以提高管理效率，节省管理成本。

物业管理信息化就是借助计算机技术对物业进行管理，是一种先进的管理理念和手段，实现物业管理信息化具有重大现实意义。在物业管理中，借助信息技术，将各类信息纳入统一的信息系统中，可以实现企业动态资源的过程控制，提供更为集约化的物业管理服务。物业管理信息化具体以下列四点为主。

1. 建立信息化标准

目前来看，我国物业管理信息化水平还比较低，缺少像其他行业一样的具有应用面较广的信息平台，信息化标准还不统一，一定程度上阻碍了物业管理信息化发展。对此，企业要立足实际，加快物业管理信息化标准建设。结合物业管理工作需要，明确物业管理信息化操作流程，建立统一的标准体系，对物业管理信息化操作做出明确规定，从而规范物业管理，提高物业管理的有效性。

2. 加大专业人才的培养

物业管理信息化是建立在计算机技术基础上的，这也决定了物业管理人员必须掌握信息技术。因此，要想推进物业管理信息化发展，企业就必须强化专业人才的培养。首先，强化现有物业管理人员的培训，提高其专业能力和职业素养，将其培养成为符合物业信息化管理需要的人才；其次，对外引进专业的管理人才，壮大物业管理队伍，进而推进物业管理工作的高效开展。作为管理人员，更要深入学习新知识、新方法、新技术，不断提高自身能力，进而更好地服务物业管理工作。

3. 完善相关管理制度

制度是一切工作的依据和保障，要想推动物业管理信息化的有效发展，企业应当立足实际，建立起与之相匹配的管理制度，从制度层面对物业管理信息化做出相应的约束。首先，结合自身实际，建立起物业管理目标，完善信息化管理体制；其次，加强信息化的组织管理，建立长效的监督机制，对物业管理过程进行动态管理；再次，落实责任制，将物业管理相关责任落实到具体人身上，进而更好地规范人的行为；最后，落实激励机制，通过各种有效的激励手段来调动工作人员的工作积极性，使其能够按照物业管理信息化标准和要求来开展相应的工作，进而提高物业管理水平。

4. 加强信息安全管理

实现物业管理信息化有利于信息的共享，提高物业管理效率。但是，物业管理信息化是建立在计算机网络基础上的，而网络具有开放性、虚拟性，这也造成了物业管理信息化过程中存在一定的安全威胁，如果物业信息得不到安全保障，就会影响到物业管理工作的开展，造成利益损失。因此，在推进物业管理信息化过程中，必须做好信息安全管理。首先，从软硬件入手，引进先进的设备、设施，提高网络信息系统的安全性；其次，加大安全技术的应用，如加密技术、身份认证技术，借助这些技术，保障信息安全；再次，强化信息系统运行管理，定期杀毒和检查网络信息系统，从而排除一切安全隐患；最后，要落实信息核查机制，对录入信息系统的物业信息进行反复核实，确保信息无误。

（三）智能化

物业智能化管理指采用先进的自动化技术，通过软件硬件等设备设施或者管理信息平台等科学的管理方式，实现有效的物业管理，在体现自动智能化的同时，为物业或使用者提供更为有效、便捷、高效的服务，确保住宅物业在管理和服务上的有效性、科学性。

智能化物业管理与传统物业管理的主要区别在于，二者的侧重点、管理模式以及结构构成三个方面。

1. 在管理侧重点方面

相比较之下，传统物业管理与智能化物业管理的侧重点大相径庭，传统物业管理着重于对“物”的管理，而智能化物业管理则着重于对“人”的服务，因此渐渐地将物业管理行业定义为服务行业，一个是管理，一个是服务，本质上就有着一定的区别。为使物业保值，对建筑的主体和维护维修相关的设备设施等一类的工作称为对“物”的管理。而对“人”的服务则是为了提供更好的服务，提高用户体验，不断满足客户需求，甚至于挖掘潜在的客户需求。

2. 在管理模式上

传统物业管理模式主要通过大量的岗位设置这种以人力劳动为主的模式来保障小区的日常安全以及设备设施的稳定运行，这种“人防”的措施在中国这种对服务业要求并不是很高，物业管理定位不清晰的发展中国家，不仅低效，而且会增加业主与物业方的隔阂，激化矛盾。而随着物业管理法律法规的健全，智能化物业管理则更多的是，采用先进的设备设施以及自动化技术来取代传统的人力劳动，进而提高服务效率，对小区的安全保障以及设备设施实现更为准确的控制。

3. 在结构构成方面

由管理模式而定，传统的物业管理模式以人力劳动为主，这就决定了其属于劳动密集型行业，准入门槛较低，而其的主要劳动力人员大多属于服务人员，没有什么高深的技术水平，因此存在服务人员素质普遍不高的现象。另一方面，传统的物业管理收入来源单一，物业管理费就占到物业管理公司收入的90%，仅有少部分收入是来自多种经营收入。智能化物业管理则让行业发生了颠覆性变化，大量的自动化设备不仅仅是提高了物业服务效率，更重要的是节约了许多人力成本，这主要体现在，高端的自动化技术进入小区，就可以取消很多岗位的设置，且需要服务人员具备一定的专业素质，普遍提高了服务人员的综合素质。不仅如此，在大量的智能化设备加入后，物业管理的收入方式也变得更加多元化。在智能化物业管理中，物业管理公司不再是只局限于通过人工服务而获取管理费用，更多的是通过信息平台满足客户需求而衍生的增值服务来获取费用，稳定中又不缺乏多元化。

（四）绿色化

当前，全社会的环保意识不断增强，人们不但注重单体建筑的质量，也关注物业小区的环境；不但注重结构安全，也关注室内空气质量；不但注重材料的坚固耐久和价格低廉，也关注材料消耗对环境和能源的影响。因此，目前的房地产市场上，“绿色”概念已成为新卖点。环保型、生态型的绿色住宅或绿色住宅区的概念频频推出，绿色景观、绿色装修、绿色能源等新概念叠出，与之相匹配的绿色物业也应运而生。营造绿色物业、健康住宅，为子孙后代承担义务正成为越来越多的开发商、建筑师追求的目标。它体现了开发商和消费者对新物业管理模式的关注与期望，也折射出新的物业消费需求趋势。因此，绿色物业管理将是物业管理行业产业转型和升级发展的必然战略抉择。

随着绿色物业管理实践的深入，我国支持和规范其发展的相关法规与技术规范也相继出台，从而为绿色物业管理的技术创新提供更多指导。从深圳市的实践来看，首先，“绿色物业管理战略”已被写入《深圳市物业管理行业发展规划（2011～2015）》，从战略的高度引导物业服务企业经营管理模式向绿色物业管理发展模式转变。其次，深圳市于2011年6月颁行了《深圳市绿色物业管理导则（试行）》，这在全国是创新之举，也为开创这一崭新的服务方式打下了政策环境的基础。再次，深圳市已着手以《深圳市绿色物业管理导则（试行）》《物业服务通用规范》为基础制定详细的技术和行为指引，逐步建立绿色物业管理标准化体系和评价体系，鼓励和推进深圳市绿色物业管理的健康发展。

1. 绿色物业管理概念

《深圳市绿色物业管理导则（试行）》对绿色物业管理的定义为：“绿色物业管理是指在保证物业服务质量等基本要求的前提下，通过科学管理、技术改造和行为引导，有效降低各类物业运行能耗，最大限度地节约资源和保护环境，致力构建节能低碳生活社区的物业管理活动。”

根据定义，首先，绿色物业管理是一个人文的概念，对绿色的追求反映出物业消费在“以人为本”的前提下，由追求数量到关注质量的消费水平的阶段性提升，是人与自然和谐共生的境界，是一种健康的物业消费观念，体现出人对自然的尊重。

其次，“绿色”的内涵不是仅指颜色和外在景观，也不是简单意义上的返璞归真和崇尚原生态，房地产的开发和消费都不能为绿色而绿色，靠山近树临水并不是绿色物业的全部含义。绿色物业是应用现代的科技手段和先进的文化理念为居住者提供符合人性的健康居住环境，绿色的表现形式可以多种多样，其核心体现的是人与自然的关系，也不能用物业价格的高低来简单衡量。

最后，绿色物业是一个多项指标的组合体，而且有较高的科技含量。在面对不同的消费群体和市场定位时，其技术含量应该有所区别。绿色物业的开发建设必然伴随着现代科技的应用，包括节约用地、合理规划平面和空间、节水、节能和使用可再生能源，注重生态环境，远离污染，延长建筑寿命，具有良好的抗灾能力等多项指标，在经济、技术、自然等多方面符合社会可持续发展的要求。

2. 绿色物业管理和传统物业管理的区别

绿色物业管理与传统物业管理除了在管理目标、管理范围和管理过程方面不同之外，还在管理模式和管理机制上有着本质的区别。具体见表 1 – 1：

表 1 – 1　　绿色物业管理与传统物业管理的比较

比较项目	传统物业管理	绿色物业管理
管理目标	保值增值	保值增值，创造价值
管理范围	维持物业本身的完好	在维护物业本身完好基础上，降低能源消耗、减少二氧化碳排放
管理过程	一般在工程竣工后提供物业管理	全寿命周期提供物业管理服务
管理模式	劳动密集型，人工劳作，以物业企业为中心，业主处于被动接受地位，业主参与度低	知识密集型，采用先进技术、科学管理和行为引导等方式，业主处于自主地位，主动参与意识高
管理机制	节能减排无要求，无激励政策	节能减排要求高，有激励政策支持

第四节　物业管理实务

一、物业管理实务概念

实务是指实际事务。物业管理实务就是指物业管理的实际工作，强调的是如何具体地做好物业管理的每一项日常工作。根据上述物业管理的概念，所谓物业管理实务是指对物业进行的维修养护管理、设施设备管理、消防管理、车辆管理、绿化管理和保洁管理等一系列的管理活动。

在现实工作中，我们经常看到或听到物业管理实操的表述。其实，物业管理实务与物业管理实操之间没有区分，或者说不需要区分，主要因为两者是从不同的立场与视角做出的表达，不必深究。物业管理实务，是从理论上和教学中说明物业管理应该这么做；物业管理实操，则是从工作上和实践中说明物业管理必须这么做。不同的两种说法实际上也共同表达出一种愿望：实务和实操需要互动适应、达成一致，从而避免理论与实践的脱节，教、学、做、用的不协调。

二、物业管理实务的内容

（一）物业管理的基本内容

1. 房屋维修养护管理

房屋建成交付使用后，由于各种原因的影响而开始磨损。如屋面、外墙、勒脚、外门窗和防水层等的污损、起壳、锈蚀及破坏等现象。因此，物业服务企业应当定期对房屋进行维修养护工作。房屋维修养护管理包括定期的安全检查、鉴定房屋的安全等级、有计划的房屋维修和养护工作。

2. 设施设备管理

物业设施设备是指附属于房屋建筑的各类设施设备的总称，它是构成房屋建筑实体的不可分割的有机组成部分，是发挥物业功能和实现物业价值的物质基础和必要条件。一般物业中常用的设施设备包括建筑设施设备、电气设施设备和智能化建筑设施设备。这些设施设备在正常使用过程中，由于自然或者人为的原因，也有可能损坏。设施设备管理就是运用先进的技术手段和科学的管理方法对物业共有的各类设备设施的使用、维护、保养、维修实施的管理。

3. 治安管理

物业治安管理是指物业服务企业为防盗、防破坏、防流氓活动、防意外及人为突发事故而对所管理的物业进行的值班、监视、巡逻等一系列的管理活动。治安管理的目的是保障物业管理区域内的财产不受损失，人身不受伤害，维护正常的工作和生活秩序。治安管理工作是：建立健全物业安全保卫组织、设置各岗位职责、雇用合格的保安人员并加强培训、制定各项治安管理制度和工作程序和做好日常考核管理，兼顾定期的预案演习等。

4. 消防管理

消防管理也是为维护物业正常的工作、生活而进行的一项专门性的管理与服务工作。消防管理是指预防物业火灾发生，最大限度地减少火灾的损失和火灾中实施的应急措施。消防工作包括灭火和防火，配备专职人员，培训一支兼职队伍，订立消防制度，保证消防设备处于良好待用状态。消防管理工作的重点是防患于未然，加强防范措施，同时还要让业主或租户具有人人防火和自救的意识。

5. 车辆道路管理

车辆道路管理是物业管理中的一件十分琐碎而又不可缺失的工作。要防止车辆丢失，并应定点停放，避免阻碍交通和有碍观瞻。车辆管理看起来是件小事，但处理起来并不容易。特别是随着人们生活水平的提高，汽车拥有量也在逐渐增加，而我们的住宅设计往往没有考虑这个问题，从而进一步增加了对车辆交通与停放管理的难度。

6. 环境管理

环境管理是为了净化和美化物业环境而进行的管理与服务工作。物业环境是物业管理的重要组成部分，是体现物业管理水平高低的一项重要标志。既需要做好草地和花木的养护工作，定期修剪、施肥、浇水、防治病虫害、更换花木、营造园林绿地等；也需要搞好清洁工作，如对各种垃圾、废物、污水、雨水的处理，防鼠灭虫，外墙清洗、粉刷，还包括清洁保养的工作计划、检查监督等管理工作。

7. 客户关系管理

物业服务企业属于服务性行业，提供服务商品，其客户是业主或物业使用人。在物业服务企业经营管理和服务过程中，不可避免地与客户发生复杂的关系，使客户关系管理变得十分重要。物业客户关系管理包括客户沟通管理、客户投诉管理、客户满意度管理等方面内容，旨在通过不断加强与客户之间的沟通交流、洞察并满足客户诉求、改进服务品质并提升客户感知，赢得客户满意。

8. 风险管理

物业在经营管理过程中，面临的风险通常包括：雷电、洪水、飓风和地震等自然界运动所造成的灾害，也有火灾、战争以及人为因素所导致的损害；物业管理疏忽或不当所引发的公众人身或财产的损害赔偿责任，物业管理人员的意外伤害责任及养老和健康的保障问题。这些风险具有客观性、不确定性和损害性的特点。为防范物业风险，物业企业理应开展风险管理。物业风险管理工作包括风险预防、风险识别、风险处理。

（二）多种经营服务

物业管理多种经营服务主要是指物业服务企业依托物业管理区域特有的市场资源所开展的各类有偿服务，它主要是指为某些用户的一定需要而提供的有针对性的有偿服务。专项服务通常事先设立服务项目，并公布服务内容与质量、收费标准。业主或使用人需要这种服务时，可自行选择，费用在公共服务费外单独收取。

（三）物业租赁管理

物业服务企业根据自身的实力及所管物业区域的特点，可以开展接受业主委托的物业租赁业务，增加企业的经营收入。物业租赁管理工作包括：捕捉潜在的客户、租户资格审查、租约条款谈判、核查物业等工作。

（四）社区管理

参与社区管理是物业服务企业的一个特殊使命。物业服务企业在搞好自身的业务之外，还要承担起积极参与社区管理这个特殊职能。物业服务企业要自觉地和各级政府、医疗、政法、公安等单位取得联系，随时传达有关政策和法令，开展社区建设和管理工作，如全民选举、人口普查、计划生育、社会治安、医疗保健、防病治病、社区文化等，努力探索一条社区管理的新路。

专栏 1－3 物业服务企业将趋于专业管家定位①

随着战略合作方——上海绿地集团在海外开发房地产的步伐，上海科瑞物业管理有限公司（下简称“科瑞物业”）来到了韩国济州岛接管了第一个海外项目——汉拿山

① 张一民：《物业服务企业将趋于专业管家定位》，载于《中国物业管理》2015 年第 1 期。

小镇，根据韩国的法律，国外企业在韩国设立公司，只能根据规定人数派遣管理人员，特别是劳务人员不能从中国派遣，必须录用当地人员。这就逼迫我们只能真正做专业管家，作业事务必须全部发包给韩国专业公司或直接招募韩国工人。好在发达国家的物业管理本身就是有专业分工的，秩序维护、设施设备维护、保洁、绿化养护都有许多专业公司，所以我们专业管家的角色在济州岛当得很顺畅！韩国的实践，使我们认识到，我们专业管家的角色定位，其实并不是模式的创新，而是向专业管家角色定位的回归！

一、行业的社会化将进一步推动物业服务企业向专业管家转型

按照发达国家和地区的物业管理模式，物业服务企业作为“专业管家”将整体承揽物业管理业务，有的旗下也设立专业公司，但大部分的业务都是由这个“专业管家”发包给社会专业机构来实施。科瑞物业近十年来就是按照这个模式来管理运行所服务的2000多万平方米物业的；尽管对于整个行业来说，由于收费机制、税收体制、政策法规、社会观念等方面的制约，管作分离的专业管家模式发展缓慢，但从各地现状看，物业服务企业将保洁、秩序维护、绿化事务外包还是比比皆是，这个模式正逐步形成趋势！

也许，有的同志认为，其他都可以发包，只要抓住设施设备这个核心业务自己做就行了；而事实上，虽然综合的设施设备维护企业由于物业费机制制约还很少出现，但单项的设施设备维护单位还是如雨后春笋般地涌现出来，如电梯、弱电、空调、高压配电等维护企业包括生产安装企业都纷纷把业务延伸到了物业维护领域。据了解，上海建工系统的物业服务公司已经将设备保质期的维护与长期维护相结合，为世博会演艺中心等项目提供了专业维护服务，北京也有物业服务企业下的专业维护企业为许多社会综合项目提供维护服务。显然，一旦物业费市场化机制形成，酬金制被广泛应用，物业基础服务作业包括设施设备维护的社会专业服务企业必将更多涌现！

行业中也有同志担忧，物业服务作业事务都由社会专业机构去做了，那物业服务企业岂不没事干了，有的甚至认为这是在自掘坟墓！我们认为，世间事物的发展规律是绝不会围绕现有组织或机构的利益为转移的，随着社会生产力的发展，产业必然向最低成本、最有效、最快捷、最专业的方向转型和变革，社会发展分工细化是必然的，就如汽车产业的零部件全面外包最后整合组装一样，物业服务企业作为专业管家就是应该着重于为业主设计策划服务、组织专业机构实施服务、监管协调整合服务等来完成与业主的合同约定，着重研究如何通过现代技术将专业管家定位下的核心管控技术建设好，而所有专业事务都可以分别交给社会专业机构去实施。

也许有人认为，中国目前面广量大的物业服务企业，有多少能担得起这样的专业管家的重任呢？我们应该看到，目前物业服务企业平均的管理面积、管理效益是极低的，无法想象这些小作坊式的物业服务企业能承担物业基础服务的各条线的专业培训与企业系统管理的成本，众多的小微物业服务企业不仅当不了专业管家，要做好所有条线的专业保姆也不可能；这些年，全国各地比如上海都有计划要淘汰这些小企业，减少物业服务企业总数，但没有市场机制的催化，收效甚微；而从发达国家、地区的物业管理行业发展规律看，物业服务企业的分化趋势必然成为未来中国物业服务企业转型的重要规律：那就是数量不多的品牌物业服务企业逐步占有大部分物业服务市场份额，他们采取管作分离模式，定位于专业管家，位居物业服务领域金字塔的顶层。而众多的小微物业服务企业由于无力做大成为专业管家，要做好各条线的专业保姆也力不从心，但他们完全可以选择相对做得最好的事务条线转型为这一条线或事项的专业保姆，从而成为物业管理行业的配套服务企业。专业管家和专业保姆各施其道，协同为业主服务，岂不乐乎？

二、行业的科技化将进一步推动物业服务企业向专业管家转型

此外，经过十多年的实践，我们认识到以往虽然将管作分离了，实现了管家和保姆职能的分工，其实并没有改变传统服务的方式和管理本质；近几年，随着互联网技术的发展，已经有许多物业服务企业建设了企业内部的信息化管理系统，用互联网信息系统将企业的行政事务管理起来，一些先进的企业还建设了物业基础服务特别是工程维护条线的作业信息管控系统，从而走出了物业服务企业管控员工日常服务作业的步伐；我们在实践中体会到，作为现代社会的专业管家，更必须应用现代科技，建设企业的行政管理、物业项目所有岗位的基础服务管控系统，以提高基础服务效率、增强管控力度和范围、降低管理成本，这个管控是直接监管到外包方的作业事务中去的，从而形成真正的专业管家管控能力；同时又能将项目管理层从传统的监管事务中解放出来，借助物业基础服务平台，根据业主的需求，组织开展定制的衍生服务，以最大限度地满足业主的需求并为物业服务企业取得经营效益创造条件！

所以说，专业管家并不仅仅只是针对物业基础服务而讲的，随着现代社会、现代科技的发展，专业管家定位的更大意义在于凭借物业基础服务的平台，去组织开展无限的衍生服务，从基础服务的酬金获取，进一步发展为业主提供更广泛的服务来共同分享收益！

无论是根据项目业主的需求开展定制的服务，还是通过互联网技术建设社区商务平台开展社区商业经营，我们都可以看出，物业服务企业的角色就是组织和协调以及监管，事实上，万千商业或服务事务，任何物业服务企业都不可能直接作为，建设平台、众包协作，才能奏效；而这种角色，就是专业管家的定位和作为！

三、物业管理实务的原则

（一）以客户需求为中心的原则

在物业管理体制框架下，业主有权选聘、续聘和解聘物业服务企业并对物业服务企业的工作进行监督，物业服务企业要对全体业主负责，为业主与使用人提供优质的、全方位的服务。物业服务企业为业主与使用人提供服务是其生存的基础，只有处处为业主与使用人着想，寓管理于服务之中，用优质、完善的服务满足业主与使用人居住、办公经营等多方面的需求，为他们营造满意的生活、工作空间，才能获得生存和发展。

（二）一体化管理原则

任何一个物业管理区域都是一个设施设备配套齐全的完整的系统，同时，由于物业功能多、产权分散，各管一摊必然导致效率低下。只有实行一体化综合管理，才能充分发挥物业的整体功能，克服多头管理带来的推诿扯皮、效率低下等问题，也只有这样才能使管理集约化，降低管理成本。

在物业服务企业对物业进行统一管理的基础上，根据需要可以通过签订合同的办法将一些专业性强的项目分包给其他具有实力的专业公司。如物业绿化项目可分包给园林绿化公司，房屋修缮项目可分包给房屋修缮公司，物业保洁项目可分包给保洁公司，物业治安保卫项目可分包给保安公司等。

（三）专业管理与民主管理相结合的原则

一方面，在物业管理实务领域有许多技术性、专业性都很强的工作，需要专门机构、专业人员进行专业化的管理。另一方面，物业管理工作的开展与业主、使用人的工作、生活息息相关。所以，通过建立业主大会和业主委员会制度，动员和组织全体业主、使用人主动参与和配合物业管理工作，形成物业服务企业专业化管理与业主广泛参与的良性互动机制，才能持续改进物业服务企业的工作，促进全社会物业管理水平的不断提高。

（四）合理定价、等价交换原则

物业管理是一种市场化、企业化的行为。物业服务企业为业主与使用人提供的物业管理服务产品也是商品，其使用价值实现和价值补偿也要通过交换来实现，也要遵循价值规律，按质论价、优质优价。物业服务企业要科学进行费用测算，严格执行国家有关物业服务企业财务制度的规定，根据物业管理区域的特点，科学确定收费项目、准确测算取费标准，不擅自扩大收费范围、提高收费标准，不搞重复收费，自觉维护广大业主与使用人的合法权益。不能只收费不服务或多收费少服务。

（五）诚实信用原则

在物业管理过程中，物业服务合同是物业服务企业同业主之间权利义务关系的具体体现。合同一旦订立，就具有法律上的效力，双方必须严格按照合同的约定履行各自的业务，否则，就要承担违约责任。在实践中，有的物业服务企业采取低价竞争的手段获得委托管理项目，等到正式接管以后，便通过采取压缩人员编制、降低服务标准等手段维持收支的平衡；还有的企业为降低管理成本，随意延长设备保养周期，导致设备折旧速度加快，给业主造成了巨额财产损失。

（六）权责分明原则

物业管理实务涉及政府、物业服务企业、业主或使用人、社会公用事业部门等多个法律关系主体。要建立起运转高效、机制健全、和谐有序的物业管理市场环境，首先，要明确界定各自在物业管理过程中的定位，各司其职、各负其责；其次，要正确认识和处理物业管理法律关系中权利和义务之间的辩证关系，不能片面强调权利而回避或拒绝履行义务；最后，随着物业管理社会化程度的不断提高，要在全社会营造一种责任意识，对责任要怀有敬畏的态度。

（七）依法管理原则

政府、物业服务企业、业主或使用人、社会公用事业部门等所有参与物业管理法律关系的主体，都应该树立法律意识和法制观念，严格依法办事。目前，全国人大、国务院与住房和城乡建设部颁布的有关物业管理方面的法律、法规和规章主要有：《中华人民共和国物权法》《中华人民共和国物业管理条例》《城市房屋修缮管理规定》《城市生活垃圾管理办法》《房屋建筑工程质量保修办法》《前期物业管理招标投标管理暂行办法》《住宅室内装饰装修管理办法》等。

复习思考题

一、名词解释

物业、不动产、物业管理、自主经营型物业管理、委托管理型物业管理、物业管理实务、绿色物业管理

二、简答题

1. 物业至少应包括哪些基本要素？
2. 物业的自然属性是什么？
3. 物业的社会属性是什么？
4. 房地产、不动产与物业之间的联系与区别有哪些？
5. 物业管理的特点是什么？
6. 物业管理类型是什么？
7. 物业管理实务的内容是什么？
8. 物业管理实务的原则是什么？
9. 我国物业管理实务发展趋势是什么？

三、实训题（建议安排学生以小组的形式完成下列实训题）

1. 通过网络或者实地调查方式，调研某物业的智能化管理。
2. 通过网络或者实地调查方式，调研某物业的绿色管理。

第二章　房屋维修、养护和装修管理

本章学习目标

通过本章的学习，了解房屋的分类、房屋损坏及其原因；掌握房屋的基本构成。了解房屋安全检测的方法，熟悉房屋安全检查的程序、房屋完损等级评定和危险房屋的管理。了解房屋维修管理概念、特点、意义和原则，熟悉房屋维修标准、房屋维修工程考核指标，掌握房屋维修管理的责任和工程划分。熟悉房屋维修计划管理、施工管理、技术管理、质量管理、费用管理、行政管理和档案管理工作。了解房屋养护的概念和作用，熟悉房屋日常养护的分类、程序和考核。掌握房屋装修前的物业主要准备工作，房屋装修管理的流程和内容，房屋装修中各方主体的责任。

第一节　房屋概述

房屋一般指上有屋顶，周围有墙，能防风避雨，御寒保温，有固定基础，层高一般在2.2米以上的，供人们工作、生活、学习、娱乐和储藏物资的建筑物。但根据一些地方的生活习惯，把可供人们常年居住的窑洞、竹楼等也应包括在房屋内。

一、房屋基本组成部分

房屋一般由基础、墙体或柱、楼底层、楼梯、屋顶和门窗六大部分组成。

（一）基础

基础位于建筑物地面以下，是建筑墙或柱的扩大部分，承受着建筑上部的所有荷载并将其传给地基的承重结构。因此，基础应具有足够的强度、刚度和耐久性，并能承受地下各种因素的影响。如果基础先于上部结构破坏，检查和加固都十分困难，而且还会影响房屋建筑的使用寿命。由于建筑的结构形式不同，基础的构造也不相同，常用的基础形式有条形基础、独立基础、筏板基础、箱形基础、桩基础等。使用的材料有砖、石、混凝土、钢筋混凝土等。

（二）墙体、柱

墙体是建筑物的重要组成部分，其作用是承重、围护和分隔。按墙体受力作用和材料的不同，墙体可分为承重墙体和非承重墙体。承重墙体承受着自重及建筑物由屋顶及楼板传来的荷载，并将这些荷载传递给基础；凡不承受外来荷载的墙体称为非承重墙。墙体按所处位置不同，可分为外墙和内墙。外墙位于房屋的四周，具有分隔空间和围护作用，应能抵御自然界各种因素对建筑内部的侵袭，起到保温、隔热作用；内墙主要起分隔空间和保证舒适环境的作用。因此，墙体要具有足够的强度、稳定性、保温、隔热、隔声、防水、防潮等能力，并具有一定的经济性和耐久性。

柱是建筑物结构的主要承重构件，承受屋顶和楼层传来的荷载，因此必须具有足够的强度和硬度。

（三）楼地层

楼地层包括楼板层和地坪层。楼板是建筑水平方向的承重构件，按房间层高将整幢建筑物沿水平方向分为若干层，充分利用了建筑的空间，增加了建筑的使用面积。楼板承受家具、设备和人体荷载以及本身的自重，并将这些有载传给墙或柱，同时对墙体起着水平支撑的作用。因此，楼板应具有足够的抗弯强度、刚度和隔声能力；厕浴间等有水侵蚀的房间楼板层要具备防水、防潮能力。

地坪是底层房间与地基土层相接的构件，起承受底层房间荷载的作用。地坪要具备耐磨、防潮、防水和保温的性能。

（四）楼梯

楼梯是二层及二层以上建筑的垂直交通设施，供人们上下楼层和紧急疏散之用，因此楼梯应具有足够的通行能力，而且要防滑、防水。常用的楼梯有钢筋混凝土楼梯和钢楼梯。现在很多建筑物因为交通或舒适的需要安装了电梯，但同时也必须有楼梯用作交通和防火疏散。

（五）屋顶

屋顶是建筑物顶部的围护构件和承重构件。作为围护构件，屋顶能抵御风、霜、雨、雪、冰雹等的侵袭和太阳辐射热的影响，有防水、排水、保温和隔热等作用。作为承重构件，屋顶应有足够的强度，能承受自重和雪荷载及施工、检修等屋顶荷载，并将这些荷载传给墙或柱。屋顶形式主要有平顶、坡顶和其他形式。平屋顶的做法与楼板层相似，有上人屋面和不上人屋面之分，上人屋面指人员能够到屋面上活动，如屋顶花园等。屋顶应具有足够的强度、刚度及防水、保温、隔热等能力。

（六）门与窗

门与窗均属非承重构件，也称为配件，按照材质不同可分为木门窗、塑钢门窗、铝合金门窗等，都有分隔和围护作用。门主要供人们内外穿行和分隔房间用；窗主要起通风、采光、分隔、眺望等围护作用。处于外墙上的门窗又是围护构件的一部分，要满足保温、隔热的要求；某些有特殊要求房间的门窗还应具有隔声、防火的能力。

一幢建筑物除上述六大基本组成部分以外，对不同使用功能的建筑物，还有各种不同的构件和配件，如阳台、雨篷、通风道、雨水管、女儿墙、室外台阶、遮阳板和散水等。

二、房屋的种类

房屋可从不同角度进行划分。

（一）根据用途分类

根据房屋的用途，可以把房屋分成下列八种类型。

1. 住宅

住宅是指专供居住的房屋，包括别墅、公寓、职工家属宿舍和集体宿舍（包括职工单身宿舍和学生宿舍）等。但不包括住宅楼中作为人防用、不住人的地下室等，也不包括托儿所、病房、疗养院、旅馆等具有专门用途的房屋。

成套住宅是指由若干卧室、起居室、厨房、卫生间、室内走道或客厅等组成的供一户使用的房屋。

非成套住宅是指供人们生活居住的但不成套的房屋。

集体宿舍是指机关、学校、企事业单位的单身职工、学生居住的房屋。

2. 工业、交通、仓储用房

工业用房是指独立设置的各类工厂、车间、手工作坊、发电厂等从事生产活动的房屋。

公用设施用房是指自来水、泵站、污水处理、变电、燃气、供热、垃圾处理、环卫、公厕、殡葬、消防等市政公用设施的房屋。

铁路用房是指铁路系统从事铁路运输的房屋。

民航用房是指民航系统从事民航运输的房屋。

航运用房是指航运系统从事水路运输的房屋。

公交运输用房是指公路运输、公共交通系统从事客货运输、装卸、搬运的房屋。

仓储用房是指用于储备、中转、外贸、供应等各种仓库、油库用房。

3. 商业、金融和信息用房

商业服务用房是指各类商店、门市部、饮食店、粮油店、菜场、理发店、照相馆、浴室、旅社、招待所等从事商业和为居民生活服务所用的房屋。

经营用房是指各种开发、装饰、中介公司等从事各类经营业务活动所用的房屋。

旅游用房是指宾馆、饭店、乐园、俱乐部、旅行社等主要从事旅游服务所用的房屋。

金融保险用房是指银行、储蓄所信用社、信托公司、证券公司、保险公司等从事金融服务所用的房屋。

电讯信息用房是指各种邮电、电讯部门、信息产业部门，从事电讯与信息工作所用的房屋。

4. 教育、医疗卫生和科研用房

教育用房是指大专院校、中等专业学校、中学、小学、幼儿园、托儿所、职业学校、业余学校、干校、党校、进修院校、工读学校、电视大学等从事教育所用的房屋。

医疗卫生用房是指各类医院、门诊部、卫生所（站）、检（防）疫站、保健院（站）、疗养院、医学化验、药品检验等医疗卫生机构从事医疗、保健、防疫、检验所用的房屋。

科研用房是指各类从事自然科学、社会科学等研究设计、开发所用的房屋。

5. 文化、新闻、娱乐、园林绿化、体育用房

文化用房是指文化馆、图书馆、展览馆、博物馆、纪念馆等从事文化活动所用的房屋。

新闻用房是指广播电视台、电台、出版社、报社、杂志社、通讯社、记者站等从事新闻出版所用的房屋。

娱乐用房是指影剧院、游乐场、俱乐部、剧团等从事文娱演出所用的房屋。

园林绿化用房是指公园、动物园、植物园、陵园、苗圃、花圃、花园、风景名胜、防护林等所用的房屋。

体育用房是指体育场馆、游泳池、射击场、跳伞塔等从事体育所用的房屋。

6. 机关事业办公用房

机关事业办公用房是指党政机关，群众团体、行政事业单位等行政事业单位等所用的房屋。

7. 军事用房

军事用房是指中国人民解放军军事机关、营房、阵地、基地、机场、码头、工厂、学校等所用的房屋。

8. 其他用房

涉外用房是指外国使、领馆，驻华办事处等涉外机构所用的房屋。

宗教用房是指寺庙、教堂等从事宗教活动所用的房屋。

监狱用房是指监狱、看守所、劳改场（所）等所用的房屋。

（二）根据楼层高度分类

按照我国《民用建筑设计通则》的有关规定，我国的房屋按地上层数或高度分类进行分类。按层数分类：一层至三层为低层住宅，四层至六层为多层住宅，七层至九层为中高层住宅，十层及十层以上为高层住宅；按高度分类：除住宅建筑之外的民用建筑高度不大于 24 米者为单层和多层建筑，大于 24 米者为高层建筑（不包括建筑高度大于 24 米的单层公共建筑）；建筑高度大于 100 米的民用建筑为超高层建筑。

（三）按承重材料分类

建筑物主要承重结构材料对建筑物的形式和特点影响很大。根据主要承重结构材料不同，建筑物主要可以分为以下几类。

砖木结构，指建筑物中坚向承重结构的墙、柱等采用砖或砌块砌筑，楼板、屋架等用木结构。

砖混结构，建筑中竖向承重结构的墙、柱等采用砖或砌块砌筑，柱、梁、楼板、屋面板等采用钢筋混凝土结构；通俗地讲，砖混结构是以小部分钢筋混凝土和大部分砖墙承重。

钢筋混凝土结构，指建筑物中主要承重结构如墙、柱、梁、楼板、楼体、屋面板等用钢筋混凝土制成，非承重墙用砖或其他材料填充，这种结构具有节省钢材，抗震性能好，

整体性强，耐火性、耐久性、抗腐蚀性强等优点。缺点是自重较大、抗裂性较差等。它还可以进一步细分为框架结构和剪力墙结构。框架结构是由梁、板、柱组成建筑承重结构，墙体仅作为分隔和保温用途，而剪力墙结构则是用钢筋混凝土墙板来代替框架结构中的梁柱，能承担各类荷载引起的内力，并能有效控制结构的水平力，这种结构在高层房屋中被大量运用。

钢结构是指房屋的承重材料以钢材为主，如全部用钢柱、钢屋架建造的工业厂房、大型商场等。钢结构材料质量均匀、强度高，构件截面小、重量轻，可焊性好，制造工艺比较简单，便于工业化施工；缺点是钢材易锈蚀，耐火性较差，价格较贵。

木结构是以木材为主制作的结构。但由于受自然条件的限制，我国木材相当缺乏，目前仅在山区、林区和农村的房屋或别墅有一定的采用。木结构制作简单、自重轻、容易加工，缺点是木材易燃、易腐、易受虫蛀。

（四）按房屋产权划分

根据房屋的产权不同，可将房屋主要分为以下几种类别。

国有房产是指归国家所有的房产。包括由政府接管、国家经承租、收购、新建以及由国有单位用自筹资金建设或购买的房产。国有房产分为直管产、自管产、军产三种。直管产是指由政府接管、国家经租、收购、新建、扩建的房产（房屋所有权已正式划拨给单位的除外），大多数由政府房地产管理部门直接管理、出租、维修，少部分免租拨借给单位使用。自管产是指国家划拨给全民所有制单位所有以及全民所有制单位自筹资金购建的房产。军产是指中国人民解放军部队所有的房产。包括由国家划拨的房产、利用军费开支或军队自筹资金购建的房产。

集体所有房产是指城市集体所有制单位所有的房产。即集体所有制单位投资建造、购买的房产。

私有房产是指私人所有的房产，包括中国公民、港澳台同胞、海外侨胞、在华外国侨民、外国人所投资建造、购买的房产，以及中国公民投资的私营企业（私营独资企业、私营合伙企业和私营有限责任公司）所投资建造、购买的房屋。

联营企业房产是指不同的所有制性质的单位之间共同组成新的法人型经济实体所投资建造、购买的房产。

股份制企业房产是指股份制企业所投资建造或购买的房产。

港、澳、台投资房产是指港、澳、台地区投资者以合资、合作或独资在祖国大陆举办的企业所投资建造或购买的房产。

涉外房产是指中外合资经营企业、中外合作经营企业和外资企业、外国政府、社会团体、国际性机构所投资建造或购买的房产。

其他房产是指凡不属于以上各类别的房屋，都归在这一类，包括因所有权人不明，由政府房地产管理部门、全民所有制单位、军队代为管理的房屋以及宗教、寺庙等房屋。

（五）按房屋建筑质量分类

按照房屋质量的不同，可将房屋分为完好房屋、基本完好房屋、一般损坏房、严重损坏房和危险房屋。具体见本章节后面内容。

三、房屋损坏及原因

房屋建成交付使用后，由于各种原因的影响而开始磨损。房屋的损坏分为外部损坏和内部损坏。外部损坏是指房屋的外露部位，如屋面、外墙、勒脚、外门窗和防水层等的污损、起壳、锈蚀及破坏等现象。内部损坏是指房屋的内部结构、装修、内门窗、各类室内设备的磨损、污损、起壳、蛀蚀及破坏等现象。房屋外部项目的长期失修会加速内部结构装修、设备的损坏。导致房屋损坏的原因是多方面的，基本上可分为自然损坏和人为损坏两类。

（一）自然损坏

自然损坏的原因有以下四种。

1. 气候因素

自然界风、霜、雨、雪和冰冻的袭击以及空气有害物质的侵蚀与氧化作用会对房屋的构件产生老化和风化的影响，这种影响随大气干湿度和温度的变化会有所不同，但都会使构件发生风化剥落，引起质量变化。例如，木材的腐烂糟朽、砖瓦的风化、铁件的锈蚀、钢筋混凝土的胀裂、塑料的老化等，尤其是房屋构件的外露部分更易损坏。

2. 生物因素

主要是虫害（如白蚁等）、菌类（如霉菌）的作用，使建筑物构件的断面减少、强度降低。

3. 地理因素

这主要指地基土质的差异引起房屋的不均匀沉降以及地基盐碱化作用引起房屋的损坏。

4. 灾害因素

主要是突发性的天灾人祸，如洪水、火灾、地震、滑坡、龙卷风、战争等造成的损坏。

（二）人为损坏

人为损坏是相对于自然损坏而言的，主要有以下三种情况。

1. 使用不当

由于人们在房屋内生活或生产，人们的生产或生活活动以及设备、生活日用品承载的大小，摩擦、撞击的频率，使用的合理程度等都会影响房屋的寿命。如不合理地改装、搭建；不合理地改变房屋用途，使房屋的某些结构遭受破坏，或者造成超载压损；爱护不够或使用不当而产生的破坏。此外，还有由于周围设施的影响而造成房屋损坏的，例如因人防工程、市政管道、安装电缆等，因缺乏相应技术措施而导致塌方或地基沉降，造成房屋墙体的闪动、开裂及其他变形等。

2. 设计和施工质量的低劣

房屋在建造或修缮时，由于设计不当、质量差，或者用料不符合要求等，影响了房屋的正常使用，加速了房屋的损坏。例如，房屋坡度不符合要求，下雨时排水慢而造成漏水；砖墙砌筑质量低劣，影响墙体承重力而损坏变形；有的木结构的木材质量差或制作不合格，安装使用后不久就变形、断裂、腐烂；有的水泥晒台、阳台因混凝土振捣质量差或钢筋位置摆错而造成断裂等。

3. 预防保养不善

有的房屋和设备，由于没有适时地采取预防保养措施或者修理不够及时，造成不应产生的损坏或提前损坏，以致发生房屋破损、倒塌事故，如钢筋混凝土露筋，铁件、白铁落水设备未能油漆保养，门窗铰链松动等，所有这些若不及时保养，都可能酿成大祸。

致使房屋自然损坏和人为损坏的 7 种因素往往交叉影响，从而加剧了房屋破损的速度。

四、房屋的寿命

房屋自建成、使用至报废是一个必然的过程。这个过程在时间上的长短，我们通常称为房屋的寿命。而衡量一栋房屋寿命长短一般有两种方式，即房屋的物理寿命和经济寿命。房屋的物理寿命是指由于受到各种实体因素的作用，而使房屋损坏直至不能使用而报废的时限；而房屋的经济寿命是指房屋在经济功能上的寿命，是指由于物理因素、经济因素及功能因素的作用，使房屋在经济功能上失去其使用价值而被淘汰的时限。一般情况下，经济寿命小于物理寿命。

第二节　房屋安全管理

一、房屋安全管理

（一）房屋安全管理的意义

安全性是房屋所必须具备的基本特性之一，对房屋进行安全管理是实现房屋安全性的重要保证措施，而房屋的安全检查又是房屋使用管理以及养护维修的重要依据。对房屋进行必要的安全检查，便于及时发现房屋的破损状况，及时进行维修，解除潜在的危险，保证房屋使用的安全性以及功能的正常发挥，延长房屋建设的寿命，实现物业保值、增值，保护业主的利益。

（二）房屋安全检查的程序

1. 准备阶段

房屋管理部门要成立检查小组，明确检查范围。首先，检查小组要查阅房屋图样等有关资料，了解房屋布局及结构，如无图样资料，则应根据房屋的现有情况补画建筑平面图。其次，检查小组准备检查工具及必要的排险抢修器材。最后，检查小组要按照检查进度的时间安排提前通知业主做好准备，为检查提供方便。

2. 勘察现场

勘察现场的主要工作是检查房屋的现状与图样资料的内容是否相符，产权关系是否相符。

3. 检查周边环境及房屋的使用状况

检查房屋周边环境有无对房屋的安全造成影响的因素，如高压线、积水、高大的枯木、高大的危房等。另外还要检查房屋是否有不合理的使用状况，如承重墙开洞、自行拆改门窗、基础长期浸水、化学腐蚀等。

4. 房屋安全检查

按照房屋安全检查技术要点的要求进行检查，如对钢筋混凝土结构和砖混结构房屋中混凝土构件要检查的内容如下：

（1）检查地基基础是否有足够的承载能力，检查是否有不均匀沉降的发生及发展状况；

（2）检查承重构件的梁、柱、墙、板、屋架是否平直牢固，检查是否有变形、裂缝、松动、腐朽、蛀蚀的发生及发展状况；

（3）检查屋面是否损坏，有无渗漏、排水是否通畅，是否有瓦件塌陷等；

（4）检查装修工程，如吊顶、地板、装饰、水泥饰面的损坏情况；

（5）检查设备设施的损坏情况；

（6）检查时要认真记录，由检查人、复核人、负责人签字。

（三）房屋安全检查的方法

房屋安全检查的方法有很多，常用的方法有直观检查法、仪器检查法、计算分析法、荷载试验法、重复观测检查法等。在房屋查勘鉴定时，往往是通过直观检查与仪器检测相结合，观察与计算相结合，资料分析与现场查勘相结合的形式来进行。

1. 直观检查法

直观检查法是指通过现场直接观察房屋外形的变化（房屋结构构件的变形、倾斜，裂缝、脱落等破损情况），用简单工具测量房屋破损程度及损坏构件数量，根据工程技术经验判断房屋构件损坏程度。此法可概括为“听、看、问、查、测”五个字。“听”即查勘人员要耐心听取业户的反映；“看”即观察房屋的外形、墙壁、门窗以及结构构件的表面情况；“问”即详细咨询业主有关房屋损坏原因等情况，获得对查勘有帮助的资料；“查”即对房屋承重结构，如架、梁、柱、板等进行仔细查勘；“测”即对基础下沉、房屋倾斜、墙壁凹凸和屋架变形等直观现象借助仪器进行测量。

2. 仪器检查法

仪器检查法是指用各种仪器对房屋构件进行强度、刚度、沉降、倾斜等状况的检测，通过取得多种的定量分析指标来确定房屋完损等级的一种检查方法。一般用回弹仪枪击法、撞击法、敲击法等机械方法对房屋进行非破坏性检验；用超声波脉冲法、共振法进行构件的物理检验。用万能试验机对构件样品进行性能测试；用经纬仪、水准仪、激光准直仪等仪器检查房屋变形、沉降、倾斜等情况。

3. 计算分析法

计算分析法是将查勘的有关资料和测量结果，运用结构理论加以计算和分析，从而对房屋的结构构件作出安全评定的一种方法。计算时应根据实际的负荷，以实测的材料强度为准，从而准确地判断结构的受力状态。

4. 荷载试验法

荷载试验法是对结构实施实验性荷载，从而对房屋结构进行鉴定的一种技术方法。此法主要用于房屋发生重大质量事故、出现过大变形和裂缝等缺陷的构件的鉴定，当房屋需要变更用途或加层而无法取得必要的物理力学数据时，用此方法对房屋结构、构件进行评定。

5. 重复观察法

重复观察法主要用于房屋危（损）变化仍在发展变化中，一次检查不解决问题时，需要通过多次重复观测，才能掌握危、损情况及程度。

上述几种房屋查勘的方法，往往需要同时或交叉使用。随着科学技术的发展，查勘所用的仪器也越先进，应力应变仪、超声检测仪及岩芯取样等新技术也不断地应用到房屋查勘鉴定工作中。

二、房屋完损等级评定

为使房地产管理部门掌握各类房屋的完损情况，并为房屋技术管理和修缮计划的安排以及城市规划、改造提供基础资料和依据，我国原城乡建设环境保护部 1985 年 1 月 1 日实施了《房屋完损等级评定标准（试行)》。该标准适用于房地产管理部门经营的房屋。对单位自管房（不包括工业建筑）或私房进行鉴定、管理时，其完损等级的评定，也可适用本标准。在评定古典建筑的完损等级时，本标准可作参考。有抗震设防要求的地区，在划分房屋完损等级时应结合抗震能力进行评定。对现有房屋原设计质量和原使用功能的鉴定，不属该标准的评定范围。危险房是指承重的主要结构严重损坏，影响正常使用，不能确保住用安全的房屋。其评定标准按建设部实施的《危险房屋鉴定标准》执行。

（一）房屋完损等级标准的项目划分

根据《房屋完损等级评定标准》规定，房屋完损等级的评定，一般以幢为评定单位，一律以建筑面积（平方米）为计量单位。在房屋完损等级评定中，把房屋分为结构、装修、设备三大组成部分，十四个项目。

1. 结构部分

基础、承重构件、非承重墙、屋面、楼地面。

2. 装修部分

门窗、外抹灰、内抹灰、顶棚、细木装修。

3. 设备部分

水卫、电照、暖气及特种设备（如消防栓、避雷装置等)。

（二）房屋等级评定办法

评定人员根据房屋的结构、装修、设备三个组成部分共十四个项目的完损程度、损坏情况，结合房屋的结构类型，把房屋分为四个标准。

钢筋混凝土结构、混合结构、砖木结构房屋完损等级评定方法。

1. 凡符合下列条件之一者可评为完好房

（1）结构、装修、设备部分各项完损程度符合完好标准。

（2）在装修、设备部分中有一、二项完损程度符合基本完好的标准，其余符合完好标准。

2. 凡符合下列条件之一者可评为基本完好房

（1）结构、装修、设备部分各项完损程度符合基本完好标准。、

（2）在装修、设备部分中有一、二项完损程度符合一般损坏的标准，其余符合基本完好以上的标准。

（3）结构部分除基础、承重构件、屋面外，可有一项和装修或设备部分中的一项符合一般损坏标准，其余符合基本完好以上标准。

3. 凡符合下列条件之一者可评为一般损坏房

（1）结构、装修、设备部分各项完损程度符合一般损坏的标准。

（2）在装修、设备部分中有一、二项完损程度符合严重损坏标准，其余符合一般损坏以上标准。

（3）结构部分除基础、承重构件、屋面外，可有一项和装修或设备部分中的一项完损程度符合严重损坏的标准，其余符合一般损坏以上的标准。

4. 凡符合下列条件之一者可评为严重损坏房

（1）结构、装修、设备部分各项完损程度符合严重损坏标准。

（2）在结构、装修、设备部分中有少数项目完损程度符合一般损坏标准，其余符合严重损坏的标准。

其他结构房屋完损等级评定方法：

结构、装修、设备部分各项完损程度符合完好标准的，可评为完好房。

结构、装修、设备部分各项完好程度符合基本完好标准，或者有少量项目完好程度符合完好标准的，可评为基本完好房。

结构、装修、设备部分各项完损程度符合一般损坏标准，或者有少量项目完损程度符合基本完好标准的，可评为一般损坏房。

结构、装修、设备部分各项完损程度符合严重损坏标准，或者有少量项目完损程度符合一般损坏标准的，可评为严重损坏房。

（三）房屋评定等级的做法

房屋评定等级的做法一般分为定期和不定期两种。

1. 定期评定房屋完损等级

每隔一定时期（1~3 年，或根据各地规定）对所管房屋进行一次全面的逐幢完损等级评定，这种评定可以全面、详细掌握房屋完损情况。

2. 不定期评定房屋完损等级

（1）根据气候特征，如雨季、台风、暴风雪等，主要对危险房屋、严重损坏房屋等进行检查，评定完损等级。

（2）房屋经过中修、大修、翻修和综合维修竣工验收以后，重新进行评定完损等级。

（3）接管验收新建房屋后，要进行评定房屋完损的等级。

三、危险房屋的管理

危险房屋，系指结构已严重损坏或承重构件已属危险构件，随时有可能丧失结构稳定和承载能力，不能保证居住和使用安全的房屋。为加强城市危险房屋管理，保障居住和使用安全，促进房屋有效利用。我国建设部 1989 年 11 月 21 日颁布了《城市危险房屋管理规定》，并于 2004 年修正。下面介绍它的主要内容：

（一）总则

第一条　本规定适用于城市（指直辖市、市、建制镇，下同）内各种所有制的房屋。

第二条　房屋所有人、使用人，均应遵守本规定。

第三条　房屋所有人和使用人，应当爱护和正确使用房屋。

第四条　建设部负责全国的城市危险房屋管理工作。县级以上地方人民政府房地产行政主管部门负责本辖区的城市危险房屋管理工作。

（二）鉴定

第六条　市、县人民政府房地产行政主管部门应设立房屋安全鉴定机构（以下简称鉴定机构），负责房屋的安全鉴定，并统一启用“房屋安全鉴定专用章”。

第七条　房屋所有人或使用人向当地鉴定机构提出鉴定申请时，必须持有证明其具备相关民事权利的合法证件。鉴定机构接到鉴定申请后，应及时进行鉴定。

第九条　对被鉴定为危险房屋的，一般可分为以下四类进行处理：

1. 观察使用

适用于采取适当安全技术措施后，尚能短期使用，但需继续观察的房屋。

2. 处理使用

适用于采取适当技术措施后，可解除危险的房屋。

3. 停止使用

适用于已无修缮价值，暂时不便拆除，又不危及相邻建筑和影响他人安全的房屋。

4. 整体拆除

适用于整幢危险且已无修缮价值，需立即拆除的房屋。

（三）治理

第十六条　房屋所有人应定期对其房屋进行安全检查。在暴风、雨雪季节，房屋所有人应做好排险解危的各项准备；市、县人民政府房地产行政主管部门要加强监督检查，并在当地政府统一领导下，做好抢险救灾工作。

第十七条　房屋所有人对危险房屋能解危的，要及时解危；解危暂时困难的，应采取安全措施。

第十八条　房屋所有人对经鉴定的危险房屋，必须按照鉴定机构的处理建议，及时加固或修缮治理；如房屋所有人拒不按照处理建议修缮治理，或使用人有阻碍行为的，房地产行政主管部门有权指定有关部门代修，或采取其他强制措施。发生的费用由责任人承担。

第十九条　房屋所有人进行抢险解危需要办理各项手续时，各有关部门应给予支持，及时办理，以免延误时间发生事故。

第二十条　治理私有危险房屋，房屋所有人确有经济困难无力治理时，其所在单位可给予借贷；如系出租房屋，可以和承租人合资治理，承租人付出的修缮费用可以折抵租金或由出租人分期偿还。

第二十一条　经鉴定机构鉴定为危险房屋，并需要拆除重建时，有关部门应酌情给予政策优惠。

第二十二条　异产毗连危险房屋的各所有人，应按照国家对异产毗连房屋的有关规定，共同履行治理责任。拒不承担责任的，由房屋所在地房地产行政主管部门调处；当事人不服的，可向当地人民法院起诉。

（四）法律责任

第二十三条　因下列原因造成事故的，房屋所有人应承担民事或行政责任：

（1）有险不查或损坏不修。

（2）经鉴定机构鉴定为危险房屋而未采取有效的解危措施。

第二十四条　因下列原因造成事故的，使用人、行为人应承担民事责任：

（1）使用人擅自改变房屋结构、构件、设备或使用性质。

（2）使用人阻碍房屋所有人对危险房屋采取解危措施。

（3）行为人由于施工、堆物、碰撞等行为危及房屋。

第二十五条　有下列情况的，鉴定机构应承担民事或行政责任：

（1）因故意把非危险房屋鉴定为危险房屋而造成损失。

（2）因过失把危险房屋鉴定为非危险房屋，并在有效时限内发生事故。

（3）因拖延鉴定时间而发生事故。

第二十六条　有本章第二十三条、第二十四条、第二十五条所列行为，给他人造成生命财产损失，已构成犯罪的，由司法机关依法追究刑事责任。

第三节　房屋维修管理概述

一、房屋维修管理的概念和特点

房屋维修管理主要是指物业管理公司根据国家对房屋维修管理的标准和要求以及科学的管理程序和制度，对所经营管理的房屋进行维修技术管理。房屋维修管理是物业管理的主体和基础工作。房屋维修管理是物业服务企业的一项基础性、日常性和技术性很强的管理工作，具有如下特点。

（一）复杂性

房屋维修管理的复杂性是由房屋的多样性、个体性以及房屋维修的广泛性和分散性等特点决定的。由于每一幢房屋本身的独特形式和结构，房屋维修应根据不同房屋的结构、形式等特点，制订不同的维修方案，组织不同的维修施工，这给房屋维修管理工作带来了复杂性。房屋维修管理必须根据房屋的具体情况，分别实施不同的管理方法。此外，房屋维修的广泛性和分散性，即对零星、分散而又广泛的房屋维修进行管理，也使得房屋维修管理呈现复杂性。

（二）计划性

房屋维修过程本身存在各阶段、各步骤之间一定的不可违反的工作程序。例如，房屋维修一般都经过房屋现状情况调查，对其质量和安全进行检查、研究、规划后才能确定维修方案，因此房屋维修管理工作也必须按照一定的程序，有计划地组织实施。

（三）技术性

由于房屋维修具有技术性，决定了房屋维修管理也具有一定的技术性要求。例如，无论是房屋安全质量检查管理，还是组织维修施工管理，都要求管理人员具有一定的房屋建筑工程专业技术知识和相关专业技术知识，从而能够对房屋维修方案做出正确合理的决策，以便对房屋维修工程质量、工程的成本和进度进行有效控制管理等。

二、房屋维修管理的意义

物业服务企业认真对待房屋的维修管理，不仅有利于延长房屋的使用寿命，增强其使用的安全性能，也有利于美化环境，使物业服务企业在用户心中建立良好的形象和信誉，从而促进物业管理行业的发展。

（一）是房屋实现保值增值的保证

房屋损坏如不及时维修，就会使房屋过早损毁，从而缩短其使用寿命。只有通过房屋维修管理，对房屋进行适时的维修，才能从根本上保证房屋使用功能的正常发挥，并保持其良好的物质性能和建筑形象，从而延长其使用寿命，使房屋实现保值和增值。

（二）是房地产经营顺利开展的基础

房屋建造完成后，出售和出租是其价值的实现形式。被出售的房屋虽然在价值上得到一次性补偿，但由于其使用时间较长，所以可能发生多次价值转移。这种价值的多次转移能否实现，就取决于房屋维修的好坏。同样，出租的房屋如果维修管理不好的话，租赁活动就会受到影响而终止，房屋价值的实现就随之终止或提前完结。因此，为了保证房屋价值的顺利实现，使房屋经营能够顺利开展，就必须进行房屋的维修管理。

（三）是物业服务企业实现“自负盈亏、自我发展”的前提

物业管理是微利行业，物业服务企业要想走“自负盈亏、自我发展”的道路，首先就必须做好房屋维修管理。因为做好房屋维修管理，能使物业服务企业在广大业主或者住户中建立良好的信誉，塑造良好的企业形象，从而为占领市场，实现规模经济效益创造条

件，也为多种经营打下扎实的基础。

三、房屋维修管理的原则

房屋维修管理总的方针是实行管养合一，综合治理，调动各方面的因素对房屋进行养护、维修。房屋维修工作必须为业主或使用人的工作、居住生活和学习服务，为城市建设和管理服务。

（一）用户第一、服务第一的原则

坚持为用户服务是房屋维修管理的一项基本原则。房屋是物业的主体，房屋的维修管理是物业管理与服务过程的一项重点内容。搞好房屋的维修管理，必须围绕为业主或者使用人创造优良的生活环境与工作环境和提高物业的综合效益这一总体目标，把业主、使用人的需要和利益放在首位，树立为用户服务的指导思想，健全房屋维修服务制度，建立良好的服务规范，提高服务技能和服务质量。

（二）预防为主，管、修相结合的原则

房屋的使用、管理、维修和保养是一个统一的过程。强调这一原则就要贯彻预防为主的方针，使房屋的合理使用、日常保养、维修改造等工作有机结合起来。这样做，一方面可以使房屋在长期使用过程中做好维护、监督管理工作，防止人为因素造成房屋毁损，保证房屋的合理使用，使房屋的安全质量检查与日常小修养护工作结合起来，及时发现隐患，排除故障与险情，防止事故发生及故障的扩大。同时，还可以使房屋维修、改造与更新工作做到有计划性，通过各类维修工程，使房屋达到完好房屋标准的要求。

（三）经济、合理、安全、实用的原则

在房屋的日常养护和计划维修过程中，必须坚持经济、合理、安全、实用的原则。经济，就是要加强维修工程的成本管理，维修资金和维修定额管理，合理安排开支，合理使用人力、物力和财力，尽量做到少花钱多修房。合理，就是维修计划与方案要定得合理，要按照国家的规定与标准修房，不扩大维修范围，不无端提高标准，不偷工减料；同时，要做到“能修则修，应修尽修，以修为主，全面保养，综合考虑”。安全，就是要坚持质量第一和房屋完好标准要求，通过维修使房屋不倒、不塌、不漏，达到主体结构牢固，功能运转正常，保证业主或使用人的住用安全。实用，就是要从实际出发，因地制宜、因房制宜地进行维修，满足用户在房屋质量与使用功能方面的需求，充分发挥房屋的效用。

（四）因房制宜，采取不同维修方案的原则

房屋维修管理的对象大体可以分为新建房与旧房两类，旧房中又可分为有保存价值的建筑、尚可利用的建筑和无维修价值的建筑几类。在房屋的保养、修缮与改造过程中，必须因房制宜，针对不同情况采取不同的维修方案。对于新建房，重点是搞好房屋的日常养护工作，使房屋保持完好状态。对于城市中占较大比例的老房、旧房要在充分、有效、合

理利用的前提下，做好区别、分类和合理安排。对于有保存价值，需要长期保护的房屋建筑，如文化历史古迹、优秀传统建筑，应加强维护管理，合理安排和计划维修工作，并在维修过程中保持房屋原有的建筑风格、风貌，不能对建筑物部件做随意的变更。对可充分利用的旧房，要通过有计划的维修与适当的改建，尽可能改善居住条件，保证安全与正常使用，提高房屋的功能和建筑标准，使之具备或接近现行住用标准的基本要求。对于结构简陋、破旧老朽的旧房、危房，由于已失去再维修的价值，要全部或大部分进行有计划的拆建。

四、房屋维修的责任

（一）保修期内的责任

1998 年国务院《城市房地产开发经营管理条例》第三十一条规定："房地产开发企业应当在商品房交付使用时，向购买人提供住宅质量保证书和住宅使用说明书。住宅质量保证书应当列明工程质量监督单位检验的质量等级、保修范围、保修期和保修单位等内容。房地产开发企业应当按照住宅质量保证书的约定，承担商品房保修责任。"

如果房屋建筑工程在保修范围和保修期限内出现质量缺陷，施工单位应当履行保修义务。施工单位不按工程质量保修书约定保修的，建设单位可以另行委托其他单位保修，由原施工单位承担相应责任。

2000 年国务院《建筑工程质量管理条例》第四十条规定：

"在正常使用条件下，建设工程的最低保修期限为：

（1）基础设施工程、房屋建筑的地基基础工程和主体结构工程，为设计文件规定的该工程的合理使用年限（注：该年限可能会达到楼宇的使用年限）；

（2）屋面防水工程、有防水要求的卫生间、房间和外墙面的防渗漏，为 5 年；

（3）供热与供冷系统，为 2 个采暖期、供冷期；

（4）电气管线、给排水管道、设备安装和装修工程，为 2 年；

（5）其他项目的保修期限由发包方与承包方约定；

（6）建设工程的保修期，自竣工验收合格之日起计算。"

（二）保修期满后的责任

保修期满后，房屋的维修责任按房屋的不同部位、设备、结构的不同进行划分，具体的划分方法如下：

1. 自用设备、自用部位

自用设备、自用部位的维修、更新责任，由单元房屋住户承担，费用由单元房屋住户自理。

2. 房屋共用部位、承重结构及共用设备

房屋承重结构、共用部位及共用设备的维修、更新责任，由整幢房屋住户按各单元房屋建筑面积比例共同承担，费用在住宅维修基金中列支。

3. 社区服务配套设施

社区服务配套设施维修、更新、改造责任，由该设施的所有人承担，费用在经营管理收入中列支。

4. 公共设施

公共设施维修、更新费用在住宅基金中列支。

五、房屋维修标准

根据《房屋修缮范围和标准（试行）》的规定，我国房屋修缮的标准按主体工程、木门窗及装修工程、楼地面工程、屋面工程、抹灰工程、油漆粉饰工程、水、电、卫、暖等设备工程、金属构件和其他九个分项工程确定。

（一）主体工程

主体工程是指屋架、梁、柱、墙、楼面、屋面以及基础等主要承重部件的维修。当主体结构损坏严重时，不论修缮哪一类房屋，均应要求牢固、安全，不留隐患。

（二）木门窗及装修工程

木门窗应开关灵活，不松动，不透风；木装修应牢固、平整、美观，接缝严密。一等房屋的木装修应尽量做到原样修复。

（三）楼地面工程

楼地面工程的维修应牢固、安全、平整，不起砂，拼缝严密不闪动，不空鼓开裂，以及地坪无倒泛水现象。

（四）屋面工程

屋面工程必须确保安全，不渗漏，排水畅通。

（五）抹灰工程

抹灰工程应接缝平整，不开裂，不起壳，不起泡，不松动，不剥落。

（六）油漆粉饰工程

油漆粉饰工程要求不起壳、不剥落、色泽均匀，尽可能保持与原色一致。对木构件和各类铁构件应进行周期性油漆保养。各种油漆和内、外墙涂料以及地面涂料，均属保养性质，应制定养护周期，达到延长房屋使用年限的目的。

（七）水、电、卫、暖等设备工程

房屋的附属设备均应保持完好，保证运行安全，正常使用。电气线路、电梯、安全保险装置及锅炉等应定期检查，严格按照有关安全规程定期保养。对房屋内部电气线路破损老化严重、绝缘性能降低的，应及时更换线路。当线路发生漏电现象时，应及时查清漏电部位及原因，进行修复或更换线路。对供水、供暖管线应作保温处理，并定期进行检查维修。水箱应定期清洗。

（八）金属构件

金属构件应保持牢固、安全、不锈蚀、损坏严重的应更换、无保留价值的应拆除。

（九）其他工程

庭院，原有院墙、院墙大门、院落内道路、沟渠下水道损坏或堵塞，应修复或疏通。

六、房屋维修工程划分

（一）翻修工程

翻修工程是指需全部拆除、另行设计、重新建造的工程。翻修工程应尽量利用旧料，其费用应低于该建筑物同类结构的新建造价，但翻修后的房屋必须符合完好房屋标准的要求。翻修工程主要适用于：主体结构严重损坏，丧失正常使用功能，有倒塌危险的房屋；因自然灾害破坏严重，不能再继续使用的房屋；地处陡峭易滑坡地区的房屋，或地势低洼长期积水无法排出地区的房屋；无修缮价值的房屋和基本建设规划范围内需要拆迁恢复的房屋。

（二）大修工程

大修工程是指需要牵动或拆换部分主体构件，但不需全部拆除的工程。大修工程地点集中，项目齐全，具有整体性。主要适用于严重损坏房屋，大修后的房屋必须符合基本完好或完好标准的要求。其一次维修费用在该建筑物同类结构新建造价的25%以上。

（三）中修工程

中修工程是指需牵动或拆换少量主体构件，但保持原房的规模和结构的工程。中修工程比较集中，项目较小而工程量较大，有周期性，主要适用于一般损坏房屋。中修后的房屋70%以上必须符合基本完好或完好的要求，其维修费用在该建筑物同类结构新建造价的20%以下。

（四）小修工程

小修工程是指以及时修复小损小坏，保持房屋原来完损等级为目的的日常养护工程。小修工程用工少，费用少，综合年均费用为所管房屋现时造价的1%以下。其特点是项目简单、零星分散、量大面广、时间紧迫。

（五）综合维修工程

综合维修工程是指成片多幢（大楼为单幢）大、中、小修一次性应修尽修的工程。综合维修工程一次费用应在该片（幢）建筑物同类结构新建造价的20%以上。经过综合维修后的房屋必须符合基本完好或完好标准的要求。

七、房屋维修工程考核指标

为了适应当前改革的需要，加强企、事业单位管理工作，提高房地产业的管理水平，1989 年 1 月 1 日建设部审定试行《房地产经营、维修管理行业经济技术指标》，该规定是考核房地产经营、维修管理行业的经济技术指标。主要有以下几种指标。

1. 房屋完好率

房屋完好率是完好房屋的建筑面积加上基本完好房屋的建筑面积之和，占总的房屋建筑面积的百分比。一般要求房屋完好率达到 50% ~60% （新房屋除外）。其计算公式为：

房屋完好率 =（完好房屋建筑面积 + 基本完好房屋建筑面积）÷ 直管房屋建筑面积 × 100%

2. 大、中修工程质量合格（优良）品率

大、中修工程质量合格（优良）品率是指报告期经评定达到合格（或优良）品标准的大、中修单位工程数量（建筑面积表示）之和，与报告期验收鉴定的单位工程数量之和的百分比。一般要求大、中修工程质量合格品率达到 100%，优良品率达到 30% ~50%。其计算公式为：

大、中修工程质量优良率 = 报告期评定为合格（优良）品的单位工程数量之和（建筑面积）÷ 报告期验收鉴定的单位工程数量之和（建筑面积）× 100%

3. 小修养护及时率

小修养护及时率是指月季度全部管区实际小修养护次数和月（季）度全部管区实际报检修、报修户次数之比。该比率要求达到 99%。其计算公式如下：

小修养护及时率 = 月（季）度全部管区实际小修养护次数 ÷ 月（季）度全部管区实际检修、报修户次数 × 100%

4. 安全生产指标

安全生产指标用年职工负伤事故频率来衡量，有两个计算公式，其计算公式如下。要求年职工负伤事故频率：小于 3‰

年职工负伤事故频率 = 全年发生的负伤事故人次 ÷ 全年全部职工平均人数 × 100‰

年职工负伤事故频率 = 报告期发生的负伤事故人次 ÷ 报告期全部职工平均人数 × 100‰

第四节　房屋维修管理内容

房屋维修管理包括房屋维修计划管理、施工管理、技术管理、质量管理、费用管理、行政管理和档案管理工作。

一、房屋维修计划管理

房屋维修计划管理指物业管理者根据房屋的完损程度，用户对房屋保养与维修的要求以及政府对维修的有关规定，为科学制定并实施房屋的综合保养与维修计划所进行的各项管理工作。

（一）房屋维修计划的编制依据

编制房屋维修计划主要依据以下经营环境和条件。

（1）依据党和国家对房地产管理的方针、政策以及必要的经济预测和技术预测资料。

（2）房屋的完损状况。

现有房屋的完损状况是编制年度维修计划的主要依据，通过组织查勘鉴定，掌握房屋各类完损等级情况后，为确保房屋安全、正常使用，保持房屋的正常使用功能，必须安排不同类型的维修。例如，危险房屋必须及时安排修理排险；严重损坏房屋可根据情况考虑翻修或大修；一般损坏房屋可进行中修上升为完好房；完好和基本完好房屋经常进行维护保养，以保持完好的状态等。所以物业管理公司要根据现有房屋的完损情况，着重在确保安全的前提下，编制安排全年房屋维修的总规模及翻修、大修、中修、综合维修等各类维修工程的规模。

（3）企业自身条件。

编制房屋维修计划，除上述主要依据外，还应考虑物业服务企业自身的条件。根据公司的施工力量、材料供应能力、设备及人员素质等因素进行综合全面的平衡。

（二）房屋维修计划的编制原则

根据计划周期不同，可以分为短期、中期和长期计划。通常，房屋的保养与维修计划越短，则越强调其实际操作性，往往要求也越具体、详细；计划周期越长，则越强调其可控性、协调性。编制房屋维修计划应本着实事求是、量力而行、留有余地的原则，即从房屋维修工程的实际出发，计划的编制既考虑到必要，又考虑到可能。

1. 实事求是的原则

所谓实事求是，是指应根据房屋的完损情况及用户的具体要求，在确保房屋安全使用的基础上，正确处理重点和一般的关系，区分主要矛盾和次要矛盾，合理安排维修计划。

2. 量力而行的原则

所谓量力而行，是指正确处理用户需要、技术与经济的关系。编制维修计划时，在听取用户意见的同时，应充分考虑技术上的可行性和经济上的合理性，做好房屋维修方案的论证工作，在确保房屋正常使用功能和合理延长房屋使用寿命的基础上，尽量减少用户的经济负担。

3. 留有余地的原则

所谓留有余地，是指计划应有弹性。房屋维修施工的特殊性决定了在维修施工过程中存在很多不确定因素及外部环境对它的干扰，一旦某个不确定因素变成现实的影响因素，或某个外部环境因素对施工过程产生负面影响，都会带来实际施工情况偏离原计划从而改变原计划的情况。随着这些情况的出现，必将对人力、物力、财力等企业资源提出新的要求。所以，在编制计划时必须充分考虑上述可能出现变化的因素，做好准备，即在编制计划时应留有余地。

（三）房屋维修计划的内容

房屋维修计划的内容主要包括以下几个方面：维修对象（如名称、位置、状态、范围）、维修责任人（人员构成、分工和责权）、维修内容、材料、费用以及质量考核等。

（四）房屋维修计划的执行和控制

编制房屋维修计划，是计划管理的开始，重要的是在计划确定以后，如何贯彻执行，保证计划的实现。

房屋维修计划是维修工作要达到的总的进度和要求，因此，必须将维修计划按内部组织机构层层分解，落实到基层，实行责任制，并让从事维修的有关人员了解，使计划成为全体相关人员共同的奋斗目标。

在计划贯彻执行的过程中，要按相关规定和标准加强监督检查和考核，发现问题及时研究解决，搞好综合平衡。房屋维修计划执行情况的检查主要涉及计划指标分解及措施落实情况；计划指标的完成情况；原计划的正确程度；执行计划过程中出现的问题及解决办法和经验教训等。

房屋维修计划控制的主要内容包括修缮项目的进展、工作量、质量、成本和安全等。

二、房屋维修技术管理

房屋维修技术管理是指对房屋维修过程中每个技术环节，按照国家技术标准进行科学的管理。房屋维修技术管理的内容主要有维修方案设计、工程质量管理、技术档案管理以及技术责任制度的建立等。具体包括以下几个方面的内容：

对各类房屋维修工程的范围、项目、工程的设计、工程的预决算、施工方案等进行设计和审查；

检查维修施工的技术装备条件与设计要求是否达到标准，在施工过程中，如果需要修改或变更设计，必须办理相应的手续等；

对维修工程要按照有关质量标准，检查施工组织设计、施工方案、施工说明是否完整明确，是否符合有关技术规范或规定，检查产品质量是否合格；

健全有关房屋结构、房屋竣工、房屋状况、房屋维修等方面的原始资料，建立物业管理技术档案，并进行科学管理；

提出维修工程应达到的质量标准和提高工程质量保证安全的技术措施；

提出拆除原有房屋和减轻对毗邻房屋的影响而应采取的安全技术措施；

提出利用旧料和提高旧料利用质量的技术措施；

提出冬雨季及夜间施工技术措施、维修工程中可能的质量通病及应采取的预防性技术措施；

对维修设计提出合理化建议或修改设计等。

三、房屋维修施工管理

房屋维修施工管理是指按照一定的施工程序、施工质量标准和技术经济要求，运用科学的管理方法对房屋维修施工过程中的各种工作进行有效的科学管理。其具体做法如下：

（一）施工队伍的成立

物业管理企业可以自己组建房屋维修施工队伍进行维修工程的施工，也可以对房屋的维修工程实行招标，或以承包方式把房屋的维修养护承包给专业的维修队伍。随着市场经济的发展，招标或承包的维修工程会越来越多。物业管理企业为保证维修质量和控制成本，要做好“核算”和“验收”工作。

（二）维修任务的落实

对于物业管理企业自己组建房屋维修施工队伍的，应进行明确的分工，将房屋各项维修责任落实到人、材料、资金。对于以招标或以承包方式成立的维修队伍，应签订工程承包合同，明确双方的责任，确保维修工作顺利实施。

（三）施工过程管理

在施工准备阶段，要根据工程量的大小编制施工计划，设计施工方案。施工单位应首先熟悉维修设计或维修方案，在此基础上，参与物业管理企业组织的技术交底和图样会审，并在会审中就有关问题提出解决措施，作为施工的依据之一。在施工过程中，要经常检查督促施工计划和工程合同的执行情况，进行人力、物力的平衡调度，促进施工生产活动的正常进行；要组织好材料运输，确保施工的连续性，监督检查工程质量、安全生产、劳动防护等情况，发现问题及时找出原因，提出措施，并限期改正。

四、房屋维修质量管理

房屋维修质量管理是指为保证和提高维修工程质量，贯彻“预防为主”为下道工序负责、为住户负责而进行的一系列管理工作的总和。房屋维修质量管理一般包括以下几个方面的内容：

建立健全质量监督检查机制，配置专职或兼职质检人员，分级管理，层层负责，并相互协调配合；

质量机构和质检人员必须坚持标准，参与编制工程质量的技术标准，并监督实施指导执行操作规程；

坚持贯彻班组自检、互检和交接检查制度，对地下工程、隐蔽工程，特别是基础与结构关键部位，一定要经过检查合格、办理签证手续后，才能进入下一道施工工序；

在施工准备阶段，熟悉施工条件和施工图样，了解工程技术要求，为提高施工设计质量，制定质量管理计划与质量保证措施，提供控制质量的可靠依据；

在施工过程中，加强中间检查与技术复核工作，特别是对关键部位的检查复核工程质量的评定工作；

搞好施工质量的检查验收，坚持进行分项工程检查工作，做好隐蔽工程的验收及工程质量的评定工作，不合格的工程不予验收签证；

加强现场对建筑构配件、成品与半成品的检查验收，检查出厂合格证书或测验报告，主要材料应有产品合格证或测验报告；

加强对安全生产工作的领导，建立健全安全生产管理制度，严格执行安全操作规程，确保安全施工；

发生工程质量事故，按有关规定及时上报主管技术部门并查清事故原因，进行研究处理；

已交付使用的维修工程，要进行质量跟踪，实行质量回访。在保修期间内，因施工造成质量问题时，按合同规定负责保修。

五、房屋维修行政管理

对房屋维修工作划分以及落实维修承担人、清理维修障碍的工作，就是房屋维修行政管理。房屋维修行政管理是房屋维修质量管理、技术管理、施工管理等管理工作的基础。只有做好房屋维修行政管理，才能迅速、及时地对房屋进行维修，排除险情，防止房屋的继续毁损，保障业主或者使用人的生命、财产安全，避免由于维修责任不明或由某种因素阻碍而使房屋得不到及时维修，致使房屋发生危险的情况。

根据国家和地方政府的有关规定，维修房屋是房屋所有人的责任，不论在何种情况下，所有人都必须履行这项责任。因使用不当或人为原因造成房屋损坏时，有关责任人必须负责修复或予以赔偿。异产毗连房屋维修时，牵扯到两位或多位产权人，须明确应承担责任的人。租赁私房需要维修时，要根据租赁双方的合同确定责任的承担者。如果房屋所有者或应承担房屋维修的责任者不及时维修，或在维修时，遭到使用人或邻居的有意阻拦而可能导致房屋发生危险，物业管理公司的房屋维修行政管理部门，可依据有关规定，采取措施，进行维修，维修费由当事人来承担。

六、房屋维修档案资料管理

物业管理公司在制订房屋维修计划，确定房屋维修、改建等方案，实施房屋维修时，必须以房屋建筑的档案资料为依据。因此，为了更好地完成房屋维修任务，加强房屋维修管理，必须设置专职部门和专职人员对房屋维修档案资料进行有效的管理。

房屋维修所需要的档案资料主要包括房屋新建工程、维修工程竣工验收时的竣工图及有关房屋的原始资料、现有的有关房屋及附属设备的技术资料、房屋维修的技术档案资料等。

第五节 房屋日常养护管理

一、房屋日常养护的概念

房屋日常养护是指物业管理相关部门为确保房屋的正常使用所进行的经常性、持续性的小修养护和综合维修工作。它是物业管理公司对房屋业主、使用人最直接、最经常的服务工作。房屋养护同房屋维修一样，都是为了房屋能正常使用，但两者又有区别。维修工程是在相隔一定时期后，按需开工进行的一次性的大、中修；房屋养护服务则是经常性的零星修理，及时地为广大业主或使用人提供服务项目，以及采取各项必要的预防保养措施，维护保养好房屋。

二、房屋养护的作用

房屋日常的养护工作是物业管理服务合同所约定的一项基本的内容。做好房屋日常的养护工作不仅可以很好地保证房屋的正常使用，促进房屋的保值和增值，也是使物业满足人们生产、生活和学习需要的内在要求。科学、合理的日常维修养护工作，可以为居民和使用者提供方便，延长房屋维修的周期，推迟综合维修的时间，节约维修资金。房屋日常的维修养护还有利于防止房屋结构缺陷的产生和扩大，延长物业的使用寿命等。

三、房屋日常养护的分类

（一）房屋零星养护

房屋零星养护主要是指因突然损坏而引起的简单、分散、时间要求紧迫的小型维修工程项目。这项工作往往具有经常性，但无规律性，所以管理难度较大。一般房屋的小修项目可分为急修项目和一般小修项目两种，其差别是时间要求上的不同，急修项目的时间通常明显短于一般小修项目。一般情况下，民用房屋保养中的急修项目应在一天内修理；一般小修项目应在报修后三天内修理；需安排计划修理的项目也应在一周内进行查勘，确定修理时间。

急修项目是指因房屋的损坏部分会严重影响房屋的正常使用或使用安全，而需立即修理的小修项目。通常这些急修项目是在房屋结构、装修及设备基本完好情况下的局部损坏项目。如：供电线路故障产生的停电及漏电；因水箱、水泵、水表或水管故障所产生的停水及水龙头严重漏水等。

一般小修项目是指房屋保养过程中的常规性小修养护项目。这些损坏项目会影响房屋的正常使用功能及使用状态，但对于整个房屋的业主、租户或用户不会产生危险，其修复时间一般较短，但面较广，且可以有一定的修复时间。如：门窗的损坏；水落管、雨水管、污水管等管道阻塞；小块楼板损坏；水斗、面盆、浴缸渗漏水等。

（二）房屋计划养护

房屋的各种部件、结构均有其合理的使用年限，超过了这个年限，一般就会开始不断出现问题。因此，要管好房屋，就不能等到问题出现后再采取补救措施，而应制订科学的修缮制度，以保证房屋的正常使用，延长其整体的使用寿命。这就是房屋的计划养护。计划养护主要属于房屋保养性质，是定期对房屋进行检修保养。计划养护的任务应安排在报修任务不多的淡季。如果报修任务多，应先安排报修任务，再做计划养护工作。

（三）房屋季节性养护

房屋季节性养护是指由于季节性气候原因对房屋进行的预防保养工作，其内容包括防汛、防台风、防冻、防梅雨、防治白蚁等。季节和气候的变化会给房屋的使用带来影响，房屋的季节性预防养护关系着业主或使用人的居住和使用安全以及房屋设备的完好程度，所以这种预防养护也是房屋养护中的一个重要方面。房屋养护应注意与房屋建筑的结构种类及其外界条件相适应，砖石结构的防潮，木结构的防腐、防潮、防蚁，钢结构的防锈等养护。房屋养护对象各有各的要求，各有各的方法，养护的时候必须结合具体情况进行。

四、房屋日常养护的程序

（一）日常养护工程项目的收集

物业服务企业日常的房屋养护工程项目，主要是通过房屋维修管理人员的走访巡查和业主（或者住户）的随时报修这两个渠道收集。

1. 走访巡查

走访巡查是指物业管理人员定期或不定期地对辖区内住（用）户进行走访巡查，并在走访中查看房屋，主动收集业主或使用人对房屋维修的具体要求，发现业主或使用人尚未提出或忽略的房屋险情及公用部位的损坏。物业管理公司可通过建立查房手册来提高走访查房的实际作用。

2. 随时报修

为方便业主或使用人的随时报修，物业管理企业可以采取多种方式，接收业主或使用人的报修信息。既可以在辖区内的繁华地段和房屋集中的地方设置便民报修信箱，供业主或使用人随时投放有关的报修单和预约上门维修的信函；也可以建立接待值班制度，配备一名专职或兼职报修接待员，负责全天接待记录业主或使用人的电话、信函、来访；还可以通过业主 App 报修。

（二）编制小修工程计划

通过走访巡查和接待报修等方式收到小修工程服务项目后，物业管理企业应分别按轻重缓急和劳动力情况，作出维修安排：对室内照明、给水排污等部位发生的故障及房屋险情等影响正常使用的维修，应及时安排、组织人力抢修；对暂不影响正常使用的小修项目，均由管理人员统一收集，编制养护计划表，尽早逐一落实实施。在小修工程的收集过程中，若发现超出小修养护范围的项目，管理员应及时填报中修以上工程申报表。

（三）落实小修工程任务

管理人员根据急修项目和小修养护计划，开列小修养护单。房屋小修养护工凭单领取材料，并根据小修养护单的工程地点、项目内容进行小修工程施工。对施工中发现的房屋险情可先行处理，然后再由开列小修养护单的管理人员变更或追加工程项目手续。

（四）监督检查小修养护工程

在小修养护工程施工中，管理人员应每天到小修工程现场解决工程中出现的问题，监督检查当天小修工程的完成情况。

五、房屋日常养护的考核

房屋日常养护工作质量和水平主要由日常养护工作中发生的各类定额、经费、服务和安全等方面的指标来衡量和考核。

（一）定额指标

小修养护工人的劳动效率要100%达到或超过人工定额，材料消耗要不超过或低于材料消耗定额，达到小修养护工程定额的指标，是完成小修养护工作量，搞好日常服务的必要保证。在小修养护过程中，要通过合理组织生产，发挥劳动潜能和充分回收利用旧料，努力降低工程成本。工程定额指标的完成情况，作为考核小修养护人员的业绩，进行相关考核奖惩的依据之一。

（二）经费指标

小修养护经费主要通过收取物业管理服务费筹集，不足的部分从物业管理企业开展多种经营的收入中弥补，也可以通过其他方式进行筹集。物业服务企业可根据各自的情况，设定小修养护费的定额指标。

（三）服务指标

1. 走访查房率

一般要求管理人员每月对辖区的住户要走访查房50%以上；每季对辖区内住户要逐户走访查房一遍。计算公式为：

月走访查房率 = 当月走访查房户数 ÷ 辖区内住户总户数 ×100%

季走访查房率 = 当季走访查房户数 ÷ 辖区内住户总户数 ×100%

其中，走访查房户数计算时，对月（季）走访如果同一户超过一次的均按一次计算。

2. 养护计划完成率

小修养护应按管理员每月编制的小修养护计划表依次组织施工。考虑到小修中对急修项目需及时处理，因此在一般情况下，养护计划率要求达到80%以上。遇特殊情况或特殊季节，可统一调整养护计划率。计算公式如下：

月养护计划完成率 = 当月完成计划内项目户次数 ÷ 当月养护计划安排的户次数 ×100%

3. 养护及时率

养护及时率 = 当月完成的小修养护次数 ÷ 当月全部报修中应修的户次数 ×100%

其中，当月全部报修中应修的户次数，指剔除了经专业人员实地查勘后，认定不属于小修养护范围，并已做其他维修工程类别安排的和因故不能安排维修的报修户次数。

（四）安全指标

确保住用、生产安全是维修服务的首要指标，是考核工作实绩的重要依据。为确保安全，物业服务企业应建立一系列安全生产操作规程、安全检查制度以及配套的安全生产奖惩办法。在日常保养服务中，应注意以下三个方面：严格遵守操作规程，不违章上岗和操作；注意工具、用具的安全检查，及时修复或更换带有不安全因素的工具、用具；按施工规定选用结构部件的材料，如利用旧料时，要特别注意安全性能的检查，增强施工期间和完工后交付使用的安全因素排查。

第六节　房屋装修管理

为加强住宅室内装饰装修管理，保证装饰装修工程质量和安全，维护公共安全和公众利益，2002 年 2 月 26 日建设部常务会议讨论通过了《住宅室内装饰装修管理办法》，该办法自 2002 年 5 月 1 日起施行。该办法从总则、一般规定、开工申报与监督、委托与承接、室内环境质量、竣工验收与保修以及法律责任等方面，对住宅室内装饰装修活动的监督管理和住宅室内装饰装修活动做出了明确的规定，并明确了物业管理企业的具体管理责任。

同时，为解决装修过程中的争议，国家有关部门制定了房屋装修的有关标准。国家标准《建筑内部装修设计防火规范》规定了除古建筑和木结构建筑以外的民用建筑和工业厂房内部装修设计的防火规范。国家标准《住宅装饰装修工程规范》规定了住宅装饰装修工程的施工规范。国家标准《建筑装修工程质量验收规范》规定了建筑装修工程质量验收规范。行业标准《室内装饰工程质量规范》和《家庭装修工程质量规范》分别规定了室内装饰工程和家庭装修工程应遵循的质量规范。

一、房屋装修管理部门

根据我国《住宅室内装饰装修管理办法》有关规定，住宅室内装饰装修，是指住宅竣工验收合格后，业主或者住宅使用人（以下简称装修人）对住宅室内进行装饰装修的建筑活动。国务院建设行政主管部门负责全国住宅室内装饰装修活动的管理工作。省、自治区人民政府建设行政主管部门负责本行政区域内的住宅室内装饰装修活动的管理工作。直辖市、市、县人民政府房地产行政主管部门负责本行政区域内的住宅室内装饰装修活动的管理工作。

二、房屋装修前物业的主要准备工作

房屋装修前，物业服务企业主要的准备工作如下：

提前做好对大堂、楼道、电梯、扶手等在装修过程中可能遭受损坏的共用设施的防护；

制定装修服务流程，明确包括装修申报、备案、过程巡视、验收和清场手续办理等内容，及业主需提供的资料；

结合国家和当地装修相关法规规定的要求，确定装修收费事项及标准（垃圾清运费、保证金等），书面告知装修期间的注意事项、收费标准及依据、装修垃圾的存放和清运规定、装修时间的限制，对违约行为的处理，及其他事项的提醒等；

根据装修户的数量确定资源配置，包括装修服务人员的数量、必要的工具设备等；

违约装修的引导和应对预案；

编制《装修管理手册》，将相关内容和提示事项在手册中予以说明，并对装修服务人员进行培训。

《装修管理手册》建议至少包括以下四个主要内容：

（一）常规事项说明

（1）装修备案手续办理流程。

（2）业主需准备的资料、交缴的各项费用、装修施工单位需要交验的证件资料等。

（3）装修服务协议的签订。

（4）国家、当地，以及本小区禁止的装修违约事项。

（5）小区的装修管理规定、公共秩序和居家安全管理要求，包括装修人员的出入、留宿管理、物资搬运、电梯使用、安全用火要求、对公共设施的保护、装修时间的限制、装修垃圾存放清运等内容。

（二）装修提示事项

（1）基本装修常识（装修小贴士）。

（2）室内框架结构、隔墙分布及给水、电气的配置、管道走向、开关和接口说明等。

（3）结合项目建筑结构特点的提示注意事项。

拆除隔墙；卫生间防水；改动水、电、煤气管道；安装热水器、排/抽油烟机、空调（主机位尺寸及安全注意事项等）；窗户、阳台、露台等涉及外立面的装饰。

（4）开发建设单位统一配送的设备设施使用维护，装修中如需移位应注意和提示的事项说明。

（5）防火防盗，及对易燃易爆品的管理。

（三）预防违约的引导

结合项目自身的建筑特点，周边环境（噪音、灰尘等），及当地客户的装修习惯等情况，对可能引发违约的不当装修进行分析，在此基础上制定应对措施。

（1）为规避外墙、阳台、露台等影响外立面的违约行为，统一内置防盗窗花、入户和阳台的推拉防盗门、阳/露台的花架、雨棚等安装样式、颜色、规格等。

（2）通过照片、图纸等方式向业主展示统一款式的防盗门、窗花、阳台推拉门等，引导低层业主安装统一款式的内置窗花及阳台推拉门。

（四）服务企业提供的服务

装修期间，服务企业为客户提供的各项服务，包括建立装修档案、协助过程关注等内容。

三、房屋装修管理流程

（一）备齐资料

房屋装修资料的准备由业主或使用人和施工单位分别准备和提供，根据《住宅室内装饰装修管理办法》规定，一般主要包括以下资料：

房屋所有权证（或者证明其合法权益的有效凭证）；

申请人身份证件；

装饰装修方案；

变动建筑主体或者承重结构的，需提交原设计单位或者具有相应资质等级的设计单位提出的设计方案；

涉及本办法第六条行为的，需提交有关部门的批准文件，涉及本办法第七条、第八条行为的，需提交设计方案或者施工方案；（具体请查看本章附录法规）

委托装饰装修企业施工的，需提供该企业相关资质证书的复印件。

非业主的住宅使用人，还需提供业主同意装饰装修的书面证明。

（二）向物业公司申报

一般业主在交房过程中，会收到物业服务企业发出的装修手册及装饰装修申报登记表。业主在装修施工前，须认真阅读装修手册，填写申报登记表，并提交物业服务企业登记备案。只有在物业服务企业对装饰装修内容的登记备案完成之后，用户才能动工装修。

物业管理工作人员应要求和指导业主逐项填写装饰装修申报登记表，确保各项申请明确无误，涉及专业部门（如水、电、气等）、建筑结构、消防等项目的，要求写明地点、位置或改变的程度及尺寸等详细数据和资料，必要时装修人或装修单位还应向有关部门申报核准。

（三）物业管理企业登记

物业服务企业在进行装饰装修登记时，可以书面形式将装饰装修工程的禁止行为和注意事项告知装修人和装修人委托的装修企业。物业管理企业应该在规定工作日（一般为3个工作日）内完成登记工作；超出物业项目管理单位管理范围的，应报主管部门。根据《住宅室内装饰装修管理办法》规定，物业管理企业应该详细核查装修申报登记表的装修内容，有下列行为之一的将不予登记。

禁止行为：

（1）未经原设计单位或者具有相应资质等级的设计单位提出的设计方案，变动建筑主体和承重结构；

（2）将没有防水要求的房间或者阳台改为卫生间、厨房间；

（3）扩大承重墙上原有的门窗尺寸，拆除连接阳台的砖、混凝土墙体；

（4）损坏房屋原有节能设施，降低节能效果；

（5）其他影响建筑结构和使用安全的行为。

其中，建筑主体，是指建筑实体的结构构造，包括屋盖、楼盖、梁、柱、支撑、墙体、连接接点和基础等。承重结构，是指直接将本身自重与各种外加作用力系统地传递给基础地基的主要结构构件和其连接接点，包括承重墙体、立杆、柱、框架柱、支墩、楼板、梁、屋架、悬索等。

未经批准，不得有下列行为：

（1）搭建建筑物、构筑物；
（2）改变住宅外立面，在非承重外墙上开门、窗；
（3）拆改供暖管道和设施；
（4）拆改燃气管道和设施。

其中第（1）项、第（2）项行为，应当经城市规划行政主管部门批准；第（3）项行为，应当经供暖管理单位批准；第（4）项行为应当经燃气管理单位批准。

（四）签订装修管理服务协议

在房屋装饰装修之前，物业服务企业应和装修人或者装修企业签订《装修管理服务协议》，约定物业装饰装修管理的相关事项，根据《住宅室内装饰装修管理办法》规定，应当包括下列内容：

（1）装饰装修工程的实施内容；
（2）装饰装修工程的实施期限；
（3）允许施工的时间；
（4）废弃物的清运与处置；
（5）住宅外立面设施及防盗窗的安装要求；
（6）禁止行为和注意事项；
（7）管理服务费用；
（8）违约责任；
（9）其他需要约定的事项。

（五）办理开工手续

（1）业主按照有关规定向物业服务企业缴纳装饰装修管理服务费；
（2）装饰装修施工单位应到物业服务企业办理开工证、出入证等；
（3）装修人或装饰装修施工单位应备齐灭火器等消防器材。

（六）施工

房屋在装饰装修施工期间，装修人和装饰装修施工单位应严格按照装修申报登记的内容组织施工。

物业服务企业应按照装饰装修管理服务协议做好管理和服务工作，加强现场检查，发现装修人或者装饰装修施工单位有违反有关规定的行为，应当及时劝阻和制止；已造成事实后果或拒不改正的，应及时报告有关部门依法处理。对装修人或者装饰装修施工单位违反《物业装饰装修管理服务协议》的，应追究违约责任。

（七）验收

物业服务企业应当按照装饰装修管理服务协议进行现场检查，对照装修申报方案和装饰装修实际结果进行比较验收，验收合格后应签署书面意见。对因违反法律、法规和装饰装修管理服务协议而验收不合格的，应提出书面整改意见要求业主和施工方限期整改。若发生歧义、无法统一意见或业主拒不接受的情况的，应报请城市管理有关行政部门处理，并将检查记录存档。

四、装修管理内容

房屋装饰装修管理是一个系统工程，要真正达到科学管理、细致服务，不仅要严格遵守物业装饰装修管理流程，还要对装饰装修过程中的各个环节、涉及的各个方面进行全面分析。在综合各方因素的基础上，科学地制订装饰装修管理细则，使物业装饰装修管理真正落到实处。物业服务应当按照装饰装修管理服务协议实施管理，加强现场检查，及时发现问题加以制止。一般而言，房屋装饰装修管理包括以下内容。

（一）装修范围

房屋装饰装修的区域应按照相关装饰装修管理规定和业主权益予以限定，原则上应统一要求、统一形式。如室内装饰装修只限于房屋本体单元内的自用部位；封闭阳台不得超过阳台顶部外边缘垂直投影面，封闭款式、材料力求统一等。

（二）装修时间

房屋装饰装修时间应根据各地不同的作息时间、季节变换以及习惯习俗等综合确定。装饰装修时间包括一般装饰装修时间、特殊装饰装修时间和装饰装修期。

一般装饰装修时间是指除节假日之外的正常时间，因地域和季节的差异而有所不同。

特殊装饰装修时间是指节假日休息时间，为保障其他业主的休息和正常生产生活秩序，原则上一般不允许在节假日进行装修。因特殊情况需要装修的，应视具体情况相应缩短装修时间。

装饰装修期是指装饰装修过程的完结时间。目前国家颁布的法规虽无明确规定，但一般情况下不超过三个月。

（三）现场监督管理

为确保房屋安全和全体业主的合法权益，物业管理企业在装修过程中，应派遣相关管理人员到现场进行监督检查。检查装修企业有没有违反《住宅室内装饰装修管理办法》规定的禁止行为和未经有关部门批准的行为。同时，还应注意检查以下方面内容：

（1）施工现场有无采取必要的安全防护和消防措施，有无擅自动用明火和进行焊接作业等；

（2）有无任意刨凿楼地面、穿凿梁柱等；

（3）楼地面铺设材料是否超过 10 毫米、新砌隔墙是否采用轻质材料等；

（4）是否符合物业装修公共及室外统一要求（如空调室外机的安装和排水的统一要求、阳台栏杆的统一要求等）；

（5）物业装修方案和材料的选择是否符合环保、节能的要求。

（四）费用管理

房屋装饰装修管理既涉及公共权益，也涉及业主个人权益。装饰装修管理费用的收取要严格按照国家和地方的相关规定办理，不得自行设置收费项目和任意确定收费标准，即使无统一规定而又确需临时设置收取的，也应科学测算并报经相关主管行政部门批准。在我国物业管理实践中，装饰装修管理收费的项目和标准，因各地规定的不同，差别较大。由于大多数业主对于这项费用的收费依据、收费内容不清楚，往往易出现纠纷，物业服务企业应耐心解释，合理说明。一般而言，房屋装修管理费用主要包括以下两项。

管理服务费是指因物业装饰装修工程增加物业管理服务工作量而设置的临时性收费项目，国家对于具体的收费标准没有明确规定，一般由装修人和物业服务企业双方约定，该费用可向装修业主收取，也可向装饰装修工程单位收取，这就需要事先在业主与物业服务企业的物业装饰装修协议或业主与装修单位之间的装修合同中明确，以避免产生不必要的纠纷。

垃圾清运费系指由装饰装修工程所产生的垃圾的管理和清运费用。如业主按照要求管理并自行清运装修垃圾，则该费用可免予缴纳；否则，装修人应向物业服务企业缴纳该费用，装修垃圾由物业服务企业代为清运。

装饰装修垃圾是装修管理中的一个重要内容，它不同于日常生活产生的垃圾，增大物业服务企业工作量，其对物业环境和业主以及物业使用人的工作生活也有着极大的影响，甚至会产生环保、安全等方面的隐患。因此，物业装饰装修管理的基本要求是：装饰装修垃圾需袋装处理；装饰装修垃圾应按指定位置、时间、方式进行堆放和清运。

（五）装修施工管理

（1）现场的装修材料堆放要整齐有序，不得占用通道走廊或其他公共地方。

（2）装修期间，对楼宇内结构、装置等须提供足够的保护防御措施，避免任何的损毁。如发现对楼宇内的公共地方或公共设备有任何损毁或因缺乏保护措施而导致损毁的，如裂痕、污渍等问题时，及时向保安队长或管理处汇报。

（3）装修期间，应经常检查各用户和装修企业是否维护公共场所的通畅、清洁。

（4）装修不得改动消防设施，如喷淋、烟感系统等；施工人员不得在消火栓取水作调制混凝土、清洗地面或其他用途。一旦发现，物业管理人员有权要求停工处理，并立即向保安队长和管理处汇报。

（5）装修材料只能用货梯和消防电梯运载。装修工人进出最好乘坐货梯或消防梯；材料运输时不得在地上拖拽，以免损伤地面；运输车必须使用橡胶轮，不得使用金属轮；地面必须铺设保护板等。

（6）装修工进入小区时要严格进行审核登记，必须持有管理处发放的“临时出入证”，并且人证相符，方可进入。

复习思考题

一、名词解释

房屋、基础、物理寿命、经济寿命、危险房屋、房屋维修管理、翻修工程、大修工程、中修工程、小修工程、综合维修工程、房屋维修计划管理、房屋维修技术管理、房屋维修施工管理、房屋维修质量管理、房屋日常养护

二、简答题

1. 房屋的基本构成。

2. 房屋损坏及原因。

3. 房屋安全检查的程序。

4. 根据《房屋完损等级评定标准》规定，在房屋完损等级评定中，把房屋分为几大部分和几大项目？

5. 危险房屋处理办法。

6. 房屋维修管理的特点。

7. 房屋维修管理的原则。

8. 房屋维修的责任。

9. 房屋日常养护的分类。

10. 房屋日常养护的程序。

11. 房屋装修管理流程。

12. 房屋在进行装修时候，哪些行为是被禁止的？

13. 房屋在进行装修时候，哪些行为未经批准，是不得有的行为？

14. 房屋装修管理内容。

三、案例题

1. 某小区多层住宅的顶楼业主张先生，最近发现下雨时他家屋顶有很多地方渗水，于是到物业服务企业的客服中心报修，客服中心当天就通知工程部安排维修，工程部安排维修人员立即赶赴现场了解情况。维修人员在现场观察后认为，只要在屋顶渗漏部位重新烫沥青就可以解决，但提出该楼宇已经超过开发商保修期限，维修费用应由张先生承担。但是，张先生对此提出质疑。

请问张先生的质疑有道理吗？

2. 张先生是某住宅小区4楼的住户，因为工作关系，经常出差在外。一次，张先生家突然漏水，使楼下王小姐家里的天花板、家具、衣被受到损害。因为水流不止，王小姐便请求物业公司前去维修。物业公司在联系不到张先生的情况下，私自将张先生家的房门撬开，入内维修。张先生认为，物业公司未经同意便擅自将房门撬开，侵犯了自己的权利，因此要求该物业服务企业赔偿损失。

那么物业服务企业应当赔偿吗？

3. 陈小姐准备入住新居时，发现报警系统无法使用，门窗也无法正常关闭，9月26日，她向小区物业服务企业提出了投诉。物业服务企业接到投诉后立即派人员对其门窗和报警系统进行检查、试验，确定维修事宜。经物业服务企业联系，门窗制造厂商上门维修。两个月后，陈小姐的委托代理人会同物业服务企业及门窗制造厂商共同签署了一份备忘录，确认报修之门窗已修复。6天后，室内报警系统经维修后可让陈小姐正常使用，然而矛盾并未就此解决。次年9月，陈小姐将小区物业服务企业告上法庭。她在诉状中称自己的新居早在去年5月就已装修完毕，但由于报警系统、门窗故障，加之物业管理混乱，无法提供正常维修服务，致使自己迟了半年才搬入新居，要求物业服务企业赔偿损失4.2万元。

业主以新居有瑕疵而状告物业服务企业并要求索赔有没有法律依据，物业服务企业在本案中应该怎么办?

4. 某广场护卫员巡逻到二楼时，发现电梯门口堆放着一堆装修垃圾。经查询，确认是31楼装修中转移堆放到这里的废料（倘若在其转移过程中及时发现并予以制止，也许就少了下面这些麻烦）。于是，管理处有关人员主动登门，找到31楼的业主和装修人员，在进一步重申装修管理规定之后，通知他们马上想办法把丢弃的垃圾清理出去。随后，又数次提醒。尽管每次他们都满口答应，可就是不见其采取任何措施。

当业主推脱清理装修垃圾时，物业服务企业应该怎么办?

5. 某广场一位业主在装修时，向管理处多次提出更改顶层复式房室内的一根大梁。其理由是按常规该根梁应为正梁，但搞成了反梁，既占用室内空间又影响美观。并且自己父亲是位高级建筑师，已计算出了有关参数、设计出了改梁图纸。对业主这一要求，管理处根据《装修管理规定》耐心进行解释、说服，理所当然地加以和善回绝。然而，这位业主就是听不进去，态度十分固执。三番五次找管理处未得到应许，他干脆动了硬的："不管你们同不同意，我都要改。"双方都不让步，问题一下子僵在那里了。

业主提出不合理装修要求时，物业服务企业应该怎么办?

四、实训题（建议安排学生以小组的形式完成下列实训题）

实地调查×××物业的情况，根据其需要修缮的地方，帮助其制订房屋维修计划。房屋维修计划的内容主要包括以下几个方面：维修对象（如名称、位置、状态、范围）、维修责任人（人员构成、分工和责权）、维修内容、材料、费用以及质量考核等。具体可参考：房屋维修计划管理内容、房屋维修的责任、房屋维修标准、房屋维修工程考核指标等内容。

本章附录

住宅室内装饰装修管理办法

《住宅室内装饰装修管理办法》已于2002年2月26日经第53次部常务会议讨论通过，现予发布，自2002年5月1日起施行。

部长汪光焘

二〇〇二年三月五日

第一章　总　　则

第一条　为加强住宅室内装饰装修管理，保证装饰装修工程质量和安全，维护公共安全和公众利益，根据有关法律、法规，制定本办法。

第二条　在城市从事住宅室内装饰装修活动，实施对住宅室内装饰装修活动的监督管理，应当遵守本办法。

本办法所称住宅室内装饰装修，是指住宅竣工验收合格后，业主或者住宅使用人（以下简称装修人）对住宅室内进行装饰装修的建筑活动。

第三条　住宅室内装饰装修应当保证工程质量和安全，符合工程建设强制性标准。

第四条　国务院建设行政主管部门负责全国住宅室内装饰装修活动的管理工作。

省、自治区人民政府建设行政主管部门负责本行政区域内的住宅室内装饰装修活动的管理工作。

直辖市、市、县人民政府房地产行政主管部门负责本行政区域内的住宅室内装饰装修活动的管理工作。

第二章　一般规定

第五条　住宅室内装饰装修活动，禁止下列行为：

（一）未经原设计单位或者具有相应资质等级的设计单位提出设计方案，变动建筑主体和承重结构；

（二）将没有防水要求的房间或者阳台改为卫生间、厨房间；

（三）扩大承重墙上原有的门窗尺寸，拆除连接阳台的砖、混凝土墙体；

（四）损坏房屋原有节能设施，降低节能效果；

（五）其他影响建筑结构和使用安全的行为。

本办法所称建筑主体，是指建筑实体的结构构造，包括屋盖、楼盖、梁、柱、支撑、墙体、连接接点和基础等。

本办法所称承重结构，是指直接将本身自重与各种外加作用力系统地传递给基础地基的主要结构构件和其连接接点，包括承重墙体、立杆、柱、框架柱、支墩、楼板、梁、屋架、悬索等。

第六条　装修人从事住宅室内装饰装修活动，未经批准，不得有下列行为：

（一）搭建建筑物、构筑物；

（二）改变住宅外立面，在非承重外墙上开门、窗；

（三）拆改供暖管道和设施；

（四）拆改燃气管道和设施。

本条所列第（一）项、第（二）项行为，应当经城市规划行政主管部门批准；第（三）项行为，应当经供暖管理单位批准；第（四）项行为应当经燃气管理单位批准。

第七条　住宅室内装饰装修超过设计标准或者规范增加楼面荷载的，应当经原设计单位或者具有相应资质等级的设计单位提出设计方案。

第八条　改动卫生间、厨房间防水层的，应当按照防水标准制订施工方案，并做闭水试验。

第九条　装修人经原设计单位或者具有相应资质等级的设计单位提出设计方案变动建筑主体和承重结构的，或者装修活动涉及本办法第六条、第七条、第八条内容的，必须委托具有相应资质的装饰装修企业承担。

第十条　装饰装修企业必须按照工程建设强制性标准和其他技术标准施工，不得偷工减料，确保装饰装修工程质量。

第十一条　装饰装修企业从事住宅室内装饰装修活动，应当遵守施工安全操作规程，按照规定采取必要的安全防护和消防措施，不得擅自动用明火和进行焊接作业，保证作业人员和周围住房及财产的安全。

第十二条　装修人和装饰装修企业从事住宅室内装饰装修活动，不得侵占公共空间，不得损害公共部位和设施。

第三章　开工申报与监督

第十三条　装修人在住宅室内装饰装修工程开工前，应当向物业管理企业或者房屋管理机构（以下简称物业管理单位）申报登记。

非业主的住宅使用人对住宅室内进行装饰装修，应当取得业主的书面同意。

第十四条　申报登记应当提交下列材料：

（一）房屋所有权证（或者证明其合法权益的有效凭证）；

（二）申请人身份证件；

（三）装饰装修方案；

（四）变动建筑主体或者承重结构的，需提交原设计单位或者具有相应资质等级的设计单位提出的设计方案；

（五）涉及本办法第六条行为的，需提交有关部门的批准文件，涉及本办法第七条、第八条行为的，需提交设计方案或者施工方案；

（六）委托装饰装修企业施工的，需提供该企业相关资质证书的复印件。

非业主的住宅使用人，还需提供业主同意装饰装修的书面证明。

第十五条　物业管理单位应当将住宅室内装饰装修工程的禁止行为和注意事项告知装修人和装修人委托的装饰装修企业。

装修人对住宅进行装饰装修前，应当告知邻里。

第十六条　装修人，或者装修人和装饰装修企业，应当与物业管理单位签订住宅室内装饰装修管理服务协议。

住宅室内装饰装修管理服务协议应当包括下列内容：

（一）装饰装修工程的实施内容；

（二）装饰装修工程的实施期限；

（三）允许施工的时间；

（四）废弃物的清运与处置；

（五）住宅外立面设施及防盗窗的安装要求；

（六）禁止行为和注意事项；

（七）管理服务费用；

（八）违约责任；

（九）其他需要约定的事项。

第十七条　物业管理单位应当按照住宅室内装饰装修管理服务协议实施管理，发现装修人或者装饰装修企业有本办法第五条行为的，或者未经有关部门批准实施本办法第六条所列行为的，或者有违反本办法第七条、第八条、第九条规定行为的，应当立即制止；已造成事实后果或者拒不改正的，应当及时报告有关部门依法处理。对装修人或者装饰装修企业违反住宅室内装饰装修管理服务协议的，追究违约责任。

第十八条　有关部门接到物业管理单位关于装修人或者装饰装修企业有违反本办法行

为的报告后，应当及时到现场检查核实，依法处理。

第十九条　禁止物业管理单位向装修人指派装饰装修企业或者强行推销装饰装修材料。

第二十条　装修人不得拒绝和阻碍物业管理单位依据住宅室内装饰装修管理服务协议的约定，对住宅室内装饰装修活动的监督检查。

第二十一条　任何单位和个人对住宅室内装饰装修中出现的影响公众利益的质量事故、质量缺陷以及其他影响周围住户正常生活的行为，都有权检举、控告、投诉。

第四章　委托与承接

第二十二条　承接住宅室内装饰装修工程的装饰装修企业，必须经建设行政主管部门资质审查，取得相应的建筑业企业资质证书，并在其资质等级许可的范围内承揽工程。

第二十三条　装修人委托企业承接其装饰装修工程的，应当选择具有相应资质等级的装饰装修企业。

第二十四条　装修人与装饰装修企业应当签订住宅室内装饰装修书面合同，明确双方的权利和义务。

住宅室内装饰装修合同应当包括下列主要内容：

（一）委托人和被委托人的姓名或者单位名称、住所地址、联系电话；

（二）住宅室内装饰装修的房屋间数、建筑面积，装饰装修的项目、方式、规格、质量要求以及质量验收方式；

（三）装饰装修工程的开工、竣工时间；

（四）装饰装修工程保修的内容、期限；

（五）装饰装修工程价格，计价和支付方式、时间；

（六）合同变更和解除的条件；

（七）违约责任及解决纠纷的途径；

（八）合同的生效时间；

（九）双方认为需要明确的其他条款。

第二十五条　住宅室内装饰装修工程发生纠纷的，可以协商或者调解解决。不愿协商、调解或者协商、调解不成的，可以依法申请仲裁或者向人民法院起诉。

第五章　室内环境质量

第二十六条　装饰装修企业从事住宅室内装饰装修活动，应当严格遵守规定的装饰装修施工时间，降低施工噪音，减少环境污染。

第二十七条　住宅室内装饰装修过程中所形成的各种固体、可燃液体等废物，应当按照规定的位置、方式和时间堆放和清运。严禁违反规定将各种固体、可燃液体等废物堆放于住宅垃圾道、楼道或者其他地方。

第二十八条　住宅室内装饰装修工程使用的材料和设备必须符合国家标准，有质量检验合格证明和有中文标识的产品名称、规格、型号、生产厂厂名、厂址等。禁止使用国家明令淘汰的建筑装饰装修材料和设备。

第二十九条　装修人委托企业对住宅室内进行装饰装修的，装饰装修工程竣工后，空气质量应当符合国家有关标准。装修人可以委托有资格的检测单位进行检测。检测不合格的，装饰装修企业应当返工，并由责任人承担相应损失。

第六章　竣工验收与保修

第三十条　住宅室内装饰装修工程竣工后，装修人应当按照工程设计合同约定和相应的质量标准进行验收。验收合格后，装饰装修企业应当出具住宅室内装饰装修质量保修书。

物业管理单位应当按照装饰装修管理服务协议进行现场检查，对违反法律、法规和装饰装修管理服务协议的，应当要求装修人和装饰装修企业纠正，并将检查记录存档。

第三十一条　住宅室内装饰装修工程竣工后，装饰装修企业负责采购装饰装修材料及设备的，应当向业主提交说明书、保修单和环保说明书。

第三十二条　在正常使用条件下，住宅室内装饰装修工程的最低保修期限为二年，有防水要求的厨房、卫生间和外墙面的防渗漏为五年。保修期自住宅室内装饰装修工程竣工验收合格之日起计算。

第七章　法律责任

第三十三条　因住宅室内装饰装修活动造成相邻住宅的管道堵塞、渗漏水、停水停电、物品毁坏等，装修人应当负责修复和赔偿；属于装饰装修企业责任的，装修人可以向装饰装修企业追偿。

装修人擅自拆改供暖、燃气管道和设施造成损失的，由装修人负责赔偿。

第三十四条　装修人因住宅室内装饰装修活动侵占公共空间，对公共部位和设施造成损害的，由城市房地产行政主管部门责令改正，造成损失的，依法承担赔偿责任。

第三十五条　装修人未申报登记进行住宅室内装饰装修活动的，由城市房地产行政主管部门责令改正，处 500 元以上 1000 元以下的罚款。

第三十六条　装修人违反本办法规定，将住宅室内装饰装修工程委托给不具有相应资质等级企业的，由城市房地产行政主管部门责令改正，处 500 元以上 1000 元以下的罚款。

第三十七条　装饰装修企业自行采购或者向装修人推荐使用不符合国家标准的装饰装修材料，造成空气污染超标的，由城市房地产行政主管部门责令改正，造成损失的，依法承担赔偿责任。

第三十八条　住宅室内装饰装修活动有下列行为之一的，由城市房地产行政主管部门责令改正，并处罚款：

（一）将没有防水要求的房间或者阳台改为卫生间、厨房间的，或者拆除连接阳台的砖、混凝土墙体的，对装修人处 500 元以上 1000 元以下的罚款，对装饰装修企业处 1000 元以上 1 万元以下的罚款；

（二）损坏房屋原有节能设施或者降低节能效果的，对装饰装修企业处 1000 元以上 5000 元以下的罚款；

（三）擅自拆改供暖、燃气管道和设施的，对装修人处 500 元以上 1000 元以下的罚款；

（四）未经原设计单位或者具有相应资质等级的设计单位提出设计方案，擅自超过设计标准或者规范增加楼面荷载的，对装修人处 500 元以上 1000 元以下的罚款，对装饰装修企业处 1000 元以上 1 万元以下的罚款。

第三十九条　未经城市规划行政主管部门批准，在住宅室内装饰装修活动中搭建建筑物、构筑物的，或者擅自改变住宅外立面、在非承重外墙上开门、窗的，由城市规划行政主管部门按照《城市规划法》及相关法规的规定处罚。

第四十条　装修人或者装饰装修企业违反《建设工程质量管理条例》的，由建设行政主管部门按照有关规定处罚。

第四十一条　装饰装修企业违反国家有关安全生产规定和安全生产技术规程，不按照规定采取必要的安全防护和消防措施，擅自动用明火作业和进行焊接作业的，或者对建筑安全事故隐患不采取措施予以消除的，由建设行政主管部门责令改正，并处1000元以上1万元以下的罚款；情节严重的，责令停业整顿，并处1万元以上3万元以下的罚款；造成重大安全事故的，降低资质等级或者吊销资质证书。

第四十二条　物业管理单位发现装修人或者装饰装修企业有违反本办法规定的行为不及时向有关部门报告的，由房地产行政主管部门给予警告，可处装饰装修管理服务协议约定的装饰装修管理服务费2～3倍的罚款。

第四十三条　有关部门的工作人员接到物业管理单位对装修人或者装饰装修企业违法行为的报告后，未及时处理，玩忽职守的，依法给予行政处分。

第八章　附　　则

第四十四条　工程投资额在30万元以下或者建筑面积在300平方米以下，可以不申请办理施工许可证的非住宅装饰装修活动参照本办法执行。

第四十五条　住宅竣工验收合格前的装饰装修工程管理，按照《建设工程质量管理条例》执行。

第四十六条　省、自治区、直辖市人民政府建设行政主管部门可以依据本办法，制定实施细则。

第四十七条　本办法由国务院建设行政主管部门负责解释。

第四十八条　本办法自2002年5月1日起施行。

第三章　物业设施设备管理

本章学习目标

通过本章的学习，了解物业设施设备的概念，熟悉物业设施设备的构成和分类。了解物业设施设备管理的概念和意义，熟悉设施设备管理的评价指标，掌握设施设备的运行管理、安全管理、外包管理、档案资料管理、信息化管理和更新改造管理。了解设施设备保养的含义，熟悉物业设备设施保养分级分类，掌握物业设施设备的保养方式、保养管理内容；熟悉物业设施设备的维修方式，物业设施设备的维修种类，掌握物业设施设备的维修管理内容。熟悉几种常见的设施设备管理内容。

第一节　物业设施设备

一、概念

物业设施设备是指附属于房屋建筑的各类设施设备的总称，它是构成房屋建筑实体的不可分割的有机组成部分，是发挥物业功能和实现物业价值的物质基础和必要条件。物业设施设备之所以属于房屋建筑实体不可分割的有机组成部分，是因为在现代城市里，没有水、电、煤等附属设备配套的房屋建筑，是没有使用价值的，不能算是完整的房屋；同时，设备设施的不配套，或配套的设施、设备相对落后，或经常处于损坏待修状态，也会降低房屋的使用价值和价值。因此，从法律意义上来说，房屋的设备和设施，是属于构成房屋所有权的不可分割的定着物。

随着社会经济的发展和现代科技的进步，物业设备的种类日益增多，使用领域不断拓宽，新型产品纷纷涌现，使得物业设备设施更为合理、完备和先进并向多样化、综合化的设备设施系统发展，从而为人类提供更加优越的环境和条件。在当代城市中，物业设备设施的重要性已远远超过以往任何一个时期，并成为反映一个城市在经济、科技、文化与生活等方面发展水平的一个重要特征和人类物质文明进步的重要标志。物业设施设备配套的完备性、合理性与先进性为人们改善房屋建筑性能及住用环境提供了一种物质基础和条件。物业设施设备的发展，不但使人们对物业设施设备的功能要求逐步提高，也对物业设备的管理提出了更高的要求。

二、物业设施设备构成

一般物业中常用的设施设备包括建筑设施设备、电气设施设备和智能化建筑设施设备。

（一）房屋建筑设施设备

房屋的建筑设施设备由给排水设施设备、卫生与消防设施设备、供暖、通风和空调设施设备等组成。

1. 给排水设施设备

（1）给水设施设备。

给水设施设备也称供水设备，是用来满足房屋用户生活、生产及消防等用水需要的设施的总称。它一般由室外给水设施设备与室内给水设施设备两个部分组成，两部分缺一不可。

室外给水设施设备是指从水源取水，将其净化并达到水质要求后，经输配水管网设备送至用户的设施设备。室外给水设施设备通常是城市市政配套设施的一个重要组成部分，其与室外排水设备、煤气供应设备和城市道路设备等构成了一个整体。室外给水设备设施的建设与运行一般由城市供水部门（自来水公司）统筹安排并实施。

原则上，室外给水设备由城市供水部门负责保养与维修管理，物业管理者不直接参与该设备的保养与维修管理，而主要是根据物业周围的给水设备及给水条件，结合物业的实际，合理地利用现有的室外给水设备。但对于专业物业管理，应包括对管辖区域内的室外给水设施进行保养与管理，并充分注意与城市供水部门的协调，及时反映室外给水设备运行中的问题与缺陷，以保证物业室外给水设备的正常运行。

室内给水设施设备是将室外给水设施设备提供的水引入室内，并在满足用户对水质、水量及水压等要求，把水送到各配水点包括龙头用水设备及消防设备等。室内给水设施设备一般由引入管、水表节点（水表、闸门等）、管道系统、给水附件（闸阀、止回阀及水龙头等）、升压和蓄水设备（水箱、水泵、气压装置、水池等）等若干部分。通常，室内给水设施设备按供水对象的不同，可以分为生活给水设施设备、生产给水设施设备及消防给水设施设备。其中，生活给水设施设备主要用于供应生活饮用水，水质应符合国家饮用水质标准；生产给水设施设备主要供应生产用水，其水质、水量及水压等条件要根据生产性质及要求而定；而消防给水设施设备则主要用于消防，其对水质无特殊要求，但对水压、水量往往有较高的要求。

（2）排水设施设备。

排水设施设备是用来收集各种污水，经必要的处理并进行排放的设施设备。它由排水管网和污水处理设备组成。一般房屋的排水设施设备排放的水包括生活污水、工业废水及雨水。我国当前的室外排水设备主要有合流制与分流制两种类型。其中合流制是将生活污水、工业废水和雨水在同一管渠内经一定处理排放的设备，而分流制是将生活污水、工业废水和雨水分别在两个或两个以上各自独立的管渠内排放的设备。

生活污水是人们日常生活中所产生的洗涤污水和粪便污水等，此类污水一般含有有机物及细菌。生产污（废）水是生产过程中所产生的污（废）水，这类污（废）水通常由于工艺的多样性，使其成分十分复杂，或有大量细菌，或有大量固体杂质油脂，或有较强的酸碱性，甚至含有有毒成分。所以房屋的污（废）水排放应首先经过适当处理，达到国家规定的污（废）水排放标准后，才能进入城市排水管网。

需要指出的是，高层的室内排水设备需加设通气管，以排除排水立管内的气体。

雨水排放设施设备是主要用于排放房屋屋面上的雨水和融化雪水的设施设备。雨水排放设施设备的不正常运行，将直接影响屋面雨水及雪水的排放，从而导致屋面积水及漏水，影响房屋用户的生活与生产。

房屋屋面雨水的排放方式，一般有外排水与内排水两种。外排水设施设备是目前国内大多采用的一种屋面雨水排放方式，包括水落管外排水和长天沟外排水。水落管外排水设施设备主要用于一般的居住建筑、屋面面积较小的公共建筑及单跨工业建筑；而长天沟外排水设备主要用于多跨工业厂房。外排水设备一般由檐沟（或天沟）、水落管、雨水口、连接管及检查井等组成。内排水设备主要适用于采用外排水有困难的大面积建筑屋面及大跨的工业厂房，内排水设备一般由雨水斗、悬吊管、立管、地下雨水沟管及清通设备等组成。

（3）热水供应设备系统。

热水供应设备系统是指为满足对水温的某些特定要求而设置的设备系统，包括开水供应、热水供应。其中涉及的设备设施包括淋浴器、供热水管道、热循环管表、加热器、温度调节器、减压阀等。

（4）管供纯净水设备系统。

管供纯净水设备系统多用在高档社区或别墅区。一般是运用逆渗透水处理技术，有效地将原水（自来水、地下水）变成人们可以直接饮用的纯净水。其主要设备有石英砂过滤器、软水器、全自动逆渗透装置、变频调速恒压供水系统、循环供水管计量装置和紫外线杀菌仪等。

2. 卫生与消防设施设备

（1）卫生设施设备。

物业卫生设施设备是指物业建筑内部附属的卫生器具部分，它包括水盆、浴缸、冲洗盆、镜箱、抽水马桶、面盆等不同种类。卫生器具的材质应具有一定的强度、耐腐蚀耐冷热、不渗水、表面易于清洗。常用的材料有陶瓷塑料、玻璃钢水磨石、复合材料等。

（2）消防设施设备。

消防设施设备指房屋设备中的消防装置部分，它包括喷淋系统和消防栓系统。其他配套的消防设备有：烟感器、温感器、消防报警系统、防火卷帘、防火门、排烟送风系统、防火阀、消防电梯、消防通道及事故照明、应急照明等。一般住宅小区常配用的消防设备为供水箱、消防箱、灭火器、灭火瓶、消防龙头、消防泵等。

3. 供暖、通风和空调设施设备

（1）供暖设备。

供暖设备是在冬季室外温度较低时，为使室内环境维持一定的温度，以某种方式向室内补充热量进行供暖的部分。一般由三个部分组成：热源部分，包括锅炉、蒸汽喷射器等；输热部分，包括热水管道、热水表、循环管、冷水箱、疏水阀、自动温度调节器、减压阀等；散热部分，包括散热器、暖风机、辐射板等。另外还有一些辅助设施，如鼓风机、回水泵、膨胀水箱、去污器等。

（2）房屋通风设备。

所谓通风就是把室内被污染的空气直接或经净化后排到室外，把新鲜空气补充进来，从而保持室内的空气环境符合卫生标准。通风的任务是创造良好的室内空气环境，对从室内排出的有害物进行必要的处理，使其符合排放标准，以避免或减少对大气的污染。按通风系统的工作动力不同，房屋通风有自然通风和机械通风两种。自然通风是借助“风压”或“热压”等自然压力促使空气流动；而机械通风则是依靠风机产生的压力强迫空气流动。综合而言，房屋通风设备主要指房屋内部的通风设备，包括通风管道、室内送风口和排风口、室外排风口装置和进风装置、通风机、排气罩及一些净化除尘设备等。

（3）供冷设备。

供冷设备是指房屋设备中可以使空气流动、给房屋住用者带来凉爽感觉的部分，其功能是使室内空气温度、相对湿度、气流速度、压力、洁净度等参数保持在一定范围内。它包括冷气机、深井泵、空调机、电扇、冷却塔、回水泵及输送冷水的管网等。

（二）电气设施设备

电气设施设备由供电及照明设施设备、弱电设施设备、电梯、防雷及接地装置等组成。

1. 供电及照明设备

供电及照明设备指给房屋提供电源及照明的各种装置。供电设备有变压器房内的设备、配电房内设备、配电干线、楼层配电箱。变压器房内一般有高压开关、变压器以及各种温控仪表和计量仪表等。配电房内的主要设备有低压配电柜、空气开关、计量指导仪表、保护装置、电力电容器、接触器等。照明设备包括开关、插座和各种照明灯具。

2. 弱电设施设备

弱电设施设备是指给房屋提供某种特定功能的弱电设备及装置。主要有：通信设备、广播设备、共用天线设备及闭路电视系统、网络设备等。随着现代化建筑水平的提高，房屋的弱电设备越来越多。

3. 运输设备

运输设备设施主要指建筑物内运载人或物品的垂直运输设备，一般分轿厢式和自动扶梯两类。轿厢式电梯通常由传动、升降、安全、控制等设备组成；自动扶梯由驱动、运动和支撑等装置组成。电梯按使用功能分客梯、货梯和客货两用梯三种；按升降速度分高速梯（2 米/秒）、快速梯（1.5 米/秒）和低速梯（1 米/秒），其中低速梯比较常用；按拖动方式分为交流双速、直流快速和交流调速三种；按控制方式分为信号控制、集选控制、微机程序控制等。

4. 防雷及接地装置

为了防止雷电对建筑物和建筑物内电气设备的破坏，必须对容易受到雷电袭击的建筑物提供防雷保护。一般建筑物的防雷设施有针式和带式两大类，避雷针又可分为单支、双支、多支保护等几种形式，避雷设施一般由接闪器（避雷针、避雷带）、引下线和接地极三个部分组成。接闪器、引下线、接地极等各防雷部分都要按照有关规范的具体要求装置，才能防止雷击的危害。

（三）智能化建筑设施设备

智能建筑主要由三大系统集成，即楼宇自动化、办公自动化、通信自动化。所以，配置了这三大系统的建筑一般被称为“智能建筑”。在智能化建筑中，主要的技术设备有以下几种：

1. 楼宇自动化系统技术设备

楼宇自动化系统技术设备主要包括能源监控系统、保安监控系统（摄像机、监察器、录像机等视频监控设备和各类紧急报警装置）、消防及火警系统（烟感、温感传感器，火灾自动报警主机，各类人工报警装置）、设备自动控制系统等。这些控制系统通过传感器对被控对象进行检测，然后将检测到的信号输入计算机。

2. 办公自动化系统

办公自动化系统主要是指借助于各种办公设备共享信息资源，并由这些办公设备与办公人员服务于某种办公目标的人机信息系统。这其中包括资料档案管理、多媒体信息查询、电视会议、财务计划、人事管理以及电子数据库系统等。

3. 通信自动化系统技术设备

在智能化建筑中，通信自动化系统是一个中枢神经系统，包括以数字式程控交换机为中心的通信系统，以及通过建筑的结构化综合布线系统来实现计算机网络、卫星通信、闭路电视、可视电话、电视会议等系统的综合，从而达到建筑内、市内、国内以及国际间的信息沟通与共享。

4. 综合布线系统

结构化综合布线系统将建筑设备自动化系统、办公自动化系统和通信自动化系统等连接成一个系统。

总之，物业设施设备通常是根据业主或用户的要求以及不同物业的用途而设置的，不同用途的物业便配备了不同的设施设备，具体见表 3－1。如一般住宅中的房屋设施设备由水、电、气、卫、电梯、闭路电视等设施设备组成，而现代化综合写字楼、商厦等还有空调、自动报警、电讯服务等设施设备。

表 3－1　各类物业常见设备设施一览表

设备种类 物业类别		多层住宅	高层住宅	工业厂房	商业建筑	设备种类 物业类别		多层住宅	高层住宅	工业厂房	商业建筑
供配电系统	公变	O	O	O	O	给排水系统	水泵	S	O	S	O
	专变	N	O	O	O		水箱	S	O	S	O
	发电机	S	S	S	S		太阳能热水	O	S	N	S
	公共照明	O	O	O	O		化粪池	O	O	O	O
消防系统	消防控制室	N	O	S	O	电梯	载人电梯	S	O	S	O
	火灾报警系统	N	O	S	O		载货电梯	N	N	O	S
	消防水泵	N	O	S	O		医用电梯	N	N	N	S
	消火栓系统	O	O	O	O		观光电梯	N	S	N	S
	喷淋系统	N	S	S	O		自动扶梯	N	N	N	S
	防排烟系统	N	O	S	O		自动人行道	N	N	N	S

续表

设备种类 物业类别		多层 住宅	高层 住宅	工业 厂房	商业 建筑	设备种类 物业类别		多层 住宅	高层 住宅	工业 厂房	商业 建筑
消防系统	中央空调	N	S	S	O	电梯	视频监控	O	O	S	O
	局部空调	S	S	S	S		对讲系统	S	O	N	O
	混合空调	N	S	S	O		周界防越	S	S	N	S
	热水供暖	O	O	S	S		电子巡更	S	S	S	S
	蒸汽供暖	N	N	O	S		电子门禁	O	O	N	N
	热风供暖	N	S	S	S	弱电系统	电话	O	O	O	O
管道煤气		O	O	N	S		有线电话	O	O	N	O
车场管理系统		S	S	S	S		网络	O	O	N	O

注：O：通常具备；S：有时具备；N：一般不具备。

三、物业设备设施管理等级分类

根据设备功能作用对业主服务的重要性，一般将设备管理等级分为三级：

（一）一级设备

一级设备通常包括：电梯、发电机、生活用水水泵、消防水泵、稳压泵、低压配电柜、火灾中央报警控制柜、消防联动柜、冷水机组、热水机组、中央空调机组等。

（二）二级设备

二级设备通常包括：变压器、高压开关柜、太阳能热水设备、防烟排风机、空气处理器、冷却塔、安防系统、气体自动灭火设施、交通道闸、车场管理系统等。

（三）三级设备

三级设备除一、二级以外的所有设备。如：配电箱、区域火灾报警控制箱、排风机、风机盘管、集中抄表装置、维修机具、清洁设备、保安通信设备等。

第二节　物业设施设备管理概述

一、物业设施设备管理概念

物业设施设备管理是指物业服务单位根据物业服务合同的约定和法律法规的有关规定，运用先进的技术手段和科学的管理方法对物业共有的各类设备设施的使用、维护、保养、维修实施的管理。关于设施设备管理，需要注意：一是物业设施设备管理的范围是根据物业服务合同的有关约定；二是物业设施设备种类很多，各种设施设备有不同的管理要求，物业设施设备的管理需要根据设施设备的性能和有关法律法规的规定，运用先进的技术手段，按照一定的科学管理程序来完成的。

二、物业设施设备管理的意义

（一）保障日常生产、生活秩序

日常生产生活要想顺利进行，就得有上水、下水、供热、供气、供电等物业设施设备管理作保障。其中任何一项出现问题，人们的基本生产生活就无法得到很好的保证，更谈不上达到舒适、顺畅的程度。从某种意义上说，舒适的日常生产、生活环境，来源于物业服务企业对物业设施设备良好的维护和管理。没有良好的运行和维护管理，物业设施设备就不可能给人们创造安全、舒适、可靠的生活环境，更谈不上安居乐业、保障生产。

（二）促进物业的保值增值

物业设施设备的日常维护及维修，能够使房屋减少功能上的折旧，使房屋的价值能够抵御通货膨胀的影响而保值。同时，物业设施设备性能的提高加上小区环境、公共秩序的维护及周边环境的良性发展，还能使物业增值。相反，如果小区物业设备设施管理滞后，出现上水水质差并且不及时、下水不畅、电梯老化、暖气不热甚至出现溢水、电梯下坠等现象，都会破坏物业的社会形象，影响人们的正常生产、生活，使物业迅速贬值。

（三）提高居民的生活质量

现代科技应用于建筑领域，使人们的生活有了很大的改观，人们已不再满足于基本的生理要求，还向更高层次的安全需求、精神需求发展，如绿地的建设、景观的设置、更趋人性化的户型设计、智能IC卡的运用、红外线监控系统、宽带的引入等。房地产开发企业以满足消费者更高、更深层次的需求为目标不断探索，这既改善了人们的生活状况，又提高了人们的生活质量。但如果想维持这种高水平的生活质量，就必须依靠物业设施设备管理来实现。因而，物业设施设备不仅是人们生产、生活、学习正常进行所必需的物质基础，也是影响工商业发展和人们生活水平提高的重要因素。

（四）节约物业服务企业的经营费用

在经济效益方面，高效精干的物业设施设备管理组织机构，可以减少工作人员的工薪支出。计划性、预防性日常保养与维修，可使设施设备一直处于最佳运行状况之中，从而延长物业设施设备的寿命，提高使用效率；良好的物业设施设备管理可以节约运行费用。另外，在物业设施设备使用过程中，注意节约运行中的能耗费用、操作费用、维护保养费用以及检查修理费用，能直接降低成本，提高整体管理效益。

（五）强化物业服务企业的基础建设

由于物业设施设备管理是一种开放型的管理，直接面向广大业主，因此它的好坏直接显示出物业管理的好坏、管理服务质量的优劣以及技术水平的高低，从而反映出物业服务企业的形象。因此，搞好物业设施设备的管理，可以促使物业服务企业及时发现工作中的问题，不断提高服务质量和技术水平，从而强化物业管理行业的基础建设，促使物业管理向良性方向发展。

（六）延长设施设备的使用寿命

物业设施设备会因长期使用、自然作用和使用不当等原因而发生磨损，但如果加强了设施设备的日常运行管理，可以避免因设备使用不当而引起的损坏，并保证其安全运行。加强设施设备的维护管理可以维持设施设备的性能，排除运行故障，避免事故的发生，从而延长设施设备的使用寿命，提高设施设备的使用效率。

（七）推动城市文明的建设和发展

现代化的城市要求物业达到经济、适用、卫生的要求，要避免环境污染，达到人与环境、生态的协调发展，而这一切都离不开物业设施设备管理。不同种类、不同功能的物业设施设备只有经过科学的运行管理，才能降低能耗，减少对环境的破坏，提高人们的生活质量，体现城市经济、文化和科学技术的发展水平和城市的文明程度。

三、物业设施设备管理的内容

物业设备设施管理的内容包括：设施设备运行管理、设施设备的安全管理、设施设备的外包管理、设施设备的档案资料管理、设施设备的信息化管理、设备设施保养管理和设备设施维修管理。由于设施设备保养和维修管理内容比较多，这部分内容将在本章第三节阐述。

（一）物业设施设备运行管理

物业设施设备管理是设施设备在日常运行和使用过程中的各项组织管理工作，它具有日常性、安全性和广泛性的特点和要求。物业设备的运行管理实际上包括了物业设备技术运行管理和经济运行管理两部分。设备的技术运行管理，通过制订科学、严密且切实可行的操作规程和运行方案，确保设备的运行性能始终处于最佳状态，确保安全运行。设备的运行经济管理，包括能源消耗的经济核算、操作人员的配置和维修费用的管理。

1. 制定合理的运行计划

设施设备的管理者应根据物业设备设施和物业的实际情况制定合理使用计划。该计划应包括设施设备的开关机时间、维护保养时间、使用条件和技术要求等方面的内容。如：电梯的运行时间、台数和停靠楼层；中央空调机组的开关机时间、制冷量、供应范围和温度控制范围；路灯的开关时间；喷泉的开停时间等。这些内容会根据具体物业的实际情况和季节、环境等因素的变化而有所区别，以满足安全、使用、维护和经济运行等方面的需要（见表 3－2）。

表 3－2　××项目设备设施运行计划

1. 电梯 （1）写字楼电梯每天7：30 全部开。21：00 高/低区各留一台，其余关闭；早上电梯开启后，将电梯调至高峰时段，9：30 后恢复正常，17：00 将电梯调至高峰时段，18：30 恢复正常。 （2）写字楼消防梯和货梯 24 小时运行。 （3）公寓楼客梯 24 小时运行。 （4）公寓楼消防梯 24 小时运行。 （5）公寓楼货梯 24 小时运行。 （6）写字楼电梯空调开放时间：7：30～21：00。 （7）公寓楼电梯空调开放时间：7：00～24：00。 ……

2. 合理配置人员

物业服务单位应根据设备设施的数量、工作条件、技术操作复杂程度、设备设施运行安排、用户需求和环境变化，合理配置和调整相应工种的操作和维修人员，确保设备设施的正常运行和操作人员的安全。操作人员经培训考核合格后，才能独立上岗操作相关工作专业的设备。供配电、电梯、锅炉运行等特殊工种还须经政府主管部门组织考核合格后，凭证上岗。

3. 提供良好的工作环境

良好的工作运行环境既是保证设备设施正常运转、减少故障、延长使用寿命的要求，也是稳定操作者情绪，保障正确操作的前提。为此，应提供必需的操作间、值班室，安装必要的防腐蚀、防潮、防尘、防震装置，合理配备测量、保险、安全用的仪器装置，以及良好的照明和通风设备等。

4. 建立健全规章制度

运行管理制度是全体员工的工作依据与准则，主要内容包括：设备的安全操作规程、设备的巡视工作制度、岗位责任制度、值班与交接班制度、记录与报表制度、报告制度和服务规范等。对于各项制度，全体员工必须严格执行。

5. 设施设备的状态管理

做好设施设备的巡检及状态监测工作，定期做预防性试验，及时发现问题，消除隐患，安排修理。

设备设施巡检就是对其运行情况、工作性能、磨损程度进行检查和校验，通过巡检可以全面掌握设备技术状况的变化和劣化程度，针对检查发现的问题，改进设备维修工作，提高维修质量和缩短维修时间。按巡检时间的间隔，通常分为日常巡检和定期巡检。日常巡检是操作人员每天对设备进行的随机检查、调整、维护，在运行值班巡视中实施。定期巡检，一般以专业维修技术人员为主，操作人员协助进行。是按计划定期对设备进行的检查，属定期维护保养内容。

设备设施状态监测，指利用人的感官、简单工具和仪器，对设备设施工作中的温度、压力、电流、转速、振幅、声音、工作性能的变化进行观察和测定，一般分为停机监测和不停机监测（又称在线监测）。

对动力设备、压力容器、电气设备、消防设备等安全性要求较高的设备，应由专业人员按规定期限和规定要求进行试验。如耐压、绝缘、电阻等性能试验，接地、安全装置、负荷限制器、制动器等部件试验，发电机启动、消防报警、水泵启动、管道试水等系统试验。

6. 节能管理

通过加强对各级管理人员、技术人员和操作人员的培训，建立能源消耗的计划和考核制度等各种管理手段，在不投资或少量投资的情况下杜绝能源浪费，减少各种非正常的能源消耗，是一种最经济的节能方式。

在设备和技术状况一定的情况下，采取管理手段节能是有一定限度的。由能源消耗规律可知，当一切浪费的能源都得到了控制，剩下的就是设备或产品的合理消耗，这时，以管理手段节能就达到了极限；要进一步提高节能水平，就需要依靠技术改造和更换设备。此时可以通过对设备或工艺进行局部或全部改造，必要时包括对耗能较大设备的更换，提高设备技术水平或工艺水平，降低能源消耗。

设备设施的节能管理，必须将管理手段和技术改造两者有机结合，方能达到最佳效果。除了上述所列的方法外，还有许多具体方法，设备设施管理人员可在不影响物业正常合理使用的前提下，根据实际情况采取相应的措施，实事求是，因地制宜。

（二）物业设施设备的安全管理

物业设施设备种类繁多，涉及面广，具有一定的危险性，特别是电气工程设备，在使用、操作和维修过程中，稍有疏忽，往往会造成机毁人亡的重大事故。同时，设备的合理使用和安全操作也是减少维修损失、延长设备寿命的一个重要环节。设备的安全管理主要涉及四个方面的工作。

1. 维修操作人员安全作业的培训与教育

维修操作人员是安全管理的重点对象，其培训的内容包括安全作业训练、安全意识教育和安全作业管理。

2. 业主和使用人的安全教育和宣传

对业主和使用人的安全教育与宣传的主要目的在于通过宣传教育，让他们了解设施设备安全使用知识，提高自我保护的安全意识，从而为安全管理建立广泛的群众基础。一般可以针对不同的设施设备、不同环境、不同对象，采取有针对性和灵活多样的形式。例如，电梯使用过程中张贴在轿厢内的“乘梯须知”，定期或不定期召开业主和使用人座谈会，利用过道、公共场所设置的报栏开展合理使用设备的宣传教育等。

3. 建立设施设备的安全管理措施

为了保证设施设备安全、正常运行，还必须做好一系列安全防范措施，主要有：对一些特殊的或具有危险性的设施设备应设计和安装必要的安全保护装置；定期进行设备的安全检查和性能测试；制定设备的安全管理制度。

4. 安全责任制度

物业管理部门应由主管领导负责安全管理工作。在岗位责任制度中，安全必须作为一项责任内容明确下来，做到安全管理人人有责，形成整套的安全责任体系。

5. 建立设施设备突发事件的应急预案

设施设备突发事件的应急预案包括突然停电、停水、停气、停暖应急预案；水、气管道爆管泄漏应急预案；设备突发事件应急预案、人身事故应急预案，自然灾害突发应急预案和房屋安全突发应急预案等。

6. 完善设备运行、维修安全操作规程

完善设备运行、维修安全操作规程包括高低压、停、送电安全操作过程，高低压倒闸安全操作过程，电气设备巡检规程，电梯运行操作规程，制冷机运行操作安全过程，空调机组安全操作规程，水泵运行操作规程，消防水泵试运行操作规程，送排风风机安全操作规程，燃煤、燃气、电锅炉安全操作规程等设备运行安全操作规程，以及各类设备的维修保养安全操作规程等。

（三）物业设备设施的外包管理

物业设备设施的技术含量、复杂化程度越来越高，对物业服务企业的设施设备管理能力提出了更高的要求。为确保物业设备设施达到最佳和较经济的管理效果，很多物业服务单位通常采取外包的方式，委托专业机构负责设备设施管理。

外包有两种形式：一是将某类设备设施的管理全部外包给专业公司，包括运行操作、维护保养和修理等项工作，如电梯、中央空调、消防系统等；二是将某类维修（如大修、中修）、技术改造、更新工程进行外包设备设施实施外包管理时，物业项目经理应重点关注设备设施合同订立、应注意的事项和合同实施过程的有效控制。

1. 订立外包管理合同应注意的事项

物业设备设施的重要性和发生故障所产生的损失和影响可能较大，在合同起草和签订过程中，应特别注意以下几个方面：

（1）在签订合同时要注意保证签约主体与实施主体一致；

（2）在合同中应明确因设备设施故障、事故造成的人员、财产等损失的赔偿原则，明确责任承担方；

（3）应在合同中明确服务的技术指标标准，并尽量采取量化形式，便于检验；

（4）委托方应尽量保留受托方在服务过程中的有关质量记录文件。既便于监督服务过程，也便于掌握设备设施状况，保证设备设施运行过程资料的完整性。

2. 外包管理合同实施应注意的问题

（1）建立针对承包方的检查监控制度并落实专人负责实施。

（2）建立与承包方的定期沟通会议制度，及时解决合同履约过程中出现的问题。

（3）建立定期效果评估制度。对评估过程中发现的较大或普遍存在的问题，以书面形式通知承包方，并提出整改要求，限期整改。

（4）定期对承包方基本情况全面更新，以及时掌握承包方的企业状况，适时采取对策，确保承包方有能力持续履行服务合同。

（四）物业设施设备的档案资料管理

物业设施设备档案资料管理的基本任务有两个方面：一是保管好物业设施设备档案资料；二是为设施设备运行、维护、管理提供信息资料。

物业设施设备的基础资料主要包括三类：设备原始资料，设备维修资料，设备管理资料。

设备原始资料：所有设备在接管后均应建立原始资料档案，内容包括：清单或装箱单，设备发票，产品质量合格证明书，开箱验收报告，产品技术资料，安装、试验、调试、验收报告等。

设备维修资料：设备维修资料包括报修单、事故记录、中大修工程记录、更新记录等。

设备管理资料：运行记录、检查记录、运行月报、考评资料、技术革新资料。设备运行记录、巡查记录和值班记录及保养记录等由物业服务中心填写，按月汇总、整理、保存。供方（设备厂家、设施设备维保单位）实施管理的设备，相关记录由供方负责填写并提交给物业服务中心。物业服务中心对所在物业所有的设备质量记录，应按时间顺序装订成册，专柜保存。

（五）设备设施信息化管理

互联网技术和其他高新技术的发展，对传统的物业设备设施管理提出了巨大的挑战。物业设备管理人员应与时俱进，跟踪应用互联网技术新方法，提高设备设施管理的效率和水平。设备设施信息化管理将以预防性维修设备管理理念为导向，构建设备管理标准化制度规程，通过标准化作业，规范设备管理工作，优化设备管理工作流程，达到降低运营管理成本，实现提升设备管理水平和效率的目的。

（六）物业设施设备的更新改造管理

1. 物业设施设备更新改造的理论依据

设备的寿命原理是设备更新改造的重要理论依据。设备的寿命通常可以分为设备的物质寿命、技术寿命和经济寿命。设备的物质寿命是指设备从开始使用到报废为止所经历的时间；设备的技术寿命是指设备从开始使用到因技术落后而被淘汰为止所经历的时间；设备的经济寿命是指设备从开始使用到因经济上不合算而停止使用所经历的时间。经济上不合算是指设备继续使用所需的维修费用大于其继续使用所能产生的效益。设备物质寿命的长短主要取决于设备本身的质量以及运行过程中的使用、保养和修理；设备技术寿命的长短取决于社会技术进步和技术更新的速度和周期；设备的经济寿命与设备本身的物理性能、技术进步的速度及设备使用的外部环境变化都有关系。一般来说，设备的技术寿命、经济寿命要短于其物质寿命，设备的经济寿命要短于技术寿命。

由上述设备寿命理论可见，在进行设备的更新与改造决策时，不能仅考虑设备的物质寿命，还要考虑设备的技术寿命和经济寿命。因为设备经济寿命通常以设备的物质寿命年限为基础，通过确定一个设备维修费用的经济界限来确定。所以设备的经济寿命是设备更新的主要依据，设备更新的最佳更新时期，应首选设备的经济寿命年限。

2. 物业设施设备的更新改造分类

（1）设备更新。

设备更新是指以新型的设备来替代原有的老设备。原有的老设备在使用相当长一段时期后，会因磨损等各种原因降低设备的技术性能和使用价值，影响运行效率、增加检修费用。如果设备的损坏已非常严重，到达了它的技术寿命或经济寿命，这时，就必须考虑设备的更新。

设备更新有原型更新和技术更新两种形式。设备的原型更新是指相同型号规格设备的以旧换新，即购买一台相同的新设备来代替原设备。原型更新比较方便简单，操作、维修和管理都不需要大的变动。但这种形式不利于提高设备的技术性能和设备管理的业务水平。设备的技术更新是指采用技术上比较先进、使用操作上比较方便、经济上比较合理、管理上比较进步的新型设备来代替原来使用的老设备。这种更新形式真正达到了设备更新的目的，它对于设备的操作、维修、管理人员提出了较高的要求，有利于企业的发展。

（2）设备改造。

设备改造是指应用现代科学的先进技术，对原有的设备进行技术改造，提高设备的技术功能及经济特性，以适应现代企业发展的要求。技术改造是在原有设备的基础上进行的，花费的技术改造费用一般比设备更新要少得多，因此，只要通过技术改造能达到同样的目的，一般就不采用设备更新的方式。

设备技术改造的途径主要有：对设备的结构作局部改进；增加新的零件和各种装置；对设备的参数、容量、功率、转速、形状和外形尺寸作调整。需要注意的是，对设备进行技术改造，要事先对原设备进行分析论证编制改造方案。

四、物业设施设备管理的评价指标

（一）设施设备有效利用率

设施设备有效利用率：

$A = T \div (T + Y)$

式中，A 表示设备设施有效利用率，T 表示设备设施有效工作时间，Y 表示设备设施停机或无效工作时间。

良好的设备设施管理可以提高设备设施的有效利用率，但设备设施管理部门在追求较高的设备设施有效利用率时不能任意削减必要的维护保养时间，也不能使设备设施长时期超负荷运行。这样势必造成设备设施的损坏，以致报废。

（二）设备设施完好率

设备设施的完好率：

$B = S \div W \times 100\%$

式中，B 表示设备设施的完好率，S 表示设备设施完好的台数，W 表示设备设施总台数。

设备设施完好与否是通过检查零部件来评定其是否完整齐全的。一般的完好标准为：

零部件完整齐全，符合质量要求及安全要求；

设备设施运转正常，性能良好，功能达到规定要求；

设备设施技术资料及运转记录齐全；

设备设施整洁，无跑、冒、滴、漏现象；

防冻、保温、防腐等措施完整有效。

对评定为不完好的设备设施，应针对问题进行整改，经过维护、修理，消除不完好因素，达到完好设备设施的要求。如果经过维修仍无法达到完好的设备设施标准，应该加以改造或者作报废处理，不能长期使设备设施处于不完好状态。

第三节　物业设施设备保养与维修管理

一、物业设施设备的保养管理

（一）物业设施设备保养的含义

物业设施设备的保养是指物业服务企业主管部门和供电、供水、供气等单位对设施设备所进行的常规性检查、养护与维修等工作。物业设备设施在使用过程中会发生污染、松动、泄漏、堵塞、磨损、震动、发热、压力异常等各种故障，影响设备设施正常使用，严重时会引发事故。为保证物业设施设备的正常运行、延长设施设备的使用时间，防止意外事故的发生，必须对物业设施设备进行保养。对不同类型的物业设备，应视其技术特点、使用条件的不同，分类、分片采取不同的有重点的保养措施。如对长时期运行的设备要巡视检查，定期切换，轮流使用，进行强制保养；对空调设备应在季节变化之前进行检查保养；对水箱类设备，需定期清洗、换水等。

（二）物业设施设备保养的方式

物业设施设备保养方式主要是“清洁、紧固、润滑、调正、防腐、防冻”。对长时期运行的设备要巡视检查，定期切换，轮流使用，进行强制保养。

1. 清洁

大气中的灰尘进入设备内，会加快设备的磨损和局部的堵塞，还会造成润滑剂的恶化和设备的锈蚀，促使设备的技术性能下降，噪声增加，所以设施设备的清洁工作看似简单，实际上是保养工作中很重要的一种方式。

2. 紧固

设备运转相当一段时间后，因多次启停和运行时的振动，地脚螺栓和其他连接部分的紧固件可能会发生松动，随之导致设备的更大振动直至螺母脱落、连接尺寸的错位和设备的位移以及密封面接触不严形成泄漏等故障，因此必须经常检查设备的紧固程度。在紧固件调正时，应该用力均匀恰当，紧固顺序按规定进行，以确保紧固的有效。

3. 润滑

润滑是正确使用和维护设备的重要环节。润滑油的型号品种、质量、润滑方法、油压、油温及加油量等都有严格的规定。此外，对设备的清洗、换油也应有合理的计划，确保润滑工作的正常开展。

4. 调正

设备零部件之间的相对位置及间隙是有其科学规定的。因设备的振动、松动等因素，零部件之间的相对尺寸会发生变化，容易产生不正常的错位和碰撞，造成设备的磨损、发热、噪声、振动甚至损坏，因此必须对有关的位置、间隙尺寸作定量的管理，定时测量、调正，并在调正以后再加以紧固。

（三）物业设备设施保养分级类

1. 日常维护保养

日常维护保养是指设备设施操作人员经常性的保养工作。日常维护保养时按照设施设备的维修保养规程来进行，重点是清洁，润滑，紧固易松动的螺丝，检查零件、部位的完整。日常维护保养是各类保养的基础，应保持经常性，应当严格制度化。日常维护保养的内容，包括操作人员的定期保养、周末维护保养、换季保养以及专业维修人员的巡回检查。

操作人员的定期保养，是每天的例行保养。班中严格按设备操作规程使用设备，尤其要注意设备运转时发生的声音、振动、温升、异味和压力等指示信号，发现问题及时处理或报告，交接班前将设备状况记录在交接班簿上。

周末维护保养是日常维护保养的一种，它要求操作人员和维修人员在周末和节假日前对设备进行较彻底的清扫、调试和润滑。它的主要内容与定期保养相同，但所要求的范围及程度均高于定期保养。

换季保养制是指与季节关系密切的空调设备的保养，其维护、保养工作一般利用春秋两季的空闲时间，更换易损件，加固螺钉，补充润滑油，灌新水等，保证空调系统制冷、制热功能的正常发挥。

专业维修人员的巡回检查是由专业维修人员检查操作人员对设备使用是否合理，机器运转情况是否正常，督促值班工人完成保养设备的任务，发现有违章操作的，应立即予以制止，遇有小故障时，应协同操作人员一起调整、处理，使设备经常保持正常的运转状态。

2. 一级保养

一级保养是根据设备的磨损规律，按预先编定的计划进行保养。它通常以设备设施操作人员为主，维修人员协助。一级保养的工作内容为：对机械设备进行检查、检测，根据实际需要局部解体，进行清洗、调整、维修更换；对电动机进行绝缘摇测；对电气设备进行清扫，检查仪表、电器（断路器）等；对电子设备进行除尘、触头研磨、更换，功能检查、软件检查；对管道、风道局部除锈、防腐、刷漆；对各种主要阀门（含风阀、防火阀）的渗漏、故障进行处理。

3. 二级保养

二级保养是对设备进行内部清洁、润滑，局部解体进行检查、修理和调整。通常以设备设施维修人员为主，操作人员协助。其工作内容有：对机械设备进行全面清洗、调整，部分解体检查和局部修理，更换易损件，进行噪声、振动、泄漏检测，发电机带负荷试车；对电动机进行绝缘摇测，抽芯检查、清扫，轴承上油；对电气设备进行全面清扫，母线、导线、接线端子压接面除氧化，进行电器参数整定、耐压绝缘测试；对电子设备进行除尘、插接件接口清洗，系统功能、参数测试，工作点调整，软件维护；对管道、风道部分除锈、防腐、涂装；对各种主要阀门渗漏、故障进行处理或更换。

（四）物业设施设备的保养管理内容

1. 维修保养计划

供方（设备厂家、设施设备维保单位）应在每年 12 月上旬，将委托范围内设备设施的下一年度保养计划报物业服务中心，其保养周期、级别应符合“设备维护保养周期”的规定及合同要求。物业服务中心审核、调整、汇总后，于每年12月下旬报公司审批，审批后的设备保养计划由公司、物业服务中心、供方各保留一份。具体见某物业设备设施维护保养计划周期表（见表3-3）。

表3-3 某物业设备设施维护保养计划周期表

序号	名称	日常维护保养周期	一级保养周期	二级保养周期
1	生活用水水泵	每半月	每季	每年
2	消防水泵	每周	每月	每季
3	风机	每月	每季	每年
4	电梯	每半月	每半年	每年
5	发电机	每月	每季	每年
6	干式变压器	每季	—	每年
7	空调冷水机组	每半月	每半年	每年
8	火灾报警系统	每周	每月	每季
9	气体灭火系统	每月	每季	每年
10	消防联动控制柜	每月	每季	每年
11	对讲报警系统	每月	每季	每年
12	防盗监视系统	每月	每季	每年
13	低压配电柜	每半月	每半年	每年
14	高压开关柜	每月	—	每年
15	交通道闸	每月	每季	每年

2. 设备设施维护保养检查

物业服务中心维修人员及供方日常对设备进行巡视时，应对设备重点部位进行检查（点检是根据要求利用监测仪器，设备或人的感觉器官，对设施设备关键部位进行检查），并做好记录，发现问题及时解决。无法解决的问题用“设备故障问题转呈单”提交供方公司解决，同时向物业服务中心报告。

品质管理部/物业服务中心在每月月检时，应对维护保养计划执行情况、设备技术状态、记录资料等，进行一次检查、评定，并做相关月检记录。同时统计填写“设备设施维护保养计划执行情况统计表”，评定结果（分数）作为考核维护保养质量及分包方履约情况的依据。

二、物业设施设备的维修管理

（一）物业设施设备的维修方式

对不同的对象应采用不同的维修方式，物业设施设备维修应遵循其自身的客观规律，在保证运行的前提下，合理利用维修资源，达到物理寿命周期内费用最经济的目的。

1. 预防维修

为了降低故障率或防止设备设施性能劣化，按事先规定的修理计划和技术要求进行的维修活动，称为预防维修。预防维修是一种主动的具有预防作用的维修策略，能够降低故障率，将事故隐患消除在初级阶段，从而提高系统的稳定性和可靠性，保障设备设施的正常使用，是物业管理应提倡的主要维修养护方式。特别是对重点和重要设备设施，更应该实行预防维修。预防维修有以下几种方式：

（1）计划性预防维修。

计划性预防维修又称定期维修，具有周期性特点。它是根据零件的失效规律，事先规定修理间隔期、修理类别、修理内容和修理工作量。

（2）状态监测预防维修。

状态监测预防维修是以设备设施技术状态为基础，按实际需要进行修理的预防维修方式。是在状态监测和技术诊断基础上，掌握设备设施劣化发展情况，在高度预知的情况下，适时安排的预防性修理，又称预知的维修。

（3）改善性预防维修。

改善性预防维修是为消除设备设施先天性缺陷或陈旧老化引起的功能不足、故障频发，对设备设施局部结构和零件设计加以改造，结合修理进行改装以提高其可靠性和维修性措施的维修方式。

2. 事后维修

事后维修是对一些没有列入预防维修计划的设备，在其发生故障或性能降低到不能满足使用要求时才进行的修理。这种维修策略可以发挥主要构件的最大寿命，使单位维修经济性好。但对物业管理而言，由于设备故障或性能减低通常会给物业的使用或安全造成较大的影响或威胁，因此一般情况下，应该尽量避免事后维修，仅在下述场合可以采用：故障停机后再修理不会给物业使用造成影响；修理技术不复杂，修理迅速而又能及时提供备件；某些利用率低或有备用的设备。

3. 紧急抢修

紧急抢修是对意外事件引发的故障进行的紧急修理，这类意外事件是偶然发生的，往往不具有预见性，难以进行事前准备。由于发生紧急事件会对物业的使用或安全造成重大影响，因此物业管理应该将紧急抢修列为单独的项目加以考虑。通常采取设计紧急事件处理程序的方法对紧急抢修进行准备。实践证明，这是提高设备设施管理水平的重要手段。

（二）物业设施设备的维修种类

根据维修工作量的大小，物业设施设备的维修可分为小修、中修和大修。

1. 小修

小修是维修工作量最小的一种计划修理。对于实行状态监测维修的设备，要求针对日常点检和定期检查发现的问题，拆卸有关的零部件，检查、调整、更换或修理失效的零件，以恢复设备的正常功能；对于实行定期维修的设备，要求根据掌握的损耗规律，更换或修复在修理间隔期内失效或即将失效的零件，并进行调整，以保证设备的正常工作能力。

2. 中修

中修是指对设备进行正常的和定期的全面检修，其工作量介于大修和小修之间。中修要求对设备部分解体修理和更换少量磨损零部件，保证设备能恢复和达到应有的标准和技术要求，使设备能正常运转到下一次修理。更换率一般在 10% ~30%，周期 3 ~5 年在实际工作中大修与中修的差别往往不太容易界定，特别是在结构和构成不复杂的情况下，可取消中修类别。

3. 大修

大修是指对设备进行定期的全面检修，是工作量最大的一种计划修理。它是在设备设施主要零件损坏严重，主要性能大部分丧失，安全性和可靠性严重下降，必须经过全面修理才能恢复其效能的情况下，使用的一种修理形式。大修要求对设备进行全面解体、更换主要部件或修理不合格的零部件，使设备基本恢复原有性能。更换率一般超过 30%，周期 6 ~10 年。

（三）物业设施设备维修计划的种类

1. 按时间进度编制的计划

年度维修保养计划。包括大修、项修、技术改造、实行定期维修的小修和定期维护，以及更新设备的安装等项目。

季度维修保养计划。包括按年度计划分解的大修、项修、技术改造、小修、定期维护及安装和使用部门提出的季度追加项目。

月度维修保养计划。包括按年度和季度计划分解的本月各项目；根据上月设备故障修理遗留问题及定期检查发现的问题，必须且有可能安排在本月的项目。

2. 按修理类别编制的计划

根据维修的设施设备的类别划分的维修计划，如供配电系统维修计划、空调系统维修计划、消防系统维修计划等。

（四）物业设施设备的维修管理内容

1. 编制物业设施设备维修管理计划

（1）维修计划的编制依据。

物业设施设备的维修计划的编制应该依据下列内容：

设备设施的修理周期与修理间隔期；

设备设施的使用要求和管理目标；

安全与环境保护的要求；

房屋及设备设施的技术状态。

（2）物业设施设备的维修计划应该考虑的问题。

物业设施设备的维修计划应该考虑的问题：

物业使用或运行急需的、影响其他系统使用的、关键性的设备设施应重点提前安排修理，这样可减少对日常使用的影响；

应考虑到维修保养工作量的平衡，使全年工作能均衡地进行。对待修理的设备设施应按轻重缓急安排计划；

应充分考虑维修前的准备时间和维修保养工作时间；

应切实考虑企业资源和能力能否保障各项目的维修保养，如果能力或资源不足，就应该考虑项目外包或寻求技术支持，不应降低维修保养的技术要求；

计划最后确定前，资金一定要落实，确保计划内每项工作的资金都有足额的保障，否则，应该按照轻重缓急做删减调整，重新制订计划；

所制订的计划应该包括必要的工作程序和检验程序，使计划具有可操作性和可验证性；

对物业使用或运行有较大影响的关键设备，应尽可能安排在非高峰期检修，以缩短停歇时间（如中央空调系统的冬季检修、采暖系统的夏季检修等）。

（3）制定维修计划。

物业设施设备中修、大修、更新改造计划由物业服务中心制定，报公司审查确定方案、审查预算。公司根据相关检定报告，定期组织专家对重要设备进行诊断，根据诊断结果确定维修时机、维修方案，并组织实施。

2. 维修准备

（1）修前预检。

修前预检是对待修设备设施进行全面的检查，目的是掌握修理对象的技术状态。修前预检可按下面的步骤进行：

技术人员首先要阅读技术说明书和各类图纸，熟悉对象的结构、性能和技术指标。其次是查看技术档案，了解对象的故障及其修理的历史情况；

使用和维护人员介绍对象目前的技术状态和主要缺陷；

进行外观检查，如磨损、油漆及缺损情况等；

进行运行检查，开动设备，观察运行情况；

按部件解体检查。将有疑问的部件拆开细看是否有问题，拆前要做好记录，以便解体时检查及装配复原之用；

预检完毕后，将记录进行整理，编制维修工艺准备资料，如修前存在问题记录表、零配件修理及更换明细表等。

（2）修前资料准备。

修前预检结束后，工程技术人员须准备各类图纸、图样、记录表格以及其他技术文件等。

（3）修前工艺准备。

资料准备工作完成后，根据情况决定是否编制修理的工艺规程或设计必要的工艺装备等。

（4）其他准备。

其他准备包括对材料及零备件、专用工、量具和设备的准备，以及具体落实停修日期和时间、向业主和有关部门发出通知、清理作业现场等设备设施停修前的准备工作。

3. 组织实施

要严格按照设备设施的维修计划实施，在确保安全的前提下，注意控制以下几个因素：

（1）质量的控制。

对维修质量有影响的人工、材料、设备和技术等要素进行有效控制，建立质量保障体系，并加强对工程质量的验收检查，确保维修工作能够达到计划的质量标准。

（2）进度的控制。

物业的设备设施的使用率较高，停机维护一般都会给物业的使用造成不便，对维修工作进度进行有效控制，既可以减少维修工作对物业使用的影响，也有利于降低成本。

（3）成本的控制。

通过对维修成本构成要素进行有效控制，提高维修工作的经济性。

4. 技术支持

技术支持是对个别具体问题寻求第三方专业机构的协助，如故障诊断、维修方案等，多数情况下以聘请技术专家担任顾问的方式进行。技术支持是降低管理成本、提高管理效率和服务质量，培养专业技术人才的有效方法。

5. 验收和存档

设施设备维修完毕后，物业服务企业应该根据设施设备维修养护项目实际情况，采取适当的验收方式。其中，物业设施设备中修、大修、更新改造工程的竣工验收由公司组织专业工程师进行。验收合格填写“工程竣工验收证明”，由施工单位、物业服务中心、相关工程师签字盖章。不合格则由施工单位整改，进行复验。同时考核维修养护工作计划完成情况，维修养护达到的工作质量标准，维修养护工作的效率，成本控制的效果。并将维修养护的计划、预算和批准文件、维修养护工作记录、更换材料和零配件记录、竣工图和验收资料等存档。

6. 备品配件管理

保证规格、品种、质量，及时、经济、合理的备件供应，是设备维修工作顺利进行的物质基础和后勤保障。根据设备备件用途的不同，可以将备件分为以下四类。常用备件、即设备维修工作中经常使用、需要数量大的零配件；易损备件、即在设备运行中工作频繁、易磨损或损耗的零部件；事故备件、即为防止设备的关键部位发生故障造成停机而准备的替换零配件；修理备件、即在设备修理中按规定需要定期更换的零配件或套配件。

（1）采购与零备件管理。

加强计划采购，尽可能减少零星采购，建立符合实际情况的库存备件名录和最低库存量。对不设库存的零部件，建立起畅通的采购和供应渠道。应严把采购质量关，并妥善保管设备供应商或安装单位采购文件，建立有效的备品备件合格供货商名录和相关资料。

（2）工量具与维修用设备的管理。

工量具与维修用设备的管理应该责任到人，建立健全使用、保养制度，定期进行校验，以保证其使用性能。对于多人共用或价值较高的工量具或仪器仪表，应指定管理责任人，固定保管地点，强化领用归还手续。对于普通的工量具和维修用设备，则要求使用人和保管人会使用、会维护、会修理。

第四节　几种典型设施设备系统的管理

一、给排水设施设备系统的管理

给排水设备设施系统的状况直接影响给排水系统的正常运行，直接影响业主或使用人正常的工作和生活，也直接关系着物业管理公司工作的难度、好坏和成败。因此，给排水设备系统的管理是物业管理日常管理服务的一项基本工作。

（一）给水系统管理

1. 范围的界定

给水系统涉及供水等专业管理部门和物业管理公司等单位，要搞好给水系统的管理，物业公司必须与这些部门划清职责范围，合理分工，通力合作。

一般情况下，高层楼宇以楼内供水泵房总计费水表为界，多层楼以楼外自来水表井为界。界限以外（含计费水表）的供水管线及设备，由供水部门负责维修与管理；界限以内（含水表井）至用户的供水管线及设备由物业管理公司负责维修与管理。

2. 给水系统的管理

（1）做好物业给水系统设备的基础资料管理，特别是供水管网布线的基础资料要准确、齐全，以便为以后的保养和维修提供便利。

（2）防止二次供水的污染，对水池、水箱、管路要定期进行清洗、保洁、消毒，保证其清洁卫生和安全饮用。

（3）节约用水，防止跑、冒、滴、漏和大面积的积水事故的发生。

（4）对供水管道阀门、水表、水泵、水箱进行经常性维护和定期检查，确保供水安全。定期对供水管道进行养护、清通、防止阻塞。

（5）制订事故处理预案，发生断水故障应及时抢修，防止事故范围的扩大。

（6）消防水泵要定期试泵，至少每年进行一次。要保持电气系统正常工作，水泵正常上水，相关配套要完整，检查报告应送交当地消防部门备案。

（7）建立责任制，由专人负责日常供水、用水的监督检查，做好巡视工作，保证供水工作的安全进行。

（8）定期查表读数，定期督促交费、收费，定期进行数据的统计分析，发现异常情况要及时查清处理。

（9）限水、停水要提前通知，以便业主和使用人事先做好安排。

（二）排水系统管理

1. 排水系统管理范围界定

凡道路宽在3.5米以上的，其道路及道路下埋设的市政排水设施，由市政工程管理部门负责维护管理；道路宽在3.5米以下的，由物业管理公司负责维护与管理。

供水管网及管网上设置的地下消防井、消防栓等消防设施，由供水管理部门负责维护与管理，消防部门负责监督检查；高、低层消防供水系统，包括泵房、管道室内消防栓等，由物业管理公司负责维修管理，并接受消防部门的监督检查。

2. 排水系统的管理

（1）重视巡视检查与维护工作。

物业服务企业要配备具有一定经验和技术能力的工人，对排水管线、排水设备进行巡视检查和维护。外巡人员以“巡”为中心，以预防为主，及时发现、解决和上报各种问题。内巡人员以“查”为中心，要求及时准确地为养护工作提供原始资料依据。

具体说，巡视检查和维护工作的主要任务包括：

定期对排水管进行养护、清通及清除污垢；

定期检查排污管道的工作状态，并进行维护，防止排污管由于氧化生锈面产生渗、漏水等现象；

对各排水口及沉沙井、化粪池要定期派人清理，防止堵塞；

对使用期已到的设备或陈旧设备应及时更换，防止重大事故的发生；

室外排水沟渠应定期检查和清扫，清除淤泥和杂物。

（2）建立健全排水设备设施的资料档案。

物业管理公司要配备排水设施档案资料管理员，建立档案资料袋，做到有设施就有档案，对各项设施的使用情况，都要记录在案，以备各项工作使用。

另外，管理维修人员也应该用图表的形式记录维护、保养、检修的情况，如设立记录卡。对每次检查维修的项目登记在册，包括检查时间、检查出的问题、负责人、维修人、维修时间等。从而不但对设备的完好率做到心中有数，还可以作为每年管道设备普查的重要依据。

（3）加强教育宣传工作。

通过合理方便的途径和手段，向业主使用人宣传教育有关爱惜各项排水设备设施，不要把剩菜剩饭及其他杂物等倒入下水管道，也不要随意改动排水线路等要求和规定。同时，在卫生间、盥洗室等处放置污物桶等，也是防堵的有效措施。

二、供配电设施设备系统的管理

供电设备设施的管理是按照国家法规和物业服务企业的管理规范。对已验收并投入使用的供电设备设施，运用现代化的管理方式和先进的维修养护技术，进行管理和服务，以保证物业小区或楼宇的供电系统正常、安全运行，给辖区内的人们提供一个良好的生活环境。

（一）管理范围的界定

供配电设施设备的管理范围一般是根据供电方式界定物业服务企业供电设备设施的管理范围。目前，供电方式主要有两种：第一种，物业辖区所需电能小于35千瓦时，供电部门把电力直接送到业主单元；第二种，当物业辖区内业主所需电能较多时，则是供电部门把高压送到小区或高层楼宇，经小区或楼宇变电站再送到各业户。

第一种方式中，归物业服务企业管辖的是从低压电网进入物业辖区的一段线路和少量的开关电器。第二种方式中，归物业服务企业管辖的是从高压公共电网进入物业小区或高层楼宇的变、配电所的高压进线开始，至业户用电设备设施入端止的全部线路及设备设施。

（二）供电设施设备具体管理内容

（1）配备合格的专业工程技术人员和相应数量的操作和维修电工。

（2）制订严格的供配电运行制度和电气维修保养制度，同时建立相应的检查监督机制保证各项制度的执行。

（3）建立供配电系统技术档案。

（4）配备各种必要的工具、仪器仪表和安全防护用品、常用零配件和易损易耗品等，并建立零配件供应渠道和供应商名册。

（5）定期对用电计量仪表进行检查和校验，确保用电计量的准确性。进行用电统计分析，做好用电调度和用电计划工作。

（6）建立临时用电管理制度，对任何新增加的用电都应进行用电负荷的计算，进行合理的负荷分配，尽可能保证三相平衡，任何情况下都不允许超负荷供电。

（7）要建立火警、水灾、台风、地震等灾害时的供电预防措施。

（8）做好节约用电工作，降低损耗。

（9）限电、停电要提前通知业主、物业使用人。

（10）供配电运行须建立24小时值班制度，发生故障时应能及时组织力量抢修，尽快恢复电力供应。

（11）定时对备用电源进行检查，对蓄电池进行充电，对备用发电机进行运行试验。

（12）重视无功功率和补偿工作，提高功率因数，改善用电质量。

（13）公共用电测算和计量统计，为管理服务费的收取和调整提供依据。

（14）建立供电设施设备档案。

三、消防设施设备系统的管理

（一）消防设施系统管理工作的主要内容

（1）配备消防设施主管技术人员，要求这些人员既有机电设备管理的知识和经验，又有必要的消防知识，有较强的工作责任心。

（2）建立严格的消防设施管理制度，每个消防设备都应指定设备责任人，设有消防控制中心的要安排24小时值班。

（3）建立消防设备、设施技术档案，包括消防设施分布、结构、性能、技术指标和图纸、使用说明书、测试数据等，还应包括每次实验、测试的结果和数据，更换和改造记录等。

（4）建立消防设备巡视、检查、测试制度，具体内容可根据消防设备的使用要求和技术说明书制订。

每周检查项目：检查各处消火栓是否损坏，水龙带、水枪是否在位；检查各处消防水管是否漏水；检查各类手提式灭火器是否完好；检查防火门、安全出口指示灯、安全通道照明是否完好。

每月检查项目：消防加压水泵、正压送风、排烟风机试启动一次；检查各类信号指示灯是否正常；检查各类水压压力表是否正常；检查消防水泵泵体是否漏水，生锈；检查消防备用电源是否正常，能否及时切换。

每半年检查项目：检查手提式灭火器是否有效；检测烟感、温感探测器是否正常工作；消火栓放水检查一次；检查消防报警按钮、警铃及指示灯；检查消防广播系统；消防控制联动系统进行一次试验测试；检查自动喷洒系统管道和各消防水箱、水池排水；气体灭火装置的检查测压。

每年结合消防演习，对整个消防系统进行一次运行检查，对各消防设备的联动协调运行进行测试。

（5）对日常巡检和测试发现的问题和安全隐患，一定要在限期内整改完毕，并进行调查分析，采取措施避免错误再次发生。

（6）对消防设施日常运行、维修、更换成本进行测算，为管理费收取提供数据。

（二）消防设施系统管理的注意事项

同其他机电设备不同，消防设备大多是在火警发生时才投入运行的待机设备，到实际使用时才发现故障并维修调整是不允许和来不及的。因此，日常的巡视、检查、试验和测试是保证设备完好的基本手段。要高度重视这项工作，要针对巡视、检查、试验和测试等工作制订计划，要有专人进行，要有记录，对发现的隐患要有整改方案和时限。

专栏3-1　物联网技术在建筑消防设施管理上的应用①

随着我国经济建设和城市化进程的进一步推进各种高层、大体量建筑大量涌现。这些建筑内往往人员密集、财产物资集中火灾发生的概率、损失以及荷载都相对较大。火灾发生时如果仅仅依靠消防队接警出动或建筑内人员人工灭火的方式不能及时有效地控制火灾。针对这种情况大部分建筑都安装了消火栓系统、火灾报警系统以及喷淋系统等消防设施这些设施使得建筑物抵御火灾的能力显著提高。如何借助物联网技术提高各种高层、大体量建筑中消防设施管理的智能化，有效提高火灾防控能力是消防安全监督管理工作中的新课题。本章节就物联网技术在建筑消防设施管理中的实施和应用进行如下讨论研究。

一、物联网技术概述

物联网也称传感网。它是在互联网的基础上，将用户端扩展并延伸到物品与物品之间，并进行通信和信息交换的网络概念。物联网将物理世界与信息世界连接起来，利用射频识别、红外传感器、激光扫描器以及全球定位系统等信息传感设备，获取物品的温度、标志、位置等物理量。然后通过一些简单的处理、运算、提取出有用的信息并进行加工，按照一定的方式连接到互联网上，进行通信和交换，实现智能识别、跟踪、定位、监控管理等功能。

物联网主要由三部分组成：传感网络、传输网络以及应用网络。通过物联网技术可以实现任何时间、任何地点的物与物之间的通信。物联网将物理世界与虚拟世界进行结合，就必须要求物理世界中的事物产生能够在虚拟世界中传输的数字信号，这就要利用各种感知设备，将现实的物体作为唯一的标志，使物体智能化从而实现物联网技术。

① 莫祥亮：《物联网技术在建筑消防设施管理上的应用》，载于《无线互联科技》2013年第9期。

二、物联网在消防中的运用实施

物联网技术在消防工作中的实施使得建筑消防设施的管理和监控变得更加智能。建筑消防设施的正常使用对于火灾的预防和扑救有着至关重要的作用。物联网技术可以实现对消防设施的全动态智能监控。在消火栓、火灾自动报警系统以及喷淋系统的探测器等重要的位置设置简单的通信设备，通过传感器定期地向消防中心传送信息，消防人员通过电脑等设备实时查询建筑内的消防设施的压力、流量以及储水量等运行数据，同时，对消防供水系统及设备进行联网监控，采集附近消防水源的位置信息。当发生火灾时，能够及时启动建筑内的自动消防设施进行火灾控制和人员疏散，同时指挥消防人员和作战车辆在最短的时间内实施有效灭火。通过在建筑疏散通道内设置的通信传感器，消防中心可以利用视频监控设备监控安全通道的可用性。

自动消防设施的设置，有效提高了建筑火灾的防控能力。在日常的维护管理中，人们往往注重自动消防设施的运用，却忽略了对消防设备的管理及维护保养，导致消防设备带病工作。当火灾发生时，自动设备不能正常工作，导致错过最佳的灭火时机，最后造成火灾损失的扩大。避免上述情况的出现，这就需要建立一个有效的城市建筑消防设施的远程实时监控系统，监控各建筑内的消防安全情况，保证消防设施的正常运行防止火灾损失扩大。而物联网技术的应用有效地解决了这一难题。通过网络的实时性，在最短时间内，对建筑物内的情况做出判断并传输到消防控制中心，当发生火灾时，在最短的时间内，将火灾控制并消灭在初起阶段，减少火灾带来的损失。现在许多城市开展的自动消防设施远程监控联网系统，就是物联网技术消防设施管理上的有效探索。

三、物联网技术在消防管理中的作用

物联网技术在建筑消防设施管理上的应用，既提高了单位的消防安全管理水平，也可以增强全社会防控火灾的能力。物联网技术可以避免一些联网单位随意关闭火灾自动报警系统的情况，还可以通过实时的监控，及时督促物业管理单位对出现故障的消防设施进行维护保养，提高预防火灾、扑救火灾的能力。物联网技术在消防安全领域的应用，可以有效提高政府部门的公共消防服务水平和消防的社会化管理水平，其研发和使用实现了社会单位消防安全的集中化、网络化管理。通过自动火灾报警系统与网络监控相结合，实时掌握消防设施的运行情况。当发生火灾时，能及时掌握火灾现场的设施及通道情况，采取快捷、有效的措施，将人员伤亡和财产损失降到最低。

四、总结

物联网技术在建筑消防设施上的应用，实现了对消防设施的智能化管理。对于提高消防管理水平、改变传统的消防管理模式以及增加消防设施的可靠性、安全性有着很重要的作用。随着物联网技术的不断发展以及在消防领域试点工作的不断推进，其必然会给建筑消防设施的管理工作带来巨大的变革，对于建筑消防设施的监督效率以及消防设施的远程实时管理效率上都会有很大的提高。

四、电梯系统的管理

（一）电梯种类

常见电梯按用途分有乘客电梯、载货电梯和客货电梯；按拖动方式分有直流电梯、交流电梯和液压电梯；按控制方式分有单机控制电梯、集选控制电梯等。

（二）电梯系统管理工作主要内容

（1）按照电梯管理的相关规定配备人员，所有从事电梯管理的人员都要持有国家或地方有关管理部门认可的上岗资格证书。

（2）根据电梯制造厂家提供的图纸资料、技术性能指标和维修保养说明，制订电梯安全运行和维修保养的规章制度和工作程序，包括值班安排，操作规程和应急处理，日常巡视、周检、月检内容，大、中修计划和工作程序等。

（3）建立电梯档案，将电梯原始技术资料和检测维修资料归类存档，妥善保管。

（4）备齐电梯维修保养所必需的工具、仪器等，以及电梯日常维修保养所常用的零件和消耗品，了解并登记电梯零件供应渠道和各专业技术服务公司。

（5）根据物业的性质和人流物流的特点确定电梯的服务时间和清洁保养时间。

（6）进行电梯的用电计量和运行成本核算，以此测算出电梯的使用成本。

（7）电梯维护保养或故障停梯均应及时通告业主、物业使用人。

（8）将电梯维修保养工作委托给专业公司承担时，要认真审核承包方的专业技术水准和专业资格，认真监督合同的执行情况，定期对承包方的服务进行评价。

（9）电梯需每年请地方政府技术监督部门进行年检，获得年检合格证，才能继续使用。

专栏3－2　××大厦电梯运行管理作业规范①

一、管理分工及职责

机电维修部主管负责检查电梯运行管理工作的实施情况。电梯维修部班组长负责电梯运行管理工作的组织实施。电梯管理员具体负责电梯的运行管理。

二、管理程序及要求

（一）巡视

1. 电梯管理员每天对小区内所有电梯的主要部位至少巡视一次。

2. 巡视监控的主要内容如下：

（1）曳引电机有无异常噪音或气味，是否温度过高（烫手），曳引电机轴承是否需要加注润滑油，螺栓是否松动；

（2）减速箱是否需要加注润滑油，油色、油位是否正常，联轴器是否牢固可靠，螺栓有无松动；

① 作者根据相关资料整理。

(3) 指示仪表、指示灯是否正确，各继电器接触动作是否正常，有无异常声响；

(4) 变压器、电阻器、电抗器温度是否正常，有无过热现象；

(5) 制动器动作是否正常，制动线圈是否过热，制动轮上是否有油污；

(6) 曳引轮、曳引绳、限速器、机械选层器、测速机等运行是否正常，有无异常声响；

(7) 通信设施是否灵敏畅通，指示牌、标示牌是否完好，盘车手轮、开闸扳手等救援工具是否已放置在指定位置；

(8) 轿厢照明是否正常，厅外轿内指层、指令及指示灯是否正常；

(9) 厅门及轿门踏板是否清洁干净；

(10) 轿厢中的导靴油盒、油量是否足够；

(11) 电梯运行有无异常振动或声响，舒适感有无明显变化；

(12) 开关门有无异常（顺畅），轿厢内应急灯是否可靠；

(13) 底坑限速器、张紧装置、开关和碰铁距离是否异常；

(14) 补偿钵是否有异响；

(15) 底坑有无积水或脏物。

3. 巡视过程中如发现上述不正常情况时，电梯管理员应及时采取措施予以解决。处理不了的问题应及时如实地汇报给机电维修部主管，在主管的协同下加以解决。整改时，应严格遵循电梯维修保养标准作业规程。

（二）异常情况处置

1. 发生火灾的处置

(1) 楼层发生火灾时，电梯管理员应立即击碎玻璃，按动“消防”开关使电梯进入消防运行状态。电梯运行到基站后，应使乘客保持镇静，疏导乘客迅速离开轿厢；

(2) 井道内或轿厢发生火灾时，电梯管理员应即刻停梯，疏导乘客迅速离开轿厢，切断电源。用干粉灭火器灭火，控制火势蔓延；

(3) 对于上述两种情况，电梯管理员应及时通知小区消防中心，按火警火灾应急处理标准作业规程处理。

2. 电梯湿水的处置

(1) 当底坑内出现少量进水或浸水时，应将电梯停在二层以上，断开电梯总电源。

(2) 当楼层发生水淹而使井道或底坑进水时，应将轿厢停于进水层站的上一层，断开电梯总电源。

(3) 当底坑、井道或机房进水较多时，应立即停梯，断开电梯电源总开关。

(4) 发生湿水时，应迅速阻断漏水源。

(5) 对湿水电梯应进行除湿处理，如用干抹布擦拭、热风吹干（温度不能太高）、自然通风（用工厂用鼓风机）、更换管线等。确认湿水已消除，各绝缘电阻达到要求并且试梯运行无异常后，方可投入正式运行。

3. 停电造成停梯或故障造成停梯时的困人教授，按电梯困人教授标准作业规程处理

（三）电梯机房管理

（1）非值班人员不准进入机房，若需要进入，须经机电维修部主管同意，并在值班人员的陪同下方可进入机房。

（2）机房内严禁存放易燃、易爆或危险物品，机房内应配足消防器材，禁止吸烟。

（3）每周打扫一次机房的卫生，做到地面、墙壁、天花、门窗、设备设施表面无积尘、无锈蚀、无油渍、无污物，油漆完好、整洁光亮。

（4）机房应当通风良好，光线足够，门窗开启灵活。

（5）机房应当做到随时上锁，钥匙由当值管理员保管，管理员不得私配钥匙。

（四）交接班要求

（1）接班人员应准时来接班。

（2）接班人员应认真听取交班人员交代，并查看电梯运行日记，检查工具、物品是否齐全，确认无误后在电梯运行日记上签名。

（3）有下列情况之一者不准交接班：

①上一班运行情况未交代清楚；

②记录不规范、不完整、不清晰；

③机房不干净；

④接班人未到岗；

⑤事故正在处理中或交接班时发生故障，应由交班人负责继续处理，接班人协助进行。

（五）电梯运行情况，应完整、规范地记录在电梯运行日记表内，于每月的三日前将上一个月的记录整理成册后交机电维修部存档，保存期为两年

五、空调系统的管理

（一）空调种类

空调冷源按工作原理可分为压缩式制冷机和吸收式制冷机；按冷源设备布置的情况可分为中央空调和独立空调等等。

（二）空调系统管理工作主要内容

（1）配备足够符合要求的专业技术人员负责空调系统的管理，并进行阶段性的岗位培训。

（2）建立空调系统技术档案。

（3）根据空调设备生产厂家和安装单位提供的技术资料和说明书，制订空调系统运行和保养制度，制订大、中、小修计划和测试调整计划。

（4）备齐空调维修、测试用工具，准备恰当数量的零配件、润滑油和制冷剂等，建立空调专业维修服务公司和零件供应商档案。

（5）根据物业性质和人流规律等特点，确定每年空调的开停日期和每日的开停时间，

以及空调在各个时间的工作状态。

（6）进行空调用电用水计量和空调运行成本核算，测算空调收费标准。

（7）在空调设备新装和改装时要重点考虑用电负荷问题和噪声污染问题。

（8）在业主和住户自己安装局部空调时提供技术指导，主要内容有：用电负荷的计算和供电线路的匹配；安装位置和安装方式的选定，主要考虑空调的工作效率、建筑物外观的美观和统一性、空调安装的安全性及噪声和滴水对环境的影响等内容。

（9）在空调系统停机一段时间（如冬季停机）重新投入运行或空调送暖和送冷交替之前，要对空调系统进行严格细致的检查调整工作，主要内容有：对冷冻机的密封部分进行检查、鉴定和调整；清理各管道内的灰尘；检查各类测试和指示仪器仪表是否准确并进行调整；检查各类泵、水塔等设备是否工作正常；检查、清洁和更换各类密封垫、过滤材料，检查冷却水的水质是否合格，检查添加冷媒液和润滑油等。

（10）定期对空调系统进行测试，以便进行相应的调整和改进，使空调系统保持在最佳运行状态。

（三）注意事项

（1）空调系统运行消耗的水、电和其他能源在物业管理公共用水用电和耗能中占有很大比例，空调管理应该把节能运行作为一项重要的工作。常用几种节能措施有：使用节能程序改变机器的启动和停止时间，对不同性质的负荷区别对待，这是空调节能的重要手段；保证和加强相关管道的保温；尽可能消除或减少空调房间内各种干扰源的影响；保证冷媒液的恰当用量；冷凝水的排除等。

（2）空调系统运行产生的噪声是物业噪声污染的主要来源之一，从物业的总体环境考虑，空调噪声的测量、评估、减小等工作不应被空调管理人员所忽视。

（3）中央空调系统是保证建筑物内空气质量的重要设备，应注意恰当地控制新风比例并注意采取隔尘、杀菌和消毒措施。

六、弱电系统的管理

（一）弱电系统管理工作主要内容

（1）针对不同的弱电子系统，配备符合要求的专业技术人员负责弱电系统的管理，并进行阶段性的岗位培训以适应系统升级换代需求。

（2）建立健全弱电系统技术档案，特别是各弱电子系统软件的备份与管理，数据备份管理等。

（3）根据设备生产厂家和安装单位提供的技术资料和说明书，制订各弱电子系统运行和保养制度，制订大、中、小修计划和测试、调试计划。

（4）备齐维修、测试用工具，准备恰当数量的零配件等，按子系统分类建立专业维修服务公司和零件供应商档案。

（5）根据物业性质和使用规律以及环境因素等特点，适时调整、更改各子系统参数，确保其工作状态。

（二）弱电系统管理注意事项

（1）数据备份需要定期进行，并独立备份，预防系统瘫痪或硬件故障导致的经济损失。

（2）关注季节变化，适时做好除尘防潮维护保养工作，特别是关注环境温度、潮湿天气对弱电系统所造成的系统不稳定现象。

（3）注意做好操作人员岗前培训，避免误操作造成设备故障和经济损失。

复习思考题

一、名词解释

物业设施设备、物业设施设备管理、设施设备有效利用率、设备设施的完好率、物业设施设备的保养、日常维护保养、一级保养、二级保养、小修、中修、大修

二、简答题

1. 物业设施设备的构成。
2. 物业设施设备管理的意义。
3. 物业设施设备管理的内容。
4. 物业设施设备的运行管理内容。
5. 物业设施设备的安全管理内容。
6. 物业设施设备的保养管理内容。
7. 物业设施设备的维修方式。
8. 物业设施设备的维修管理内容。
9. 排水系统的管理。
10. 供电设施设备的具体管理内容。
11. 消防设施管理工作的主要内容。
12. 电梯系统管理工作的主要内容。
13. 空调系统管理工作的主要内容。
14. 弱电系统管理工作的主要内容。

三、案例题

1. 某小区某楼602室由华某承租，502室由王某承租。华某在装潢602室房屋时，未经物业服务公司同意擅自将602室阳台处的排水口封死。物业服务公司未在该号楼顶平台落水管道进口处按规范要求设置防护网，被鸟钻进管道内筑巢，致使管道堵塞。一天，遭遇大雨，因落水管道堵塞，雨水从楼顶落水管道接口处流进602室阳台，因该阳台排水口已封死，积水无法排出，沿602室周围墙角渗入502室，致使王某装潢的地板等物受损。物业服务公司对502室王某的损失负有什么样的责任?

602室的装修人华某是否对502室王某室内的损失负有责任?

2. 2017年秋天的一个上午，3楼某室业主给某物业服务企业打来电话，说发现厨房和洗手间内的地漏返水，污水已淹没大厅的部分木地板，要求即刻处理。几分钟后，维修工人即带着工具赶到现场，但此时污水已经退去。随后，清洁工也闻讯赶来了，并根据业主的要求迅速将厨房内物品搬出进行了保洁。然后，主管及时安排有关人员尽快更换木地板

和橱柜，同时协调责任方与业主就赔偿问题达成共识。业主对物业服务企业的处理表示满意。问题解决了，但污水管返水因何而起呢？当污水管道返水时，业主和物业服务企业应该怎样应对？

3. 一天深夜，某业主回到某小区4号居民楼，搭乘电梯回家。谁料电梯刚运行到一半，就突然失控下坠，载着某业主一直坠落到电梯井底，某业主当场昏迷。几小时后，某业主被人发现并送入医院救治，由于出现了头痛发晕、呕吐鲜血的症状，医院诊断其为应急性胃溃疡合并出血。伤愈后，某业主随即向该小区物业服务企业索赔，要求其支付医疗费、营养费、精神损失费等。当物业管理区域内出现电梯坠落伤人时，物业服务企业是否应该承担责任？

4. 某小区夜间2点钟，家住5号楼16楼1号的于姓老人心脏病突发，家属拨打了120急救电话后，立即背着老人跑向电梯口，但此时电梯已停运。心脏病突发的老人不能多动，根本不能由家属背着从楼梯下楼，家属马上联系电梯值班人员，但费了很多周折才把电梯工找到，这时，距老人发病时间已经过了将近1个小时。送到医院时老人终因抢救无效而死亡。电梯停运，耽误老人去医院救治死亡，物业服务企业有责任吗？

5. 某大厦16条雨水干管垂直贯穿32~5层主人房阳台板后，从4层阳台顶部弯出墙外连通污水干线，唯一的检修疏通孔就在弯部。要实施检修疏通，必须穿行于4层的居室，这就不可避免地会给主人带来或多或少的不便。因而，许多人不愿给予配合。一次，管理处准备对其中一条雨水干管进行清淤，维修人员两次上门联系，都被业主拒之门外。维修主管又第三次登门做工作，还是没有做通。业主认为管道清淤总是折腾她家，强调管理处应当拿出一劳永逸的方案，并要求同管理处主任会面。业主不愿配合公共部位维修时，物业服务企业应该怎么办？

四、实训题（建议安排学生以小组的形式完成下列实训题）

1. 实地调查×××物业供配电设施设备系统，了解其供配电设施设备系统的构成，熟悉其管理内容（安全操作规程、岗位责任制度、值班和交接班制度、维修保养制度、巡视工作制度、记录和报告制度等），根据所学知识和相关法律法规知识，分析其供配电设施设备系统管理存在的问题，提出改善的建议。

2. 实地调查×××物业电梯系统，了解其电梯的种类和数量，熟悉其管理内容（维修保养制度、运行制度、档案管理制度、外包制度等），根据所学知识和相关法律法规知识，分析其电梯系统管理存在的问题，提出改善的建议。

3. 实地调查×××物业消防设施设备系统，了解其消防设施设备系统的构成，熟悉其管理内容（值班制度、巡查制度、检测制度、维修保养制度、档案管理制度、运行制度等），根据所学知识和相关标准，分析其电梯系统管理存在的问题，提出改善的建议。

第四章　物业安全管理

本章学习目标

通过本章的学习，了解物业安全管理的意义和特点，熟悉物业安全管理的含义，指导思想和落实原则。了解治安管理的特点和方式，熟悉治安管理的概念、措施、岗位设置和常识，掌握治安管理的主要内容。了解物业消防管理，火灾基本知识，熟悉物业消防管理的概念和高层建筑消防管理，掌握物业消防管理的有关法律法规和内容。了解车辆管理概念，熟悉停车场常见问题及处理和非机动车管理要点，掌握车辆管理的内容。

《物业管理条例》第二条规定："物业管理，是指业主通过选聘物业服务企业，由业主和物业服务企业按照物业服务合同约定，对房屋及配套的设施设备和相关场地进行维修、养护、管理，维护物业管理区域内的环境卫生和相关秩序的活动。"；第四十七条规定："物业服务企业应当协助做好物业管理区域内的安全防范工作。发生安全事故时，物业服务企业在采取应急措施的同时，应当向有关行政管理部门报告，协助做好救助工作。"。《中华人民共和国消防法》第十八条规定："住宅区的物业服务企业应当对管理区域内的共用消防设施进行维护管理，提供消防安全防范服务"。

以上《物业管理条例》以及《中华人民共和国消防法》的规定明确物业管理企业应当承担的"维护相关区域内秩序的活动""协助做好物业管理区域的安全防范工作"和"提供消防安全防范服务"。我们把这些工作统称为物业安全管理。

第一节　物业安全管理概述

一、物业安全管理的含义

根据马斯洛需求层次理论，人们的生理、生活等需求得到相对满足以后，人类就会产生新的需求，安全需求就是一项基本的也很普遍的需求。随着整个社会经济的发展、科学技术水平的提高和人们生活条件的改善，安全问题越来越引起人们的重视。

我们一般所说的物业安全，是指在物业管理区域内，没有危险，不受威胁和不出事故等。物业安全包含以下三层意思：一是在物业管理过程中，物业区域内的相关人员的人身和财产不受侵害，物业区域内的生活秩序、工作秩序和公共场所秩序保持良好的状态；二是在物业区域内不存在其他因素导致上述侵害的发生，即没有可能发生危险的状态；三是物业安全是物业区域内各方面安全因素的整体反映，而不是单指物业的某个方面的安全。

物业安全管理是指物业服务单位按照物业服务合同的约定，根据物业服务区域环境特点和要求，采取各种措施和手段保证业主和使用人的人身财产安全，维持正常的工作和生活秩序的一种管理工作。物业安全管理具体包括物业管理区域内的治安管理、消防管理和车辆管理内容。

物业服务单位的安全管理受公安机关指导，物业服务单位应当协助做好物业管理区域内的安全防范工作，发生安全事故时，物业服务单位在采取应急措施的同时，应及时向有关行政管理部门报告，协助做好救助工作。物业安全管理的工作，一要以国家相关法规为准绳，二要以物业服务合同的约定为根据，明确相关各方的责任和义务。

物业安全管理涉及“防”与“保”两个方面的工作内容：“防”是指物业管理公司要采取措施预防灾害性和伤害性事故的发生；“保”则是指物业管理公司努力采取一切可能的科学合理的补救和控制措施，对已经发生的安全事故进行善后处理。

二、物业安全管理的特点

（一）受制性

物业安全管理受制于行政主管部门（如公安、消防部门）的机制，同时受制于有关法律、法规、物业管理合同的约束。其工作活动的性质及全部内容具有辅助性、从属性，它的自主性与机动灵活性都是以受制性为前提的。

（二）专业性

物业安全管理是一种紧密型或半紧密型的群防群治组织，成员有一定的专业知识和技能，接受过专业培训和指导，同时配备了较为齐全的交通、通信、防卫设备和设施。

（三）有偿性

物业服务企业提供的物业安全管理是按照物业管理合同要求提供的服务，是有偿服务，而公安机关的费用开销是由国家财政开支的。

（四）履约性

物业公共安全管理操作的前提是物业服务合同。服务的内容、方式，所采取的服务行为都要以物业服务合同为依据。这是最终检验双方权利和义务履行的主要依据。

（五）能动性

物业服务区域安全管理是物业服务企业的主要服务内容之一，一方面要接受有关政府部门的监督和指导，另一方面又具有能动性。物业服务企业要想赢得业主或物业使用人的满意，必须充分发挥主观能动性，自主灵活地提供高品质的服务。

三、物业安全管理的指导思想和落实原则

物业安全管理的指导思想是：建立最健全、完备的组织机构；用尽可能先进的设备、设施；选派最具责任心的专业人才；坚决贯彻“预防为主”的原则，千方百计地做好预防工作；最大可能地杜绝或减少安全事故的发生。同时，对于出现的安全事故，要根据具体情况，统一指挥、统一组织，及时报警，并采取一切有效的手段和措施，进行处理，力争将人员伤亡和经济损失减少到最低点。

具体落实原则包括以下几个方面。

（一）思想落实

即要把安全管理放在第一位，要真正从思想上重视起物业的安全管理。物业服务企业要大力进行安全的宣传教育，组织学习有关的法律和法规，学习兄弟单位的先进经验，制订各项安全制度、岗位责任制和操作规程等。通过宣传和不断学习，使广大员工和业主或使用人重视安全，懂得规定和要求，自觉遵守，主动配合，共同搞好安全管理工作。

（二）组织落实

物业服务企业要有主要的领导挂帅，成立安全委员会，负责安全管理的工作。同时还要建立具体的物业安全管理机构，如保安部或委托专业的保安公司，由专门的机构负责安全管理的具体领导、组织和协调工作，而不能把它作为一个附属的机构放在某一个其他部门里。

（三）人员落实

物业服务企业的主要领导不仅要兼任安全委员会的主任，而且要把安全管理提到日常的议事日程，并选派得力的干部出任保安部的经理，配备必要的安全保卫人员。安全保卫人员必须经过专业岗位培训，要有较高的政治素质、业务素质和思想品德素质。要把安全管理的任务落实到具体的安全管理人员中去，由专人负责。

（四）制度落实

物业服务企业要根据国家的有关政策法规、规定和要求，结合自己所管物业的实际情况，制订出切实可行的安全管理的制度和办法，如安全管理岗位责任制、安全管理操作规程等，并要坚决组织贯彻执行。

（五）装备落实

按照我国有关法律和法规的相关规定，根据物业的类型配备专门的、现代化的安全管理设备设施，如中央监控系统、自动报警系统、消防喷淋系统以及其他安全管理器材设备（如交通通信和防卫设备），以增强安全管理的安全系数与效率，保证人身和财产的安全。

四、物业安全管理的意义

物业作为人们、生活、工作和休息的场所，基本功能之一就是为业主或使用人的人身、财产提供安全和保护。另外，从法律角度来看，物业管理公司与业主签订物业管理合同，安全管理应是主要内容之一。从合同双方的权利和义务来讲，业主或使用人按规定交纳安保费，物业管理公司就有义务采取各种措施来保护业主和使用人的人身和财产安全。如果在安全管理上发生了问题，那么该物业管理公司的信誉就会受到损害。所以安全管理不仅对业主或使用人来说必不可少，对于一个物业管理公司来讲，也是其业务中不可缺少的和必须做好的事情。对整个社会而言，安全管理也是非常重要的。可以说物业安全管理是物业管理中各权力主体都必须关心的一件工作。

（一）维护社会的稳定

物业安全管理是保证国家和城市社会的稳定、维护安定团结、构建和谐社区、保障人民安居乐业的重要前提条件之一。整个国家和社会、城市都是由千千万万个物业管理区域、住宅小区组成的，只有做好各个社区的安全管理工作，才能实现社会稳定、人民安居乐业的目的。

（二）保障业主及使用人的安全

搞好物业安全管理还可以有效地为物业管理区域内的业主及相关人员的人身和财产提供安全保护。

（三）增强物业服务公司的竞争力

做好物业安全管理也是物业管理公司提高自身能力、增强市场竞争力的一种有效途径。良好的安全环境也是物业管理公司整体水平的反映。

（四）有利于物业的保值和增值

物业管理公司只有把物业的安全管理工作做好了，物业的价值才有可能得到维护，物业才能实现其保值增值的目的。

第二节　物业治安管理

一、物业治安管理的概念

物业治安管理是指物业服务企业为防盗、防破坏、防流氓活动、防意外及人为突发事故而对所管理的物业进行的值班、监视、巡逻等一系列的管理活动。治安管理的对象主要是人为造成的事故与损失。

社会治安管理工作概括起来有三个层次：一是公安机关的城市治安管理服务；二是物业管理区域内的治安管理服务；三是企事业团体的自我安全防范。在这三个层次中，公安机关占主导地位，是主要力量。物业管理中的治安管理既担负维护业主或使用人的人身财产安全的任务，又要积极地协助公安机关打击违法犯罪活动，发挥辅助的作用。第三个层次是前二者的群众基础。由此可见，物业管理中的治安管理是介于公安机关和自我防范之间的一项专业治安工作，更多地具有预防的作用，是城市综合治安管理的重要补充。物业管理区域内的治安管理工作，一般由物业服务企业的保安部负责，通过值班、看守和巡逻来完成。

物业治安管理的目的是保障物业管理区域内的财产不受损失，人身不受伤害，维护正常的工作和生活秩序。为了达到这一目的，物业服务企业必须从治安管理的“硬件”和“软件”两方面下功夫。所谓硬件，是指物业治安管理工作所需要的全套设备；所谓软件，是指实现治安管理所采取的一系列制度、规定及措施。

二、物业治安管理的特点

（一）治安工作难度大

一些大型商住区或高层综合楼宇不但楼幢多、楼层高、面积大、进出通道多，而且区内公司多，餐厅、歌舞厅、电影院、健身房和球馆等娱乐场所也较多，从而使区域内人员流量大，进出人员复杂，这些情况给制定和落实安全措施带来一定的困难。同时，众多的单位又有各自的管理部门，物业服务企业不可能干预过多，因而其治安形势严峻，治安工作难度较大。

（二）治安工作服务性强

物业管理的任务就是为用户提供优质服务和高效管理，创造安全、文明、整洁、舒适的环境。物业治安管理是物业管理的一部分工作内容，从本质上讲，是向业主或物业使用人提供安全防范服务。因此，作为物业服务企业的保安人员，要做好自己的本职工作，首要任务就是坚持“服务第一用户至上”的服务宗旨，强化服务意识，努力提高治安管理服务水平，认真做好治安防范工作。

（三）时间性强

治安管理需要全年每天 24 小时工作，既要常抓不懈，又要及时处理，在第一时间内把安全隐患消灭在萌芽状态。

（四）保安人员素质要求高

保安部作为物业管理中的一个综合执法部门，对人员的素质要求较高。保安人员不但要有较好的思想品德，良好的身体素质，还要求知法、懂法和守法，在执行职务的过程中能够按章办事。

（五）协助性

物业服务企业在治安管理的过程中，必须严格履行协助义务，而不是把自己当成公安部门，不得超越自身职责实施罚款、拘留、非法限制人身自由、搜身等行为。

三、物业治安管理的方式

在物业管理中，治安管理可分为封闭式管理、开放式管理与结合式管理三种。

（一）封闭式管理

它适用于政府机关、部队等要害部门或业主有特殊要求的物业管理。其特点是构建整个物业的封闭体系，物业区域入口每天 24 小时有门卫值守，内部人员有专用通行证件，外来人员须征得内部人员的同意方可入内，而且要办理出入登记手续，尤其是出入的车辆及大件物品必须登记成册。

（二）开放式管理

它一般适用于住宅区与商业楼宇，业主或使用人无须办理证件，外来人员只需着装整洁就可自由出入，对车辆及一般物件的进出也不必检查。

（三）结合式管理

结合式管理综合了开放式管理与封闭式管理两种方式的长处。比如有些商用楼、写字楼，在营业时间希望更多的顾客进入，此时是开放式管理；但商业楼宇的商品安全也是十分重要的，所以下班时间，没有顾客进入时，就转而采用封闭式管理。

四、物业治安管理的措施

物业治安管理的措施包括人防、物防和技防。人防是安全防范的基础，物业服务企业应建立一支合格的安全防范队伍。物防是物业服务企业应针对物业服务区域的安全重点而采取增设安全设备或其他设施，建立相对封闭的防范区域或提高防范能力。技防是物业服务企业应通过运用安全防范的技术设备系统对物业服务区域公共部位进行安全防范。

人防在设置的时候要充分考虑以下内容。一是充分分析该项目的特点，结合项目物防和技防的设置情况，考虑每个岗位的控制能力和控制面积设置岗位进行布防。二是设置人防岗位时需要综合考虑的因素：岗位分布的合理性、小区的防范重点难点、周边环境、出租屋和空置房的管理、巡逻路线的设置、巡逻点的设置、巡逻的周期制定、对外来人员的控制、物资搬运车辆出入管理及登记、车辆检查及登记、消防设施巡查管理和突发事件的处理等工作内容。三是人防岗位的工作负荷经验值。平均每班次每个岗位有效监控的面积（多层按占地面积、高层按建筑面积）以不超过 1 万平方米为宜。具体要根据小区的人流量、出入口数量、管理的不同时间段确定。

常见物防设置的位置：楼层窗户、采光井、外围墙、内围墙、天台、突出本体的女儿墙、各类管网、树木、灯杆等。主要对外来人员起到阻止的作用，同时对进出小区的人员和车辆进行有序的规范，使其分布在不同的区域，不同授权人员能够进入经过授权区域，使员工能够有效地识别和监控。

技防是通过安全防范的技术设备系统对小区内的人流、车流、安全隐患部位进行监测和辨识，补充物防和人防的不足。路监系统，对小区内的人员、车辆进行监测，对重要部位进行录像。门禁系统，住户对讲系统，使住户与外来人员之间进行确认。

五、物业治安管理岗位设置

物业治安管理岗位分为固定岗和流动岗。

（一）固定岗

固定岗的职责主要是人员、物品、车辆的出入管理，出入口秩序维护，视频监控，消防报警装置监控等。在物业项目的主要出入口应设置固定岗，如大门固定岗、停车场出入口固定岗、大堂固定岗等；项目的安全监控中心设置固定的监控岗；项目内特殊区域设置特殊固定岗，如卸货区的固定岗、领导楼层的固定岗、研发区域的固定岗等。固定岗一般均为 24 小时全天候值守，部分固定岗按服务时间设置，如领导楼层的固定岗、卸货区的固定岗等，主要出入口根据需要可以设双岗。

（二）流动岗

流动岗的职责主要是设施设备、场地、物品、人员的巡视，以及发生异常情况时的现场处置等。在物业项目的公共区域应设置巡逻岗，如楼层巡逻岗、外围巡逻岗、停车场巡逻岗等。在物业项目的治安管理队伍中还应设置班长岗进行流动管理。流动岗设置必须按流动岗巡逻覆盖范围制订多套相应的巡逻路线，该巡逻路线应完全覆盖该岗位巡视范围的各个角落并满足巡逻频次要求。

六、物业治安管理的主要内容

（一）建立健全物业安全保卫组织

物业服务企业应设立专职保安部门来负责所管区域内治安保卫工作的具体实施。可聘用社会上专业保安公司，也可自己组建保安部来实施治安管理。保安人员应履行安全职责，消除一切危及或影响业主或使用人生命财产和身心健康的因素。

治安管理机构根据物业管理的不同类型、不同规模，其设置也有所不同。一般来说，物业管理规模越大，物业类型及配套设施越多，其治安机构设置越多。治安管理机构的设置一般有两种方式。

按保安人员工作性质和工作任务的不同，保安部下设办公室、门卫班、安全巡逻班、电视监控班、消防班、车场保安班等。这种机构设置的优点是每个班治安任务专一，便于熟练地掌握工作业务，也便于治安设备的管理。其缺点是由于各专业班人员工作时间分成早、中、晚班及轮休等，因而不利于治安工作的统一管理。

根据安全保卫工作的性质，有的物业服务企业对保安部采取“四班三轮转”的分班方式，保证 24 小时各岗有人值班。这种分班方式是将不同工作性质的人员按照每班次的工作需要分成四个班组，每天有三个班组分别上早班、中班、夜班，一个班轮休。每个班都有消防、巡逻、门卫、电视监视、车场、内巡等保安员。这种分班方式的最大特点是便于治安工作的统一管理，但是要求班长应具有较全面丰富的保安工作经验。

（二）设置各岗位职责

物业企业应根据物业项目的特点，设置治安管理岗位职责，如下列门卫岗、电视监控岗和巡逻岗的职责。

门卫岗：住宅小区或商业大厦的进出口应设置门卫，并实行24小时值班制。

电视监控岗：在主要入口处、电梯内、贵重物品存放处及易发生事故的区域或重点部位安装闭路电视监视器，发现异常及时采取措施。

巡逻岗：是在一定区域内有计划地巡回观察，以确保该区域的安全。巡逻的目的，一是发现和排除各种不安全因素，如门窗是否关好，车辆是否按要求停放，各种设施设备是否存在故障和灾害隐患，值班人员认真与否，以及电视监控是否到位等；二是及时处置和打击各种违法犯罪行为。在巡逻时要特别注意对重点部位的巡察。

（三）雇用合格的保安人员并加强培训

在某些物业服务企业，监守自盗或保安殴打业主的现象时有发生，原因就在于雇用的保安人员不合格。物业服务企业应该根据《保安服务管理条例》（2009年9月28日国务院第82次常务会议通过，自2010年1月1日起施行）的有关规定，雇用合格的保安人员，不得雇用以下四类人员：

曾被收容教育、强制隔离戒毒、劳动教养或者3次以上行政拘留的；

曾因故意犯罪被刑事处罚的；

被吊销保安员证未满3年的；

曾两次被吊销保安员证。

在录用完所有人员后，物业服务企业的经理还要加强对雇用人员的日常管理，只有常抓不懈地开展培训工作，提高保安员的思想素质和业务能力，才能提高治安防范能力。对保安员培训的内容包括法律、职业道德教育、礼貌服务意识、基本的物业管理知识、管理公司的规章制度、治安保卫知识和消防知识等。

（四）制定各项治安管理制度和工作程序

治安管理工作，主要是通过落实各项治安管理制度来实现的。物业服务企业应根据各自的实际情况，制定公众治安制度及保安部内部管理制度和工作程序。公众治安制度，如用户安全协议书、非办公时间出入登记制度、小区出租房屋及暂住人员管理规定、装修工程人员管理规定、大件物品出入管理制度等；保安部内部管理制度和工作程序，如保安员交接班制度、保安员岗位责任制、巡视制度及程序、应急预案等。建立门卫24小时值班制度，以防止闲杂人员随意进出物业管理小区；实行保安巡逻制度，以便及时发现并排除治安隐患。

（五）做好日常考核管理，兼顾定期的预案演习

保安人员是物业服务企业的重要窗口，保安人员的形象是展示物业服务水平的一面镜

子。其工作的优劣直接关系到物业服务的质量和公司的荣誉。因此，保持良好的秩序和工作状态，树立良好的秩序维护形象，尤为重要。要确保良好的秩序维护形象，确保秩序维护队伍服务质量稳步提升，除加强保安人员的思想教育工作和团队服务意识外，还要将保安队伍管理纳入物业日常考核管理工作中，必要时还要兼顾应急演练或重要节点工作演习评比，从而达到管理促效率，管理保质量的目的。

（六）完善公共区域内安全防范设施

物业的治安管理除了靠人防力量外，还应注重治安硬件设施的建设，包括保安设施与保安装置等。前者如在居住小区四周修建围墙或护栏，大厦中的紧急情况下的通道等；后者如报警装置、门户密码开启装置、闭路电视监控器、防盗报警系统等。

（七）密切联系物业辖区内用户，做好群防群治工作

通常物业服务企业只负责所辖物业公共区域的安全工作，不过，要保证物业的安全使用和用户的人身财产安全，仅靠物业服务企业的保安力量是不够的，必须把物业辖区内的用户发动起来，强化用户的安全防范意识，建立各种内部安全防范措施。

（八）与相关单位合作

与物业周边单位建立联防保卫制度；与物业所在地公安机关建立良好的工作关系，接受指导，争取配合。

（九）为保安人员配备必要的保安器具，办理人身保险

保安工作具有一定的危险性，因此要为保安人员配备必要的警械器具和通信设备；并为保安人员办理人身保险，解除意外事故带来的一系列问题的烦扰。

七、物业治安管理常识

（一）违反治安管理行为和犯罪行为的区别

1. 犯罪行为轻重不同

违反治安管理行为情节较轻，对社会的危害较小；而犯罪行为情节较重，对社会的危害较大。

2. 适用的法律不同

违反治安管理行为是触犯治安管理处罚条例的行为，适用《中华人民共和国治安管理处罚条例》；而犯罪行为则是触犯刑法的行为，适用《中华人民共和国刑法》。

3. 应当受到的处罚不同

对违反治安管理的行为人，通常采取警告、罚款、行政拘留和吊销公安机关发放的许可证等行政处罚措施；对违反治安管理的外国人，可以附加适用限期出境或者驱逐出境；而对犯罪行为人，则采取管制、有期徒刑、无期徒刑和死刑等刑罚处罚措施。

（二）违反治安管理行为分类

根据2012年10月26日公布的《中华人民共和国治安管理处罚法》，违反治安管理行为分为以下几类。

扰乱公共秩序的行为；妨害公共安全的行为；侵犯人身、财产权利的行为；妨害社会管理的行为。具体内容请见《中华人民共和国治安管理处罚法》。

（三）紧急避险

紧急避险，又称“紧急避难”。是指为了使公共利益、本人或者他人的人身和其他权利免受正在发生的危险，不得已而采取的损害较小的另一方的合法利益，以保护较大的合法权益的行为。紧急避险是排除社会危害性行为的一种方式，其特点是在两个合法权益发生冲突时，为了保护某种较大的权益，在没有其他办法的情况下，不得不损害另一较小的权益。因而不构成犯罪，行为人也不负刑事责任。

关于紧急避险的有关法律，主要是《中华人民共和国刑法》和《民法通则》。《中华人民共和国刑法》第二十一条规定：“为了使国家、公共利益、本人或者他人的人身、财产和其他权利免受正在发生的危险，不得已采取的损害另一较小合法权益的行为，造成损害的，不负刑事责任。”《刑法》第二十一条第二款规定：“紧急避险超过必要限度造成不应有的损害的，应当负刑事责任，但是应当减轻或者免除处罚。”《民法通则》第一百二十九条规定：“因为紧急避险造成损害的，由引起险情发生的人承担民事责任。如果危险是由自然原因引起的，紧急避险人不承担民事责任或者承担适当的民事责任。因紧急避险采取措施不当或者超过必要限度，造成不应有的损害的，紧急避险人应承担适当的民事责任。”

实施紧急避险的条件包括以下几个方面：

（1）必须是合法利益受到紧急危险的威胁；

（2）危险必须是正在发生的，而不是危险尚未到来或者已经过去；

（3）避险行为必须是为了使合法利益免遭损害而实施，否则不成立；

（4）避险行为必须是在没有其他方法能够排除危险，在迫不得已的情况下实施的；

（5）紧急避险必须是实际存在的，不能假设或推断；

（6）避险行为不能超过必要的限度。

紧急避险和正当防卫的区别：

1. 危险的来源不同

正当防卫的危险来源是人的不法侵害行为；而紧急避险的危险来源比较广泛，可以是不法侵害，也可以是自然灾害、动物的侵袭。在遭遇到人的不法侵害时，如果行为人是对不法侵害人进行反击，属于正当防卫的范畴；如果为了躲避不法侵害，而损害第三人（不法侵害之外的人）利益的，属于紧急避险的范畴。

2. 对行为的限制条件不同

紧急避险要求行为人必须是在不得已的情况下不作为排除危险的唯一方法时才能实施；而正当防卫则无这样的要求，即使在当时的情况下能够用其他方法来避免损害，也可以实施正当防卫。

3. 对主体的要求不同

紧急避险的主体对于特殊身份有特殊要求（如警察、军人或消防队员等）。而正当防卫就没有这样的要求。任何人均有正当防卫的权利。

4. 对损害的程度的限度不同

正当防卫所造成的损害，允许等于或者大于不法侵害行为所可能造成的损害。而紧急避险所损害的合法权益必须小于所保护的合法权益；如果等于或者小于所损害的利益，避险就没有意义，法律也就没有保护的必要。

5. 实施对象不同

正当防卫只能对不法侵害人实施，而紧急避险必须是向第三者实施。

（四）犯罪嫌疑人看管常识

保安员当场抓获或群众扭送治安管理部门的犯罪嫌疑人应及时移送到公安机关处理。在公安人员到场之前，治安管理部门负责对犯罪嫌疑人进行看管，确保犯罪嫌疑人的人身安全。

（1）在公安人员未到达现场之前，必须有两名以上保安员负责看管。遇到两名以上犯罪嫌疑人时应分开看管，不能让其交流、沟通等。

（2）犯罪嫌疑人如果是群众扭送来的，应留下扭送群众的详细资料、联系方式、姓名、住址等。

（3）保安员看管犯罪嫌疑人时应注意以下几个方面。

①防止犯罪嫌疑人逃跑、自伤、自杀、行凶、毁灭证据等。

②不得捆绑、拷问、殴打犯罪嫌疑人，可令其解下腰带，脱去鞋子，以防犯罪嫌疑人逃跑，同时要清理犯罪嫌疑人身上的物品，防止藏匿、销毁证据或暗藏凶器。

③看管犯罪嫌疑人的地点应选择有单一出入口的单独房间，房间须经过清理，不得有任何可以伤人或自伤的物品。如果房间有两个或两个以上出入口，要将出入口封住或有保安员值守。

④看管保安员不得满足犯罪嫌疑人的各类要求，不得与之交谈，要保持与上级领导的联系，遇有特殊情况使用通信工具及时汇报。

⑤在换岗保安员未到达之前，看管保安员不得擅自离开，在换岗时要将犯罪嫌疑人的动作、表现交接清楚。

⑥在押解犯罪嫌疑人的过程中，应保证其前后至少有一名警员，前者要与犯罪嫌疑人保持一定距离，注意其动向，防止背后受袭，遇有犯罪嫌疑人有可疑动向，即时通知前面保安员。

（五）常见应急情况的处理

（1）遇到有人在公共区域聚众闹事，应立即向公安机关报告，并及时上报上级领导，协助公安机关迅速平息事件，防止事态扩大。

（2）遇有违法犯罪分子正在进行盗窃、打劫、行凶和纵火等违法犯罪活动时，应立即报警，协助公安机关制止，并采取积极措施予以抢救、排险，尽量减少损失。对于已发生的案件，应做好现场的保护工作，以便公安机关进行侦查破案。

（3）管辖范围内公共区域有疯、傻、醉等特殊人员进入或闹事时，应将其劝离管辖区，或通知其家属、单位或公安派出所将其领走。

（4）辖区公共区域内出现可疑人员，要留心观察，必要时可礼貌查问。

（5）管辖区域内发生坠楼等意外事故，应立即通知急救单位及公安部门、家属，维护好现场，并做好辖区客户的安抚工作，等待急救单位及公安部门前来处理。

在履行物业小区公共安全防范管理义务时，应当注意的是，物业服务企业的身份为一个民事主体而非行政执法机关。物业服务企业作为一个民事主体，只是接受业主团体的委托对小区的物业进行管理，这种管理的本质是一种民事活动。因此，物业服务企业应当控制自身行为的合法界限，凡是专属于国家机关才能行使的公共权力，物业服务企业均不得实施，否则就构成违法行为，应当承担相应的法律责任，包括民事责任、行政责任以及刑事责任。

第三节　物业消防管理

消防管理是物业管理中的一项重要工作，它直接关系到物业区域内的人员生命及财产安全。《中华人民共和国消防法》《物业管理条例》《机关、团体、企业、事业单位消防安全管理规定》及《消防安全责任制实施办法》等法律法规，明确了消防管理的内容，特别是对各物业区域的消防管理责任，进行了具体分工，物业服务单位作为物业区域的主要管理单位在消防管理工作中，拥有着极为重要的责任和义务。

一、物业消防管理的概述

物业消防管理是指物业服务企业采取各种措施和手段预防物业管理区域内火灾的发生，最大限度地降低火灾的损失，为业主和使用人的工作和生活提供安全保障的一系列管理活动。物业消防管理要严格执行《中华人民共和国消防条例》《机关、团体、企业、事业单位消防安全管理规定》和《高层建筑消防管理规则》等法律法规。

物业消防管理的基本目的是预防物业火灾的发生，控制火灾的蔓延，减少火灾损失及其他善后工作，为业主和使用人的生产和生活提供安全的环境，增强城市居民安全感，保证其生命和财产安全。

中国消防管理的方针是“预防为主，消防结合”，物业消防管理也是如此；物业的消防管理，包括“消”和“防”，即“消灭”和“预防”两个方面的工作。防火是把消防工作做到前面，防患于未然。物业的消防管理必须贯彻执行“预防为主，防消结合”的方针。要求消防工作在指导思想上，要把预防火灾放在首位。要采取一切行政的、技术的和组织的措施，防止火灾的发生。所以，物业的消防管理也应立足于火灾的预防上，在人力、物力、技术等多方面充分做好灭火准备。

二、物业消防管理的有关法律法规

物业消防管理的法律和法规分散在多个法律法规中，并没有专门的物业消防法律和法规。从目前的法律法规来看，有关物业消防管理主要有以下内容。

《机关、团体、企业、事业单位消防安全管理规定》第十条的规定：居民住宅区的物业管理单位应当在管理范围内履行下列消防安全职责：

（一）制定消防安全制度，落实消防安全责任，开展消防安全宣传教育；

（二）开展防火检查，消除火灾隐患；

（三）保障疏散通道、安全出口、消防车通道畅通；

（四）保障公共消防设施、器材以及消防安全标志完好有效。

其他物业管理单位应当对受委托管理范围内的公共消防安全管理工作负责。

《机关、团体、企业、事业单位消防安全管理规定》第十条的规定，单位消防安全制度主要包括以下内容：消防安全教育、培训；防火巡查、检查；安全疏散设施管理；消防（控制室）值班；消防设施、器材维护管理；火灾隐患整改；用火、用电安全管理；易燃易爆危险物品和场所防火防爆；专职和义务消防队的组织管理；灭火和应急疏散预案演练；燃气和电气设备的检查和管理（包括防雷、防静电）；消防安全工作考评和奖惩；其他必要的消防安全内容。

《消防安全责任制实施办法》第十八条的规定："物业服务企业应当按照合同约定提供消防安全防范服务，对管理区域内的共用消防设施和疏散通道、安全出口、消防车通道进行维护管理，及时劝阻和制止占用、堵塞、封闭疏散通道、安全出口、消防车通道等行为，劝阻和制止无效的，立即向公安机关等主管部门报告。定期开展防火检查巡查和消防宣传教育。"

三、物业消防管理的内容

根据相关法律和法规，物业消防管理主要内容有下列几项。

（一）物业消防机构的设立

1. 专职消防班组

消防队伍的建立是消防工作的组织保证，物业服务企业应根据所管物业的类型、档次、数量，设立相应的专职消防管理人员（注意要选择年轻力壮、身体素质好、反应灵敏、行动迅速、责任心强、勇于献身又有一定文化水平的人），负责消防工作的管理、指导、检查、监督与落实。其主要任务是进行消防值班和消防检查、接受消防培训、管理与保养消防器材、熟悉并能使用多种消防设施设备和协助公安消防队的灭火工作。

2. 义务消防队伍

义务消防队伍是日常消防检查、消防知识宣传及初起火灾抢救扑灭的中坚力量。

物业管理项目的义务消防队由项目的全体员工组成，分为指挥组、通信组、警戒组、设备组、灭火组和救援组等。其中灭火组及救援组的人员应由年轻力壮、身体素质较好、反应灵敏和责任心强的人员担任，设备组由具备消防设备操作及维护知识的维修人员担任。

义务消防队员的工作：

（1）负责消防知识的普及、宣传和教育；

（2）负责消防设施设备及日常消防工作的检查；
（3）负责消防监控报警中心的值班监控；
（4）发生火灾时应配合消防部门实施灭火扑救。

义务消防队伍建立后应定期对义务消防人员进行消防实操训练及消防常识的培训，每年还应进行一到两次的消防实战演习。

（二）制定安全消防制度

消防安全制度，是物业服务企业为保障消防安全所制定的各项管理制度、操作规程、办法、措施和行为准则等，通常以文字形式明示。它是物业服务企业做好消防工作必须遵守的规范和准则。只有建立健全消防管理制度，在消防管理工作中才能有章可循。消防安全制度分为消防安全责任制度、消防安全管理制度和消防安全操作规程三大类。

1. 消防安全责任制度

消防安全责任制度就是要求机关、团体、企业和事业单位和个人，在生产、生活过程中依照有关法律的规定，对消防安全工作各负其责的责任制度。在物业消防管理中，消防安全责任制度一般是指：物业服务企业应该履行的消防安全职责，消防管理人员职责。

2. 消防安全管理制度

消防安全管理制度是单位在消防安全管理和生产经营活动中，为保障消防安全所制定的具体制度、程序、办法和措施，是对消防安全责任制的细化，是国家消防法律法规在单位内的延伸和具体化。该类制度，通常又包括以下若干项制度。

（1）消防（控制室）值班制度。

该项制度主要内容包括：消防控制室值班责任部门、责任人以及操作人员的职责，值班操作人员岗位资格、值班制度及值班人数，突发事件处置程序、报告程序、工作交接、情况记录等。

（2）防火巡查、检查制度。

该项制度主要内容包括：防火巡查与检查的责任部门责任人及职责，检查时间、频次和参加人员，检查部位、内容和方法，违法行为和火灾隐患处理、报告程序、整改责任和防范措施、防火检查情况记录管理等。

（3）消防安全教育、培训制度。

该项制度主要内容包括：消防安全教育与培训的责任部门、责任人及职责，教育与培训频次、培训对象（包括特殊工种及新员工）、培训形式、培训要求、培训内容、培训组织程序，考核办法、情况记录等。

（4）消防设施、器材维护管理制度。

该项制度主要内容包括：消防设施与器材的维护管理责任部门、责任人及职责，消防设施与器材的登记、维护保养及维修检查要求、管理方法，每日检查、月（季）度试验检查和年度检查内容和方法，建筑消防设施定期维护保养报告备案、检查记录管理等。

（5）安全疏散设施管理制度。

该项制度主要内容包括：安全疏散设施管理责任部门、责任人及职责，安全疏散部位、设施检测和管理要求、情况记录等。

（6）火灾隐患整改制度。

该项制度主要内容包括：火灾隐患整改的责任部门及责任人，火灾隐患认定、处理和报告程序，火灾隐患整改期间的安全防范措施、火灾隐患整改的期限和程序、整改合格的标准，所需经费保障等。

（7）灭火和应急疏散预案演练制度。

该项制度主要内容包括：单位灭火和应急疏散预案编制与演练的责任部门和责任人，预案制订、修改、审批程序，组织分工，演练范围、演练频次、演练程序、注意事项、演练情况记录、演练后的总结与评估等。

（8）消防安全工作考评和奖惩制度。

该项制度主要内容包括：消防安全工作考评和奖惩实施的责任部门和责任人，考评目标、频次，考评内容、考评方法、奖惩措施等。

3. 消防操作规程

消防安全操作规程是物业特定岗位和工种人员必须遵守的、符合消防安全要求的各种操作方法和操作程序的总称。主要包括以下种类：

（1）消防设施操作规程。

该项规程主要内容包括：岗位人员应具备的资格，消防设施的操作方法和程序、检修要求，容易发生的问题及处置方法，操作注意事项等。

（2）变配电设备操作规程。

该项规程主要内容包括：岗位人员应具备的资格，设备的操作方法和程序、检修要求，容易发生的问题及处置方法，操作注意事项等。

（3）电气线路安装操作规程。

该项规程主要内容包括：岗位人员应具备的资格，电气线路安装操作方法和程序、检修要求，容易发生的问题及处置方法，操作注意事项等。

（4）设备安装操作规程。

该项规程主要内容包括：岗位人员应具备的资格，设备安装操作方法和程序、检修要求，容易发生的问题及处置方法，操作注意事项等。

（5）燃油、燃气设备及压力容器使用操作规程。

该项规程主要内容包括：岗位人员应具备的资格，设施、设备的操作方法和程序、检修要求，容易发生的问题及处置方法，操作注意事项等。

（6）电焊、气焊操作规程。

该项规程主要内容包括：岗位人员应具备的资格，设施、设备的操作方法和程序、检修要求，容易发生的问题及处置方法，操作注意事项等。

以上是物业消防安全制度的内容，由于物业的形式各异，因此，物业服务企业可根据消防安全管理需要适当增减，既可以制定若干不同方面的消防安全制度，也可以制定一个综合性的消防安全制度，但内容应当涵盖单位消防安全管理工作的基本方面，并随着情况的变化及时更新，以确保单位各项消防安全工作的有效开展。

4. 物业消防安全制度的制定应满足以下要求

（1）立足实际，符合客观需要。

物业企业应根据法律法规对消防安全管理制度的种类和内容要求，立足所服务的物业消防安全工作的实际，制定相应的消防安全管理制度，防止照搬照抄、千篇一律和模式化。

（2）便于操作，具有针对性。

制定消防安全制度要广泛吸取同行业和物业消防安全管理中的经验教训，结合消防安全工作需要确定各项消防安全制度的具体要求，从而增强消防安全制度的针对性和可操作性。

（3）依法依规，规范建制。

物业制定消防安全制度时，应当以国家有关消防法律法规为依据，结合物业实际情况，将其进行细化、规范化和标准化，促进消防安全工作向规范化、制度化和标准化迈进。

（4）量化标准，方便奖惩考核。

消防安全制度要有一定的定量指标和量化标准，以方便考核。要结合防火巡查、检查等工作，加强对各项消防安全制度落实和执行情况的检查，将检查结果与部门、个人的利益挂钩，严格考核奖惩。通过考核，树立消防安全制度的权威性，增强执行消防安全制度的自觉性和严肃性，从而将单位各项消防安全制度落到实处，切实做到“安全自管、隐患自除、责任自负”。

（三）消防设施、设备管理

通常，建筑物内部都设有基本的消防设备，以保证消防工作的需要。消防设备的管理主要是对消防设备的保养和维护，以保证其时时刻刻处于完好的状态。消防设备的维修需要专门的技术，特别是一些关键设备，一般应聘需经相关部门认可、达到规定要求的，持有合格消防牌照的专业公司来维修和养护。物业管理公司一般应注意以下几个方面：

（1）熟悉消防法规，了解各种消防设备的使用方法，制定本物业的消防制度和有关图册，并使管理人员及用户熟悉。

（2）禁止擅自更改消防设备位置，特别是用户进行二次装修时，应严格审查。

（3）定期检查消防设备的完好、规范，对使用不当应及时更改等。

专栏4－1　因消防栓没水，业主家火灾受损，要求物业服务企业赔偿，对吗？

案例简述：

某日凌晨5时许，某小区曾先生家突发火情。自发扑救的邻居打开楼内所有消防栓箱，不仅找不到消防水带，甚至打开阀门连消防水都没有。接到火警后，消防队即刻赶到，但由于消防通道停有业主车辆，消防车无法驶入，难以靠近发生火灾的楼宇；从楼内消防栓箱取水又遇到无水的情况，消防队只好奔赴另外的取水点取水扑救。由于以上原因，贻误了火灾扑救时机，火势疯狂蔓延，造成包括事主在内的4户受损。

事后，曾先生聘请律师，准备起诉小区物业。律师在取证时，逐层打开消防栓箱，发现曾先生所住楼内的消防栓箱全部无消防水带，打开消防栓水阀无水；进一步了解发现，这种状况不是仅存在于曾先生所居住的一栋楼，小区所有15栋单元楼内的消防栓箱都无法供水且没有消防水带；消防水带锁在物业服务企业的一间屋内。

对此，律师认为小区消防设施被占用状况严重，曾先生及另外3户的火灾损失，物业服务企业应承担相关责任。你认为，小区物业应承担责任并赔偿他们的损失吗？为什么？

案例评析：

本案例中的物业服务企业应针对曾先生的诉讼认识错误，并主动与曾先生及其邻居协商，在分清责任的条件下，给予一定的赔偿。如果物业服务企业掌握有曾向上级管理部门报告过的充足的记录和证据，证明业主违规使用消防用水、随意停车经反复劝导仍不奏效等，就可积极应对法院审理，争取自己的合法权利得到法律保护。

消防管理涉及物业辖区内人员的人身、财产安全，是物业服务企业各项管理中的重点工作。物业服务企业应按照规定配置消防设施和器材，设置消防安全标志；应加强消防设备设施的维修保养，使这些设备设施始终处于良好的可使用状态；应做好火灾处置预案，定期组织消防演习和学习消防知识，培训员工和住户的火灾应变处理能力。

本案例中，物业服务企业本应加强消防设备设施的维修保养，使其处于良好的可使用状态，在这方面物业服务企业没有尽到其义务，违反了《消防法》相关规定和物业服务合同的有关约定，致使火情发生后，得不到有效控制，造成损失扩大。物业服务企业理应承担责任。

但是，现实中的各小区，这种消防水带不在位、消防水源关闭、业主车辆占用消防通道的现象普遍存在。很重要的原因是，业主私自随意使用作为物业服务用水的消防用水，物业服务企业难以承受其高额的成本；而且消防设施也经常被盗。因而物业服务企业只好采取关闭消防水源、收起消防水带这种下策了。另外，小区停车位不足(通常这不属于物业的原因)，私家车主随意停车，甚至停在消防通道上，物业服务企业劝说无效又无权将车拖到小区外，导致小区停车秩序混乱，造成安全隐患，这是不可回避的事实。

不过，这些事实如想成为物业服务企业免除或减轻责任的依据，就要看物业服务企业是否注重平日消防管理记录的保存和有效证据的收集。根据《消防法》的规定，对于随意使用消防用水、堵塞消防通道的行为是明令禁止的。但在消防管理中，物业服务企业虽然负有管理职责，却没有执法权，管理难度确实存在。不过，小区里随意使用消防用水、堵塞消防通道的问题，最终还是要由物业服务企业来解决，那么，物业服务企业平时就不能对这些现象放任不管，而应该主动执行《物业管理条例》中的规定，“当发现危害公众利益的情况时应履行向上级管理部门报告的义务”。另外，还应该依靠业主委员会和业主大会寻求解决的办法。

（四）开展消防安全检查

消防安全检查是物业企业开展消防安全管理的一项重要工作内容，是在消防安全方面进行自我管理、自我约束的一种主要形式，也是确保物业企业的相关消防安全管理制度和操作规程得到落实的有效手段。通过防火检查，目的是能够及时发现和消除火灾隐患，预防火灾发生。

1. 物业消防安全检查内容

物业消防安全检查的内容主要包括消防控制室、消防泵房、消防水箱水池、自动报警（灭火）系统、安全疏散出口、应急照明与疏散指示标志、室内消火栓、灭火器配置、机房、厨房、楼层、电气线路及防排烟系统等场所。

2. 消防安全检查形式

消防安全检查应作为一项长期性、经常性的工作常抓不懈。在消防安全检查组织形式上可采取日常检查和重点检查、全面检查与抽样检查相结合的方法，应结合不同物业的特点来决定具体采用什么方法。消防安全检查一般可分为日常巡查、防火检查、重大节日检查和专项检查。

（1）日常巡查。

日常巡查以消防安全员、班组长为主，每日在一定区域内巡回观察重点部位、重点地区及周围的各种消防情况，是及时解决消防安全问题、纠正各种消防安全违法行为和消除火灾隐患的一种检查形式。通过全天候、全方位的安全巡查，将火灾事故消灭在萌芽状态。

（2）防火检查。

防火检查是单位在一定的时间周期内、重大节日前或火灾多发季节，对单位消防安全工作涉及的方方面面进行的较为详细的特定检查，检查的目的是发现和清除潜在的火灾隐患。

（3）专项检查。

专项检查是单位根据自身的实际情况和当前的主要任务、针对消防安全的薄弱环节或重点防火工作进行的检查。专项检查是实施重点管理的一种常用手段，如电气防火检查、用火检查、安全疏散检查、消防设施器材检查、危险品储存与使用检查等。

3. 消防安全检查的程序

消防安全检查的基本程序如下：

（1）按照部门制订的巡查路线和巡检部位进行检查；

（2）确定被检查的部位和主要检查内容得到检查；

（3）对内容的完好情况进行判断，并通过直观检查法或采用现代技术设备进行检查；

（4）对检查出的消防问题在规定时间内进行整改，对不及时整改的应予以严肃处理；对问题严重或不能及时处理的应上报有关部门；

（5）对检查情况进行登记存档，分析总结，提出检查安全报告。

4. 消防安全检查的要求

（1）深入楼层对重点消防保卫部位进行检查，必要时应做系统调试和试验；

（2）检查公共通道的物品堆放情况，做好电气线路及配电设备的检查；

（3）对重点设施设备和机房进行深层次的检查，发现问题立即整改；

（4）对消防隐患问题，立即处理；

（5）应注意检查容易忽略的消防隐患，如单元门及通道前堆放单车和摩托车，过道塞满物品，疏散楼梯间应急指示灯不亮，配电柜（箱）周围堆放易燃易爆物品等。

专栏4-2　请及时清理楼道杂物，不要让《烈火英雄》真的发生！

《烈火英雄》这部电影大火，让我们知道我们的幸福生活得来不易，是无数像消防员一样的英雄在替我们负重前行；也让我们知道火灾猛如虎，在日常生活中引起火灾的最大隐患往往是一些我们不注意的小细节，比如楼道内乱堆杂物。这也是物业管理工作中很头疼的一件事，下面我们就从几个方面谈一下物业清理杂物的必要性。

楼道堆放杂物都有哪些危害呢？

一、杂物多为易燃物

楼道堆放的杂物多为木制品、棉织品、纸制品等可燃物，存放时间久，稍遇明火极易引起火灾。楼道是居民行走的通道，抽烟随便乱扔烟头者有之，儿童玩火、燃放爆竹者有之，这些都很容易引起火灾事故的发生。

二、影响安全逃生

楼道堆放杂物造成住宅楼安全隐患：小区楼道属于公共消防通道，是广大居民日常出行的唯一通道。当发生地震、火灾等自然灾害的时候，将严重影响他人逃生。

三、对日常出行造成不便

很多小区的楼道是唯一的消防通道，部分住户将杂物堆放在小区楼道内，影响了居民的进出通行，同时也存在安全隐患。

四、影响清洁

楼道里堆满了杂物，占据、遮挡了地面以及墙壁的很大一部分空间，导致保洁人员无法对这里的环境卫生进行清洁，久而久之，堆放杂物的地方也就成了卫生清理上的“死角”，脏乱不堪。

（五）消防控制室设置和管理

根据《建筑设计防火规范》规定，设置火灾自动报警系统和需要联动控制的消防设备的建筑（群）应设置消防控制室。消防控制室是设有火灾自动报警控制设备和消防控制设备，用于接收、显示、处理火灾报警信号，监控相关消防设施的专门处所，它是最重要的消防设备用房之一。

1. 消防控制室的设置配置

消防控制室内设置的消防设备应包括火灾报警控制器、消防联动控制器、消防控制室图形显示装置、消防电话总机、消防应急广播控制装置、消防应急照明和疏散指示系统控制装置、消防电源监控器等设备，或具有相应功能的组合设备。

2. 消防控制室管理

（1）应实行每日24小时专人值班制度，每班不应少于2人，值班人员应持有初级以上建（构）筑物消防员职业资格证书，并能熟练操作消防设施；

（2）消防设施日常维护管理应符合《建筑消防设施的维护管理》的相关规定；

（3）应确保火灾自动报警系统、灭火系统和其他联动控制设备处于正常工作状态，不得将应处于自动控制状态的设备设置在手动控制状态；

（4）应确保高位消防水箱、消防水池、气压水罐等消防储水设施水量充足，确保消防泵出水管阀门、自动喷水灭火系统管道上的阀门常开；确保消防水泵、防排烟风机、防火卷帘等消防用电设备的配电柜启动开关处于自动位置或者通电状态。

3. 消防控制室的值班应急程序

消防控制室的值班人员应按照下列应急程序处置火灾：

（1）接到火灾警报后，值班人员应立即以最快方式确认；

（2）火灾确认后，值班人员应立即确认火灾报警联动控制开关处于自动状态，同时拨打“119”报警，报警时应说明着火单位地点、起火部位、着火物种类、火势大小、报警人姓名和联系电话；

（3）值班人员应立即启动单位内部应急疏散和灭火预案，并同时报告单位负责人。

（六）消防管理的教育培训

“预防为主，培训教育先行。”消防工作的宣传教育和培训是增强消防工作的透明度、发动用户和公司员工自觉地同火灾做斗争的一项重要措施，也是贯彻“预防为主，防消结合”方针的一个重要内容，是提高所辖区域内的全民消防意识、普及消防法规和消防知识的重要途径。

1. 员工的培训教育

公司的员工是物业消防管理的主要力量，对员工的消防知识培训主要有以下三方面的内容：学习消防理论知识，如政府的消防法规、防火灭火的基本原理和基本知识，熟练使用常用灭火器材，如手提灭火器的操作、防毒面具的穿戴、大楼消防设施的使用等；开展消防综合演练，在消防演练中提高员工灭火能力及各种应急情况的处理能力。

2. 开展消防宣传教育

消防工作仅靠物业公司的努力是不够的，它需要物业区域内全体用户的积极配合。必须加强对用户的消防宣传教育工作，积极促使用户学习消防知识，增强防火意识，提高自救能力。对用户来说必须了解并能掌握如下三方面内容：大楼防火工作的各项规定；手提式灭火器的使用方法；消防应急通道的位置及出现紧急情况时的疏散方法等。

消防宣传的形式：

（1）组建家庭消防志愿者服务队；

（2）消防安全宣传标语；

（3）消防安全宣传图片；

（4）消防安全宣传资料；

（5）消防安全宣传漫画。

（七）定期训练与演习

要做到迅速、安全、彻底地扑灭火灾，消防人员必须坚持火灾管理的平时训练。通过训练，发现自身存在的不足；通过训练，找到适合本单位的消防办法；通过训练，摸索防火、灭火的措施和技术等。

平时训练还要和定期演习相结合。物业服务企业应根据自己的实际情况，最好每年进行一次消防演习，通过演习来检验小区（大厦）防火、灭火的整体功能，如防火、灭火预定方案是否科学，指挥是否得当，专职消防队员是否称职，消防设施是否发挥作用等。另外，通过演习还要检查业主的心理承受能力。演习后，消防班要及时总结经验，找出不足，以便采取措施，改进以后的工作，提高物业服务企业防火、灭火、自救的能力。

物业管理过程中随时会遇到火警、停水停电、电梯故障、水浸和治安事故等突发事件，关系到业主生命与财产的安全和家庭的幸福。这些事件的突发性和紧急性要求物业管理人员及时、准确地应对，把业主的损失降低到最低限度。若没有一个好的应急预案，就很难在关键时刻从容应对。物业管理公司面对紧急状况所采取的应对措施对广大业主而言实质上是一种十分重要的保护，它会尽可能避免突发事件给业主带来的危害。为确保及时、有效地解决问题，物业管理公司不但要备有各种应急处理预案，还要提前培养、造就有应急服务技能的队伍，并能够对事件的起因和变异都做了调查分析，以不断丰富应急处理预案，让业主满意。

专栏4-3　业主失火昏迷家中　护卫人员破门施救

近日，某小区两位保安员正在进行例行巡查时，突然发现8号楼某窗口不断滚出烟雾，两人随即呼叫小区消防控制中心。经观察，烟雾源自9楼某室。为此，中心一边采取门铃对讲呼叫和打电话的方式，紧急联络业主，一边令保安迅速上楼敲门呼喊，同时还报警求援。谁知，门铃对讲机无人应答，业主的电话也没人接听，狠命拍门更不见任何动静。这时，这户居民家透出的烟雾已越来越浓，情急之下，物业负责人果断决定破门而入。由于防盗门十分坚固，保安人员齐心协力用力猛砸，才打开了大门。待保安冲进失事居室，却见业主仍在床上未起，人已被烟雾熏得有些昏迷了，失火点的鱼缸已被烧得变了形。保安随即切断电源，拖出业主，迅速灭火。清醒过来的业主想到自己刚才身陷险境，看到被保住了的家，不免一阵后怕，拉住保安员工的手连声感谢。

遇到这类紧急事件，及时处理是关键。物业公司员工，尤其是保安人员应该具备这类突发事件的处理能力。

（八）消防档案建设和管理

消防档案是单位在消防安全管理工作中，直接形成的文字、图表、声像等记载和反映物业消防安全基本情况和消防安全管理过程，按归档制度集中保管起来的文书及其相关材料。消防档案是物业的“户口簿”，是物业企业做好消防安全管理工作的一项基础性工作。建立健全消防档案，有利于强化物业企业消防安全管理工作的责任意识，推动物业企业的消防安全管理工作朝着规范化、制度化的方向发展。

四、火灾基本知识

火灾是指时间和空间上失去控制的燃烧所造成的灾害。这一概念有两层含义：一是燃烧失去控制，二是造成灾害。

（一）火灾的分类

根据我国《火灾分类》中的规定，按照可燃物的类型和燃烧特性，将火灾分为A、B、C、D、E、F六个不同的类别。

1. A类火灾

A类火灾指固体火灾。这种物质往往具有有机物性质，一般在燃烧时能产生灼热的余烬，如木材、棉、毛、麻、纸张火灾等。

2. B类火灾

B类火灾指液体火灾和可熔化的固体物质火灾。如汽油、煤油、原油、甲醇、乙醇、沥青、石蜡火灾等。

3. C类火灾

C类火灾指气体火灾。如煤气、天然气、甲烷、乙烷、丙烷、氢气火灾等。

4. D类火灾

D类火灾指金属火灾。如钾、钠、镁、钛、锆、锂、铝镁合金火灾等。

5. E类火灾

E类火灾指带电火灾。例如，变压器、家用电器、电气设备以及电线、电缆等带电燃烧的火灾。

6. F类火灾

F类火灾指烹饪器具内的烹饪物（如动物油脂或植物油脂）火灾。

（二）火灾的发展阶段

1. 初起增长阶段

初起增长阶段从出现明火起，此阶段燃烧面积较小，只局限于着火点处的可燃物燃烧，室内温度差别大，在燃烧区域及其附近存在高温，而室内平均温度不高；火灾发展速度缓慢，火势不够稳定，燃烧状况与敞开环境中的燃烧状况差不多。火灾初起增长阶段的持续时间取决于着火源的类型、可燃物质性质和分布、通风条件等，其长短不等。

2. 全面发展阶段

当室内火灾持续燃烧一定时间后，随着燃烧范围不断扩大，温度升高，室内的可燃物在高温的作用下，不断分解释放出可燃气体，当房间内温度达到400℃～600℃时，室内绝大部分可燃物起火燃烧，这种在限定空间内可燃物的表面全部卷入燃烧的瞬变状态，称为轰燃。轰燃的出现是燃烧释放的热量在室内逐渐累积与对外散热共同作用、燃烧速率急剧增大的结果。轰燃是室内火灾最显著的特征之一，它标志着火灾全面发展阶段的开始。

轰燃发生后，室内所有可燃物都在猛烈燃烧，放热速度很快，室温急剧上升，并出现持续高温，温度可达 800℃ ~1000℃。火焰、高温烟气从房间的门窗、孔洞等处大量喷出，使火灾蔓延到建筑物的其他部分。室内高温还对建筑构件产生热作用，使建筑物构件的承载能力下降，甚至造成建筑物局部或整体倒塌破坏。对于安全疏散而言，若在轰燃之前人员还没有从室内逃出，则很难幸存。

3. 火灾衰减熄灭阶段

在火灾充分发展阶段的后期，随着室内可燃物数量的减少，火灾燃烧速度减慢，燃烧强度减弱，温度逐渐下降，一般认为火灾衰减熄灭阶段是从室内平均温度降到其峰值的 80% 时算起。随后室内温度下降显著，直到室内外温度达到平衡为止，火灾完全熄灭。

（三）火灾事故级别

按照火灾造成损失程度的不同，将火灾划分为特别重大火灾、重大火灾、较大火灾和一般火灾四个等级。划分火灾事故等级的主要目的是用于火灾数据统计和火灾事故责任追究。

1. 特别重大事故

特别重大事故是指造成 30 人以上死亡，或者 100 人以上重伤（包括急性工业中毒，下同），或者 1 亿元以上直接经济损失的事故。

2. 重大事故

重大事故是指造成 10 人以上 30 人以下死亡，或者 50 人以上 100 人以下重伤，或者 5000 万元以上 1 亿元以下直接经济损失的事故。

3. 较大事故

较大事故是指造成 3 人以上 10 人以下死亡，或者 10 人以上 50 人以下重伤，或者 1000 万元以上 5000 万元以下直接经济损失的事故。

4. 一般事故

一般事故是指造成 3 人以下死亡，或者 10 人以下重伤，或者 1000 万元以下直接经济损失的事故。

（四）火灾扑灭基本方法

灭火的基本方法是破坏已经形成的燃烧条件。采用哪种灭火方法，应根据燃烧物质的性质、燃烧特点和火场的具体情况以及消防装备的性能选择。

1. 冷却灭火法

冷却灭火法是指降低燃烧物的温度，使温度降到物质的燃点或闪点以下。对于可燃固体火灾，用水扑救，将其冷却到燃点以下，火灾即可扑灭；对于可燃液体火灾，将其冷却到闪点以下，燃烧反应就会中止。

2. 隔离灭火法

隔离灭火法是指将火源周边的可燃物质进行隔离，中断可燃物质的供给，使火势不能蔓延的一种灭火方法。火灾时，搬走火源周边的可燃物，拆除与火源相连接或毗邻的建筑，迅速关闭输送可燃液体或可燃气体的管道阀门，切断流向着火区的可燃液体或可燃气体的输送等，都属于隔离灭火法。

3. 窒息灭火法

窒息灭火法是指减少燃烧区的氧气量，使可燃物无法获得足够的氧化剂助燃而停止燃烧。可燃物的燃烧是氧化作用，需要在最低氧浓度以上才能进行，低于最低氧浓度，燃烧不能进行，火灾即被扑灭。一般氧浓度低于15%时，就不能维持燃烧。在着火场所内，可以通过灌注不可燃气体，如二氧化碳、氮气、蒸汽等，来降低防护区或保护对象的氧浓度，从而达到窒息灭火的目的。

4. 化学抑制灭火法

化学抑制灭火法是指使灭火剂参与到燃烧反应过程中，中断燃烧的链式反应。该方法灭火速度快，使用得当可有效地扑灭初起火灾，减少人员伤亡和财产损失。抑制法灭火对于有焰燃烧火灾效果好，但对深位火灾，由于渗透性较差，灭火效果不理想。

（五）火灾报警应对

根据《消防法》的第四十四条规定："任何人发现火灾都应当立即报警。任何单位、个人都应当无偿为报警提供便利，不得阻拦报警，严禁谎报火警。人员密集场所发生火灾，该场所的现场工作人员应当立即组织、引导在场人员疏散。任何单位发生火灾，必须立即组织力量扑救。邻近单位应当给予支援。消防队接到火警，必须立即赶赴火灾现场，救助遇险人员，排除险情，扑灭火灾。"

当项目发生火灾时，物业服务企业现场值班人员应当立即报警，同时启动火灾应急预案，组织力量进行人员疏散及灭火扑救工作，同时还应做好现场的隔离警戒及伤员救治协助工作。

1. 火灾、火警的应对步骤

（1）报警。

自动报警装置显示火警信号或接到火情报告，应立即确认火警发生部位。

（2）确认。

值班人员通知巡逻岗前往现场观察，确认火情后立即上报主管人员启动应急预案，同时立即拨打119报警，通知消防主管部门。

（3）疏散。

启动消防广播系统通知相关人员撤离火灾现场，救援疏散组第一时间对现场人员进行疏散。

（4）灭火。

在疏散的同时，灭火组应及时启用就近的灭火器材进行灭火，如火势过大应在保证安全的前提下以尽量控制火势蔓延为主要任务，为消防部门的灭火救援争取时间。

2. 火灾报警步骤

发现火灾，及时报警，牢记火警电话——119。报火警时的主要步骤如下：

（1）报警时要讲清着火单位所在区县、街道、胡同、门牌号或乡村地址；

（2）要说清是什么东西着火和火势大小，以便消防部门调出相应的消防车辆；

（3）说清楚报警人的姓名和使用的电话号码；

（4）要注意听清消防队的询问，正确简洁地予以回答，待对方明确说明可以挂断电话时，方可挂断电话；

（5）报警后要到路口等候消防车，指示消防车去火场的道路。

专栏4-4 成功防范火警引发的思考

案例简述：

2009年6月14日18：14，某项目CD组团客户事务助理牟××在巡检时发现9号楼3单元801家阳台冒烟，火势起伏不定，时有时无。牟××立即跑到楼上查看，但业主家里无人，其马上通知中控室张××及当班班长林×。中控室张××随后将此情况致电801业主，引导业主报警，业主表示暂不用报警马上到家。随后客户事务助理牟××与金×将801的情况告知其旁边的邻居，并从3单元902家观察801家着火点，发现是阳台上的塑胶地毯着火，着火面积大约一平方米左右。之后当班班长林×和员工张××携带灭火器来到801家门前等待业主回来，当时为了避免火情进一步扩大，客户事务助理们凭借801阳台未封闭的条件，从3单元902阳台利用灭火器和塑料袋装水扔到801阳台上扑灭火源。业主于十分钟后到家，火势基本得到控制，客户事务助理帮业主进行了简单收拾并对现场进行拍照（业主只损失一块地毯和一个花盆），事后得知是未掐灭的烟头扔在阳台上引起的。

案例分析：

1. 因火势不大，服务中心未进行报警，万一火势无法控制，不但给员工自身安全带来隐患，如造成财产损失等，公司将面临承担责任的风险。

2. 火警发生后未及时通知部门项目经理及队长，未按照项目制订的消防紧急预案流程操作，现场人员对火警处理流程和要求掌握不清。

3. 经事后了解，此次火警系因客户将未掐灭的烟头扔在阳台上引起的，反映出客户防火意识淡薄。

案例启示：

1. 发生火警时应及时启动火灾应急预案，义务消防队员应按照消防灭火方案各司其职，及时报警，有序开展人员疏散、扑灭初起火灾等工作。

2. 加大力度开展对突发事件的应急处理流程和安全消防知识的培训，通过对突发事件预案的演练，使测试人员掌握情况及提高处理突发事件的反应能力。

3. 采取多种方式开展居家消防宣传，一方面提升业主的消防安全意识；另一方面帮助业主增强对居家消防知识的了解和掌握，有效降低消防安全事件发生率。

五、高层建筑消防管理

（一）高层建筑消防的特点

1. 火险因素多

首先，高层建筑一般智能化水平较高，内部电气设备、电源、火源多，线路密集，引起火灾的可能因素也多。其次，高层建筑为减轻自重考虑，使用了大量轻质高分子材料，这些材料部分是耐火极限不高，耐火性能较差的。这就增加了火灾的危险性。

2. 火势蔓延快

高层建筑内有许多通道和竖向井，一旦发生火灾，这些通道和竖向井连同高层建筑自身都会产生烟囱效应，有助于火势蔓延，对消防十分不利。

3. 救火难度大

高层建筑高达几十米，甚至超过一百米，一般的地面消防车和登高消防车的能力，都难以满足扑救高层建筑火灾的供水需要和登高疏散抢险的要求。建筑越高，对消防车、消防供水和登高疏散抢险的要求就越高。高层建筑救火的难度比多层建筑显然大得多。

4. 疏散困难大

高层建筑人员集中，财物集中，层数多，使得疏散距离拉长，发生火灾时普通电梯电源被切断，增加了疏散难度。

（二）高层建筑消防管理的主要措施

1. 防火分隔

消防部门要对高层建筑进行内部分区，设置防火和防烟区域，对电梯井、管道等也要进行分隔。

2. 消防设备管理

高层建筑消防工作中，应采用严格的巡视、检查制度，及时保养维修消防设备设施，保证消防设备处于良好的运行状态。

3. 重点防范管理

在配电室、监控室等火灾隐患重要部位以及人员集中部位增设灭火设备、火灾事故照明灯和灯光显示的疏散标识系统等设备。

4. 疏散畅通

要经常检查高层建筑内的公共通道，严禁摆放杂物，确保火灾疏散通道畅通；严禁在消防栓、灭火器等消防设备前摆放杂物，以免影响取用；同时还需设置火灾事故照明设备和疏散标志。在高层建筑的楼梯间、走道、人员集中场所和发生火灾时必须坚持工作的地方（如配电房、消防控制室等）设置事故照明设备，在人员疏散的走道、楼梯等处设置有灯光显示的疏散标志。疏散标志的电源应用蓄电池，其他事故照明也可使用城市电网供电。

5. 消防管理制度

根据高层消防特点，建立健全消防安全管理制度

6. 消防培训教育

加强对物业服务企业员工和业户的消防设备使用方法、性能和其他消防知识的培训，熟悉高层建筑火灾逃生线路，掌握自救方法。

第四节　车 辆 管 理

一、车辆管理概述

车辆是联系物业区域与外部的载体，道路是联系物业区域与外部的通道。在物业管理

中对车辆和道路的管理是非常重要的内容。随着人民生活水平的提高，车辆在逐年增加。车位不足、车辆乱停乱放、车辆被盗、行车事故等事件在一些物业管理区域时有发生。这些问题的存在，不仅破坏了物业周围的环境，给用户的工作、生活带来不便且造成用户的财产损失和安全隐患。因此，物业服务企业必须重视车辆管理。

车辆管理的目的是：建立良好的交通秩序和车辆停放秩序，保证物业业主的财产不受损坏和失窃；管理和维护物业区域内的道路和停车场。物业车辆停车管理的主要内容有道路管理、停车场管理、交通管理和车辆管理。但不同的物业，车辆停车管理有不同的侧重点。下面以居住物业为例，具体介绍车辆停车管理的主要内容。

二、车辆管理内容

（一）道路管理

道路及其设施在使用过程中，会受到交通负荷及自然条件的影响，而产生磨耗或破坏；人为原因也会对设施产生影响，如挖路埋管、私搭乱建、沿路开店、个别人有意无意地损坏设施等。因此，物业服务企业应建立专门的道路及设施的养护、维修队伍，承担以下具体工作任务。

（1）掌握各类设施的布局、结构情况；

（2）负责对道路的日常巡查，随时发现、纠正违反物业管理规定的现象，并根据管理规定做出相应的处理；

（3）执行物业服务企业下达的道路维修计划；

（4）负责道路设施的日常养护工作，随时了解设施的运行状况，发现异常及时上报和处理。

（二）停车场管理

1. 停车场位置规划与建设

物业服务企业对停车场位置的规划和房地产开发部门对停车场位置的规划是不同的。后者是在基本无停车场的前提下进行的，前者则是在后者已建起停车场的基础上开始的，是对开发时没有考虑周全的或者有缺陷的停车场的一种补充或改进。因此，物业服务企业在规划所管区域停车场时，既要参考和利用已有的停车场位置，又要有新创造，规划设计出新的、因地制宜的、与物业区域协调的、符合实际需要的停车场。一般来说，停车场位置的规划需要考虑以下几点：

（1）经济实用。

停车场建设需要一定资金，物业服务企业投资建设，是希望能回收资金并获得利润的。因此，规划建设时既要考虑建设成本，又要考虑建成后能否充分利用。如果成本过高，或者估计建成后利用率低，则物业服务企业一般是不宜选用的。如成本虽大，但利用率高，收益大；或暂时利用率低，未来利用率会很高，物业服务企业还是可以考虑的。

（2）因地制宜。

因地制宜既是降低成本的一个途径，也是保证停车场和物业区域相协调的一个条件。

要做到因地制宜，物业服务企业必须对所管物业区域的环境（建筑格局、道路交通等）有一个全面的了解，特别要对原有停车场有所研究，这样才能在规划停车场位置时避免失误，较好地实现停车场的因地制宜，甚至能使停车场成为物业区域的一景。

在考虑停车场的位置是否经济实用、是否因地制宜的基础上，可进一步考虑将停车场安排在地上或是地下。由于停车场建设工程不宜过大，所以无论建在地上或者地下，都要特别注意“依山就势”，充分利用现有的地形、地势和原有的停车场具体情况等。

另外，还可利用楼群之间的空地，商店、机关门前空地建立起临时存车处、临时停车场等，和正式的停车场结合起来，以利车辆的管理。

2. 停车场的内部设计要求

停车场内的空间环境不同，车辆类型也不同，因此，对停车场的内部设计必须提出相应的要求，一般包括以下三点。

（1）停车场的光度要求。

无论从方便车主，还是从防盗考虑，停车场内的光线都应充足，使车主能清楚地找到停车位，清楚地识别自己的车辆；使物业服务人员能轻易地发现盗窃车辆的案犯；还便于消防管理的实施等。实现光线充足，可以利用自然光，也可以利用灯光，或将二者结合起来。

（2）停车场的设施要求。

为保持通道畅通无阻，方便存放和管理，停车场应建在比较醒目、容易找到的地方，同时要安置足够的指示信号灯，还要有适当的提示标语。另外，停车场内必须设置齐全完备的消防设备。停车场应安装电话，供发生意外情况时报警使用。如有特殊要求，还可在车辆出入路口处设置管制性栏杆，以供使用。

（3）停车场的区位布置要求。

车辆可分为机动车和非机动车。机动车可分为摩托车和汽车等。非机动车可分为自行车、三轮车和电动车等。各种类型、规格的车辆如果都存放在一起，既不利于车主进行存放，也不利于管理人员进行管理。为此，物业服务企业应把停车场的区位进行划分。把停车场内停车位置划分为机动车区和非机动车区两个大的区域，其各自大小、比例以及是否再细分，可根据所管物业区域车辆的情况和可能外来的车辆情况而定。

3. 停车场环境卫生管理。

为保障停车场的干净卫生，物业服务企业应做好停车场的环境卫生工作。如停车场内无货物堆积、道路阻塞现象；停车场内地面无水、无油、无污、无纸屑、无烟头等杂物；停车场道路平整无坑、无尖锐物、无金属钉状物；停车场内有明显禁烟标牌，且消防器械及设施均配备齐全，使用功能完好率应达到100%。

（三）交通管理

物业区域内的交通管理，就是处理好人、车、路的关系，在可能的情况下做到人车分流，保证物业区域内的交通安全、畅通，重点是机动车辆的行车管理。对于居住物业，物业服务企业除了要加强对司机和广大住户的宣传教育外，还要制定居住区道路交通管理规定。其具体内容主要有以下几方面。

（1）建立机动车通行证制度，禁止过境车辆通行；

（2）根据区域内道路情况，确定部分道路为单行道，部分交叉路口禁止右转弯行车；

（3）禁止乱停放车辆，尤其在道路两旁；

（4）限制车速，铺设减速墩，确保行人安全。

（四）配置车辆管理人员

为做好物业管理区域内车辆管理工作，提供安全有序的车辆停放管理服务，物业服务企业应根据小区车辆管理实际情况做好人员安排，包括小区车辆交通的疏导及管理人员、停车场维护人员、巡查人员和车辆收费管理人员等。

（五）车辆管理

1. 出入口管理

出入口既包括小区出入口也包括停车场出入口。出入口是管理好车辆安全问题的第一关。某些区域，既需保持相对宁静，又需保证行人的安全和环境的整洁。为此，必须控制进入物业区域的车辆，这是大门门卫职责的一部分。除救护车、消防车、清洁车、小区各商业网点送货车等特许车辆外，其他车辆进出物业区域时，都应有限制性规定。

2. 车辆停放管理

车辆的停放应注意以下几个方面：

（1）车辆按位停放、有序停放；

（2）符合消防管理的要求；

（3）劝阻任意停放的现象（如不按位停放、堵塞消防通道等）。

3. 车辆保管

物业服务企业要与车主签订车辆停放管理合同协议，明确双方的责任。为防止车辆上财物丢失、车辆被盗，物业服务企业应该安排车辆管理人员按时巡查。巡查停放车辆的状况（有无损坏、车门窗关闭否、车内有无遗留贵重物品等）并做好记录，必要时通知业主。

4. 车辆收费管理

（1）停车场的类型。

按收费等级划分，一般停车场可分为住宅类停车场、社会公共类停车场、临时类停车场、商业场所配套停车场。

（2）停放服务费用标准的制定。

物业服务企业应依据物价部门发布的《机动车停放服务收费管理办法》制定服务费用标准，服务费用上限不得超出政府定价标准，服务费车型可分为摩托车、小车、大车、超大型车四类，车辆停放服务费标准制定后应报价格主管部门备案后方可执行，在车场出入口设立停放服务费标准公示牌。

（3）停车场收费方法。

人工收费。未安装智能道闸系统的停车场，应通过进出登记纸卡记录，人工计算收取相关停放管理费用。该方式因管理漏洞较多，已逐步被淘汰，主要用在临时性的停车场所。

系统收费。现大多数住宅停车场均采用系统收费方式进行收费，此类方式是通过智能道闸系统对车辆的进出时间进行自动计算，直接显示停放费用，由车场出口岗进行临停收费，客服人员进行月卡授权，收取月卡停放费用。

中央收费。中央收费是指将车场进出口岗及停放费用收费岗分开独立设置，主要用于安装有智能道闸系统的商业或写字楼项目。该类项目临时停放车辆较多，同时收费单价较贵。将收费岗位独立设置，一是便于收费漏洞的管控；二是避免收费造成出入口拥堵，提高车流行驶速度。

（六）建立健全管理制度

为更好地保护车辆，防止车辆被盗等，维护物业区域内的秩序，物业服务企业应该完善车辆管理制度。这些制度包括《停车场管理规定》《出入口管理规定》《交接班管理规定》《工作考核管理规定》和《停车场收费标准》等。

三、停车场常见问题及处理

停车场突发事件管理主要包括车损事件、车位占用、车辆拥堵处理等。

（一）车损事件处理流程

（1）现场确认车辆损毁情况，拍照取证；
（2）比对进场车辆记录，核实车损前后车辆对比状况；
（3）确认车损，并按车场保险申报流程提请赔偿；
（4）支付车主赔偿款，并总结车损发生原因，汲取经验教训。

（二）车位占用处理流程

（1）现场确认车位占用情况，拍照取证；
（2）联系占用车位车主开走占用车辆，如无法联系上应张贴温馨提示条；
（3）在占用车辆开走之前，应及时提供车位给固定车位车主临时停放；
（4）占用情况处理完毕后，应及时将占用车位的车辆列入重点监控对象，停放时尽量给予引导，如属经常行为者应列入车场黑名单禁止进入车场；
（5）必要时可建议固定车主安装车位锁控制占用情况。

（三）车辆拥堵处置流程

（1）车场巡逻岗现场确认拥堵情况；
（2）对讲通知进出口岗控制车流，必要时安排其他巡逻岗进行车辆分流控制；
（3）现场指引拥堵处车辆逐辆疏散；
（4）疏散后，应在拥堵点继续指挥车辆有序行驶，直至车流高峰时段结束。

四、非机动车管理要点

非机动车管理包括非机动车停放管理和安全管理两个方面。物业服务项目经理，应根据物业区域的实际情况，并结合《中华人民共和国消防法》、国务院《物业管理条例》、国务院办公厅《消防安全责任制实施办法》和《公安部关于规范电动车停放充电加强火灾防范的通告》等有关规定，对管理区域内非机动车停放、电动车充电等进行管理，确保物业区域内的非机动车“定点停放、标识明确、安全有序”。

非机动车管理，特别是电动车停放管理应关注五个要点：

（一）定点停放

在物业服务区域内应指定固定的摩托车、自行车、电动车停放点，并确保有明确的标识（包括防盗标识），和具体的责任人。引导车辆使用人按指定位置整齐停放，无乱停、乱放、叠放等现象；

（二）落实电动车停放充电管理责任

物业服务单位要清楚自己是物业管理区域消防安全管理的主要责任单位，对物业区域内电动车停放及充电存在的隐患，应及时向有关部门报告。

（三）规范电动车停放充电行为

公民应当将电动车停放在安全地点，充电时应当确保安全。严禁在建筑内的共用走道、楼梯间、安全出口处等公共区域停放电动车或者为电动车充电。公民应尽量不在个人住房内停放电动车或为电动车充电；确需停放和充电的，应当落实隔离、监护等防范措施，防止发生火灾。

（四）严厉查处违规停放充电行为

物业服务企业、主管单位和村民委员会、居民委员会，应当立即组织对住宅小区、楼院开展电动车停放和充电专项检查，及时消除隐患。对检查发现电动车违规停放、充电的，应当制止并组织清理；对拒不清理的，要向公安机关消防机构或者公安派出所报告。

（五）加强消防安全宣传教育

物业服务企业、主管单位和村民委员会、居民委员会，应当加强电动车停放充电引发火灾的防范常识宣传和典型火灾案例警示教育，引导群众增强消防安全意识，并按要求停放电动车和为电动车充电。一旦遇到电动车火灾切勿盲目逃生，要选择正确的逃生路线和方法。

复习思考题

一、名词解释

物业安全管理、物业治安管理、紧急避险、物业消防管理、消防安全责任制度、消防安全管理制度、日常巡查、防火检查、专项检查、火灾、特别重大火灾、重大火灾、较大火灾、一般火灾

二、简答题

1. 物业安全管理的特点。

2. 物业安全管理的意义。

3. 治安管理的特点。

4. 物业治安管理的措施。

5. 物业治安管理岗位设置。

6. 物业治安管理的主要内容。

7. 紧急避险和正当防卫的区别。

8. 根据《机关、团体、企业、事业单位消防安全管理规定》的规定，居民住宅区的物业管理单位应当履行哪些消防安全职责？

9. 物业消防管理的内容。

10. 消防控制室的管理内容。

11. 火灾、火警的应对步骤。

12. 高层建筑消防的特点。

13. 停车场的内部设计要求。

14. 物业服务范围内车辆的管理内容。

三、案例题

1. 租户吴先生在某大厦办公已经有一段时间了，与大厦物业服务企业上上下下都很熟悉。吴先生很支持大厦物业服务企业的工作，不久前，物业管理公司在大厦内设立健身室，吴先生曾赞助了一张乒乓球台。这天，吴先生带领几个人搬出一台复印机，准备送去大修。大堂岗秩序维护员礼貌地拦住了他，告诉吴先生要办理物品放行手续才可搬出物品。吴先生来到大厦物业服务企业服务中心办理放行手续，但由于手续不全未能立刻办理。吴先生想凭着与物业服务企业的关系，就以已请来搬运工为由，提出先搬出物品再补办物品放行手续，但被物业服务企业服务中心主任拒绝。吴先生十分气愤，向物业服务企业主管投诉，称自己既不欠租金又不欠管理费，物业服务企业为什么不予放行，真是不近人情，不信任自己。

（1）物业服务企业秩序维护员在本事件的处理中是否符合规定？

（2）物业服务企业应如何处理这次投诉？

2. 凌晨四点，某高层办公楼监控中心的物业服务人员在监控屏幕上发现了一人打开二楼窗户进入本大厦。

（1）值班监控人员应采取措施的最佳顺序是什么？

（2）物业管理人员在巡查中发现某办公室内有异常响动，但门窗紧闭，此时可以采取哪些措施？

（3）如果发现嫌疑人，正确的处理方法是什么？

（4）在控制嫌疑人后，物业服务企业应当采取哪些措施？

3. 居住在枫林豪景小区1号楼二层的5户居民在自家窗户上安装了护栏，原因是小区内一层住户窗户均装有护栏，致使3号楼和6号楼二层的三家住户最近发生被盗事件，这5户居民认为应增加必要的安全防范设施。该小区的物业服务企业得知后立刻要求这5户居民自行拆除，理由是枫林豪景小区业主委员会与该物业服务企业签订了《物业服务合同》中规定，居民不得擅自改变房屋建筑及设施设备的结构、外貌、设计用途、功能布局等。这5户居民承认安装护栏的事实，但是拒不拆除。

面对这种情况，物业服务企业应该怎么办？

4. 某日凌晨，某住宅区丁氏夫妇被室内的响动惊醒，立即起床并打开卧室的门，发现有人已走到客厅和卧室过道处，这个人是物业服务企业的保安员。丁氏夫妇无法忍受保安员如此进行“保安工作”，就把物业服务企业告上了法庭，要求物业服务企业为保安员深夜入室的行为给予书面道歉，并赔偿精神损失费。

经调查了解，物业服务企业的保安人员是由于在深夜值班时发现丁先生家的门虚开，在经按铃房内无反应的可疑情况下才进入房内进行查看的，丁先生家没有任何的物品丢失，也无门锁及其他损坏后果。

物业服务企业的秩序维护是否有过错？物业服务企业是否应该赔偿？

5. 某小区业主李某上班回家后发现自己的住房被盗贼光顾，房内的财物损失上万元，盗贼已经逃之夭夭，负责小区安全的保安没能提供有力的线索，门卫也没有陌生来访人员的登记记录。李某认为，物业公司与小区业主签订的合同中承诺小区为封闭式管理，自己交纳了物业管理费，自己住宅的安全却没有得到保护，于是将物业管理公司告上了法庭。不久，在警方全力追查下，盗贼被抓获。该盗贼供认自己是从小区的一个忘记上锁的侧门进入小区行窃的。

业主住房被盗，物业服务企业是否应该赔偿？

6. 张先生家住该小区的304室。2015年10月17日10时左右，张先生所住楼栋的104室西侧公共区域发生火灾，火灾烧毁104室西侧堆放的纸板、杂物等物品，楼上2楼至11楼有不同程度的烟熏，部分外窗玻璃炸裂，所幸没有人员伤亡。

消防部门赶到现场最终将大火扑灭，并对火灾的情况展开调查。经消防部门认定，起火原因可排除电气故障、生活用火不慎、雷击、小孩玩火、人为放火，不能排除外来火源和自燃的可能。张先生所在的304室因火灾导致房屋装潢及物品受损，无法继续居住，他只能在外租房居住。

张先生称，根据消防部门的认定，起火原因不能排除外来火源和自燃的可能，也就是原因不明。“但不管原因是什么，小区的公共区域堆放大量的纸板、杂物等物品，物业服务公司没有及时清除这些易燃物，消除安全隐患，没有尽到对小区公共区域应有的管理义务，从而导致火灾的发生。”张先生表示，物业公司是一种不作为行为，与他的财产损害具有因果关系，因此应承担赔偿责任。相关资产评估公司对张先生家因火灾导致的房屋装修及财产物品损失进行了评估，确认损失总额为7.1万余元。为了讨一个说法，张先生将物业公司诉至法院，要求赔偿他财产损失、租房费用等共计9.4万余元。

张先生的诉讼是否合理？

7. 十月上旬夜里10点左右，某小区地下车库值班护卫员报告×号楼的一位业主，只购买了一个车位，却在车库停了两辆车。护卫员劝其将未购车位的车开走，但业主对护卫员不予理睬，将车子锁好后扬长而去。无奈，护卫员只好求助楼间护卫员使用对讲系统同其联系，要求其将车子开出车库。业主对护卫员的行动先是采取了不接对讲的方式，后来对护卫员进行谩骂，甚至扬言谁再打他家的对讲，就用开水倒下来烫谁。

对出现强占车位的现象，物业服务企业应该怎样处理？

四、实训题（建议安排学生以小组的形式完成下列实训题）

1. 实地调查×××物业实际的情况（物业所处位置、出入口、停车场、业主或者物业使用者群体特征），调研其治安管理内容，包括治安管理方式、措施、团队、岗位职责、管理制度、工作程序、考核制度等。根据本章所学知识和相关法律法规知识，分析其治安管理存在的问题，提出完善的建议。

2. 实地调查×××物业消防设施设备情况，调研其消防管理内容，包括消防机构、消防安全责任制度、消防安全管理制度、消防操作规程等。根据本章所学知识和相关法律法规知识，分析其消防管理存在的问题，提出完善的建议。

3. 实地调查×××物业调研车辆管理内容，包括道路管理、停车场管理、交通管理和车辆管理等。根据本章所学知识，分析其车辆管理存在的问题，提出完善的建议。

第五章　物业环境管理

本章学习目标

通过本章学习，了解环境的含义，熟悉物业环境管理的内涵和范围，了解物业环境管理与物业管理的关系。熟悉物业环境卫生管理的机构设置及管理范围，掌握物业环境卫生管理内容。了解物业绿化管理的定义及其范围，熟悉物业环境绿化设计，掌握物业绿化植物的日常养护管理及植物病虫害防治。

第一节　物业环境管理概述

物业管理最终目的是满足业主不断增长的服务需求。作为服务内容的重要组成部分，物业区域环境发挥着不可替代的作用。近年来，一批物业服务企业在加强物业环境管理，营造优美、清洁、健康环境，节能环保等方面进行了积极的探索，做出很多有益的尝试，并取得了一些可喜的成绩。但是在物业管理快速发展及其巨大成绩的背后，不得不承认还存在着牺牲环境、透支资源等问题。要解决现存物业环境管理中的这些问题，并在理论层面上有更加清晰和科学的认识，需要认真细致地研究环境管理与物业管理关系，剖析其理论体系构成并联系到物业环境管理的实践中去，以引导物业管理从业者更加科学有效地进行物业环境管理，创建出一个更加舒适、和谐、健康的物业环境。

一、环境的概念

环境，通常是指以人类为主体的外部世界，主要是地球表面与人类发生相互作用的自然要素及其总体。《中华人民共和国环境保护法》明确指出："环境，是指影响人类生存和发展的各种天然的和经过人工改造的自然因素的总体。"这个定义把环境分成两大类：一类是"天然的自然因素总体"，即自然环境；另一类是"经过人工改造的自然因素总体"，即在自然因素基础上，人类经过有意识地劳动而构造出的有别于原有自然因素的人工环境。以人类为主体的环境有广义与狭义之分。广义的环境含义包括以下 4 个层次：

第一环境，自然环境或原生环境，既含有对人类有用的自然资源，如土地、森林、矿产、水、大气、生物、植物等；也含有对人类不利的自然灾害，如地震、火山，洪水、泥石流、海啸等。

第二环境，次生环境，是指被人类活动改变或污染的自然资源，如城市上空被污染的大气，城市周围被污染的水域和水体，城市郊区（农业用地、蔬菜用地等）被污染的土壤，城区内部被破坏的林木、花木、草地或被绿化的土地等。

第三环境，是指由人工建造的房屋、道路和各项设施等组成的人工环境，是人类生存和发展的基础。房屋是供人们生产、工作、休息等各类活动的场所，也是人类发展所离不开的基本要素。而宽广、通畅的道路和各项配套都完善的设施是促进人类进步和社会发展所不可缺少的条件。因此，创造美好的人工环境是促进社会进步、人类发展的基本保证。

第四环境，是指由政治、经济、文化等各种社会因素所构成的人与人之间的社会环境，属于“软”环境。政治稳定、经济健康快速发展、文化素质水平高，人与人之间团结、诚实，必然会导致生产、工作效率高，人生价值就会得到充分体现，人们的幸福感会增强，人类社会就会不断向前发展。狭义的环境仅指广义环境含义中的第二环境，即被人类活动改变或污染的自然环境——次生环境。

二、物业环境的内涵

物业环境是针对主体“物业”而言的周围的地方及其情况和条件，是能对物业的存在和状况起到影响作用的所有相关事物及相互关系的总和。物业环境对人的行为、精神和健康有着直接或间接影响，这种影响决定着人们对物业管理价值的评判态度。物业环境是城市环境的一部分。一般说来，物业环境包括广义环境中的第二环境、第三环境和第四环境。城市环境是指城市范围内的情况和条件；物业环境则是指某宗物业，如居住小区、写字楼、购物中心、宾馆等其所在区域内的情况和条件。物业环境按物业用途的不同，可分为生活居住环境、生产环境、商业环境和办公环境等。

（一）生活居住环境

生活居住环境是指提供给人们居住的物业环境，包括内部居住环境和外部居住环境两个方面。

1. 内部居住环境

内部居住环境是指居住物业——住宅建筑的内部环境。影响住宅建筑内部环境的因素主要有以下几个方面：

（1）住宅标准。

住宅标准主要有面积标准和质量标准。

（2）住宅类型。

住宅类型涉及住宅的高度和层高。

（3）隔声。

住宅建筑的后室上下或前后左右要有良好的隔声效果，对电梯或楼梯、管道及外部噪声要有良好的防护效果。

（4）隔热与保温。

住宅建筑在夏天具有良好的隔热效果，在冬天具有良好的保温功能，这是改善居住环境的重要条件。

（5）光照。

居住建筑室内必须具有适宜的光照时间和强度，包括自然采光和人工照明两种情形。

（6）日照。

居住建筑室内必须能够获得适时与适量的太阳光的直接照射。日照有自然状态下的日照和受到人为因素影响下的日照两种情形。

（7）通风、风向、风力。

通风一般是指自然通风。居室应具有良好的通风条件，特别是在炎热地区而没有空调的情况下，居室更应具有良好的通风条件。另外，风向与风力也是影响居室环境的重要因素。

（8）室内小气候。

住宅建筑室内要具有适宜的气温、相对湿度和空气对流速度，确保室内居住环境空气清新，温度、湿度适宜，不损害人身健康，保持居室内环境的舒适性。

（9）室内空气量和二氧化碳含量。

居住建筑室内要保持足够的新鲜空气量，尽量降低对人身心健康有害的二氧化碳及其他有害、有毒的气体含量，使人们居住在一个安全、舒适的室内环境之中。

2. 外部居住环境

外部居住环境是指居住物业所在区域内，与居民生活居住密切相关的各类公共建筑、公共设施、绿化、院落和室外场地等设施与设备的情况和条件。外部居住环境与内部居住环境的有机组合，构成了居住物业的生活居住环境。影响住宅建筑外部环境的因素主要有以下几个方面：

（1）居住密度。

居住密度是指单位用地面积上居民和建筑的密集程度，通常用单位用地面积所容纳的居民人数和单位用地面积所建造的住宅建筑面积两个指标来衡量。从居住的舒适性角度考虑，居住密度以低为优。

（2）公共建筑。

居住物业的公共建筑是指为居民生活服务的各类公共建筑，包括中小学、幼儿园、托儿所、医院、电影院、商店、邮局、银行等文教、卫生、商业服务、公安、行政管理等方面的公共建筑。居住物业的公共建筑能够配套、完善，是保证居住物业具有良好外部环境的基本物质条件。

（3）市政公共设施。

市政公共设施是指居住物业的居民生活服务的设施，如道路、各种工程管线、公共交通等。一般来说，完善、便利的市政公共设施能够给居住物业提供一个良好的外部居住环境。

（4）绿化。

绿化是指居住物业的室外公共绿化面积和绿化种植。绿化不仅有利于调节小气候，而且还能美化居住环境，有利于人们的身心健康。

（5）室外庭院和各类活动场所。

室外庭院主要是指住户独用的室外庭院和主要包括儿童游乐和成年人、老年人休息活动的场所。这些都是居民生活居住所不可缺少的组成部分。

（6）室外环境小品。

室外环境小品主要包括建筑小品、装修型公共标志、公共小设施、公共游憩小设施以及地面铺砌等。

（7）大气环境。

居住物业区域内，空气中有害气体和有害物质的浓度与气味，直接影响着居民的身心健康。因此要保持良好的室外大气环境，应消除空气中的有害、有毒气体与气味，或者最大限度地降低其浓度，确保居民人身安全和身心健康。

（8）声环境和视环境。

为了确保一个良好的居住环境，应尽可能降低噪声强度和住户相互间视线的干扰程度。

（9）小气候环境。

应做好居住区内的气温、日照、防晒、通风或防风等状况的维护工作，确保居住区内优雅、舒适的小气候环境。

（10）邻里和社会环境。

居住区内的社会风尚、治安状况、邻里关系、居民的文化水平和艺术修养等，都会直接影响居住环境。

（11）环境卫生状况。

居住区的卫生状况好，能够净化环境，给居民提供一个清洁宜人的生活环境。

（二）生产环境

生产环境是指生产型物业提供给企业及其生产者——从事产品生产的相关设施与条件，通常包括生产用房、生产设备、厂区设施及周围与生产相关的交通、供电、能源基础设施等。厂区室内外大气、水、声、光、卫生、美化、安全等环境是否与使用该物业生产的产品相一致，是影响生产环境的首要问题。

生产型企业通常需要大量运进原材料及燃料，运出产品，因此必须有便捷的交通条件。例如，邻近公路交通干线或者符合运输条件的道路与公路干线相连，有铁路专用线进入厂区，临近通航河道（或海岸）且有专用码头。以上公路、铁路和水运交通条件若能同时满足两项及其以上条件者，则该物业生产环境的交通条件则达到了较好程度。

（三）商业环境

商业物业环境是指用于商业目的的物业室内及所在区域外部条件的总和。包括商务写字楼（商场、购物中心、商铺、市场等）、旅馆（宾馆、饭店、酒店、招待所、旅店等）、餐馆（饭庄、酒楼、酒家、茶楼等）、游艺场馆（娱乐城、歌舞厅等），室内空气要具有足够的含氧量，最大限度地降低有毒、有害、有异味的气体或物质的含量，确保使用人的人身安全和身心健康。室外环境整洁、舒适，适合物业使用氛围，为物业使用者提供便捷、周到、充满美感的环境空间。

（四）办公环境

办公环境是指用于业主工作及企业经营场所相关区域室内、室外及周围条件的总和，同时包括办公设备、办公区域治安状况，办公人员的文化素质、艺术修养及相互关系等。影响办公环境的因素主要有以下几个方面：（1）办公室标准与类型：办公室面积较大、室内净空高度较高，则办公的空间环境优越，无压抑感；（2）隔声：良好的隔声效果，既起到了保密作用，又不干扰他人和外界；（3）隔热和保温；（4）光照与日照；（5）通风；（6）室内小气候；（7）室内空气含氧量和二氧化碳含量；（8）室内景观，办公室的盆景、小饰物、壁画、雕塑等小景观的合理布置，构成了一个优美的办公室内环境；（9）声环境和视环境，没有外界的噪声干扰和良好的视觉环境，是办公条件的要求；（10）环境卫生状况。

三、物业环境管理的范围

物业环境管理是物业服务企业按照物业服务合同约定，对所管辖区域的物业环境进行一系列的管理活动。物业环境管理是物业管理的一部分，也是一种市场行为和有偿活动，其主要任务是保护和维持物业管理区域内的面貌，防止人为破坏和自然损坏，维护物业管理区域内正常的公共秩序，为管理区域的居住人群提供良好的生活、办公和生产环境。

物业环境管理作为整个社会环境管理的一个重要组成部分，是物业管理中一项经常性的管理服务工作。物业环境管理根据物业项目特点及物业服务合同的规定，运用科学的手段和先进的管理技术，对物业区域的环境进行的维护和改善的一系列活动。物业服务企业通过此项工作，力求业主和非业主使用人的环境意识与物业环境质量两者的高度协调、统一，共同创建一个整洁、舒适、优美、文明的生活和工作环境。物业环境虽然只是一个局部区域的环境，但它密切关系着一个城市、一个地区的整体环境。增强环境意识，引导人们自觉遵守和维护有关保护物业环境的政策、法律，唤起人们关心物业环境、社会公共利益，把物业环境管理方面的要求和标准变成自觉遵守的行为准则和道德规范，是做好物业环境管理工作的根本和基础。

物业环境管理主要是调控业主或物业使用人与环境保护的关系，组织并管理业主或物业使用人的生产和生活活动，限制业主或物业使用人损害环境质量、破坏自然资源的行为。一般来说，物业环境管理主要包括以下几个方面的内容：

（一）做好物业环境污染防治工作

环境污染对人体健康造成的危害直接影响人体正常的生理功能，特别是居住物业环境污染影响范围大，作用时间长，如电磁波、放射性物质等长时间毒害，受害人不易觉察，一旦发现病症，可能会难以治愈。各类物业环境中存在的污染物种类复杂繁多，给治理和消除污染物工作带来很大困难。目前物业环境污染主要表现在：空气污染，水体污染，固体废弃物污染，噪声污染，电磁波污染等。物业环境管理者应及时走近居民家庭和周围环境，宣传物业环境污染的严重性，保护人们的身心健康。

（二）做好物业环境绿化工作

尽量扩大各类物业环境绿化面积及种植花草、树木的种类，合理引导业主参与物业环境绿化、美化活动，宣传绿色植物在城市环境保护中的重要作用，不仅可以净化空气，调节物业区域小气候，保持水土、防风固沙，而且还可以消声防噪，达到净化、美化环境的目的。

（三）做好物业环境卫生管理工作

物业环境卫生管理是物业管理中一项经常性的管理服务工作，其目的是净化环境，给物业业主和使用人提供一个清洁宜人的工作、生活的优良环境。良好的环境卫生不但可以保持物业区域容貌的整洁，而且对于减少疾病、促进身心健康十分有益，同时，对社会精神文明建设具有很重要的作用。

（四）建设各种环境小品

物业环境小品的种类繁多，就其性质来说，大体上可划分为两大类：一是功能性环境小品，二是装饰性环境小品。环境小品具有方便实用、美化环境、优化空间的功效。不同物业，环境小品的布置原则和方法不尽相同。环境小品的设计应从使用功能出发，在整体环境协调的统一要求下，与建筑群体和绿化种植紧密配合，才能达到理想的效果。

（五）物业区域内的违章搭建管理

违章搭建是对整个物业区域和谐环境的破坏。它既有碍观瞻，又影响人们的日常工作和生活，还可能带来交通、消防等方面的问题。因此，物业管理公司一定要协助有关部门，认真做好清除和防止物业区域内违章搭建的管理工作。

（六）市政公用设施管理

为物业业主、使用人和受益人生产、生活、办公等服务的市政公共设施是该物业区域的一个重要组成部分，它一旦遭到破坏或损坏，便会影响人们正常的生产、生活和工作。因此，加强市政公用设施的管理也是物业环境管理的一项重要工作。

（七）物业车辆交通安全管理

车辆是人流、物流的载体，是现代生活的重要组成部分。物业区域的交通道路是物业人流、物流流动的通道。物业车辆交通管理的目的是建立良好的交通秩序、车辆停放秩序，确保物业业主、使用人和受益人的车辆不受损坏或失窃，以创造良好的交通安全环境。

（八）物业治安安全管理

物业区域内的治安安全管理工作是指物业管理企业为防盗、防破坏、防不法侵害、防意外及突发事件而在所管物业区域内进行的一系列管理活动。治安安全管理防治的对象主要是人为造成的事故与损失。其目的是避免所管物业区域内财物受损失、人身受伤害，维护正常的工作、生活秩序。治安安全管理在整个物业管理中占有举足轻重的地位。它是物业业主、使用人和受益人正常工作、生活的基本保证，也是整个社区及社会安定的基础。同时，良好的物业治安环境能提高物业和物业管理企业的声誉。

（九）物业消防安全管理

消防管理工作在物业管理中占有头等重要的地位。为使物业业主、使用人和受益人享有一个良好的物业使用环境，物业管理公司应做好物业消防设施和器材的配置与管理、消防宣传教育等工作。预防物业火灾的发生，最大限度地减少火灾损失，为物业业主、使用人和受益人的生产和生活提供安全的环境，增强其安全感，保护其生命和财产的安全。

（十）物业人文环境管理

新型的人文环境管理应该是为了营造和睦共处、互帮互助的生活环境，互利互惠、温馨文明的商业环境，融洽和谐、轻松有序的办公环境，安全舒适、相互协作的生产环境等而实施的管理。新型的人文环境可以使人们焕发热情，提高工作效率，热爱生活，充满爱心，对社会治安状况的改善有很大的促进作用。

四、物业环境管理与物业管理的关系

对物业实行必要的环境管理不仅是物业管理公司的需要，更是未来业主维护自身利益的需要，在物业环境管理中将有关的硬件软件工作有机地紧密结合，将会取得经济、社会和企业本身的良好效益。

（一）物业环境管理是物业管理的基础

物业管理是由专门的机构和人员，按照合同和契约对各类物业以经营的方式进行管理，同时对物业区域内的环境、清洁绿化、公共卫生、房屋及设备设施养护统一实施专业化管理，并以人力资源提供多方面的综合性服务。由此可见，管理所依托的物质实体——各类房屋建筑物及其发挥正常使用功能所必需的各种环保、绿化、清洁、养护等，都必须先通过环境管理来实现。因此，从主客体、进程和内容来看，物业环境管理是物业管理的基础和前提。

（二）物业管理是物业环境管理的延续

通过科学的管理和优质的修缮服务，有效地提高房屋的完好程度，延长房屋的使用寿命，达到保值、增值的目的；通过全方位的社会化、专业化的服务为广大用户提供一个舒适、安全、优美、文明的居住环境；物业服务和管理还被赋予加强城市精神文明建设的重担。良好的物业管理不仅是物业环境管理在物质形式上的延续，更是物业及物业所有人在精神文明建设上的延续。

第二节 物业环境卫生管理

搞好物业环境卫生是保证人们健康、愉快工作和生活的必备条件，也是物业管理的重要任务。环境卫生管理是一项经常性、长期性的管理服务工作，其目的是净化环境，给业主和使用人提供一个清洁宜人的工作、生活环境。

物业环境的整洁及其所带来的舒适度，是物业区域文明的象征，更是物业管理公司服务水平的重要标志。物业环境卫生的好坏是评判一个物业管理公司管理水平高低的主要标准。

一、物业环境卫生管理的相关概念

（一）环境卫生

环境卫生通常是指与人有关的周围环境是否干净和整洁。

（二）环境卫生管理

环境卫生管理是指通过采取各种措施，来改善、消除一定区域内单位和个人在工作和生活中产生的废弃物、灰尘等对环境、个人健康等的影响，创造有利于人们身心健康的工作和生活环境。

（三）物业环境卫生管理

物业环境卫生管理是针对物业管理区域而言的，其管理的主要目的是维护和保持整个物业管理区域干净、整洁、卫生，为业主和使用人提供一个优雅、舒适的工作和生活环境。

二、物业环境卫生管理机构的设置及管理范围

（一）设置方式

物业环境卫生管理机构通常可采取三种模式进行设置，即“委托式”“自主式”和“结合式”。在“自主式”模式下，物业管理公司可设立“保洁管理部”（或“环境卫生管理部”），作为卫生管理的专门机构，由分管该领域工作的物业管理公司副总经理负责。保洁管理部可根据不同物业类型、区域分布、面积大小及保洁对象灵活设置若干班组和人员。

（二）物业环境卫生管理的范围

1. 公共场所保洁管理

（1）室内公共场所保洁和保养。

主要是指围绕办公楼、宾馆、商场、居民住宅楼等楼宇内开展的物业保洁工作，包括楼内大堂、楼道、大厅等地方的卫生清扫，地面保洁，地毯清洗和卫生间清扫与保洁，门、玻璃、墙裙、立柱等物品的擦拭。

（2）室外公共场所的清扫和维护。

室外公共场所主要有道路、花坛、绿地、停车场地、建筑小品、公共健身器材等。应重点做好地面清扫、绿地维护、建筑小品维护和保洁等工作。

（3）楼宇外墙保洁和保养。

主要是指楼宇的外墙保洁和墙面的保养，以及雨篷等楼宇附属设施的维护。

2. 生活垃圾管理

（1）生活垃圾的收集和清运。

根据物业管辖范围内居住人员情况和管辖区域物业的用途确定垃圾产生量，并以此来

确定垃圾收集设施的规模，合理布设垃圾收集设施的位置，包括垃圾桶、垃圾袋、垃圾箱等。制订日常的清运计划和时间安排。

（2）装修建筑垃圾的收集和清运。

随着城市居住面积大幅度提高，相应带来的装修建筑垃圾问题也日益凸显。建筑垃圾产生量大，垃圾的种类相对稳定且不易降解。建筑垃圾如果混杂在普通生活垃圾当中，不仅增加生活垃圾的数量，而且还会降低生活垃圾的热值，使生活垃圾难以采用焚烧的方法处置，增加生活垃圾处理的难度并占用卫生填埋场地。因此，装修产生的建筑垃圾应单独收集和清运，采取综合利用的办法进行处置。

（3）垃圾收集设施的维护和保养。

近年来，垃圾收集设施的品种和规格不断增加，垃圾场的中转设施更加完善，各种规格的垃圾箱、果皮箱逐渐取代了传统的大型铁皮垃圾箱。因此，应根据垃圾收集设施的特点经常性对其进行维护和保养。

3. 公共场所卫生防疫管理

（1）公共场所传染病控制。

公共场所包括宾馆、文化娱乐场所、公共浴池、图书馆、博物馆、医院候诊室等。就目前物业管理范围而言，重点涉及的是住宅小区、宾馆、商场、办公楼等公共场所的消毒问题。

（2）公共场所杀虫、灭鼠。

公共场所有许多病媒，比如昆虫、动物，它们很容易在人群居住地区传播疾病，尤其是苍蝇、老鼠、蚊子、臭虫、蟑螂、蚂蚁等。

三、物业环境卫生管理内容

物业环境卫生管理是一项内容细、任务重的工作，每天都有垃圾要清运、场地要清扫，涉及物业范围内的每一个地方。为此，必须做到责任明确，要做到“五定”，即“定人员、定地点、定时间、定任务、定质量”。对物业范围的任何一个地方均有专人负责，并明确保洁服务质量标准、操作规程、工作计划及考评检查。

（一）明确环境卫生管理质量标准

标准是度量事物的准度。保洁质量标准是保洁活动最终所达到的效果。目前保洁行业在中国尚未规范化，故无统一标准。目前物业的保洁质量标准一般根据与业主签订的保洁合同中的甲方意愿、结合保洁施工方能力，同时参考地区特点而各自确定。

物业区域环境保洁的通用标准是“五无”，即无裸露垃圾、无卫生死角、无明显积尘积垢、无蚊无蝇滋生地、无“脏、乱、差”顽疾。建设部颁布的《全国城市马路清扫质量标准》中，有两条可以作为物业区域道路清扫保洁质量的参考：一是每天普扫两遍，每日保洁：二是达到“六不”“六净”标准，即不见积水、不见积土、不见杂物、不漏收堆、不乱倒垃圾、不见人畜粪便，路面净、路沿净、人行道净、雨水口净、树坑墙根净和废物箱净。

当然，不同类型、不同档次的物业对楼宇内的公共部位清洁卫生的质量标准不同，相同的物业管理区域中不同的管理部分要求的标准都可能不同。物业项目经理应根据实际情况制订相应的卫生清洁标准，并根据质量标准制定具体工作计划并实施。

（二）明确环境卫生管理制度基本内容

（1）拟定物业环境卫生保洁管理部门的劳动纪律。根据物业环境卫生保洁管理部门劳动的特殊性，拟定物业环境卫生保洁管理部门的劳动纪律管理规定。这个规定包括在物业环境保洁劳动中应当遵守的上下班制度、工作纪律、考勤制度、工作责任以及思想品德等方面的内容。

（2）拟定物业环境保洁管理工作考核标准和办法。

（3）拟定日常卫生保洁与保洁机具的操作规程。包括：硬质地面处理程序；地毯保洁程序；硬质墙面保洁程序；玻璃保洁程序；高空扫尘程序；卫生间保洁程序；公共区域保洁操作程序；固渍处理程序；电脑等办公设备保洁程序；保洁机械保养程序；抹布地拖使用程序；消、杀、灭菌处理程序；外墙清洗工作程序；化粪池保洁处理程序等等。

（4）拟定物业环境卫生保洁管理部门奖惩条例。针对物业环境卫生管理工作的特殊要求，拟定保洁管理部门的具体奖惩条例，主要包括以下几方面内容：嘉奖、晋升的条件；一般奖励的条件；纪律处分的规定；对轻微过失、严重过失、违法乱纪做出具体界定和不同处分的办法。其处分形式可分为：口头警告、书面警告、最终警告、除名和开除等。

（三）制订环境卫生管理工作计划

物业环境卫生管理工作应按时间、频度制订每日、每周、每月的工作计划。下面是小区管理（含高层楼宇）的卫生保洁工作计划。

1. 每日卫生保洁操作计划

每日卫生保洁的项目主要有：物业区域的外围路面、绿化带内、停车场、垃圾桶桶身等的清洁；各楼层公共通道、楼梯及扶手、电梯间、男女卫生间等的清扫；生活垃圾收集清运。

2. 每周卫生保洁操作计划

每周卫生保洁的项目主要有：楼宇天台和各层公共通道地面的清洗，墙面的除尘，公共部位门窗与风口百叶的擦洗，不锈钢的上油保养，地毯的清洗，外围公共设施及地面的大清理和消杀蚊蝇等。

3. 每月卫生保洁操作计划

每月卫生保洁的项目主要有：楼宇公共部位的天花板、顶棚灯饰、路灯灯罩、地下室管线和水池等的清洗以及大堂地面（月或季）的打蜡。

（四）完善日常保洁操作规程

依据保洁服务质量标准，完善保洁服务操作规程。保洁操作规程通常以物业保洁作业指导书的形式进行具体落实完善，是指导保洁员工作的方式与方法，并把保洁作业的过程以文件的方式写出来。其目的是通过对保洁人员进行技术性指导，提高其工作效率与品质，又好又快地完成保洁工作。

保洁作业指导书一般由以下内容组成：

（1）作业内容，此作业所需要做的事（每一位保洁员要明白做什么，需要做到什么程度）。

（2）物料内容，此工作所用到的物料（明白该项保洁工作所需要用到的物料）。

（3）使用工具，此项保洁工作所用到的工具（明确具体的工具）。

（4）注意事项，在操作时所遇到的问题与必须注意的地方。

（5）作业工时，完成此项保洁工作所需要的时间。作业指导书编制完成后，应装订成册，组织保洁人员学习培训，掌握其中的内容，为今后在工作中顺利执行打下基础。

专栏5-1　××小区保洁作业指导书目录

序号	目录	序号	目录
1	保洁员质量检查作业指导书	13	镜面清洁作业指导书
2	室外公共区域清洁作业指导书	14	灯具清洁作业指导书
3	垃圾收集与处理作业指导书	15	木器清洁作业指导书
4	卫生消杀管理作业指导书	16	特殊环境清洁作业指导书
5	清洁剂使用作业指导书	17	卫生间保洁作业指导书
6	广场砖地面清洁作业指导书	18	湖泊、河流等水景保洁作业指导书
7	沥青地面清洁作业指导书	19	阴沟、窨井清洗作业指导书
8	水泥地面清洁作业指导书	20	金属器具上光作业指导书
9	地砖地面清洁作业指导书	21	不锈钢清洁作业指导书
10	花岗岩地面清洁作业指导书	22	游泳池及更衣室清洁作业指导书
11	文化石墙面清洁作业指导书	23	儿童乐园清洁作业指导书
12	玻璃清洁作业指导书		

（五）实施保洁检查考评

检查是保洁质量控制的一种常用方法，也是很有效的方法。目前，大多数物业项目经理都采用这一方法。

1. 建立四级检查制

（1）员工自查。

员工依据本岗位责任制、卫生要求、服务规范，对作业的效果进行自查，发现问题及时解决。

（2）班长检查。

班长在指定管理岗位和作业点实施全过程的检查，发现问题及时解决。

（3）主管巡查。

主管对管辖区域、岗位进行巡查或抽查，应结合巡查发现的问题、抽查纠正后的效果，把检查结果和未能解决的问题上报物业项目经理，并记录在交接本上。

（4）经理抽查。

物业项目经理应对管辖区域、各岗位和作业点进行抽查，并对抽查中所发现的问题及时给予解决。

2. 检查的要求

（1）检查与教育、培训相结合。

对检查过程中发现的问题，不仅要求当事人及时纠正，还要帮助其分析原因，并进行教育培训，以防类似问题再次发生。

（2）检查与奖励相结合。

物业项目经理在检查过程中，将检查的记录作为对员工工作表现等的考核依据，并依据有关奖惩条例和人事政策实施奖惩。

（3）检查与测定、考核相结合。

通过检查，测定不同岗位的工作量、物料损耗情况，考核员工在不同时间的作业情况，以便更合理地利用人力、物力，从而达到提高效率、控制成本的目的。

（4）检查与改进提高相结合。

通过检查，对所发现的问题进行分析，找出原因，提出改进措施，从而改进服务方式、提高工作质量。

3. 检查结果记录

物业项目经理不能漫无目的地检查，而是要针对保洁服务计划及质量标准，边检查边记录。只有做好了记录工作，才能明确得知保洁服务工作的完成情况。

总之，影响保洁整体质量及效果的因素有很多，其中投入是关键的问题，它包括客户和保洁单位投入的资金和物资。标准是效果实现的关键，如果没有明确的标准，就无法判断整体保洁的效果。监督是保洁整体质量控制的关键，包括客户的监督和保洁机构的内部监督，奖惩的依据来自于保洁机构的内部检查和客户的反馈，在现实中主要是由保洁单位实行的，而客户往往只注重惩，奖只是口头上的奖励。但客户的监督结果会决定保洁合同的续签与否，因此保洁部门要主动接受监督、检查，强化承诺与服务意识。日常要强化员工基础知识的培训，使每个员工都了解并掌握一定的基础保洁知识，强化管理人员的知识学习，使其在日常管理中有足够的专业知识支撑，强化工作流程管理，强化各级人员的自我检查、巡查；适当互查、学习、比较；推进整改机制和奖惩机制的贯彻和执行。

（六）管理保洁工具

为了更安全、更全面、更有效地实施保洁管理工作，在保洁过程中需要使用合适的保洁工具并运用先进的保洁技术等。同时，还需要正确使用保洁工具，并对其进行保养。

保洁工具的管理制度：

（1）地毯机、吸水机等大件保洁工具由管理处统一管理。

（2）各种工具在使用前后要仔细检查，发现故障及不安全的问题要及时向管理处主任或部门经理报告。

（3）保洁工应对设备的使用性能有所了解，爱护机器设备，学会保养及简单的修理。

（4）严禁任何人员借用保洁工具干私活，如有发现将严肃处理。

（5）工作人员每次借用大件保洁工具时，需事先征得管理处主任或部门经理的同意，并办理领用手续。

（6）主管人员、管理处主任、部门经理不得把工具借给非本公司人员使用。

（7）地拖桶、地拖、扫把、抹布等保洁用具（品）由工作人员自行管理。

（8）地拖桶、地拖、抹布用完清洗干净后风干或晾干。拖把朝上或悬挂放置，地拖桶倒置。

（9）易耗工具要妥善保管，按指定地点正确存放。

（10）物业公司要对保洁管理部的保洁工具进行登记，填写《保洁工具清单》，记录清楚工具的名称、数量、存放地点及管理人员等。

（七）制订保洁应急管理措施

物业公司应对意外情况制定保洁工作应急处理措施，为物业用户提供始终如一的保洁服务，同时保证用户出入安全，防止意外事故发生。意外情况指：火灾，污水井、雨水井、管道、化粪池严重堵塞，暴风雨、梅雨天，水管爆裂，户外施工装修等现象。

1. 注意事项

（1）清理火灾场地时，应在消防部门调查了解情况后，经同意方可进行清理。

（2）台风时，不要冒险作业，以防发生意外。

（3）梅雨天气作业宜穿胶鞋，穿塑料硬底鞋易滑倒。

（4）暴风、暴雨天气要注意高空坠物。

（5）处理水管爆裂事故要注意防止触电。

（6）意外事故发生时，电梯保洁要关闭运营。

2. 火灾后的保洁应急措施

（1）卫生用品储备室应配备各种应急工具，如手电、水桶、保洁用的干毛巾、指示牌、灭火器材等。

（2）救灾结束后，用垃圾车清运火灾遗留残物，打扫地面。

（3）清除地面积水，用拖把拖干。

（4）检查受灾场地周围，如有残留杂物一并清运、打扫。

3. 污水外溢的保洁应急措施

（1）维修工迅速赶到现场，进行疏通，防止污水外溢。

（2）保洁员将捞起的污垢、杂物直接装上垃圾车，避免造成二次污染。

（3）疏通后，保洁员迅速打扫地面被污染处，清洗地面，直到目视无污物。

4. 暴风雨天气的保洁应急措施

（1）保洁班长勤巡查、督导各岗位保洁员的工作，加强与其他部门的协调工作。

（2）天台、裙楼平台的明暗沟、地漏由班长派专人检查，特别是在风雨来临前要巡查，如有堵塞要及时疏通。

（3）检查雨水井、污水井，增加清理次数，确保畅通无阻。

（4）各岗位保洁员配合保安员关好各楼层的门窗，防止雨水被刮进楼内，淋湿墙面、地面以及风力过大时打碎玻璃。

（5）仓库内备好雨衣、雨靴、铁钩、竹片、手电筒，做到有备无患。

（6）暴风雨后，保洁员及时清扫各责任区内所有地面上的垃圾袋、纸屑、树叶、泥、石子及其他杂物。

（7）发生塌陷或大量泥沙倾覆至路面、绿地时，保洁员应协助管理处检修，及时清运、打扫。

（8）保洁员查看各责任区内污水、雨水排放是否畅通，如发生外溢及时报告管理处处理。

5. 梅雨天气的保洁应急措施

（1）梅雨季节，大理石、瓷砖地面和墙面很容易出现反潮现象，造成地面积水、墙皮剥落、电器感应开关自动导通等现象，应及时检查与处理。

（2）在大堂等人员出入频繁的地方放置指示牌，提醒客人“小心滑倒”。

（3）班长要加强现场检查指导，合理调配人员，提高工作效率，及时清理地面、墙面的水迹。

（4）如反潮现象比较严重时，应在大堂铺设一条防滑地毯，并用大块的海绵吸干地面、墙面、电梯门上的水。

（5）仓库内配好干拖把、海绵、地毯、毛巾和指示牌。

6. 水管爆裂的保洁应急措施

（1）迅速关闭水管阀门，迅速通知保安和维修人员前来抢修。

（2）迅速扫走流到电梯厅附近的水，可将电梯开往上一楼层，通知维修人员关掉电梯。

（3）在电工关掉电源开关后，迅速抢救房间、楼层内的物品，如资料、电脑等。

（4）用垃圾斗将水盛到水桶内倒掉，再将余水扫至地漏，接好电源后再用吸水器吸干地面水迹。

（5）打开门窗，用风扇吹干地面。

7. 施工装修的保洁应急措施

（1）供水、供电、煤气管道、通信设施以及物业设施维修等项目的施工过程，会对环境产生较大影响，保洁员需配合做好场地周围的保洁工作。

（2）及时清理住户搬家时遗弃的杂物并清扫场地。

（3）新入住装修期各责任区保洁员应加强保洁，对装修垃圾清运后的场地及时清扫，必要时协助住户和管理处将装修垃圾及时清运装车。

专栏5－2　某物业环境卫生管理案例

一、基础管理

1. 每年根据合同约定的清洁标准、定期保洁工作内容等，制定年度工作计划。每月依据年度计划，结合上月清洁工作中须改进事项，制定月度工作计划并落实（外包的可由供方编制，项目审核）；

2. 未外包的清洁工作实行岗位责任制，有专职的清洁人员和明确的责任范围；

3. 外包监控人员每日检查清洁质量，每周抽查区域须覆盖管理区域；

4. 每栋（单元）楼层内至少设置一个清洁工作签到点（多层须设置在顶层），作为清洁人员、监控人员签到之用，以保证清洁质量。

5. 相关体系表单：

《保洁岗位地图》《保洁周期性作业计划表》《日工时核算单》

《保洁抽样检查记录表》《岗位流程表》《供方工作评估报告》

二、免打扰管理（见表5－1）

表5－1

触点控制	时间控制
1. 清洗作业中水管不占道； 2. 地面积水、潮湿、占道作业有警示标识； 3. 作业时不占道、不抢道、让客户行； 4. 清洁小推车的基本要求为使用轻音轮，未满足的应给予改造再投入使用	1. 7：30前各岗位完成明显处垃圾清理； 2. 早7：00～9：00，晚18：00～22：00不进行占道作业； 3. 楼层垃圾收倒在22：00后进行； 4. 垃圾滞留不超过24小时

三、巡查界面（见表5－2）

表5－2

区域等级	区域范围	清洁频次与要求	结果标准
一级区域	小区主干道	小区主干道、主出入口每日清扫1次并每小时至少巡视1次，如有污迹及时冲洗；及时清除道路积水、积雪	1. 出入口道路：路面无垃圾、杂物，无明显泥土，两边绿化带5米之内无垃圾、杂物。检查方法：目视。 2. 出入口主干道：无积水、无杂物、无明显污迹、车道线斑马线清晰。检查方法：目视。 3. 出入口单元垃圾桶：垃圾清理及时，无垃圾外溢，垃圾桶表面无污迹、油迹，无明显灰尘。检查方法：目视
一级区域	商业街、广场	商业街每日清扫1次并每小时至少巡视1次，如有污迹及时冲洗	1. 商业街：无积水、无杂物、无明显污迹 2. 广场：无明显脚印、无油渍、污迹。 检查方法：目视
二级区域	绿化带	绿化带每日巡视清洁2次	草地：草坪无明显烟头、无杂物、落叶不明显。 检查方法：目视
一级区域	公共洗手间	公共洗手间人流高峰期每小时清洁一次，非人流高峰期每两小时清洁1次，每日消毒1次	洗手间：地面、镜面、台面无水迹、污迹，便池无污淀物、浮物、无异味；便池无污垢，无异味。 检查方法：目视、鼻闻

续表

区域等级	区域范围	清洁频次与要求	结果标准
二级区域	水景喷泉	水景喷泉有水时每日打捞漂浮物，每周清洁1次，无水时每天清扫1次、每月全面清洁1次	1. 喷泉水池：池壁、池底干净水质清澈、无青苔及明显沉淀物。检查方法：目视。 2. 外围垃圾桶、果皮箱：垃圾清理及时，无垃圾外溢，垃圾桶表面无污迹、油迹，无明显灰尘。垃圾袋无破损，无缺失。检查方法：目视
一级区域	单元门口	单元门口每日清扫1次并每小时至少巡视1次，如有污迹及时冲洗	1. 宣传栏：玻璃表面无明显灰尘、污迹、手印，内部无蜘蛛网，底部无蚊虫尸体，顶部无杂物。检查方法：目视或纸巾擦拭 2. 单元门入口：无积水、无青苔、无明显油迹、污迹。检查方法：目视 3. 标识牌：无明显污迹、灰无杂物、灰尘。检查方法：目视或手摸
一级区域	休闲桌椅、儿童娱乐设施、健身设施	儿童娱乐设施、健身设施每日擦拭1次	休闲设施：无积水、无杂物、设施无油迹、污渍。检查方法：目视或手摸。
三级区域	天台、采光井、雨水沟等	天台每月清洁一次；公共平台、玻璃雨棚每月至少清洁一次；采光井每周清洁一次；雨水沟每月至少清理一次（雨季根据实际需要增加频次）	1. 采光井：无杂物、积水。检查方法：目视。 2. 路灯杆、草坪灯、效果灯：无污迹、无明显灰尘。检查方法：目视
一级区域	首层大堂	首层大堂每日拖洗1次（避开人流高峰期，北方采暖期除外），大堂天然石材地面根据磨损情况定期抛光； 2米以下墙面、门窗及其他公共设施每周清洁1次；路灯、楼道灯及2米以上墙面、门窗及其他公共设施每月清洁1次	1. 各类标识、按键、对讲电话：无灰尘、无污迹。检查方法：目视或手摸。 2. 玻璃门窗、墙面：无尘无污、无胶迹、手印。检查方法：纸巾擦拭。 3. 单元大堂地面、阶梯：无明显污迹、无杂物。检查方法：目视
一级区域	电梯轿厢	电梯轿厢每日拖洗1次（避开人流高峰期），电梯轿门地坎每月至少清理一次；大堂天然石材地面根据磨损情况定期抛光	1. 轿厢：无杂乱张贴物、五金制品无锈斑、无手印、无异味。检查方法：日常观察。 2. 宣传栏：无尘无污。检查方法：纸巾擦拭。 3. 地面：无沙粒、无污染、地面保持光亮。检查方法：日常观察
二级区域	楼层电梯厅	楼层电梯厅每日清扫2次，每周拖洗1次	1. 开关按钮：无灰尘、无污迹。检查方法：目视或手摸。 2. 轿厢风扇：风口无积尘。检查方法：日常观察。 3. 楼层电梯厅：无明显污迹、无杂物。检查方法：目视

续表

区域等级	区域范围	清洁频次与要求	结果标准
一级区域	多层楼梯	多层楼道每日清扫2次，每周拖洗1次；多层楼梯扶手每日擦拭1次	楼梯扶手：无明显灰尘、污迹。 检查方法：目视或手摸
二级区域	消防楼道	消防楼道每周全面清扫1次并巡视清扫1次，每月拖洗1次	1. 消防栓：无明显灰尘、污迹。检查方法：目视或手摸。 2. 消防楼梯：无明显污迹、无杂物。检查方法：目视
二级区域	地下车库	地下车库每日巡视清洁2次、每季度至少拖洗1次	1. 地面：无积水、无杂物、无明显污迹、车道线、车位线清晰。检查方法：目视。 2. 排水沟、水泵井：无杂物、无污水淤积、流水畅通、无蚊蝇、无异味。检查方法：目视。 3. 垃圾桶、果皮箱：垃圾清理及时，无垃圾外溢，垃圾桶表面无污迹、油迹，无明显灰尘。检查方法：目视。 4. 各类标识、按键、对讲电话：无灰尘、无污迹。检查方法：目视或手摸。 5. 反光镜（转角镜）：无灰尘、无污迹。检查方法：纸巾擦拭50厘米。 6. 消防栓：无明显灰尘污迹。检查方法：目视或手摸。 7. 消防管网：六米以下无明显灰尘、污迹。检查方法：目视。 8. 消防门、强弱电井门、水表井门：门框、表面无明显灰尘、污迹。检查方法：目视或手摸

四、员工礼仪规范

1. 行为举止。

（1）为客户指引方向或指点位置时手指并拢，用手掌指向所指示方向；

（2）发现公共设施、设备存在问题时主动向甲方人员反映；

（3）在甲方管辖范围内发现安全隐患及可疑人员时，应及时通知甲方安全员；

（4）不向客户索取小费及财物；

（5）接受甲方主管的监督和指导，并配合完成其他特殊清洁事项；

（6）进入放置或张贴有甲方规章制度、信息资料等文件的房间进行室内清洁时，不翻阅、查看任何资料，严守秘密，不向外传阅。

2. 语言态度。

（1）任何情况下遇到客户应主动问好；

（2）语言规范，常用“您好、请、对不起、谢谢、再见”等10字礼貌用语；

（3）任何情况下不与客户争吵、打架。

五、垃圾清运管理

1. 垃圾日产日清，收倒过程不干扰客户正常工作和生活；

2. 外围垃圾桶每日清理2次，并袋装运输；垃圾房内垃圾日产日清；

3. 垃圾房、垃圾桶、果皮箱无超载、无强异味、无蚊蝇滋生、无污水横流、不影响观瞻，外表无污迹；

4. 垃圾车每天冲洗1次（北方采暖期自行确定清洁方法），摆放整齐，无强异味，垃圾车外观保持干净整洁无污染，停放于指定地点。

5. 垃圾房每天清运后彻底冲洗；垃圾桶、果皮箱每天擦拭1次（北方采暖期内自行确定频次）；

6. 小区内建筑垃圾实行定点堆放和定时清运；不得满溢。

7. 小区内餐饮、超市等产生的特殊垃圾通过协议约定清运方式，不污染小区环境。

六、其他事项

1. 清洁过程中存在安全隐患或可能造成不便的，现场应设置明显标识，必要时采取有效防护措施；

2. 公共区域无随意堆放杂物现象；

3. 各类宣传画、广告悬挂整齐、规范，无乱贴乱挂现象；

4. 发生重大传染病疫情期间，电梯轿厢、各类门拉手、楼梯扶手、开关按钮、休闲桌椅、儿童娱乐设施、健身设施、公共洗手间、垃圾房、垃圾桶、果皮箱等至少每日消毒1次（或按当地政府规定）。

七、监督检查方法（见表5－3）

表5－3

<table>
<tr><th>业务类别</th><th>检查频次</th><th>检查内容</th><th>检查方法</th></tr>
<tr><td>清洁</td><td>以日检为主</td><td>1. 员工到岗情况及岗位礼仪；
2. 工完场清；
3. 岗位工作质量结果，问题点落实情况；
4. 工作计划落实情况；
5. 工作过程中的安全防护措施；
6. 合同中其他约定的履约情况</td><td>员工到岗情况以保洁员人脸考勤系统及不定时现场人员清点方式检查。每日岗位工作质量以抽样的方法检查，需同时满足三个条件：覆盖多层、高层、别墅等不同区域；覆盖到楼层、院落、架空层、车位等区域；抽样分布均匀</td></tr>
<tr><td colspan="4">服务中心业务支持系统负责人、首席，分别按1次/周；1次/月的频率进行环境外包质量抽查。公司/集团组织的各种形式的定期或临时检查</td></tr>
<tr><td>客户评估</td><td colspan="3">客户投诉、满意度调查、恳谈会、荣誉监督员会议等其他形式的客户意见反馈</td></tr>
<tr><td>社会评查</td><td colspan="3">外部质量审核机构的监督检查（评优小区检查、政府有关部门检查、物业公司组织的参观、评比和检查等）</td></tr>
</table>

第三节　物业环境绿化管理

一、物业绿化管理概述

物业绿化管理致力于建设高品位、高质量的绿化环境，营造舒适、美观、休闲、有益于身心健康、充满活力的居住生态景观。良好的物业绿化环境不仅可以美化城市，还可以改善业主们的生活质量，进一步提高业主们的人际交往能力，并能让人们走进自然，亲近自然，更好地了解自然。因此，物业绿化管理工作是一项长期且重要的工作。

（一）定义

物业绿化管理是指对物业内外及其附设的园林绿化植物、园林建筑、园林小品等进行养护管理、保洁、更新、修建，并对园林植物实施淋水、施肥、修剪、中耕、除草及病虫害防治、防风、防寒等养护措施，达到改善、美化环境，促进环境生态系统良性循环，并使业主的物业得到保值和升值的目的。

俗话说“三分种，七分管”，强调了在物业绿化管理中“养”和“管”的重要性。养护与管理是一项经常性的工作，绿化工程施工验收交接后，养护管理尤其重要。为了提高物业绿化区域内各种绿化植物的成活率，给物业环境塑造良好的景观形象，管理人员要根据这些植物的生物学特性、生长发育规律和当地的生态条件，制定一套合理的养护管理措施。相反，只栽不管，不仅难以得到应有的绿化效果，反而会大煞风景，比没有绿化植物还要难看。

（二）范围

花木管理：繁殖、栽培、淋水、耕种、除草、修剪、施肥、病虫害防治、防寒、防风、防涝、保洁。

园林建筑、小品、园路的管理：维护、修复、翻新。

园林绿化改造：花坛改造、花木更新、草坪翻新、大树移植、景点增减。

花艺设计及场所布置：办公室、酒店、茶楼、会所、商业场地。

观赏鱼喂养：中国古典园林中的水池，锦鲤、金鱼。

其他：私家花园、园林机械维修。

（三）物业绿化的意义

物业绿化为人们营造了富有生活情趣的环境，是环境质量好坏的重要标志。随着人们物质文化和生活水平的提高，对工作和居住环境的要求也越来越高，因此，物业绿化的意义越来越重要。

1. 物业绿化带来良好的环境效益

物业绿化以植物为主，因而在净化空气、减少尘埃、吸收噪声等方面有着重要的作用，同时也有利于改善小气候、遮阳降温、防止日晒、调节气温、降低风速。在炎夏静风时，借助温差促进空气交换，还可以调节温度、湿度，净化空气、水体、土壤，杀死病菌，降低噪声，保持水土。

2. 物业绿化增强社会效益

婀娜多姿的花草树木，丰富多彩的植物景观布置，以及少量的建筑小品、水体的点缀，使得居住区建筑群的面貌更加生动活泼。另外，物业绿化环境也可为社区提供文化活动场所和防灾避难场所等。

3. 物业绿化影响物业公司的经济效益

良好的物业绿化环境，会吸引更多人来购买物业；绿化环境不佳，则可能导致业主更换新的物业。另外，如果物业绿化环境管理到位，业主也愿意缴纳物业管理费；否则会影响物业管理费的收取。

4. 良好的物业绿化景观能够体现物业公司的形象

美丽多姿的花草树木，色彩多样的植物配置，大大加强了环境的观赏性，给人们留下美好印象，同时也是一个物业公司展示自身形象的窗口。人们也会对管理者留下管理措施到位、管理效果优良的印象。

由此可见，物业绿化对城市人工生态系统的平衡、城市面貌的美化、人们的心理健康具有重要的意义。随着人们审美需求的不断提高，物业环境景观开始呈现出多元化的发展趋势，提倡简约明快的景观设计风格。环境景观还要关注居民生活的舒适性，不仅为人所赏，还应为人所用。在物业管理中，绿化管理与安全管理、设备管理一样，都具有同等重要的地位和作用，需要管理人员精心安排、合理运用管辖范围内的绿化植物，为业主提供一个舒适的生活和工作环境。

二、物业环境绿化设计

（一）绿地分类

绿地按主要功能可分为公共绿地、居住区绿地、单位附属绿地、生产绿地、防护绿地、风景园林绿地六类。

1. 公共绿地

公共绿地是面向全体公众开放的以游览、休息、生态、美化等为目的的绿地，是城市绿化的主要组成部分。

公共绿地中各种类型的公园所占比例较大，包括城市性公园、区域性公园、儿童公园、动（植）物园、历史公园、风景名胜公园、游乐公园等。

2. 居住区绿地

居住区绿地是指城市居住用地内的绿地，包括组团绿地、住宅旁绿地、配套公建绿地、小区道路绿地等。居住区绿地主要是为居住小区的居民服务，是配套建设的集中绿地。

3. 单位附属绿地

单位附属绿地主要是指城市中各种类型单位管理区域内的绿地，包括工业企业绿地、机关单位绿地、仓储区域绿地、交通绿地、道路广场用地内的绿地等。

4. 生产绿地

生产绿地主要是指为城市绿化提供各种苗木、花草、种子等的圃地，包括各种苗圃、花圃、草圃等，一般绿化面积较大。

5. 防护绿地

防护绿地是指城市中具有卫生、隔离和安全防护功能的绿地。包括卫生隔离带、道路防护绿地、城市高压走廊绿带、防风林、城市组团隔离带等。

6. 风景园林绿地

风景园林绿地是指为保护城市生态环境质量、城市景观和生物多样性等设立的各种风景园林内的绿地，包括风景名胜区、水源保护区、郊野公园、森林公园、自然保护区、野生动植物园、湿地等的绿地。

（二）植物绿化配置方式

1. 从布局形式上划分

室外环境绿化从其布局上可以划分为四种方式。

（1）块状绿化布局。

这种绿化方式较常见，其绿化布局以块状为主，绿地分布均匀，造型规整，可利用性较好。

（2）带状绿化布局。

这种布局多利用各种水系、道路，形成纵横绿化带、放射绿化带与环状绿化带交织的绿化网。带状绿化布局变化较多、形式新颖，对提升居住区整体景观作用较大。

（3）楔形绿化布局。

结合居住区道路布局，在居住区交通枢纽地带及特殊地域形成由宽到窄的绿地，称为楔形绿地。这种绿化布局能适应地势条件，方便灵活，对绿化区域景观是必要的补充和调节。

（4）混合式绿化布局。

混合式绿化布局是上述三种绿化布局形式的综合，可以使点、线、面绿化相结合，形成较为完整的绿化布局体系，最大限度地满足人们接触绿地、方便游憩的需要，有利于丰富区域整体景观效果。

2. 从空间形式上划分

从空间形式上可以将室外环境绿化划分为地面绿化和立体绿化两种类型。

地面绿化是环境绿化中最常见、最普遍、规模最大的绿化方式。地面绿化可以利用乔、灌木和花草等多种植物形成多层覆盖，以营造各种不同类型的室外绿地空间。地面绿化的主要空间类型如下：

（1）草坪空间。

以草坪为主要绿化材料，营造绿色的地被景观效果，形成开阔的草坪空间，包括花坛性质的草坪、运动性质的草坪、休息性质的草坪、观赏性质的草坪等。

（2）疏林草地空间。

以乔木与草坪相结合，一般铺设在绿化面积较大的居住区域，夏季可以供人遮阴，林间的空旷草地可供人们活动和休息。

（3）密林空间。

乔、灌、草多层覆盖。

（4）半开敞空间。

以灌木种植为主。

立体绿化主要采用爬藤植物来达到绿化和美化城市环境的目的，包括各种建筑物和构筑物的墙面绿化、阳台绿化、屋顶绿化、棚架绿化、栅栏绿化等。立体绿化可以充分发挥城市有限的空间，增加绿植，创造更佳的生态环境。

（1）墙面绿化。

利用爬藤植物装饰建筑物或构筑物的墙面进行的绿化称为墙面绿化，用于墙面绿化的爬藤植物基本上都属于攀附型爬藤植物。墙面绿化要根据建筑物的高度及艺术风格选择植物，一般要求植物具有吸盘或吸附根，以便于攀附墙面，如爬山虎、常青藤、五叶地锦、凌霄等。在炎热的夏季，墙面爬满爬藤植物的建筑室内温度比没有墙面绿化的建筑要低2℃～4℃。

选择墙面绿化植物时主要考虑以下因素：①墙面朝向。朝阳的墙面，可选爬山虎、五叶地锦、凌霄等；背阳的墙面，可选常春藤、薜荔、扶芳藤等。②墙面高度。根据爬藤植物的攀缘能力选择树种，建筑物较高的可选爬山虎、五叶地锦；建筑物较低的可选常春藤、凌霄、薜荔等。

墙面绿化的种植形式主要有地栽和容器栽植两种。有条件的情况下，应尽量采用地栽形式，因为深厚的土壤有利于植物的生长，也便于日常的养护管理。一般沿墙种植带宽度为50厘米，种植点离墙15～20厘米，种植株距为50～60厘米。

（2）阳台绿化。

阳台绿化必须考虑建筑立面的整体效果，布置力求整洁、美观、有秩序，以营造出丰富多彩的空中小花园。

阳台绿化的布置形式可采用平行垂直线、平行水平线、斜线吊篮相结合的构图，布置时可用绳、铁丝、花篮等辅助材料。

阳台绿化一般采用盆栽的形式，同时选择抗旱性强的中小型木本或草本爬藤植物，或者选择多年生又见花又见叶的植物，如地锦、金银花、月季、牵牛等。

（3）屋顶绿化。

屋顶绿化是指将植物栽植于排水坡度小于5%的平屋面上。屋顶绿化对屋面防水要求较高，必须解决好屋顶的防漏问题；同时受屋顶承载能力的限制，屋顶供种植的土层很浅，土壤有效含水量少，易干燥；屋顶风力一般比较大，因此屋顶绿化应以小型的花灌木、草坪等浅根系的植物为主，以中型的盆栽花卉为辅来进行布置。

（三）绿化植物的配置原则

1. 美观原则

（1）总体艺术布局要协调。

规则式园林植物配置采用对称式、行列式栽植，而自然式园林则采用不对称的自然配置，充分表现植物材料的自然姿态。根据局部环境和总体布置要求，可采用不同的种植形式。如在大门、主要道路、广场、大型建筑物附近多采用规则式种植，而在自然山水、草坪及不对称的小型建筑物附近则采用自然式种植。

（2）注意植物配置的色彩变化。

色彩变化包括两个方面：一方面由于植物本身具有季节性特点，会产生色彩变化的景色；另一方面是人工采用不同色彩的花卉配置成绚丽多彩的景色。使四季皆有景可观赏，即使以季节景观为主的地段也应点缀其他季节的植物，否则当季过后，就会显得单调。

（3）全面考虑植物在观形、赏色、闻香、听声上的效果。

人们欣赏植物景观的要求是多方面的，可以通过五官来欣赏园林植物，如鹅掌楸主要观赏其叶形；桃花、紫荆主要是在春天赏其色；桂花主要是在秋天闻其香；成片的松树形成“松涛”则可闻其声。所以，园林种植设计时，要考虑怎样才能充分调动人们的各个感觉器官来赏景。

（4）注意植物配置的形态变化。

形态变化主要是指要结合地形和乔木、草的不同组合形式，形成虚实、疏密、高低、简繁、曲折不同的林缘线和立体轮廓线。

2. 适用原则

不同性质的园林有不同的功能，可以通过种植设计发挥园林绿地的综合功能。如行道树的功能是遮阴、吸尘、阻隔噪声、美化市容，配置中以行列栽植，可选择树冠浓密、生长健壮、寿命长、抗害性强的树木；医院绿地要求保护环境卫生，隔离噪声，创造清洁卫生、安静的环境，可在周围配置密林；而病房、门诊处附近可多种植花木供休憩观赏。

（1）选择树木时，首先要满足主要功能的要求。

如行道树，要选择具有抗害性强、不易发生病虫害、生长迅速、根系发达、耐修剪、寿命长、树形美观、树干笔直、树冠高大、叶密荫浓等特点的树木。

（2）在植物配置中，要了解每种植物的主要特性。

以庭荫树为例，不同树木的遮阴效果与其树冠的疏密、叶面的大小以及叶片的透明度有关。

（3）在选择有防护功能的树木时，要考虑配置方式。

树木的防护功能除树种之间有差异外，还和配置方式有关，如防风林带在设置时以半透风结构效果为最好，而滞尘则以紧密结构为最佳。

3. 经济原则

经济原则指的是配置成本问题，一方面是种植成本；另一方面是养护成本。比如在植物配置中要适当考虑节水问题。可以有节制地发展草坪，多选择耐旱节水的草坪品种，可采用冷暖季草混播，或选用耐旱的地被植物，如沙地柏、扶芳藤等。在配置中优先选取较耐旱的园林植物，如银杏、臭椿较绒毛白蜡、国槐耐旱，金银木、黄刺玫较紫薇、迎春耐旱。选择节水和耐旱植物品种，是城市园林可持续发展的关键因素之一。

三、物业绿化植物的日常养护管理

严格来说，养护管理包括两方面的内容：一是养护，即根据不同物业绿化植物的生长需要和特定要求，及时对植物采取施肥、浇水、排水、除草、修剪、防治病虫害等措施。二是管理，主要包括维护绿地的清扫保洁等园务管理工作。因此，绿化养护管理具有以下特点。

（1）经常性。

由于绿化植物的习性特点，决定了绿化的养护管理必须要经常进行，也就是人们常说的“三分种，七分管”。在绿化设计、施工完成后，要保持绿化布置的成果。要保证绿化植物的正常生长，就要建立一套严格的绿化管理制度，落实专业养护队伍的职责，确保开展经常性的绿化养护工作，防止因失管失养而形成无人管理的局面。

（2）针对性。

花草树木都有不同的特点和品性，养护不同的花草树木，需要根据其生存的客观条件来采取不同的养护方式，主要包括土壤、气候、温度、地理环境、人为因素等，要做到适地适树，以便“适者生存”。

（3）动态性。

植物是有生命之物，无论是一个种群，还是一个种类、一个个体，都处于漫长的生长变化之中。它的功能和观赏效果不是短时间内就能显现出来的，而是有一个不断发展的过程。随着季节的变化、时间的推移，花草树木从发芽、长叶、开花、结果到凋落，年复一年，循环往复，在每个生长时期所需要的养护管理方式也不是一成不变的，而是随着植物的变化而调整，所以在不同时期要掌握不同的养护重点。

总之，绿化养护管理必须按照植物的不同品种、不同习性、不同季节、不同生长期以及客观条件，适时确定不同的养护重点，按照不同的养护要求，维护绿化的健康发展。

（一）植物地下部分养护管理

1. 土壤管理

土壤是植物生长的基地，也是植物生命活动所需水分、各种营养元素和微量元素的源泉。因此，土壤的好坏直接影响着植物的生长。绿化植物的土壤管理通过多种综合措施来提高土壤肥力，改善土壤结构和理化性质，以保证绿化植物生长所需的养分、水分等的有效供给，并防止水土流失，增强物业绿化景观的艺术效果。

（1）整地。物业绿地的土壤条件十分复杂，既有本地的熟土，又有建筑垃圾、水边低湿地、人工土层等。这些土壤大多需要经过适当地调整和改造才能适合绿化植物的生长。不同的植物对土壤的要求也不同，但一般植物都要求有保水保肥良好的土壤环境，而在干旱贫瘠或水分过多的土壤上的植物往往生长不良。整地是土壤改良和土壤管理的有效方法，整地可以改进土壤的物理性状使土壤松软，有利于根系的生长，是保证树木成活和健康生长的有效措施。

季节直接影响整地的效果。一般情况下，应提前整地，以充分发挥其蓄水保墒的作用，在干旱地区尤为重要。如果现整现栽，整地效果将会大受影响。

（2）土壤改良及管理。土壤改良就是通过对物业绿地采取某种措施进行合理管理以提高土壤肥力、改善土壤结构和理化性质，不断供应物业绿化植物所需的水分与养分，为其生长创造条件。物业绿地的土壤改良多采用深翻、中耕、培土、客土改良、化学改良等措施。

①深翻。深翻能增加土壤的孔隙度，改善土壤理化性质，促使微生物的活动，加速土壤熟化，使难溶性营养物质转化为可溶性养分，提高土壤肥力。

②中耕。中耕是指在植物生长发育期间，在株行间进行的表土耕作。中耕可疏松表土，破除板结，增加土壤通气性，提高土温，促进土壤中好氧微生物的活动，增加土壤养分，去除杂草，促使植株根系伸展，调节土壤水分状况。土壤干旱时，中耕可切断表土毛细管，减少水分蒸发；土壤过湿时，中耕则可疏松表土，从而有利于蒸发过多的水分。

③培土。培土也称变土，是在植物生长期间，结合中耕除草将土培在植株基部的措施。有利于土壤保水、排水，促使根系发育，抗风防倒和保暖防冻。培土以破板结为主，增厚土层可提高地温、覆盖肥料和埋压杂草，有促进植物地下部分生长的作用。例如，在我国南方高温多雨地区，降雨量大，造成土壤流失严重，生长在坡地的树木根系大量裸露，树木既缺水又缺肥，树木长势差，这时就需要及时培土。

④客土改良。客土改良是指在物业绿化栽培时对栽植地的土壤进行局部换土。通常是在栽植地土壤完全不适宜园林植物生长的情况下进行的。

⑤化学改良。化学改良包括施肥改良和土壤酸碱度调节。土壤的施肥改良以施有机肥为主。有机肥所含营养元素全面，能有效提供树木生长所需要的营养，能增加土壤的腐殖质，提高土壤保水保肥能力，改良土壤的结构，增加土壤孔隙度，缓冲土壤酸碱度，从而改善土壤的水、肥、气、热状况。土壤酸碱度与土壤溶液中的氢离子、氢氧离子含量有关，它既影响土壤的理化性质，又影响土壤肥力。土壤酸碱性状况通常用酸碱度来衡量。

2. 水分管理

水是植物的生命之源，也是植物体的基本组成部分。植物体内的水分状况涉及许多重要的植物生理活动。同时，水又是植物体与周围环境相互联系的重要纽带。水是生命发生的环境，也是生命发展的条件。植物的水分代谢一旦失去平衡，就会打乱植物体的正常生理活动，严重时会使植物体死亡。不同的植物、不同的生长期、不同的气候条件所要求的水量也不一样。因此，必须根据具体情况灵活掌握，做好浇水工作，满足植物所需的水分。

（1）浇水和排水的原则。

①灌足浇透。每次浇水都应灌透土层，不能仅仅湿润地表，否则会因水分蒸发而使植物根系吸不到水，达不到灌溉的目的。浇水时，开始时水流应细而慢，以便于土壤吸收，继而水量逐渐加大，才可灌足浇透。

②因时、因地、因物掌握好浇水量。一般来说，植物的生长期需要的水分较多，要多浇水；冬季休眠期，生长缓慢，需要水分较少。我国东北、华北、西北等地降雨量较少，冬春又寒冷干旱，因此秋末冬初灌“冻水”可以提高树木的越冬能力和保墒效果。夏季阳光强烈、气温高、水分蒸发快、耗水多，需要增加浇水的次数和分量；入秋后光照减弱，

水分蒸发慢、耗水少，此时应少浇水。天旱季节要勤灌，雨季则要注意排水。

沙质土排水性好，要勤浇足浇；黏质土和沙壤土有较好的保水能力，可适当减少浇水次数。施肥后浇水要足，这样可以促使肥料渗透到土壤内，有利于根系吸收水分，并稀释肥料浓度而不致烧坏根系。

旱生植物需要水分少，深根性植物抗旱性强，可以少浇水；阴生植物需要水分多，浅根性植物不耐旱，需要多浇水。新梢旺盛生长和大量形成叶片时需水量大；开花结果时期需水较少，水多易引起落花落果。灌溉要灵活，在不同的条件下确定不同的浇水次数和浇水量，冬季浇水次数和浇水量应明显减少，以保证安全越冬。

（2）浇水的年限及次数。

树木定植后，一般乔木需连续浇水 3～5 年。一年中浇水一般不少于 4 次，时间大致为 4 月、5 月、6 月、11 月。浇水量乔木每棵不少于 180 千克，灌木每棵不少于 120 千克。

（3）浇水的方式。

正确的浇水方式，可以使水分均匀分布，减少冲刷，节约用水。常用的浇水方式有下列几种：

①人工浇水。此种方式费时费工，效率较低，但在某些特定条件下仍然是很有效和必要的方式。

②地面灌水。常用的浇水方式，效率高，可就近利用河水、井水、池塘水等进行大面积灌溉。

③地下灌水。此种方式节约用水，灌溉效果好，一般是利用埋设在地下的多孔管道输水，水从管道的孔眼中渗出，达到浸润土壤的目的，但对设备条件要求较高。

④空中灌水。对树冠喷水，也称喷灌，可节约用水，渗透性强，但投资较高。

（4）植物的排水。

排水是防涝保树的主要措施，土壤水分过多，根系进行厌氧呼吸，易引起根系的死亡。我国北方 7 月、8 月、9 月是雨季，是树木需水量较少的时期；在南方春季，除早春外，无需在春末夏初灌溉，反而要加强排水。排水的方法主要有以下三种：

①地表径流法。开建绿地时，就应考虑排水问题：将地面建成一定坡度，以保证雨水能从地面顺利流到河、湖、下水道排走。这是绿地最常采用的排涝方法，即节省费用又不留痕迹。地面坡度一般为 0.1%～0.3%，要求不留坑洼死角。

②明沟排水。在表面挖明沟，将低洼处的积水引至出水处（河、湖、下水道）。此法适用于大雨后抢救性排水，或地势高低不平不能采用地表径流法排水的绿地。明沟的宽窄视水情而定，沟底坡度一般以 0.2%～0.5% 为宜。

③暗沟排水。在地下埋设管道或用砖砌筑暗沟将低洼处的积水引出。此法可保持地面原貌，方便交通，节约用地，但造价较高。

3. 施肥管理

植物定植后，在一个地方生长多年甚至上百年，主要靠根系从土壤中吸收水分与无机养料，以供正常生长的需要。由于植物根系所能伸及范围内的土壤所含的营养元素（如氮、磷、钾以及一些微量元素）是有限的，且经过长时间吸收，土壤的养分也会减低，不能满足植物继续生长的需要。若不能及时得到补充，必将造成植物营养不良，影响其正常生长发育，甚至衰弱死亡。所以，栽培植物在定植后的一生中，都要不断对其进行施肥给予养分的补充，提高土壤肥力，以满足植物生长的需要。通过人工补充养分或提高土壤肥力来满足植物生长需要的措施称为施肥。

肥料可分为有机肥和无机肥。有机肥大多是指发酵腐熟后的粪肥、厩肥、堆肥、绿肥、豆饼肥，属于迟效肥。无机肥即化肥（属于速效肥，大多是指硫酸铵、尿素、过磷酸钙、氯化钾）。

（1）基肥。

基肥以有机肥为主。可供植物长时期吸收利用的肥料，如粪肥、厩肥、堆肥、绿肥、饼肥等，经过发酵腐熟，按一定比例与细土均匀混合后施于植物的根部，使其逐渐分解，供树吸收。

一般基肥的肥效较长，对多数园林树木来说不必每年都施，可以根据需要隔几年施一次。树根有较强的趋肥性，为使树根向深广处发展，施基肥要适当深一些，不得浅于40 厘米；施肥范围随树龄而异，树木幼年期至壮龄，常施于树冠投影外缘部位，衰老树以施在树冠投影范围内为宜。具体有以下几种方式：①穴施。在树冠正投影的外线挖数个分布均匀的洞穴，将肥施入后，再覆土适踩，使其与地面持平。这种操作方法方便省时，对壮龄前的树木适用。②环施。沿树冠正投影线外缘开挖 30～40 厘米宽的环状沟，将肥料施于沟内，上面覆土适踩，使其与地面持平。这种方法可保证树木根系吸肥均匀，适用于青、壮龄树。③放射状沟施。以树干为中心，从离树干不远处开始，由浅而深向外挖 4～6 条分布均匀且呈放射状的沟。沟长稍超出树冠正投影的外缘。将肥料施入沟内，再覆土适踩，使其与地面持平。这种方法可保证内膛根也能吸收到肥料，对壮、老龄树适用。以上三种施肥方法，最好轮流采用，相互取长补短，使树木得到最大的益处。

（2）追肥。

在植物生长季节，根据需要加施速效肥料，促使植物生长的措施称追肥。绿化植物施追肥，受城市环境卫生的影响，一般都用化肥或菌肥，不宜用粪肥等；若用，应于夜间开沟施埋。

施追肥可以采用以下两种方法：①根施法。按适合的施肥量，用穴施法把肥料埋于地表下 10～20 厘米处，然后灌水或结合灌水将肥料施于灌水堰内，随水渗放，供植物根系吸收利用。②根外追肥。将化肥按一定的比例兑水稀释后，用喷雾器施于植物叶片上。

施肥时的注意事项：①有机肥料要充分发酵腐熟，化肥必须完全粉碎成粉状。②施肥后（尤其是施追化肥）必须及时适量灌水，使肥料渗入。否则，会造成土壤溶液浓度过大，对植物生长不利。③根外追肥最好在傍晚喷施。④城市绿地施肥不同于农村，在选择施肥方法、肥料种类以及施肥量时，都应考虑市容与卫生方面的问题。

（二）植物地上部分养护管理

1. 植物的整形修剪

修剪是指对植物的某些器官（如茎、叶、花、果、芽等）进行剪裁。整形是对植物施以一定的措施（用剪、锯、捆扎等手段），使之形成相应的树体结构状态。整形一般是通过修剪来完成的，因此人们常称之为“整形修剪”。以下主要介绍树木整形修剪的相关内容。

（1）树木修剪的方法。

树木修剪的方法包括短截、疏枝、剥芽、去蘖、摘心与摘芽等。分为休眠期修剪与生长期修剪，又称冬剪与夏剪。其中有伤流的树应避开伤流期；抗寒力差的，宜早春剪；易流胶的树种（如桃树）不宜在生长季剪；冬剪以短截、疏枝为主，夏剪可将各种方法结合使用。

①短截。剪去枝梢的一部分即为短截。其目的是增加分枝和枝叶的密度。

②疏枝。疏去过密枝、衰老枝、病虫枝、内插枝，可以改善通风、透光条件，促进花芽分化，增强树木的观赏效果，同时对全树起减缓生长的作用。

③剥芽。在萌芽初期，剥去枝干上无用、多余的芽，以减少营养损失。

④去蘖。除去主干上或根部萌发的无用枝条。

⑤摘心与摘芽。树木生长季节将枝条顶端或侧枝新芽摘除。

（2）树木整形的方式。

①自然式整形。在园林中应用较多，尤其是在中国传统造园中经常采用。这种方式管理起来较简便，与自然的水面、起伏的地形、蜿蜒的道路相配，易获得良好的景观效果。自然式整形的形状主要包括扁圆形、圆球形、卵圆形、圆柱形和不规则形状等。

②人工规则式整形。一般在规则式布局的园林中采用较多，体现简洁、规矩、严谨的景观效果。其形状主要包括几何形体整形与非几何形体整形。

③混合式整形。将自然式整形与人工规则式整形结合起来的整形方式。

（3）各类不同树木的整形修剪。

①乔木类修剪。落叶乔木应保持原有的树形，适当疏枝，保持主侧枝分布均匀，对保留的主侧枝应在健壮叶芽上方短截，可剪去枝条1/5～2/3，有主尖的乔木应保留主尖，如银杏只能疏枝，不得短截，国槐、栾树等耐修剪树种不得抹头修剪。常绿针叶树，只剪除病虫枝、枯死枝、生长衰弱枝、过密的轮生枝和下垂枝。用作行道树的乔木，分枝点应高于2.8米，分枝点以上的枝条可酌情修剪或短截。

②常绿针叶树的整形修剪。对这类树种主要采取自然式整形，每年将病枯枝及扰乱枝剪除即可，不可重剪。

③庭荫树的整形修剪。这类树种可以根据不同的周边环境，确定树干高度及树冠的大小，以观赏、庇荫为主，每年将病枯枝及扰乱枝剪除即可。

④花灌木的整形修剪。花灌木种类繁多，有的以观花为主，也有的以观果、观叶、观枝条为主。因此，为了更好地发挥观赏效果，可采用不同的整形修剪方法。观花的灌木，先花后叶的花灌木要除去病虫枝、衰老枝、过密枝、弱势枝，以达到通风透光、集中养分、增加观赏效果的目的。这类花木一般采取花后剪，在花后15天为宜。对于先叶后花的花灌木，一般修剪应选在早春。观果灌木类，在花后只能轻度修剪。对观枝类花灌木，由于新枝颜色鲜艳，每年应对老枝进行重剪，以促发新枝，增加观赏效果。

⑤绿篱的修剪。绿篱在设计中一般采用萌蘖性强、耐修剪、生长快的树种。绿篱应按设计要求进行修剪，以保持一定的高度和密度，体现整齐美观的效果。因此，在生长季要定期进行整形修剪。

苗木修剪质量应符合下列规定：剪口应平滑，不得劈裂；枝条短截时应留外芽，剪口应位于留芽位置上方0.5厘米处；修剪直径为2厘米以上的大枝及粗根时，截口必须削平并涂防腐剂；对于生长季移植的落叶树，根据不同树种的特性在保持树形的前提下应重剪，以保证成活。

2. 低温危害与植物防寒

有些植物，尤其是原产热带或亚热带的种类，会受到低温（0℃～10℃）的伤害，即“寒害”（冷害、寒伤）。轻则部分枝条受害，重则全株死亡。为使这些植物安全越冬，必须采取必要的防寒措施。目前常用的防寒措施如下。

（1）“封冻水”。土地封冻前灌足“封冻水”。

土地封冻前灌足“封冻水”。一般应在秋末、冬初地表温度在0℃左右时浇足“封冻水”，这样才能起到保水防寒的作用。

（2）秋末修剪。

适当修剪，可改善分枝光照、充实芽体，增强枝、芽的抗寒能力，同时保持植物营养。剪除病虫枝，可使春芽发育更为饱满，从而增强植物抗寒能力。

（3）根颈培土。

在树木根颈部位培起直径80～100厘米、高40～50厘米的土堆，可以防止冻伤根颈和树根，同时减少根部土壤水分蒸发。

（4）覆土。

对于不耐寒的树苗、藤木，在土地封冻前将枝干柔软、树身不高的植株压倒固定，盖一层干树叶或覆细土40～50厘米，轻软拍实，不仅可以防冻，还能保持枝干湿度，防止枯梢。

（5）扣筐或扣盆。

对一些植株较矮的珍贵花木，可采用扣筐或扣盆的办法将整个植株扣住，外边堆土或抹泥，不留缝隙，这样可以给植株创造一个温湿的小气候以安全过冬。

（6）涂白或喷白。

用石灰加石硫合剂将枝干涂白，可以防止越冬病虫害，同时可以延迟开花，避免早霜危害。

（7）卷干、包草。

卷干：用草绳紧密缠绕主干和主枝；包草：用稻草包裹主干和部分主枝。

（8）搭建防寒设施。

对于当年移植的高大乔木和南方树种（如雪松），需要搭建防寒设施。

（9）春灌。

早春开始解冻后要及时灌水，保持土壤湿润，避免早露危害，防止枯梢。

（10）培月牙形土堆。

对一些不便压埋防寒的植株，在树干北面培一个向南弯曲、高30～40厘米的月牙形土堆，也可达到防寒效果。

四、植物病虫害防治

大多数园林植物，在生长过程中都会遭受病虫的危害，影响植物的正常生长发育，甚至造成死亡。所以，防治病虫害是园林植物养护管理中的一项极为重要的措施。园林植物病虫害防治，必须贯彻以“预防为主”和“治早、治小、治了”的原则，采取科学的态度，对症下药，综合防治，以保证植物不受或少受病虫的危害。同时要注意保护环境，减少农药污染，多用生物防治方法。

（一）病虫害的种类

1. 病害

绿化植物病害，按其性质可分为传染性病害和非传染性病害两大类。

（1）传染性病害。

由生物性病原，如真菌、细菌、病毒、类菌质体、线虫、螨虫、寄生性病原体植物等引起的病害，具有传染性。

（2）非传染性病害。

由非传染性病原，如营养物质缺乏或过剩、水分供应失调、温度过高或过低、光照不足、湿度过大、土壤有害盐类过量、药害、肥害等引起的病害，不具有传染性。

2. 虫害

绿化植物虫害，按其食性和危害可分为四大类。

（1）苗圃害虫。

苗圃害虫有地老虎、蛴螬等，栖居于土壤中，危害种子或幼苗的根部、芽。

（2）枝梢害虫。

枝梢害虫有蛾类和甲虫类，它们专门蛀食、啃食植株的枝梢及幼茎，直接影响主梢的生长；蚜虫、蚧壳虫用刺吸式口器吸取植株汁液，传播病毒，引发病害。

（3）食叶害虫。

食叶害虫有枯叶蛾、毒蛾、刺蛾等，它们以叶片为食，造成植株生长衰弱，失去观赏价值。

（4）蛀秆害虫。

蛀秆害虫有天牛、象甲等，它们在植株内部钻蛀取食，严重影响植株生长，有的还会造成整株植物死亡。

（二）病虫害的防治方法

病虫害的防治方法很多，具体可采取生物防治、物理防治和化学防治等手段。

1. 生物防治

生物防治是指根据当地的自然条件和病虫害发生的情况，利用害虫的天敌，如瓢虫、螳螂和鸟类等防治害虫；利用微生物，如真菌、细菌和病毒等防治病虫害；利用激素，如性外激素、保幼激素等防治害虫。

2. 物理防治

物理防治是利用各种物理因素和简单工具（如诱杀、热力处理、辐射处理、阻杀、人工捕杀及刮刷等）来防治病虫害的方法。这些方法简便有效，并且不污染环境，对人畜无害。采取人工捕杀方式挖除地下虫蛹时，深度应为 5 ~ 20 厘米。摘除的病叶和剪除的病枝，要及时收集，并立即妥善处理或烧毁。

3. 化学防治

化学防治是利用农药来防治绿化植物病虫害的方法。化学防治具有效果好、收效快、使用方法简便、受季节性限制小、适用于大面积病虫害防治等优点，但使用不当会引起人畜中毒。长期广泛使用会造成环境污染，杀伤害虫天敌，使病虫害产生抗药性而降低效果。

化学药剂主要包括杀菌剂和杀虫剂。杀菌剂是用来防治植物病害的化学药剂，常用的有石硫合剂、波尔多液、代森铵、多菌灵等；杀虫剂是用来防治植物虫害的化学药剂，如敌百虫、乐果等。

化学方法防治植物病虫害要注意以下几点。

（1）要根据树种、病虫害种类和具体环境条件，正确选用化学药剂的种类、浓度和施用方法，所选药物应做到高效低毒。

（2）配制药剂时，稀释比例必须准确并用纯水。

（3）喷射的药剂应成雾状，做到“枝枝着药，叶叶着药”。

（4）喷药时，要注意行人安全，对剩余的药液或洗刷药具的残液及剧毒药品，不准乱倒。

（5）喷药过程中一定要注意安全操作，阴雨或高温炎热的中午不宜喷药。

专栏5－3　某物业环境绿化管理案例

一、基础要求

1. 根据植物生长习性编制年度、月度绿化养护计划并跟进实施（外包的由供方编制，项目审核）；

2. 建立绿化改造管理流程，改变园林绿化原有设计、变更主要植物种类或数量、减少绿化面积的，改造前须取得业主同意，并按公司流程报批后实施；

3. 剪草、乔木修剪等作业不影响客户正常休息；

4. 至少每周对绿化养护情况进行1次检查并记录。

二、免打扰管理（见表5－4）

表5－4

触点控制	时间控制
1. 浇水时水管不占道； 2. 作业时工具不占道，绿化垃圾集中堆放不占道，工完清场； 3. 机械作业时有警示标识	1. 有噪声的机械作业在工作日上午9：00～12：00，下午14：00～18：00进行； 2. 消杀作业在晴朗无风的工作日9：00～12：00，下午15：00～17：00进行

三、养护标准及要求（见表5－5）

表5－5

等级	区域范围	养护标准	养护频次与要求
一级区域	主干道两侧、主要出入口及广场周边、儿童娱乐设施及健身设施周边、单元门口	1. 花草树木长势良好，修剪整齐美观，无黄土裸露，无践踏现象，无枯死乔木，枯死地被植物或灌木每1000平方米范围内不超过2平方米，单块面积不超过0.5平方米。 2. 草坪目视平整，无坑洼积水，生长季节浓绿，草边轮廓整齐，草茎高度在5厘米以下（北方8厘米以下），杂草率不超过3%，且无明显高大杂草。 3. 地被植物及花丛边幅修剪整齐，无残花、无杂草。 4. 造型植物及灌木及时修剪整形，花球重心适当，造型美观。 5. 乔木骨架均匀，树形美观；行道树下缘线整齐，人车通行处不低于2米；不影响高压线、路灯和交通标识。 6. 绿化植物病虫危害率不超过5%	1. 乔木修剪至少2次/年，灌木、草坪生长季节每月修剪1次或根据实际情况确定修剪频次。 2. 造型植物依据实际情况确定修剪频次。 3. 花坛植物生长季节至少每季度松土1次或根据实际情况确定频次。 4. 根据实际情况适时浇水、施肥、除杂草。 5. 针对不同的品种和季节进行病虫害防治。 6. 做好防涝、防冻、防台风
二级区域	一级、三级区域以外的区域	1. 花草树木长势良好，修剪整齐美观，无明显病虫害，无黄土裸露，无枯死乔木，枯死地被植物或灌木每1000平方米范围内不超过5平方米，单块面积不超过1平方米。 2. 草坪目视平整，无坑洼积水，生长季节浓绿，草边轮廓整齐，草茎高度在8厘米以下（北方生长期在10厘米以下），杂草率不超过5%，且无明显高大杂草。 3. 地被植物及花丛边幅修剪整齐，无残花、无杂草。 4. 造型植物及灌木及时修剪整形，花球重心适当，造型美观。 5. 乔木保持生长特性的树形，骨架均匀，树冠完整，尚未枯死的挽救乔木可只保留树干并对截口做好保护措施。 6. 绿化植物病虫危害率不超过5%	1. 乔木修剪至少1次/年灌木、草坪根据实际情况确定修剪频次。 2. 造型植物依据实际情况确定修剪频次。 3. 花坛松土根据实际情况确定频次。 4. 根据实际情况适时浇水施肥、除杂草。 5. 针对不同的品种和季节进行病虫害防治。 6. 做好防涝、防冻、防台风
三级区域	偏僻区域、山体及溪、河、湖边	1. 花草树木生长正常，无枯死乔木，枯死地被植物或灌木每1000平方米范围内不超过8平方米，单块面积不超过1.5平方米。 2. 造型植物较美观，花卉能适时开花，及时修剪枯枝和病虫枝。 3. 绿化植物病虫危害率不超过5%	1. 根据实际情况适时修剪。 2. 根据实际情况适时浇水、施肥、除杂草。 3. 针对不同的品种和季节进行病虫害防治。 4. 做好防涝、防冻、防台风

1. 草坪（见表 5-6）。

（1）草坪长势：生长季节草坪长势良好，无集中枯萎现象，养护期除外，但需有明显标识。

（2）草坪整体效果：生长季节浓绿，无积水、无践踏、无鼠洞及随意占用；无黄土裸露现象。草坪平整：修割目视平整，符合该季节的正常养护标准，草坪茎叶一般在 4～6 厘米。

（3）草坪杂草：无杂草。

（4）注意事项：

每季度施肥不少于一次，每亩施尿素混复合肥 15 千克，施肥均匀、淋水透彻，水渗透深度 5 厘米以上，及时防治病虫害，及时补种枯死残缺部分，覆盖率达 98% 以上，每月修剪 1～2 次。

无机肥：常绿草：180 克/年，2 次/月；马尼拉：30 克/年，3 次/年；

有机肥：根据草皮长势施用，每年完成草坪总面积 35% 的追肥量。

表 5-6

养护内容	工作频率（次）				养护质量标准
	每周	每月	每季	每年	
草坪修剪		1			草坪平整美观，草高保持 3～5 厘米
草边修剪		1			边缘交界处清晰平滑，无界线分明，无过长现象
草屑清理		1			及时清理到甲方指定的垃圾中转站，工完场清
草坪杂草清理		1			无明显阔叶杂草，草坪纯净率达 95% 以上
草坪施肥			1		每季一次，草坪碧绿期达 350 天以上
草坪浇水	3				2 天浇水一次，使草坪保持适量水分，无萎蔫情况；关注天气预报，节约用水
草坪病虫害的防治	1				每周检查一次，发现病虫害及时处理；病虫防治率达 95% 以上
草坪黄土裸露	1				每周检查一次，及时处理黄土裸露，保持草坪覆盖率达 98% 以上
草坪绿化带垃圾清理	7				每天配合清洁清扫两次，无垃圾、落叶、杂物，保洁率达 95%

2. 乔木（见表 5-7）。

（1）分枝点及树型尽量一致，树型完好；

（2）下缘线不低于 2 米，不影响人车通行；

（3）及时去除内膛枝、并生枝，冠内通外透光。

（4）注意事项：

每年施基肥两次以上，乔木施肥一般采用穴施法，在树冠边沿下方挖大约 50 厘米深，施适量蘑菇肥和复合肥；

及时防治病虫害，每月进行一次预防性消杀；

根据周围环境，对树冠适当修剪造型，保持树木自然生长状态（造型乔木需每月修剪一次）

树冠的高矮，大小要与周围的景点协调；

每月及时剪除黄枝、病虫枝、荫蔽徒长枝及阻碍车辆通行的下垂枝，及时清理干净修剪物；

每周清除树根周围杂草一次，每月整理树兜，确保无杂草。

表 5－7

养护内容	工作频率（次）				养护质量标准
	每周	每月	每季	每年	
修剪			1		无徒长枝、枯枝、烂头、过密枝、无腐枝
乔木松土			2		乔木基部土壤疏松、平整、无青苔、无板结
乔木施肥				2	土面不露肥、无缺肥情况
乔木杂草		1			无明显杂草、无 30 厘米长萌蘖枝
病虫害的防治		1			无明显病虫枝、病虫害防治率达 95% 以上；但因白蚁、林业检疫性病虫害除外
浇水	2				保持乔木正常生长需要，无缺水情况

3. 灌木（见表 5－8）。

（1）灌木存活现象：灌木长势良好，无集中枯萎现象；

（2）灌木修剪：修剪形状规则美观，高低一致，切边平整，大叶片植物采用抽剪；

（3）树叶：无枯叶、无黄叶。

（4）形好、花旺。

（5）注意事项。

施肥方法，大型灌木挖环状沟进行施肥，花丛施肥，先将肥料均匀洒在花丛表皮土壤上，然后将表皮土壤锄松，浇透水，使肥料充分溶解，渗入土壤；

每季施肥不少于一次，每 667 平方米施尿素混复合肥 10 千克，采用撒施及水肥等，施后三小时内淋水一次，水渗透深度 10 厘米以上。

表 5－8

养护内容	工作频率（次）				养护质量标准
	每周	每月	每季	每年	
修剪		1		无	合乎修剪规律、造型，植物轮廓清晰、平直整齐、棱角分明、无严重枯枝黄叶；新生枝条不超过 10 厘米；开花植物适时开花

续表

养护内容	工作频率（次）				养护质量标准
	每周	每月	每季	每年	
松土			2		一个半月松土一次，保持土壤疏松、无青苔、无杂草、无杂物
施肥			1		生长良好、不缺肥、不徒长
病虫害防治		1			见虫即打，无明显病虫枝，防治率达 95% 以上（但因白蚁、林业检疫性病虫害除外）

4. 绿篱、绿墙（见表 5－9）。

(1) 线条整齐或平滑、轮廓线清晰；

(2) 呈倒梯形；

(3) 高度与周边植物或建筑环境协调；

(4) 注意事项。

每季施肥不少于一次，每 667 平方米施尿素混复合肥 10 千克，采用撒施水肥等，施后三小时内淋水一次，水渗透深度 10 厘米以上；及时防治病虫害；

修剪成型的苗木，每周小修一次，每月大修一次，剪口平滑、美观，及时清除修剪物；

及时剪除枯枝、病虫枝，及时补种老、病死植株，每周清除杂草一次。

表 5－9

养护内容	工作频率（次）				养护质量标准
	每周	每月	每季	每年	
修剪		1			轮廓清楚、表面平直、侧面垂直、无明显缺漏剪、无崩口、无枯枝、脚部整齐
施肥			1		养分适量、无缺肥、不徒长
松土			2		绿篱边缘整洁、土壤疏松
浇水	2				保持正常生长需要，无缺水情况
病虫害防治		1			见虫即打，无明显病虫枝，防治率达 95% 以上

5. 花坛地被植物（见表 5－10）。

(1) 花草长势：花草长势良好，无集中凋谢花蕾。

(2) 花草修剪：修剪形状美观。

(3) 花蕾修剪：现场无枯萎、无卷叶。

(4) 杂草：花坛及盆栽无杂草。

(5) 层次分明、轮廓线清晰，平整或弧度完美。

（6）注意事项。

花坛应每月松土，并结合施肥一次；

每月一次预防性消杀、针对性消杀、见病虫害即消杀，无明显病虫枝，防治率达95%以上；

草本类花卉，每季度施肥不少于一次，每亩施尿素混复合肥15千克，采用撒施水肥等方法，施后三小时内淋水一次，水渗透深度10厘米以上；

及时防治病虫害，每月进行一次预防性消杀，针对性消杀，见病虫害即消杀，无明显病虫害；

每周剪除残花一次、清除杂草一次；及时剪除枯枝、黄叶。

表5－10

养护内容	工作频率（次）				养护质量标准
	每周	每月	每季	每年	
修剪		1			坛边整洁美观、无明显残花、修剪合理、层次分明，富有立体感
施肥			1		养分适量、无缺肥、不徒长
浇水	2				保持正常生长需要，无缺水情况
松土			2		绿篱边缘整洁、土壤疏松
病虫害防治		1			见虫即打，无明显病虫枝，防治率达95%以上

四、监督检查方法（见表5－11）

表5－11

业务类别	检查频次	检查内容	检查方法
绿化	以周检为主	1. 修剪、施肥、浇水、松土、除草、补种、病虫害控制等养护质量及结果与问题点落实。 2. 台风、暴雨、大雪后的树木修复情况。 3. 年度与月度养护计划落实情况。 4. 员工岗位礼仪。 5. 工完场清。 6. 作业过程中的安全措施。 7. 合同中其他约定的履约情况	每次周检查时必须对所有区域进行巡查，检查对象必须包括草地、乔木、灌木、绿篱盆栽等各类型的绿化植物
服务中心业务支持系统负责人分别按1次/周；1次/月的频率进行环境外包质量抽查。公司/集团组织的各种形式的定期或临时检查			
客户评估	客户投诉、满意度调查、恳谈会、荣誉监督员会议等其他形式的客户意见反馈		
社会评查	外部质量审核机构的监督检查（评优小区检查、政府有关部门检查、物业公司组织的参观、评比和检查等）		

五、附：绿化养护月历（见表 5 – 12）

表 5 – 12

草坪养护月历	
1～2 月	此阶段为暖季型草坪的休眠期，主要为补种空秃处，必要时可酌情更换泥土以增加草坪肥力
3～4 月	天气渐暖，为保持草坪有足够的养分，须施肥一次，促使草坪生长更加旺盛。同时，及时除去冬存的杂草；对过冬沉陷处，应铲草填平后，将草坪复原浇水。为防止过度踩踏损伤嫩芽，应圈地养护
5～6 月	进入梅雨季节，草坪生长加快，此时须对草坪进行一次滚剪，使草坪保持良好的通风状态，低矮美观。因梅季多雨水，应注意防止草坪积水霉烂。如发现草坪失色，应结合浇水施速效性氮肥，使草坪迅速返青
7～8 月	盛夏是暖季型草坪的生长旺盛期，也是杂草旺长和最易产生病虫害的季节。因此，将视杂草生长情况每月拔草 1～2 次，对恶性杂草可采用喷洒除草剂的方法处理，保证草坪无杂草，同时及时防治病虫害，碰到连续干旱高温，则视干旱情况进行早、晚浇足水抗旱；发现有板结地块，要采用刺孔、添配土壤改良
9～10 月	草坪经过盛夏生长期，此间应对草坪施用完全肥料或磷质肥一次，以促进草坪根群强大，增强其抗病和越冬能力。及时清除枯黄的草坪并补种，同时继续拔除杂草
11～12 月	草坪逐渐进入休眠期，应彻底除杂草一次，如发现有蜗牛为害，可及时施药杀除

树木养护月历	
1 月	此时天气寒冷，土壤封冻，露天树木处于休眠状态；整形修剪：全面展开的整形修剪作业； 防治虫害：冬季是消灭树木害虫的有利时机。可在树下疏松的土中，挖虫蛹、刮除枝干上的虫包，剪除蛀干害虫
2 月	气温较上月有所上升，树木仍处于休眠状态； 修剪：继续进行栽种苗木的修剪，月底以前把各种树木剪完； 除虫：同上月； 做好春季补苗的准备工作
3 月	气温继续上升，树木开始萌芽； 补苗：春季是植树的有利时机，土壤解冻以后，应立即抓住大好时机，抓紧清除死苗，实施补栽。补栽时要做到随挖随种，提高树木成活率； 施肥：土壤解冻以后，对应施肥的树木，施用基肥并浇水； 修剪：在冬季整形修剪的基础上，对抗寒能力较差的树木进行复剪； 防治病虫害：继续采用挖蛹等措施，为全年病虫防治工作打下良好基础
4 月	继续补苗，必须争取在萌芽前，全部完成补苗工作；施肥：继续施基肥； 修剪：剪除冬季和春季干枯的枝条； 防治病虫害：仔细观察苗木，灭虫于幼虫期

续表

树木养护月历	
5月	进入夏季，树木生长旺盛； 浇水：树木抽枝，展叶盛期，需水量大，应及时浇水； 施追肥：结合浇水，追施速效氮肥，或根据需要进行叶面喷施，在进行根外施肥时，应先做小型试验，然后再大面积喷布；喷布时间要控制在上午10时以前和下午6时以后，以免产生药害； 修剪：剪残枝，中旬以后时进入第一次抹芽段； 除草：在雨季来临之前，将杂草拔除干净
6月	气温高，日照长； 修剪：集中力量在下旬前将抹芽完成；中耕除草：及时除杂草，防止草荒； 追施肥：鉴于环境卫生等方面的原因，可使用复合化肥和菌肥，如必须施粪肥，应于夜间开沟施肥，并及时掩土； 虫害：尤以防治危害叶面的害虫
7月	本月气温高，燥热； 抗旱浇水，及时铲除树穴范围内的杂草，以免杂草与苗木争夺水分养分；以减少水分蒸发； 防止病虫害：同上月
8月	台风、暴雨； 浇水：上中旬仍注意浇水抗旱，松土盖草保水；抗台：对树木的背风面要加支撑，适当修空树冠的迎风面，以减小风力； 巡查抢险：台风暴雨过后，事先做好各方面准备，发现险情及时处理，对歪倒的树木进行扶直加固
9月	气温有所下降。 巡查检险：同八月份； 施肥：对生长较弱，枝条不够充实的树木，追施一些钾肥和磷肥；中耕除草：国庆节前全面松土并彻底消灭杂草
10月	气温继续下降，树木开始落叶，陆续进入休眠期；防治病虫害； 常规维护巡查
11~12月	气温降低，树木枝干停止生长 防治病虫害：对树上过冬的虫卵或成虫要喷洒药剂，及时处理有病虫的枝和叶，消灭越冬病虫；修剪：继续整形修剪； 施肥：对缺肥而生长较差的树木，落叶之后要在树木根部施肥 如遇冰冻或大雪，注意防冻和防雪措施，在积雪时要对常绿树除雪，确保树冠的完整

复习思考题

一、名词解释

环境管理、物业环境管理、物业环境卫生管理、物业绿化管理、养护管理

二、简答题

1. 内部居住环境的影响因素有哪些?

2. 物业环境管理的范围。

3. 环境的四个层次含义。

4. 物业环境管理和物业管理的关系。

5. 物业环境卫生管理范围。

6. 物业环境卫生管理内容。

7. 浅谈不同类型物业的绿化配置。

8. 物业绿化植物土壤养护管理的方法。

9. 物业绿化植物病虫害防治的方法。

三、实训题(建议安排学生以小组的形式完成下列实训题)

1. 通过网络或者实地调查方式，调研某物业的环境卫生管理内容，分析其存在的问题，并提出改进的建议。

2. 通过网络或者实地调查方式，调研某物业的环境绿化管理内容，分析其存在的问题，并提出改进的建议。

第六章　物业租赁管理

本章学习目标

通过本章的学习，了解物业租赁的概念、法律特征、分类、原则，掌握物业租赁登记备案的程序；了解物业租赁协议的概念和特征，掌握物业租赁协议的构成，熟悉物业租赁双方的权利和义务；熟悉物业租赁管理的程序，掌握物业租赁谈判技巧。

第一节　物业租赁概述

一、物业租赁的概念

通常意义上的物业租赁指的是房屋租赁，根据《中华人民共和国城市房地产管理办法》，房屋租赁是指房屋所有权人作为出租人将其房屋出租给承租人使用，由承租人向出租人支付租金的行为。有关这个定义有三点需要说明。

一是物业出租人必须是房屋所有权人。这个所有权人可以是自然人，也可以是法人；可以是所有权人自己，也可以是共有人（包括共同共有和部分共有），还可以是经所有权人委托的代理人或按照法定程序指定的代管人。

二是转租不等于出租，转租人也不等于出租人。根据《商品房屋租赁管理办法》的第十一条规定："承租人转租房屋的，应当经出租人书面同意。承租人未经出租人书面同意转租的，出租人可以解除租赁合同，收回房屋并要求承租人赔偿损失。"转租人受制于出租人，没有出租人书面的同意转租就不合法。因此转租只能是附属于出租的非独立的活动。

三是出租不仅包括将房屋出让与承租人居住或从事经营活动，也包括利用自有房屋以联营、承包经营、入股经营或合作经营等名义出租或转租。

二、物业租赁法律特征

房屋租赁行为是一种特定的商品交易的经济活动形式，它具有以下特征。

（一）房屋租赁不是所有权转移

房屋租赁是房屋占有权、使用权及部分收益权的转移，一旦租赁期满，承租人有义务将房屋归还出租人。

（二）房屋租赁的标的物是特定物而不是种类物

房地产租赁的标的物必须是特定物，而不能像大多数其他产品一样可以以同类物来代替。这反映在租赁合同中必须对标的物作详细的、区别性的描述。

（三）房屋租赁关系是一种经济要式契约关系

房屋租赁关系是一种经济契约关系，它体现契约双方有偿、互利、互惠的关系。同时，由于房屋租赁的特殊性，双方租赁契约又必须是要式合同，而且是法定要式合同。我国法律规定，租赁合同必须采取书面形式，而且必须登记备案。

（四）房屋租赁关系不因所有权的转移而终止

在房屋租赁的有效期内，出租房屋的所有权发生转移不影响原租赁合同的执行，新房屋所有权人必须承担原房屋所有权人在租赁合同中确定的义务，尊重承租人的合法权益。

（五）租赁关系主体的法律要求

租赁作为一种民事法律行为，对其主体——租赁双方都有相应的法律要求。其表现为：首先，租赁双方必须具有民事行为能力；其次，出租人必须是房屋所有权人或者其指定的委托人或代管人。

（六）租赁客体的法律要求

根据《商品房屋租赁管理办法》第六条规定，含下列情形之一的房屋不得出租：

属于违法建筑的；

不符合安全、防灾等工程建设强制性标准的；

违反规定改变房屋使用性质的；

法律、法规规定禁止出租的其他情形。

三、物业租赁的分类

物业租赁可以按物业租赁方式、租金的内涵和租赁管理模式进行划分。

（一）按物业租赁方式划分

1. 定期租赁

房产的定期租赁是物业管理中常见的租赁形式。它包含确切的起租日期和结束日期，租期可以是一个星期，也可以是多年。当期限届满，租约自动失效而不需要预先声明，租用者必须把产权交还给物业所有者。定期租赁不因所有者或租赁者死亡而失去法律效力，即所有权益的归属形式不变。因为固定期限租赁有确切的终止日，因此如果业主希望租户租约期满搬迁，租约上必须注明截止日期。

2. 自动延期租赁

自动延期租赁又称周期性租赁，除非租约一方提出要中止合约，否则将自动续约。租约按周、月、年的周期延续，中止通知应与周期对应。租约中止的提前时间可以是一个月到六个月不等。该形式的租赁行为不因租约一方的死亡而失效。

自动延期租赁可由双方根据协议达成，也可依法建立。当物业所有者与租赁者之间的租赁行为在本期租赁期限到期后，以相似的租赁条件自动延续时，协议就达成了。许多居住租约既包含定期租赁，又包括延期租赁。一般开始于定期租赁（半年或一年），然后转为周期性租赁。

周期性租赁是这样一种租赁行为：租用者按租赁手续所规定的期限已经到期，或租约中未指明租赁期限，租赁者依旧按原来的方式占用物业，并照常按期缴纳租金。在这种情况下，实际上租金的缴纳周期就自动延续到了下一期限，即如果租金是按月缴纳的，则延期也是按月进行的。从物业管理者的权益角度考虑，自动延期的延长期限最好是在最初的租约中明确地规定下来，如按月自动延续等。

3. 意愿租赁

意愿租赁就是给租户以租期不确定的物业租用权，意愿租赁的延续依赖双方的意愿。意愿租赁可以未经提前通知而随时中止，但一般的做法是提前以书面形式提出中止租赁的通知。与定期租赁不同的是，意愿租赁关系在双方中的一方死去时自动中止。

4. 强制占据租赁

强制占据租赁是指租户在租约到期时，在未经所有者许可的情况下强制地占用物业。此时，除非业主诉诸法律或租户自动搬离，否则物业将被继续占用。如果租户在租赁合同规定期限内没有将产权还给业主，所有者或其代理人（物业管理者）可以采取两种措施：一是不通知占用者就直接向法院提出诉讼，二是默许占用者的租用行为。当所有者接受对方缴纳的租金时，即表示默认对方在意愿租赁的模式下拥有对物业的租用权或租赁行为自动延续。物业管理者可以通过签订合法而详尽的租约来避免这一复杂棘手的问题。

以上四种租赁方式中，前两种租赁方式相比后两种租赁方式更为常见，但也并非绝对不变。比如，在租赁期间，如出租方或承租方任何一方违约，另一方可以解除租赁合同，定期租赁或自动延期租赁随即终止。

（二）按租金内涵划分

物业使用过程中所发生的费用，主要由税费、物业服务费和单元内部的能源使用费三部分组成。按照出租人所收取的租金中是否包含上述费用支出，通常将物业租金分为毛租、净租和百分比租赁三种形式。

1. 毛租

毛租指出租人收取的租金中，包含了上述所有三部分费用，承租人在使用该物业的过程中，不需要再另行缴纳任何费用。但在实践中，因为承租单元内部的水、电、气、热等资源使用费属于难以控制的变动费用，出租人不愿承担此部分难以估算的支出，因此绝大部分租赁合同中都约定由租户负责支付此项费用。习惯上，这种类型的租赁也称为毛租。

2. 净租

净租指出租人收取的租金中，不包含上述费用中的部分或全部，而不包含的费用，需要由承租人另行缴纳。净租通常在长期租赁中采用，租赁时间可长达10年以上。净租金有三种形式。第一种形式，租户除向业主支付租金外，还要负担水、电、气、热等能源使用费。第二种形式，租户除了负担第一种中所提及的各项费用外，还要支付物业服务费用。第三种形式，租户除需支付第二种形式中的费用外，还需负责支付房产税、保险费等固定费用，承担物业维护和修缮等一切开销。

3. 百分比租赁

百分比租赁，是用于零售商业物业的租赁，承租人除向业主定期支付固定租金外，还要根据其超出预定销售量的部分，按百分比向所有者缴纳毛租金中的部分收入。

百分比租金是以年总营业额为基础计算的，但可以按月或按季支付。通常先协商确定一个基本租金、年最低营业额和具体的百分比，对超过该营业额以上的部分才按百分比收取超额租金。例如，某承租人的基本租金为10万元/月，最低年营业额要达到2400万元。如果以营业额的5%作为百分比租金，则只有当营业额超过2400万元/时，才对超过部分的营业额收取百分比租金。当然，如果零售商的年营业额低于2400万元，则是仍按10万元/月的基本租金收取。百分比租金的支付一般是基于年度来计算的。比如，该租户年总营业额为3600万元，则其需交基本租金以外的费用为60万元［(3600－2400)×5%］，相当于每月多交5万元。

大型购物中心或超市常常采用百分比租约。百分比的确定随房屋的位置、性质以及经营种类和市场状况由双方协商确定，有时悬殊较大。

业主的提成一般都要对租户毛收入的下限作出规定，很少情况下是不作任何规定的。业主为了保证其物业在出租过程中获得预期的经济收入，常在租约中订立有强制收回使用权的条款，该条款就确定了一个最低的租期内收入下限。当该限度在核算周期中未能达到时，所有者有权收回物业的使用权。另一种比较公平合理的做法是，当租用者未能完成条款中规定的最低租金时，可以另外追加费用以达到最低租金水平。

（三）按租赁管理模式划分

1. 包租转租模式

物业服务企业在接受业主的物业管理委托时，将出租物业全部或部分包租下来，然后负责转租，即物业服务企业再零星出租。这种模式下，业主不负责物业的租赁，不承担市场风险，只收取包租的租金。包租按惯例在租金上应有所优惠。在租赁市场不景气或不易把握时，业主通常选择包租转租模式，将市场风险转移。物业服务企业此时既要承担物业的租赁经营，又要负责物业的管理服务工作。

2. 出租代理模式

业主委托物业服务企业全权负责租赁活动以及租赁中的管理和服务。物业服务企业只获得代理佣金，佣金的计算与出租物业多少成比例。

这种模式下，业主同样不负责物业租赁，但要承担上一定的市场风险，获取扣除代理佣金后的全部租金收入。在租赁市场活跃时，业主通常选择出租代理模式。此时物业服务企业按委托代理合同，从事租赁活动以及租赁过程的管理和服务，并根据合同承担一定的责任，如因管理不善或出租活动的失误都将受到惩罚。但风险较小，尤其空房对业主的影响大，对物业服务企业的影响小。

物业服务企业所获得的收益主要是管理和服务费用。在经租活动中，物业服务企业所得到的只是佣金。虽然佣金多少与经租获利有关，但从性质上分析它得到的仍然是佣金而不是租金。

3. 委托管理模式

这种模式下，业主自己直接负责租赁活动，不让物业服务企业介入。业主只将物业管理工作委托物业服务企业负责。这种模式与多业主楼宇物业管理中所做的工作近似，但物业服务企业所面对的不是多业主，而是一个业主和诸多承租人。

委托管理模式下，业主负责物业租赁的所有活动，承担全部市场风险，也获取全部租金收入。物业服务企业只负责物业管理和服务，只要没有失职行为就不承担风险。物业租赁的风险完全由业主承担，物业租赁所获得的利润与物业服务企业无关，物业服务企业只从中获取物业管理和服务费用。

四、物业租赁的一般原则

1. 竭力为租赁双方服务的原则

物业服务企业接受开发商或其他出租人委托，从事房屋租赁业务，必须维护租赁单位或租赁人的合法权益。具体说就是利用房屋租赁合同，明确双方的权利和义务，提高为承租人服务的质量。

2. 维护租赁房屋的原则

作为出租人或其委托的物业服务企业，应监督、宣传、教育承租人爱护房屋及设施，严格执行设计要求，控制房屋用途的变化。同时，做好房屋、设施的维修与养护，延长房屋的使用寿命。

3. 提高经济效益的原则

房屋租赁是一种商品交换的经济活动，出租者交出房屋的使用权，就是为了换回房屋的交换价值，这不仅是为了实现房屋再生产，而且是为了得到房屋商品的利润。

4. 保证租赁关系正常化的原则

租赁关系的正常，涉及千家万户的利益，也关系到社会的安定团结。因此，双方都必须严格遵守国家的有关法律和规定，坚决抵制违反法律、法规与租赁合同的行为。

5. 充分发挥房屋效用的原则

房屋物理性能是房屋的建筑结构、采光、采暖、通风、隔声等适应各种特定用途的性能。因此，在承租中，一定要注意原房屋设计要求和建筑形式，按照设计要求和房屋性能使用房屋，不要轻易改变房屋用途和结构，以免影响建筑安全和使用安全。

五、物业租赁登记备案

为加强商品房屋租赁管理，规范商品房屋租赁行为，维护商品房屋租赁双方当事人的合法权益。2010 年 12 月 1 日，住房城乡建设部出台了《商品房屋租赁管理办法》。该办法规定，房屋租赁实行登记备案制度，其核心是对合法有效的房屋租赁行为颁发《房屋租赁备案证明》。房屋租赁，出租人和承租人应当签订书面的租赁合同，合同签订后，要到当地房地产行政主管部门登记备案。其具体流程可分三个程序。

（一）申请

房屋租赁合同订立后三十日内，房屋租赁当事人应当到租赁房屋所在地直辖市、市、县人民政府建设（房地产）主管部门办理房屋租赁登记备案。房屋租赁当事人可以书面委托他人办理租赁登记备案。

办理房屋租赁登记备案，房屋租赁当事人应当提交下列材料：

（1）房屋租赁合同；

（2）房屋租赁当事人身份证明；

（3）房屋所有权证书或者其他合法权属证明；

（4）直辖市、市、县人民政府建设（房地产）主管部门规定的其他材料。

房屋租赁当事人提交的材料应当真实、合法、有效，不得隐瞒真实情况或者提供虚假材料。

（二）审查

直辖市、市、县人民政府建设（房地产）主管部门在接到申请后，应该对房屋租赁材料进行审查。房屋租赁审查的内容：

（1）申请人提交的申请材料齐全并且符合法定形式；

（2）出租人与房屋所有权证书或者其他合法权属证明记载的主体一致；

（3）不属于本办法第六条规定不得出租的房屋。

申请人提交的申请材料不齐全或者不符合法定形式的，直辖市、市、县人民政府建设（房地产）主管部门应当告知房屋租赁当事人需要补齐的内容。

（三）颁证

对符合要求的，直辖市、市、县人民政府建设（房地产）主管部门应当在三个工作日内办理房屋租赁登记备案，向租赁当事人开具房屋租赁登记备案证明：房屋租赁登记备案证明应当载明出租人的姓名或者名称，承租人的姓名或者名称、有效身份证件种类和号码，出租房屋的坐落地、租赁用途、租金数额、租赁期限等。

第二节　物业租赁合同

一、物业租赁合同的含义和法律特征

（一）含义

物业租赁合同也称房屋租约，是一种债权合同，是出租人与承租人就房屋事宜，明确双方的权利、义务和责任的协议，也是以房屋为租赁标的的契约。

（二）房屋租约的法律特征

1. 房屋租约是双务有偿合同

双务合同是指合同当事人都享有权利和负有义务的合同。这类合同的每一方当事人既是债权人又是债务人，而且互为对价关系，即双方各自享有的权利和负有的义务，正是对方应尽的义务和享有的权利。双务合同的主要意义在于合同的履行，即任何一方在自己未履行合同义务的情况下，无权请求对方履行义务而自己只享有权利，否则就变成了单务合同。

有偿合同是指当事人享有合同规定的权利而必须偿付代价的合同。有偿合同大多数是双务合同。区分有偿合同与无偿合同的法律意义在于确定当事人履行合同义务时应注意的程度及违约责任大小。一般而言，有偿合同义务的履行，其注意程度要高于无偿合同，有偿合同的义务人的违约责任比无偿合同义务人的违约责任要重。

2. 房屋租约是诺成和要式合同

所谓诺成合同指当事人意思表示一致即告成立的合同。虽然当事人意思表示一致，但还须交付标的合同才能成立的，称为实践合同。这种法律上的分类，主要用于确定合同成立的时间。房屋租约既然是诺成合同，那么租赁合同一旦签署就告成立，而无须出租方腾出空房子或承租方占有房子才算合同成立。

要式合同是相对不要式合同而言的。凡要求有特定形式和履行一定手续的合同称为要式合同，否则为不要式合同。要式合同有法律规定，称为法定要式合同；法律无明文规定而只是当事人约定必须履行特定方式和手续的合同，称为约定要式合同。房屋租约是法定要式合同。根据我国《商品房屋租赁管理办法》中明文规定："房屋租赁，当事人应当签订书面租赁合同"。没有书面合同的租赁行为法律不予保护。

3. 房屋租约是继续性合同

房屋租赁当事人双方的义务，均与合同的存续期间相关，时间是租赁合同的基本要素，因而属于继续性合同。

二、物业租赁合同的基本条款

《商品房屋租赁管理办法》第七条规定：房屋租赁当事人应当依法订立租赁合同。房屋租赁合同的内容由当事人双方约定，一般应当包括以下内容。

（一）房屋租赁当事人的姓名（名称）和住所

租约既是合同又是房地产权益的转让证书。它必须包括租赁双方的姓名并且有承租户和业主或业主授权代表的签名。如果租赁当事人是一个组织或公司，则必须有该组织或公司的名称，同时有该组织或公司的被授权代表签名并盖上组织或公司公章。当事人的住所也是租约的必要要素之一，法律上判定租赁当事人之间的有关通知的送达都是以租约上的地址为准。

（二）房屋的坐落地、面积、结构、附属设施，家具和家电等室内设施状况

在签订合同时，对租赁场所作精确的法律描述是至关重要的。如果物业的出租包括了

土地，则在租约中必须有精确的法律描述。如果出租对象是楼宇或公寓的一部分，租约应明确其所占空间的边界，如明确房间号和街道地址。

出租对象若是商业用房时，则需要在租约中附加所出租空间的楼面布置。为详细起见，租约中还要注明承租户对楼梯、电梯、大堂、车道、道路享有的权限，以及被租房间的装饰、器具等项目及其状况和其他附属空间，如车库、储藏室、露台等的权限。除此以外，租约后应附有表示铺面位置的平面图。

一个租约的物业描述中可能规定了对租赁空间的间隔、装饰、家具和家电、设施方面的要求以及费用的分担方法。有时这些具体的要求会使租约显得冗长和复杂，这样租赁双方可另立一个补充合同作为正式合同的有效附件。

（三）租金和押金数额、支付方式

1. 租金条款

租约中应注明承租户租金的交付方式。无论毛租、净租还是百分比租赁，支付租金的时间和总数必须说明。如果租金是按平方来计算的，在租金计算时必须写明“平方米/年”等字样。

由于通货膨胀、税收等因素的影响，一般租约越长，业主的利益就越可能受到威胁，因此在原始租约中应规定特定的租价调节法，这一点非常重要。提高租金率的方法有以下几种。

（1）渐进调整。

在毛租和净租中，常见的调整租金的方法是用渐进调整（又称自动升级租约）法，即规定租金定期提高。例如，一幢办公楼第一年、第二年的租金是 100 元/平方米，第三年是 150 元/平方米，第四年、第五年为 200 元/平方米。

在租约中可以这样描述：“租用者立据保证在上述租用期内向物业所有者的指定的代理人——××物业服务企业交纳租金，每租期为人民币 62000 元整；租金按月在每月第一日以前向所有者指定的代理人——××物业服务企业交纳。其中最初的 6 个月每月租金为人民币 4000 元，以后的 4 个月每月租金为人民币 6000 元，最后的 2 个月每月租金为人民币 7000 元。”

（2）百分比租赁。

百分比租赁中租金的调整是按承租户经营收入的增长而增加的。

（3）指数租赁。

指数租赁是指以某种经济环境的宏观统计指数为依据，进行百分比租赁的调整方法，最常用的指数是消费价格指数和批发价格指数。指数资料应与承租户的经营项目有关，可以从可信赖的独立机构中获取。对于办公楼宇、服务机构、经济组织、经纪人公司等业务组织的承租户，可以用此方法。

租价的调整频度和幅度由双方在租约拟订前商定。例如，租金数额可以确定为：基本租金 4800 元/月，调节租金与商品消费价格增长同步，即商品消费价格每增长 1%，租金提高 1%。依此，若第一年物价涨幅为 6%，则下一年租金为 5088 元/月。

（4）价格收缩条款。

价格收缩条款是指租金价格的调整除了随经济指数变动外，还要考虑其他因素，如工资水平、税率、水电费价格和物业运行开支等的变动，有升有降。当考虑物业运行费用时，承租户仅增加负担超出预先确定开支的部分。预先确定开支的部分称为支出基点，超出部分被称为运行超支，该条款常见于办公租赁。

（5）重估定价。

重估定价就是在租约生效的一段时期（通常为 5 年）后，双方同意由独立评估人就当时的市场价格对物业的租价重新评估并确定。

2. 押金条款

租约还应该包含租户缴纳押金和押金归还条件等内容。押金可以是现金、支票、转让的票据等。在租期结束，业主或物业管理者应归还租户押金，若需要扣留，必须指出租户对自己物业造成的损失。

（四）租赁用途和房屋使用要求

租赁用途和房屋使用要求也是租约中的一个重要条款。物业所有者在租约中要增加对物业用途和房屋使用要求加以限制的条款。例如，在办公物业租赁中可限制物业从事的业务类型，如“建议仅从事一般的保险代理业务，而不可涉及其他”，或不得用于违法用途（如制假等），在公寓租约中可添加“只供居住不供商用”。在办公楼和工业物业租约中非常流行的一条限制性条款是限制承租户使用房子只能用于一般租约规定的用途，而不能用于其他目的。此外对合租物业的，在租约中还要附加“管理规约”，各租户要共同遵守。这些限制条款的用词必须清楚和不含糊，因为法院是根据限制条款的含义来解决任何争端的。如果没有书面的限制性条款，承租户可以将房子用于任何合法的用途。

对于多用户大楼来说限制房屋用途的另一方法是制定“大楼管理规则”，它规定了更为详细的处理日常事务的方法，如承租户如何使用公共场所、停车场和大楼的运营时间。这些规则是为了保护物业的良好状态、维护物业的声誉和安全，以及促进所有承租户的和睦协调关系而设计的。

（五）房屋和室内设施的安全性能

签订房屋合同前，出租人和承租人要对房屋的安全性能进行检查，以保证承租人的人身、财产安全。重点要对房屋和室内的水、电、气等可能存在的安全隐患，双方一同进行逐一核查与排除。

（六）租赁期限

租约期限的表达应该完整、明确，在写明开始和终止日期的同时，说明整个期限的长度。例如，租期 20 年，从 2006 年 6 月 1 日起至 2026 年 5 月 31 日止。

在租约期限的条款中常常涉及续租的优先权条款。此条款使承租户在规定的条件下，有权续约一段时间。优先权条款一般都规定了承租户提前通知的时间要求，也规定了通知形式、寄送方式、通知接受人、续约的期限以及租金等。如下例：

在第 × 条第 × 款规定的租用期限到期时，租户可以根据意愿提出续租，续租期为 × 年。本租赁合同中除以下需要更新的各条款外，其余均在续租期间继续有效。被更新的条款包括：续租期年租金为人民币 × × 元，自新租期开始的第一个月第一日起按月支付。承租户提出续租的请求必须在本租期到期的6个月以前以书面形式向物业所有者提出。

由于续租条款对承租户有利，业主一般在与承租户达成续租协议时要求续租租金有较大幅度的提高，提高的幅度起码要与物价涨幅持平。无限期续租必须在租约中写明。在某些租约的租赁期限条款中还常常包含了允许承租户在支付罚金后可提前终止租约的内容。有的租约中还有在租约期限到期后给予承租户优先购买该物业的权利。

（七）房屋维修责任

大多数居住和商业物业甚至一些工业物业的租约都要求业主负责所有使物业适合标准使用的必要修理。所谓标准就是当地政府规定的建筑规范及其他规定。我国的《商品房屋租赁管理办法》中规定："出租人应当按照合同约定履行房屋的维修义务并确保房屋和室内设施安全。未及时修复损坏的房屋，影响承租人正常使用的，应当按照约定承担赔偿责任或者减少租金。"

（八）物业服务、水、电、燃气等相关费用的缴纳

该条款主要约定物业费、水费、电费和燃气等费用的缴纳的承担方，以及双方承担的相应责任。

（九）争议解决办法和违约责任

解决房屋争议的方式主要有协商、调解、仲裁和诉讼几种。

1. 协商

协商是发生纠纷的双方，本着互谅互让、团结和睦的原则进行协商，整个过程全由双方参加并自主解决，一般纠纷不大，矛盾也容易解决，目前大多数都采取这种方法。

2. 调解

调解是指中立的第三方在当事人之间调停疏导，帮助交换意见，提出解决建议，促成双方化解矛盾的活动。在我国，调解的种类很多。根据调解的主体不同，有人民调解、法院调解、行政调解、仲裁调解以及律师调解等。人民调解是人民调解委员会主持进行的调解；法院调解是人民法院主持下进行的调解；行政调解是基层人民政府或者国家行政机关主持下进行的调解；仲裁调解是在仲裁机构主持下进行的调解。在这几种调解中，法院调解属于诉内调解，其他都属于诉外调解。

3. 仲裁

房屋租赁合同纠纷的仲裁是指房地产所在地仲裁机构根据争议双方当事人在房屋租赁合同中设立的仲裁条款或事后达成的仲裁协议，经当事人申请，以第三者的身份，对当事人争执的事实和权利、义务关系，依照《中华人民共和国仲裁法》和国家其他政策、法律、法规作出裁决的活动。房地产仲裁是一种准司法性质的专门行为，这种行为不是司法行为，却具有司法行为的效力。它既不属于人民法院对房地产纠纷案件进行审理的活动，也不属于房地产行政管理机构对房地产的管理活动，而是处于当事人之间的居中地位，为解决当事人房屋租赁纠纷所进行的仲裁活动。

4. 诉讼

当事人双方如果在合同中没有订立仲裁条款，或在纠纷发生后没有达成仲裁协议的，

可以直接向人民法院提起民事诉讼。法院认为应该受理的案件，应立案审理。提起诉讼必须有明确的被告，而且还必须属于受诉法院管辖；同时，还应注意诉讼时效。

房屋租赁双方违反条约的责任。可分为出租人和承租人违反条约的责任，在签订协议的时候，应该明确规定具体的条款，避免纠纷的产生。如承租人未按时缴纳租金，应当承担多少违约金；出租人未能及时提供物业，或未能提供租约规定的服务，出租人应当承担多少责任。当承租人或者出租人违反相关约定的时候，就可以依据合约的规定来处理。

（十）当事人约定的其他条款

租赁合约中，当事人可根据各自的情况、要求以及当下房屋租赁市场的具体情况商定一些双方同意的条款。

1. 转租和分租的规定

转租是指承租户将其对物业的所有权利转让给第三者，而分租是指承租户将部分权利进行转让。多数租约是禁止上述行为的，除非经过所有者事先允许。《商品房屋租赁管理办法》规定："承租人转租房屋的，应当经出租人书面同意。承租人未经出租人书面同意转租的，出租人可以解除租赁合同，收回房屋并要求承租人赔偿损失。"尽管允许转租会给业主带来物业易于出租的好处，但也可能出现被转租方（最终承租方）由于财务状况而引发的纠纷问题。

2. 改建的规定

通常，大多数承租房的改建被认为是固置物而成为物业的一部分。在租赁结束时改建就作为物业不可分割的部分归出租方所有。为了避免日后的麻烦，租约中可规定如下：承租房的改建必须经出租方书面同意；必须明确改建后新增部分的归属；必须明确改建费用的承担。一般来说改建费用是由承租户承担，但有时出租方对那些有利于提高自身物业价值的高档改建也会同意承担部分费用。在这方面出租方或物业管理者要尽可能将改建目的认定为满足承租户本身额外的需要，从而可避免承担相应的费用。

固置物的处理。一个商业或工业的承租户可以有权设置的固置物，如招牌、灯箱等。一般将固置物看作承租户的财产，可以在租约结束前或结束时移走，但是建筑要恢复到承租户搬进来时的状况。条款的用词在允许承租户移走固置物时是很关键的。一些租约规定物业必须恢复到"承租户搬进来时的状况"，而另一些租约则要求恢复到"这个租约开始的状况"。这些词语上的微小差别可能会对出租方有很大的影响。如经过几个续约期的长期承租户，在第一个租约期安置了固置物，然后在第三个租约期内移走了。如按恢复到"这个租约开始的状况"，承租户被要求修复的仅是第三个租期内所作的改动，而第一、二个租期内做的改动就可以不包括在内。此时出租方就须自己承担这些修复费用。

三、签订租赁协议的注意事项

租赁双方在签订物业租赁协议时，应注意以下事项：

（1）房屋租赁合同是租赁关系正式建立的凭证，无论是企事业单位分配房、个人换房，还是物业服务企业租赁自有商品房，都应在租赁双方达成房屋租赁意向的前提下，填写房屋租赁合同。

（2）租赁合同要统一按规定填写，不得擅自涂改变更。如有特定协议内容，应在合同附记栏内写清。

（3）租赁合同一式两份，双方各执一份，双方签字盖章后生效。如有未尽事宜，双方另订协议。合同建立后应到房地产管理机关办理合同登记备案手续，并可办理公证。

（4）起租日期应按合同约定之日起确定。

（5）承租人进住房屋时，出租人应一同到房屋现场核对房屋及附属设备，并向用户点交，填写进合同附件中“附着物”一栏。

专栏6－1 物业租赁合同样本

出租人：________（以下简称甲方）

姓名或名称：____________________

国籍或身份证号码：______________

地址：__________________________

电话：__________________________

传真：__________________________

承租人：________（以下简称乙方）

姓名或名称：____________________

国籍或身份证号码：______________

地址：__________________________

电话：__________________________

传真：__________________________

一、租赁标的

现甲方愿意出租及乙方愿意承租位于中国________市________区______________物业及其设施作________用途，面积________平方米。该房屋的现有装修及设施状况由双方在合同附件________中加以列明。除双方另有约定外，该附件作为甲方按本合同约定交付乙方使用的凭证，及合同期满甲方收回房屋时的验收依据。甲、乙双方签订及终止本租约时，应对本租约提及的设施的完整性进行清点、核查。

二、租赁期

1. 租赁期为________年，自________年________月________日起至________年________月________日止。

2. 租赁期满，甲方有权收回全部出租房屋，乙方应如期交还；乙方如要求续租，须在本合同期满前__________个月向甲方提交书面申请。期满后，乙方拥有优先续约权。

三、租金

1. 租金每月为________________元人民币（已包含物业管理费和取暖费）。

2. 租金每_________个月交付一次，乙方需在支付月_________日前支付下月租金。

如乙方逾期未付，须按日加租金______的滞纳金，超过______天未付视作自动退租。

3. 该房屋租金支付方式如下：________________。

4. 在合同有效期内，租金不予调整。

四、押金

1. 自本合同签订之日起________日之内，乙方应向甲方缴付租赁押金计________元人民币；合同期满，乙方如不再续租，甲方应将押金退还（不计利息）。

2. 乙方如在租赁期内终止租约，押金不予退还。如提前解约的，应另加________个月租金。

3. 乙方若于租赁期内违反本合同第十一条所载规定，致使甲方未能如期收取租金或因而发生费用，甲方可以扣除部分或全部押金抵付。若押金不足以抵付有关费用时，乙方需按接到甲方付款通知书后________天内补足。

4. 乙方若于租赁期内按期付足租金，甲方需于合同期满及乙方退出租赁标的后________天内将押金返还乙方，该押金数将不含任何利息。

五、费用

1. 乙方在租赁期内，使用的水、电、煤气及________等费用，计算或分摊办法按物业或银行每月出示的计费单据由物业代缴或去银行自缴。

2. 乙方所有电话按电信局收费标准，由乙方向电信局按单缴付。

3. 上述费用的支付方式和时间按银行或物业要求时间及物业或银行每月出示的计费单据由物业代缴或去银行自缴。

六、房屋修缮责任

1. 在租赁期限内，甲方应保证出租房屋的使用安全，乙方应爱护并合理使用其所承租的该房屋及其附件设施。如乙方因使用不当造成房屋或设施损坏的，乙方应立即负责修复或予以经济赔偿。

2. 除房屋内已有装修和设施外，乙方如要求重新装修或变更原有设施的，应事先征得甲方书面同意。按规定应向有关部门（包括该房屋物业管理机构）办理申报手续的，须办妥有关手续后，方可进行。租赁期满，根据原书面约定，要求恢复原状的，乙方拆除添置的设备时，不得损坏房屋结构，经验收认可，方可办理退租手续。

3. 该房屋的维修责任除双方在本合同和本合同补充条款中约定的外，均由甲方定期对房屋和设施进行维修，保修。

4. 甲方维修房屋及其附属设施，应提前________天书面通知乙方，乙方应积极协助配合。因乙方阻扰甲方进行维修而产生的后果，则概由乙方负责。

5. 如因不可抗力原因，导致房屋损坏或造成乙方损失的，双方互不承担责任。

七、转租的约定

1. 除甲、乙双方在本合同补充条款中另有约定外，乙方在租赁期限内，须事先征得甲方的书面同意，方可将承租的该房屋部分或全部转借给他人。但同一间房屋，乙方不得将其部分转租他人，或同时转租给________个以上的承租人居住。

2. 乙方转租该房屋，订立的转租合同应符合以下规定：

(1) 转租合同的终止日期不得超过本合同规定的终止日期;

(2) 转租期间，乙方除可享有并承担转租合同的权利和义务外；还应继续履行本合同规定的义务;

(3) 转租期间，本合同发生变更，解除或终止时，转租合同也应随之相应变更，解除或终止。

3. 乙方转租该房屋，甲方可从转租租金中获得收益，具体收益比例由甲乙双方另订书面协议商定。

八、变更和解除本合同的条件

1. 在租赁期间内，非下列情况之一的，不得变更或者解除本合同:

(1) 甲方或乙方因有特殊原因，经双方协商一致，同意甲方提前收回或乙方提前退交部分或者全部该房屋的;

(2) 因出现非甲方能及的情况，使该房屋设施不能正常运行，或水，或电，或煤气等正常供应中断，且中断期一次超过________________天，乙方认为严重影响房屋的正常使用;

(3) 因乙方违反本合同的约定，且经甲方提出后______日内，乙方未予以纠正的;

(4) 因不可抗力的因素致使该房屋及其附属设施损坏，本合同不能继续履行的;

(5) 在租赁期间，该房屋经市或区（县）政府有关部门批准动迁，或经司法，行政机关依法限制其房地产权利的，或出现因法律，法规禁止的非甲方责任的其他情况的。

2. 变更或解除本合同的，要求变更或解除本合同的一方应主动向另一方提出。因变更或解除本合同，是一方遭受损失的，除本合同（十一条）第（1)、第（4)、第(5) 款可以免除责任外，应由另一方负责赔偿。

九、乙方的违约责任

1. 在租赁期间，乙方有下列行为之一的，甲方有权终止本合同，收回该房屋，由此造成的甲方损失，乙方应予以赔偿;

(1) 未经甲方书面同意，擅自将该房屋转租，转让，转借他人或调换使用的;

(2) 未经甲方书面同意，擅自拆改变动房屋结构，或损坏房屋，且经甲方书面通知，在限定时间内仍未纠正并修复的;

(3) 擅自改变本合同规定的租赁用途，或利用该房屋进行违法违章活动的;

(4) 拖欠租金累计________天以上的;

(5) 因乙方的原因，根据法律、法规规定允许收回该房屋的其他情况。

2. 在租赁期限内，乙方逾期交付水、电、煤气及________等费用，每逾期一天，则应按上述费用的________支付滞纳金。逾期达________个月以上的，甲方有采取停止供应或使用的权利，因此造成的一切后果由乙方自行承担。

3. 在租赁期限内，乙方未经甲方同意，中途擅自退租的，预付租金不退；若预付租金不足抵付甲方损失的，乙方还应负责赔偿。

4. 租赁期满，乙方应如期交还该房屋。如乙方逾期待归还，则每逾期一天应向甲方支付原日租金________倍的违约金。

十、甲方的违约责任

1. 甲方未按本合同约定的时间，交付该房屋供乙方使用的，每逾期一天，甲方应按月租金的________向乙方偿付违约金。逾期限________天，则视甲方不履行本合同。甲方除应按上述规定支付违约金外，若支付的违约金不足抵付乙方损失的，甲方还应负责赔偿。

2. 在租赁期限内，因甲方不及时履行本合同约定的维修、养护责任，致使该房屋发生损坏，造成乙方或人身伤害的，甲方应承担赔偿责任。

3. 在租赁期限内，甲方因非本合同第八条第1款规定的情况，擅自解除本合同，提前收回该房屋的，甲方应按月租金的________倍向乙方支付违约金，若支付的违约金不足抵付乙方损失的，甲方还应负责赔偿。

十一、其他条款

1. 本合同未尽事宜，经甲、乙双方协商一致，可订立补充条款。但补充条款应符合国家和本市有关房屋租赁管理规定。本合同补充条款及附件均为本合同不可分割的一部分。本合同及其补充条款和附件内空格部分填写的文字与铅印文字具有同等效力。

2. 甲、乙双方在签署本合同时，具有完全民事行为能力，对各自的权利、义务、责任清楚明白，并愿意按合同规定严格执行。如一方违反本合同，另一方有权按本合同规定索赔。

3. 甲、乙双方在履行本合同过程中发生争议，应协商解决。协商不成时，应按本合同约定的下列方法之一予以解决：

（1）向北京市仲裁委员会申请仲裁。

（2）向该房屋所在地有管辖权的人民法院起诉。

（注：二者取一后，应将另一种方法划去）。

4. 本合同连同附件一式两份。其中：甲乙双方各持一份，均具有同等效力。

甲方（出租方）：________________ 乙方（承租方）：________________

地址：________________________ 地址：________________________

电话：________________________ 电话：________________________

邮编：________________________ 邮编：________________________

代表人：______________________ 代表人：______________________

签名盖章：____________________ 签名盖章：____________________

签约日期：______________年______________月______________日

签约地点：____________________________________

补充条款

一、____________________________。

二、____________________________。

三、____________________________。

备注：__________________________。

附件一现有装修及设施情况（略）。

第三节 物业租赁管理的程序

一、捕捉潜在的客户

（一）广告

一般来说，一个有着精心设计的广告计划推动的好产品，在市场上要比一般竞争者的产品要销售得快，获利也高。当房地产市场环境好的时候，精心策划的有效广告甚至可以使物业有高额的租金回报。

1. 广告的制约因素

物业租赁的广告受以下三个主要因素的制约：

（1）物业类型。

物业根据使用功能的不同可划分为：居住物业、商业物业、工业物业、其他类型物业和混合物业；这些物业还有新旧、位置和定位等方面的不同。显然，不同类型、档次和定位的物业都有其不同的客户群体。物业租赁广告的策划应该综合考虑物业的实际和客户群体情况。

（2）供求情况。

物业供求情况的不同可以导致对一个物业产生两种不同的广告竞争方法。在一个低空置率或稳定的市场上，如果所管理的物业在这个地区较为热门，或者物业的租金率与顾客的消费能力相适应，则不需要大规模的广告来吸引潜在的客户。当该地区的空置率较高时，广告就必须以尽可能快和尽可能多地吸引潜在客户为目的。

（3）可用的广告资金。

任何的广告，都需要花费资金，资金的多少直接影响广告的效果和方式。物业租赁的广告资金受很多方面的影响，不可能无所限制。如何在现有的资金条件下选择最佳的广告策略，即以最低的成本获得最大的目标客户群，这就必须依赖物业管理者的市场分析和物业分析。

2. 广告的方式

（1）标牌。

标牌是应用最为广泛的广告方式。相对而言，此方式成本较低，持续时间长。标牌具有导向性，只承载一些基本信息、交通及联系方式。标牌有竖立在交通要道的大型广告牌，也有小型的灯箱广告，可以是悬挂在大楼上的大型横幅，也可以是商店橱窗上的“出租”标记，甚至可以是在较大型物业里设标牌。它可以使原租户和目标客户能方便地接触物业管理者。一般来说，在主要交通要道设立的大型广告牌是最有效的宣传大型工业物业和商业物业的方式；横幅大多用在待出租的新建或翻新物业的建筑本身上。

（2）报纸广告。

报纸广告也是租赁物业采用的主要方法之一。报纸广告一般可以分为分类广告和通栏广告两类。分类广告相对通栏广告要便宜些，是最流行的住宅出租的广告方式，有时也用于零星的档次较低的办公楼和商铺的出租。通栏广告比分类广告更有视觉影响。通栏广告在推销新的高档次办公楼、商场、公寓以及别墅上有较好的作用。有时大型住宅项目的开发商为使其新物业能尽快达到一定的租赁量，也会采用通栏广告的形式。

（3）本地杂志和其他出版物。

本地杂志和其他出版物也是房地产租赁广告投放的可靠载体。这种方法主要用在出租住宅商业和工业物业中。有时非本地的杂志刊登广告也能获得一批合格的目标顾客，但是这必须是该物业规模较大并且有足够的非本地区的需求。如高档的办公大楼、豪华公寓、别墅就可以在非本地区性的出版物上登载广告。另外，还可以利用当地的公众场合，如体育比赛、大型音乐会和其他热点活动做广告。

（4）电台。

电台广告，广告量虽然在总体广告中所占比例不大，但由于电台媒体所具有的一些其他媒体不可比拟的特点，如“边工作边收听”“随时随地收听”“大学校园里收听率高”等，使电台广告成为主流媒体广告的重要补充。电台广告费相对于电视媒体，在户外、车身、网络上的价格一般都较低。

（5）电视。

电视广告是一种经由电视传播的广告形式，它将视觉形象和听觉综合在一起，充分运用各种艺术手法，能最直观形象地传递产品信息。具有丰富的表现力和感染力，因此是近年增长最快的广告媒体之一。电视广告播放及时、覆盖面广、选择性强、收视率高且能反复播出以加深收视者印象。缺点也很明显，一是成本高；二是展露瞬间即逝，无法保留；三是众多广告一起聚集在黄金时间，可能不会引起人们的注意。

（6）网络广告。

网络广告就是在网络上做的广告，它是通过网络广告投放平台来利用网站上的广告横幅、文本链接、多媒体的方法，在互联网上刊登或发布广告。与传统的四大传播媒体（报纸、杂志、电视、广播）广告，网络广告具有得天独厚的优势：覆盖面广，观众基数大，传播范围广阔；不受时间限制，广告效果持久；方式灵活，互动性强；广告针对性强；可以准确地统计受众数量等优点。

（7）组合广告。

组合广告是指在广告方式不局限于以上的单一方式，而是根据需要选择几种方式进行组合的广告方式。组合广告使广告能到达更多的目标受众，使广告影响的广度增加；能够弥补单一媒介传播频度的不足；能够整合不同媒介的传播优势，形成合力，扩展传播效果；能够相对减少成本，增加广告效益，有利于企业量力而行。

（二）形象宣传

1. 形象宣传的方式

很多潜在的目标客户为某个物业所吸引或感兴趣，经常是因为该物业和管理此物业的物业服务企业在公众中享有良好声誉。因此加强物业的形象宣传，提高物业的声誉极为重要。物业管理者主要可以从三个方面来展开工作。

第一，保持与社交界、新闻界以及社会公众之间的良好关系。这种关系可以通过积极主动地与各社会团体的联系，参与他们的活动并交流分享各自的专业经验来建立。

第二，准备新闻稿供发表。物业管理者可以以自己的名义写一份有趣的、有事实根据的“小文章”来分析一个他完成的交易案例，一个建设性的建议，一个培训方面的成就等，而这些内容又都是当前公众关心的社会热点或所愿意了解的信息。这种新闻稿应该强调物业有意义的特征，例如规模、设施、历史上的重要性、新用途的特点以及那些不同凡响的建筑艺术特色。这种形式的新闻稿在出租新的大型商业和大的住宅小区项目上特别有效。

2. 形象宣传的优点

形象宣传相对于广告来说，其优点主要有；宣传从本质上来说是免费的，仅需要物业管理者撰写文章和拥有其他必要的公共关系；能得到广泛和深刻的宣传，让物业和物业服务企业迅速为目标客户所了解，公众可信度高。

（三）适当使用“免费”噱头捕捉潜在租户

物业管理者可采用类似“免费”噱头来寻找潜在租户，比如物业管理者可以提供一次免费旅行、免费游泳或网球课程、免费使用俱乐部的机会等。为了刺激和吸引更多的潜在租户光顾，广告中还可以声明：前 6 位签约者可免收第 1 个月的租金；或在一个特定的时期内有某种优惠，比如从广告刊登的第 1 天起 10 天内为有效；或在前 10 天内光顾物业的客户都有一个小礼品等。

（四）引导潜在租户参观

物业管理者要通过引导潜在租户参观，使其对待租的物业产生兴趣和需求。物业管理者应能够估计潜在租户的爱好，在潜在租户对某地段、某单元感兴趣时，就应该带领参观。千万要注意避免潜在租户在参观现场时失望的情况发生，比如租户发现一些与先前的广告内容截然不同的地方等。因此，物业管理者要注意应从最佳路线带领他们参观，沿途宣传令人愉快的设施和服务。例如参观工业区，物业管理者可宣传该物业交通的便利；参观综合办公楼或购物中心的路上（如车上）就可以说一说周边租户的情况，并相信周边没有直接的竞争者；另外，在车上还可以聊聊关于公交车辆的情况。

参观中，物业管理者不仅要突出不同物业的优点，并且要说明他们所能提供的服务。如保洁方面、便利服务方面、设备的维修保养和常规操作情况以及管理的方针和行为规范等。

（五）建立租售中心捕捉潜在租户

对于大型综合住宅和商业物业来说，建立一个组织健全、有专业人员的租售中心是必要的。租售中心要有完整的装修并带有极富吸引力的家具，以使潜在租户看到完工后物业的情况，由于建立租售中心的费用昂贵，所以是否建立取决于租赁的物业数量、希望出租的时间、租赁者期望的租赁额和竞争者的情况等。期望中的租金越高，租售中心的效用就越大，因为使用合适的租售中心会增加潜在租户的询问率，从而提高出租的可能性。不过，当市场强劲时，一般不需要精心布置这样的租售中心。

二、租户资格审查

不管是居住、商业还是工业租户，租户资格的审查程序基本都是一样的。

（一）潜在租户的登记

力求让每一个前来咨询或参观物业的潜在租户填写一份来访登记表（见表6－1）。

表6－1　×××物业服务企业来访登记表

租赁顾问：________

非常欢迎您的光临！请协助我们填写此表：

客户的背景资料：

姓名________日期________需要租赁日期________________

住址____

电话________________其他电话________________________

租户人数：________________

对物业的租赁要求：

卧室________________

浴室________________

客厅________________

价格范围____________

对您来说什么条件最为重要________________

与我们认识的途径：

您是从哪里知道我们的信息的？

住户标识____________

广播________________

报纸________________

公告牌______________

电视________________

其他（请注明）________________

（二）潜在租户的身份证明

核对居住或商业物业租赁者的身份证明很重要，尤其是零售性的商业物业，如混合租赁的零售购物中心。因为在商业物业中租户做何种生意是很重要的，它关系到与其他租户能否协调，如有些租户就要求同在一个购物中心中限制有竞争性的租户。

（三）租赁经历

由于经常改变租户的花费较高，再加上一般家庭或公司频繁地更换租赁场所的原因大多是陷入了经济困境，因此业主或物业管理者为了防范风险，会了解潜在租户的租赁历史，尽量寻找租赁历史稳定可靠的、租赁期较长的租户。对于有改造物业要求的租户，其以往租赁是否稳定则更为重要。如果潜在租户有多个，物业管理者或业主在选择时，往往不会考虑那些规模业务迅速膨胀的公司。因为假使现有的物业对这些租户目前来说正合适的话，那么过不了一两年就会显得太小而不能再租用。当然这得排除业主有富余的物业可以提供的情况。

（四）资信状况

业主或物业管理者可以从租户以往的拖欠记录中了解潜在租户的资信状况。一般来说，以往总是拖延或不按期付款的租户多数还是不会改变的，而以往总是稳定地按期付款的租户则总会保证信用。因此，对那些有拖欠赖账史的潜在租户可不予考虑，当然如果仅有偶尔拖欠记录的，则应请对方亲自对此作出解释。物业管埋者可通过调查得到所需要的潜在租户的以往信用资料。

三、租约条款谈判

若潜在租户对物业感兴趣并且其资质也符合业主的条件，具体的谈判过程就开始了。谈判的目标是签署租赁双方都满意的、公平合理的租约。

（一）控制签约进程

要使谈判有所进展，物业管理者要有能够驾驭谈判局面、控制签约进程的能力。物业管理者要设法避免业主与租户的冲突，以及租赁业务的无果而终。物业管理者可通过不让业主和租户过早接触等方法，来规避可能出现的冲突。常用的技巧是当谈判快要结束、准备签约时，再让双方见面。成功的物业管理者总是在开始谈判前拟定谈判策略，使业主不至于太早进入面对面的谈判。

（二）经纪人参与

在办公物业、零售及商业物业和工业物业的租赁谈判中，业主为了满足专业知识的需要往往会聘请第三方——专业知识与经验都比较丰富的租赁经纪人加入，这时除非物业管理者能够很好地与这类经纪人配合，否则，他们的介入会使谈判更加复杂。在谈判开始前，物业管理者与经纪人应已商定好由谁直接去面对租户。一般情况由物业管理者去面对租户，由经纪人在幕后提出建议和策略。因为在谈判中与租用者建立良好的忠实关系是非常重要的，而物业管理者比租赁经纪人更能建立这种关系。

（三）谈判妥协

1. 谈判妥协原则

谈判妥协是指业主降低原始条款而给租户的一种优惠，妥协的目的是让潜在租户成为真正的租户，有价值的妥协会使租户在基本问题或财政问题上有舒缓的感觉。对条款的每一次妥协都意味着业主租赁收益的减少，因此物业管理者在谈判中要时刻坚持业主的立场，在业主不可能作出的让步上不妥协。一般来说，租赁妥协的原则是租用规模越大、租期越长，租价妥协的空间越大。但要注意的是，一旦对一位租户作出妥协，可能对其他租户也要有同样的妥协。

2. 谈判妥协技巧

在谈判中不管妥协的大小，都要让租户感到是在业主不情愿的情况下作出的，是来之不易的。值得注意的是，有时候妥协对业主影响很大，但对租户却没有价值；而有时租户认为对方作出了巨大的让步，而实际上这对业主的意义并不大。因此物业管理者弄清楚租户一方的需求是非常必要的。

3. 妥协的程度

租约中几乎所有的条款都有谈判的余地，关键在于双方立场的坚定性，任何一点妥协都可能引导潜在租户接受并签署租约，成为真正的租户。因此，物业管理者在谈判中要考虑的是妥协要达到多大程度时才能打动租户，即妥协的尺度。一般来说，决定妥协程度的因素有：业主的财务和战略目标、该地区物业租赁市场竞争的情况、租户租赁的紧迫性。

4. 租价与折扣的谈判

在租金上作出让步，无疑是最具吸引力的，也是最具负面影响的让步。虽然任何租价折扣都不是业主或物业管理者情愿作出的，但激烈的物业租赁市场迫使其不得不这么做。因此任何时候物业管理者都要分析租价折扣的利弊得失，在保证物业的一定租金水平的情况下才能考虑给予租户短期的租金减免优惠。一般租金上的让步只能在市场状况最坏的时候作出。

租金折扣通常是对个别租户作出的，但这类消息会传播得很快，因此一旦对个别租户妥协，其他租户也会纷纷提出同样的要求，从而最终会导致租赁效益的降低，甚至造成严重的损失。因此，在谈判中物业管理者要坚持最起码的租金水平。如果物业管理者发现物业的实际价值在整个租期内因租金的降低而发生损失，这时的租赁市场又是低迷的，提升租价的可能性不大，那么，也可以让物业空着，留待市场好转，租价合适时再出租。因为长期以低廉价格出租物业，会使租金收入与物业的日常营运开支相抵后所剩无几甚至无利可图或收支倒挂，这比物业空置还要糟糕。

办公物业的租价折扣。在办公物业出租中经常采用分级定价的方法，基本标准租金以每平方米计算。在高层办公楼中，标准租金一般随楼层的增高而增加，因为楼层越高越安静。同样，每一层处于楼角的单元往往比其他单元的租金要高，每一层处于视野好的一面的单元，租价也要比其他的单元高一些。

居住物业的租价折扣。居住物业的租价也采用分级定价，使所有的单元在价格和价值上取得平衡。如一幢无电梯的六层公寓楼，顶层单元的月租费可能就要比楼下同样单元的月租费便宜些；同样一幢高层住宅楼，视野广、风景优美的单元肯定比底层包围在中间的单元的租价高。

5. 免租的谈判

租金折扣中最常见的一种方式是短期减免租金。这种方法在一定程度上满足了租户和市场的要求。例如，在市场空置率很高的时候，物业管理者可以以减免两个月租金的妥协来促使租户签约。物业管理者在实施这一妥协条款时要注意应在租期到期前的最后一两个月执行，而不是在租期开始的第一个月免租。如租赁期是一年，则在最后两个月可以不收租金。因为这样可以避免租户不付钱就入住，直到被驱逐出去时都未付租金的情况发生。一般来说，短期减免租金的妥协比平均降低整个租期内的租金的妥协要好。因为平均降低租金的妥协无形中降低了物业的市场价值，它造成的损失要比短期减免租金的损失大。

（四）租期的确定

在租户更迭时，业主为寻找新租户要花费广告支出，对新租户的资格审查要花费成本，谈判要花时间和费用，而每次租户搬出搬进物业都要发生清理、重装修和修整等费用，所有这些都要增加业主的租赁成本，减少租赁收益。因此有经济头脑的业主往往愿意签一份长一些的租约。当然，业主如果在长租约中没有逐渐提高租金的条款（如随物价指数而变动等），长期租约也会造成损失。

1. 居住物业的租期

一般情况下，对居住物业，如果租金能够随时间推移而增长，租期可适当长一些，否则一般不超过一年。当然也有例外，如对新建成新改造的居住物业，业主为提升物业的声望，就会对那些资信好经济实力较强的租户签订较长时间的租约，因为这些人的租用会提高物业在租户及邻里间的声望。

2. 办公、商业和工业物业的租期

办公、商用物业则不同于居住物业，其租期通常较长（如 5 ~ 10 年），而工业厂房租期一般会更长。业主在长期租约中通常会加入租金随时间而增加的条款。由于商用物业往往有专为租户进行改造的费用，因此对商用物业，物业管理者要尽量寻求较长的租期，以期完全收回改造费用。在长期租约中，若以百分比租约方式出租，物业管理者通常会要求有保底租金，当然对那些声誉很高的大型商业企业租户也可以例外。

在租期结束时，给予续租也是一种优惠。有较高声誉或经营业绩好的工商业租户往往能够得到续期的优惠。其他租户要续期则往往有附加条件，如提高租金等。在租赁市场空置率较高的情况下，租户有时在谈判中会提出在租用到预定的时间后可退租的条款；而在经济不景气的时候租户会提出在租用达到一定时间后根据经营情况减少租用量或租金的条款。在特殊时期，业主在谈判中可以同意上述条件而不附带任何惩罚条件，但对未收回的、为适应其租用要求而改造的费用，则要求租户在退租时补缴齐。

（五）关于物业改造的谈判

新租户在入住前，总会提出这样或那样的改造或改进物业的要求。改造费用一般通过租金的形式收回。但物业管理者要向租户申明的是，所有超标改造装修费用或由租户自负，或由业主提供并在租金中收回。在市场疲软或租户需要的时候，标准内的定期重装修或设备更新可以考虑在租约中规定由业主负担。例如，对一家声望显赫的证券公司租用的物业，业主负责每三年重新粉刷一次、每六年更换一次地毯等。

1. 居住物业改造装修要求

租户对居住物业的要求一般局限在物业的装饰上，如重新粉刷、重换窗帘更新地毯等。有些新建住宅的业主让租户自己设计挑选装饰，并将其作为优惠条件。旧的住宅是否重新装饰由当时的租赁市场状况和租赁双方的急需程度决定。住宅在重新出租前一般都要重新粉刷一遍，但当市场紧俏或租户急于入住时，如果租户愿意，可以由业主提供材料，租户自行完成，物业管理者要注意把这些口头协议记录下来以免造成误解。

2. 工商业物业的改造要求

工商业物业的租赁谈判中，物业管理者在对物业改造的条款作出妥协前，不仅要考虑改造对物业的影响，还要考虑由此而增加的业主负担。一般谈判的结果是用其他条款来交换，以避免给业主带来损失。物业管理者要给租户一个可以改造的上限，允许租户在此范围内确定标准。

工商业物业在出租前一般必须经过相当大的改造，以满足租户经营的特殊需要。改造项目和所需费用及费用如何分配必须在租赁契约中明确写明。一般情况下，新的工商业物业业主在建造时，会根据建筑标准预留一定的出口、灯具、窗户等，这些费用一般由业主承担。但超出这些标准的任何设备、设施如附加的楼梯、空间分隔门、喷淋系统等的费用可以由租户负担。

如果租户要求业主无法满足的豪华昂贵的装修改造，业主可以直接给租户按每平方米计算补贴。但物业管理者要监督租户的装修过程，使其按约完成。在租约中还要明确租户的任何改造都是物业不可分割的一部分，租户对其没有所有权。

（六）扩租权的谈判

扩租权是指允许租户在租用一段时间后根据需要增加租用邻近的物业。对居住物业而言，扩租并不常见。但对工商业物业租户，尤其是对正处在成长阶段的工商业租户而言，这一优惠条件是很有吸引力的。但令业主和物业管理者头疼的是，将已答应扩租的物业出租给那些不知会租多久的租户会带来麻烦。显然物业的空置率越低，租户获得扩租权的可能性就越小，因为物业的大部分空间已被占用或被预约租用。

（七）限制竞争租户条款的谈判

限制竞争租户条款是指租户在物业中享有排他的、从事某一行业的经营垄断权。该附加限制条款常常出现在商业物业尤其是零售物业的租约中，有时也在服务业的物业租赁中出现，如理发店等。物业管理者在谈判中要注意如果这一限制条款不致影响业主的利益，或租户愿意为此交付额外的补偿，就可以考虑采纳；如果这一条款会影响其他有价值的大租户或有声望的租户的进入，则不能同意。

四、缔约技巧

在租约正式签约前，许多租户都会迟疑，如都会停下来思考这样一些问题：这是否是一个正确的决策？并会反复问自己，要租赁的物业是否是所出的价位上最好的？妥协条款是否符合我的需要？是否可以等等再说？面对租户的迟疑，物业管理者的缔约技巧是：

1. 单刀直入式

单刀直入式就是直接让对方提出他们自己满意的条件，如“您更希望什么样的空间?”“您还有什么不满意的吗?”

2. 总结式

总结式就是强调物业的优点和对租户的适用性，在租户查看物业和洽谈过程中始终反复强调，以显示该物业十分理想。

五、核查物业

租约签订意味着租赁关系的真正开始。在租赁伊始，物业管理者应陪同租赁人核查物业，检查所租物业是否符合租赁条款中的条件，如果租赁双方都认可物业的状况，就应请承租人办理接受物业的签字手续。同时，物业管理者和租赁人都要填写“物业迁入—迁出检查表”。租户离开时也将使用该表。双方必须填写，以免发生争议（见表6－2）。

表6－2　　住宅迁入—迁出检查表

物业名称： 公寓名称： 地址： 租户姓名：　　　　　　　　　　日期：	
租户在入住时需填写下表，请指出是否提供下列项目，并在底端签名	租户在迁出时物业管理者需填写下表
钥匙 屋内清洁 厨房瓷砖 电冰箱 下水道 壁橱 洗脸盆 便盆 柜橱 洗澡间瓷砖 照明设施 墙纸 粉刷 窗 餐桌 写字台 隔断 地板 空调 微波炉 电话 其他 租户签名： 物业管理者签名： 日期：	钥匙 屋内清洁 厨房瓷砖 电冰箱 下水道 壁橱 洗脸盆 便盆 柜橱 洗澡间瓷砖 照明设施 墙纸 粉刷 窗 餐桌 写字台 隔断 地板 空调 微波炉 电话 其他 租户签名： 物业管理者签名： 日期：

六、提供租赁服务，建立良好的租赁关系

一旦双方签署了租赁合同，租赁关系即告成立。租户搬进，物业管理者就要与租户建

立良好的关系。因为对物业的维修和管理来说，与租户建立良好的关系，是成功的一半；此外，租户如果满意物业管理的服务，一般情况下愿意续签合同的可能性较大。

1. 良好的沟通

要与租户建立良好的关系，实现良好的沟通，物业管理者在租赁之初就要让租户对租赁条约的方方面面有一个清晰的了解，对包括物业管理条约、制度、处理维修的要求、租金缴纳程序、租约终止时间、维修基金、有关处罚制度及业主委员会等内容有一个清楚的交代，从而使双方就有关以后在租赁问题和物业管理等问题上基本达成共识。

2. 建立联系途径

物业管理者可以通过电话或私人拜访等途径与租户保持联系，要设法抓住一切机会并创造机会与租户面谈，广泛征求他们对舒适、服务、维修、管理等方面的意见。

3. 开展租赁服务

物业管理者在所开展的租赁服务中最应重视、最为关键的是维修服务，因为租户对维修服务的好坏最为敏感。因此，在租赁初始，物业管理者应确保租户了解维修程序（如向谁和怎样提出维修服务要求等），以及由谁承担责任等。为此，物业管理公司必须建立一个快速有效的服务系统，使租户要求能够准确地反馈给相应的部门。一种方法是将有关维修要求信息订为一式三份，物业管理者、维修者和租户各执一份。

与租户建立良好关系，主要依赖于业主或物业管理者对租户要求作出反应的程度。因此无论什么服务要求，物业管理者都应该立即反馈给租户，如果答案是否定的，那么物业管理者也要真实地告知租户并进行解释。最忌讳的做法是表面应允，而实际上却拖延或逃避。

无论物业管理者对租户的要求多么负责，一旦租户们感到自己的要求受到冷落，租户与物业管理公司的良好关系就会受到影响。因此物业管理公司在处理租户的各类要求时，要尽量使其满意。即使遇到租户的过分要求，也要有礼貌地倾听，然后解释提供该服务将增加额外支出。尤其是要注意在电话联系时，租户们往往会根据声音判断物业管理者的热情程度与负责态度；此外现场的维修工作人员要穿戴整洁，最好穿制服等。

七、收缴租金

在租赁开始时，物业管理者对租金缴纳的时间、地点和滞纳金制度等都要非常熟悉。一般来说，无论是办公、商业还是工业与居住物业，提前收取租金是通行的标准。物业管理者要在签订租约之初，就应向租户解释缴费的相关要求。物业管理者一般在月初开始租金收缴工作。物业管理者的收费政策直接关系到租户上缴租金的速度。

（一）租金缴纳时间的管理

物业管理者一般在月初开始租金收缴工作，物业管理者的收费政策直接关系到租户上缴租金的速度。如果物业管理者对交费时间不在乎，租户就不会尊敬他。

（二）滞纳金的管理

一般物业管理者对迟交租金的租户要么采取罚款制度，要么给予一定的宽限期。物业管理者对迟交租金所持的态度和租户的交费习惯影响了物业管理者对迟交租金所采取的行为。如物业管理者认为迟交租金是正常的，则就会采取给予宽限期的措施。但不管怎样，物业管理者在接受新物业的管理时就要建立严格的收费制度，可以对按期缴纳者给予一定的奖励，对迟交者收取一定的滞纳金。

（三）收费通知单的管理

由于各种物业的管理服务不同，加上同一物业中的各租户享受的服务也不相同，因此在收费通知单中应单列租金。如办公楼宇管理者就要列出运行费用中每个租户的消费量；而商业物业的租金通知单，则要列出电力、公共照明、门厅服务、管道工作和滞纳金等项目。

专栏 6－2　租户欠缴物业管理费，物业管理公司能否向业主催缴

案例简述：

××年 8 月，某业主与王小姐签订了一份房屋租赁合同，把自己的一套房子出租给王小姐居住，租期为两年。合同除了对租金及支付期限作了约定外，还约定物业管理费由王小姐承担。前几天，该业主收到物业公司的催款函，说已欠付近一年的物业管理费。为此业主投诉，称租赁合同中已约定由房客交付物业费，物业公司不应再向业主催缴物业管理费。

案例分析：

根据规定，物业管理公司按照其与业主签订的物业管理服务合同提供物业管理服务后，有权按照合同向业主收取约定的物业费。对业主来说，在接受了物业管理公司提供的物业管理服务后，有义务按约定支付相应的物业费。

在房屋出租期间，出租人应将出租情况及时书面告知物业公司。物业管理公司可根据出租人和承租人对物业费用缴付的具体约定向有关义务人收取物业费。也就是说，若租赁合同约定由承租人支付物业费，物业管理公司可直接向承租人收取，但业主要承担连带责任。若租赁合同对物业费用由谁支付没有约定或者约定由出租人承担的，物业费用应当由出租人承担。

根据以上分析，若王小姐不按约定缴纳物业费，物业管理公司向出租人收取物业费用是有法律依据的，因为业主要承担连带责任。当然，在缴完欠付的物业费用后，业主可向王小姐追偿，并可追究她相应的违约责任。

物业管理公司接到业主投诉后，应与业主沟通，说明上述观点，以求得业主的理解。同时，还应提请业主了解在房屋对外租赁时，应到物业管理公司告知并履行必要的手续，以便物业管理公司了解掌握业主租赁情况，配合业主做好租赁管理工作，避免问题的出现。

八、续签租约

续签租约对业主和物业管理者都是有好处的，因为对再装修以及更换其他设施的要求，旧租户不像新租户那样多，另外业主也节省了寻找新租户的费用。租户是否续约主要取决于

对物业管理者的满意程度和新契约的条款。因此新契约的条款作何改变是很关键的。

考虑新契约条款是否改变的因素：一是初次租赁谈判中未考虑的因素，如租户以往是否准时缴纳租金等；二是市场的情况，通常改变租赁条款的内容主要集中在租赁期限、维修、更换、再装修的程度和租金水平等方面。

租约续签谈判中一个非常主要的问题是租金的调整，即租金是否随物业运行费用的增加而发生变化，在商业物业的租赁中这个问题尤其重要。一般来说，租户和物业管理者都不喜欢随意增加租金，因为租户不希望出更多的钱，而后者则担心高空置率使业主对其工作不满意。但如果是100%的出租率则说明相对市场行情来说，租金偏低了，该是调整租金的时候了。另外，如果物业管理者的佣金与租金挂钩，则物业管理者也会倾向于提高租金。这时，他们通常会对有价值的物业单元提高租金。

租金增加不可避免地会使部分租户威胁业主或物业管理者要中止租赁而搬迁，但随着租户到市场上寻求新的物业，了解市场后，搬迁人数会降下来。即使真要搬走，物业空置率也是暂时的，不久会被新租户顶替。只要租赁费的增加能够弥补空置的损失，整个收入就不会减少。

一旦租户明白了租金提高后的逻辑关系，即明白租金调整的合理性后，他们的态度会发生一些改变。另外，物业管理者为了在提高租金的同时仍然与租户保持良好的关系，在租金增加后，应保证服务和维修保持或超过原来的水平。例如，可以通过简单地做做门面改进，来增加租户的满意度。相反，如果租金增加而服务下降，就会引起租户的不满和抗议，这时物业管理公司要迅速改进管理，减少失去租户的损失。

九、租赁终（中）止

（一）租赁终（中）止的种类

1. 租户提出的租赁终止

租户提出搬迁的通告按租约条款规定办，但如果一个表现良好的租户要求搬迁，物业管理公司应立即与他们取得联系，并检讨是不是管理过失所致。如果是的话，物业管理者应通过保证改变这种状况等的承诺，尽量挽留租户。即使租户的决定难以改变，物业管理公司仍然要调查清楚事情的真相，为以后加强管理避免类似事件发生提供参考。

2. 物业管理公司拒绝续签

物业管理者及时发出终止租赁通知而不允许续签也是可以的，但物业管理公司拒签的理由必须充分。

3. 强制性的中止租赁

当租户违反法规、不付租金、参与犯罪或违反租约协议条款的其他方面时，物业管理公司有权通过法律途径强制中止租赁合同，收回物业。

（二）租赁终（中）止的程序

1. 搬迁前的会面

物业管理者在租户搬迁前，应与租户进行一次私人会面，填写搬迁前的会面表等。

2. 物业检查

无论哪一方提出结束租赁，物业管理者都必须在租户搬出之后与其一起检查物业。当房屋被清空后，物业管理者在检查时就应确定下次搬迁前哪些地方需要重新粉刷，为此检查时物业管理者应带上一定格式的物业检查表，检查物业哪些地方受损以及房间及其设施是否处于完好状态，记下物业的实际情况和需要的维修量及何时可列入维修计划等，并计算出安全与清洁方面应扣除的押金。

3. 归还押金

归还租户押金时，物业管理者要说明押金扣除了哪些方面及其数额。如扣除了安全押金，就要说明安全押金的用途并归还未支出部分。如果物业管理者违反租赁协议动用了部分押金，那么必须向租户逐条说明其使用情况。如果租户不能接受，物业管理公司必须承担相应的责任。

专栏 6-3　物业服务企业该听开发商的，还是该听租户的？

案例简述：

某物业服务企业受某开发商委托为其管理一幢高级写字楼。一日，业主与一租户发生冲突，后来越闹越凶。租户停付租金及物业服务费达一个月，业主一气之下，给物业服务企业正式传真，以委托人名义命令物业公司切断对该租户办公室水、电、气、暖的供应，并要求物业公司打开该租户门锁，将里面所有物品搬出，并称一切后果由业主承担。租户得知消息后，并不示弱，也以书面传真形式告知物业公司，以物业使用人名义要求物业公司严格履行物业服务职能，加强安保服务，严防任何闲杂人员进入办公室，一旦出现有人强行非法进入租户办公室的情况，定向司法机关控告物业公司。该案例中：

1. 物业服务企业能否接受开发商的指示，去切断该租户的水、电、气、暖的供应？
2. 物业服务企业能否接受开发商的指示，打开该租户门锁，将里面所有物品搬出？
3. 租户对物业服务企业的要求是否有道理？物业服务企业有执行的义务吗？

案例评析：

本案例对于写字楼和商场等经营性的物业管理来说，具有一定的代表性。目前，全国各地不少地方都存在类似的情况。这类情况的出现，反映了相当部分开发商、物业服务企业以及租户对各自的法律地位、各自的权利以及对什么是物业服务及其内容等不甚清楚。

1. 物业服务企业能否接受开发商的指示，去切断该租户的水、电、气、暖的供应？

按照现有的相关法规，物业服务企业是独立的企业法人，以提供物业管理、经营服务为业务范围，与委托人之间是平等的民事主体关系，所以，不论是受业主委托，还是受业主委员会委托，物业服务企业都不应该成为他人的附属工具，更不可听命于他人。

本案例中，无论业主与租户之间纠纷如何生成与演化，均与物业服务企业没有关系。只要租户交够一天的物业服务费用，就理应得到一天的物业管理服务。即使物业服务企业就此作出什么决定，也不应是以业主（开发商）的要求而作为的，而是依据有关法规和物业服务公约等，由物业服务企业自己作出决策的。当然，在这种情况下，物业服务企业应该积极活动，努力协调双方之间的关系，解决双方间的纠纷与问题，这不仅对业主和承租人有利，对物业服务企业进行物业管理的活动也是非常有益的。

2. 物业服务企业能否接受开发商的指示，打开该租户门锁，将里面所有物品搬出？

物业服务企业绝不能应业主（开发商）的要求，擅自把租户的门锁强行打开。强行入室、清除物品，这是业主（开发商）提前中止房屋租赁合同的表现，只能由业主来执行。在业主与租户之间矛盾没有得到协商解决或没有取得法律判决书之前，该物业服务企业不能参与或协助业主的强行入室行为，否则，如果引起民事诉讼及刑事诉讼，无论业主如何声称对此事负责，相关后果及责任必须由该物业服务企业承担部分甚至承担全部责任。

3. 租户对物业服务企业的要求是否有道理？物业服务企业有执行的义务吗？

租户不交物业服务企业费用，就无法得到相关物业管理服务，包括安保服务等。所以说开发商某些行为的后果，只能由租户自己应对与承担。物业服务企业没有协助的义务。

复习思考题

一、名词解释

物业租赁、定期租赁、自动延期租赁、意愿租赁、毛租、净租、百分比租赁、物业租赁合同

二、简答题

1. 物业租赁的法律特征。
2. 物业租赁的一般原则。
3. 物业租赁登记备案的程序。
4. 房屋租约的法律特征。
5. 物业租赁合同有哪些基本条款？
6. 解决房屋争议的方式有哪些？
7. 房屋租赁广告的方式有哪些？

三、案例题

1. 一写字楼物业管理公司告知所有的租户，将对租户的房屋装修活动进行统一监督管理。任何租户装修，必须提前提出申请，由物业管理公司审批，并且还规定，如有违反者，将对其处以300～5000元不等的罚款。一家租户在装修时，因没有及时清运垃圾，物业管理公司遂要按规定对其罚款500元。租户坚决反对，双方出现激烈争执。

租户认为：装修是其基本权利，物业管理公司无权对其装修行为指三道四，更无权对

其罚款。

公司认为：自己受开发商（业主）委托，对楼宇进行物业管理，装修管理是物业管理的法定要求和重要管理内容，租户违反装修管理规定，管理公司当然有权进行处罚。

（1）物业管理公司是否有权监管装修？

（2）物业管理公司是否有权对租户装修进行罚款？

（3）物业管理公司如何有效约束租户的违章装修行为？

2. 某物业服务企业受业主委托，将某一公寓楼租赁出去已有多年，但最近该物业服务企业碰到一系列麻烦。有一个王姓租户经常滞交租金，最近三个月这个承租户又是在收到物业服务企业警告后才交纳租金的。另一个李姓承租户总是不断地提出各种不在租约范围内的服务和维修要求。还有一个姚姓承租户以前是个模范承租户，在这里也租用了多年，但近期他提出两个月后他将撤离，不再续租，当问及原因时，他坦率地说对目前的物业管理政策不满意。

如果你是这家物业服务企业的经理，你该如何面对这三个承租户？你将如何处理这些问题，请你谈谈你的办法和措施。

3. 2013 年 10 月 18 日，某花园 B 栋 5 号楼 F 座的租户想要搬出一部分家具。他千方百计联系此时正在国外的业主，但就是联系不上。按照管理规定，租户要搬出家具，必须有业主的书面许可，而没有业主的书面许可，管理处不予放行。急于搬出家具的租户万般无奈，找到物业公司领导，恳请给予特殊照顾。

你认为，物业公司怎么做才能既维护业主权益，又能满足租户要求而不会产生纠纷隐患？

四、实训题（建议安排学生以小组的形式完成下列实训题）

1. 请以某一物业（住宅物业、商业物业）为例，简单介绍该物业的具体情况（包括位置、交通、物业服务、环境和绿化等）、主要的客户群体特征等，帮助其撰写物业租赁合同。

2. 请以某一物业（住宅物业、商业物业）为例，简单介绍该物业的具体情况（包括位置、交通、物业服务、环境和绿化等）、主要的客户群体特征等，帮助它策划一些活动，捕捉潜在的客户。

本章附录

相 关 法 律

商品房屋租赁管理办法

2010 年 12 月 1 日，住房和城乡建设部出台《商品房屋租赁管理办法》，将于 2011 年 2 月 1 日起施行，旨在加强商品房屋租赁管理，规范商品房屋租赁行为，维护商品房屋租赁双方当事人的合法权益。

第一条　为加强商品房屋租赁管理，规范商品房屋租赁行为，维护商品房屋租赁双方当事人的合法权益，根据《中华人民共和国城市房地产管理法》等有关法律、法规，制定本办法。

第二条　城市规划区内国有土地上的商品房屋租赁（以下简称房屋租赁）及其监督管理，适用本办法。

第三条　房屋租赁应当遵循平等、自愿、合法和诚实信用原则。

第四条　国务院住房和城乡建设主管部门负责全国房屋租赁的指导和监督工作。

县级以上地方人民政府建设（房地产）主管部门负责本行政区域内房屋租赁的监督管理。

第五条　直辖市、市、县人民政府建设（房地产）主管部门应当加强房屋租赁管理规定和房屋使用安全知识的宣传，定期分区域公布不同类型房屋的市场租金水平等信息。

第六条　有下列情形之一的房屋不得出租：

（一）属于违法建筑的；

（二）不符合安全、防灾等工程建设强制性标准的；

（三）违反规定改变房屋使用性质的；

（四）法律、法规规定禁止出租的其他情形。

第七条　房屋租赁当事人应当依法订立租赁合同。房屋租赁合同的内容由当事人双方约定，一般应当包括以下内容：

（一）房屋租赁当事人的姓名（名称）和住所；

（二）房屋的坐落、面积、结构、附属设施，家具和家电等室内设施状况；

（三）租金和押金数额、支付方式；

（四）租赁用途和房屋使用要求；

（五）房屋和室内设施的安全性能；

（六）租赁期限；

（七）房屋维修责任；

（八）物业服务、水、电、燃气等相关费用的缴纳；

（九）争议解决办法和违约责任；

（十）其他约定。

房屋租赁当事人应当在房屋租赁合同中约定房屋被征收或者拆迁时的处理办法。

建设（房地产）管理部门可以会同工商行政管理部门制定房屋租赁合同示范文本，供当事人选用。

第八条　出租住房的，应当以原设计的房间为最小出租单位，人均租住建筑面积不得低于当地人民政府规定的最低标准。

厨房、卫生间、阳台和地下储藏室不得出租供人员居住。

第九条　出租人应当按照合同约定履行房屋的维修义务并确保房屋和室内设施安全。未及时修复损坏的房屋，影响承租人正常使用的，应当按照约定承担赔偿责任或者减少租金。

房屋租赁合同期内，出租人不得单方面随意提高租金水平。

第十条　承租人应当按照合同约定的租赁用途和使用要求合理使用房屋，不得擅自改动房屋承重结构和拆改室内设施，不得损害其他业主和使用人的合法权益。

承租人因使用不当等原因造成承租房屋和设施损坏的，承租人应当负责修复或者承担赔偿责任。

第十一条　承租人转租房屋的，应当经出租人书面同意。

承租人未经出租人书面同意转租的，出租人可以解除租赁合同，收回房屋并要求承租人赔偿损失。

第十二条　房屋租赁期间内，因赠与、析产、继承或者买卖转让房屋的，原房屋租赁合同继续有效。

承租人在房屋租赁期间死亡的，与其生前共同居住的人可以按照原租赁合同租赁该房屋。

第十三条　房屋租赁期间出租人出售租赁房屋的，应当在出售前合理期限内通知承租人，承租人在同等条件下有优先购买权。

第十四条　房屋租赁合同订立后三十日内，房屋租赁当事人应当到租赁房屋所在地直辖市、市、县人民政府建设（房地产）主管部门办理房屋租赁登记备案。

房屋租赁当事人可以书面委托他人办理租赁登记备案。

第十五条　办理房屋租赁登记备案，房屋租赁当事人应当提交下列材料：

（一）房屋租赁合同；

（二）房屋租赁当事人身份证明；

（三）房屋所有权证书或者其他合法权属证明；

（四）直辖市、市、县人民政府建设（房地产）主管部门规定的其他材料。

房屋租赁当事人提交的材料应当真实、合法、有效，不得隐瞒真实情况或者提供虚假材料。

第十六条　对符合下列要求的，直辖市、市、县人民政府建设（房地产）主管部门应当在三个工作日内办理房屋租赁登记备案，向租赁当事人开具房屋租赁登记备案证明：

（一）申请人提交的申请材料齐全并且符合法定形式；

（二）出租人与房屋所有权证书或者其他合法权属证明记载的主体一致；

（三）不属于本办法第六条规定不得出租的房屋。

申请人提交的申请材料不齐全或者不符合法定形式的，直辖市、市、县人民政府建设（房地产）主管部门应当告知房屋租赁当事人需要补正的内容。

第十七条　房屋租赁登记备案证明应当载明出租人的姓名或者名称，承租人的姓名或者名称、有效身份证件种类和号码，出租房屋的坐落、租赁用途、租金数额、租赁期限等。

第十八条　房屋租赁登记备案证明遗失的，应当向原登记备案的部门补领。

第十九条　房屋租赁登记备案内容发生变化、续租或者租赁终止的，当事人应当在三十日内，到原租赁登记备案的部门办理房屋租赁登记备案的变更、延续或者注销手续。

第二十条　直辖市、市、县建设（房地产）主管部门应当建立房屋租赁登记备案信息系统，逐步实行房屋租赁合同网上登记备案，并纳入房地产市场信息系统。

房屋租赁登记备案记载的信息应当包含以下内容:

(一) 出租人的姓名 (名称)、住所;

(二) 承租人的姓名 (名称)、身份证件种类和号码;

(三) 出租房屋的坐落、租赁用途、租金数额、租赁期限;

(四) 其他需要记载的内容。

第二十一条　违反本办法第六条规定的,由直辖市、市、县人民政府建设 (房地产) 主管部门责令限期改正,对没有违法所得的,可处以五千元以下罚款;对有违法所得的,可以处以违法所得一倍以上三倍以下,但不超过三万元的罚款。

第二十二条　违反本办法第八条规定的,由直辖市、市、县人民政府建设 (房地产) 主管部门责令限期改正,逾期不改正的,可处以五千元以上三万元以下罚款。

第二十三条　违反本办法第十四条第一款、第十九条规定的,由直辖市、市、县人民政府建设 (房地产) 主管部门责令限期改正;个人逾期不改正的,处以一千元以下罚款;单位逾期不改正的,处以一千元以上一万元以下罚款。

第二十四条　直辖市、市、县人民政府建设 (房地产) 主管部门对符合本办法规定的房屋租赁登记备案申请不予办理,对不符合本办法规定的房屋租赁登记备案申请予以办理,或者对房屋租赁登记备案信息管理不当,给租赁当事人造成损失的,对直接负责的主管人员和其他直接责任人员依法给予处分;构成犯罪的,依法追究刑事责任。

第二十五条　保障性住房租赁按照国家有关规定执行。

第二十六条　城市规划区外国有土地上的房屋租赁和监督管理,参照本办法执行。

第二十七条　省、自治区、直辖市人民政府住房和城乡建设主管部门可以依据本办法制定实施细则。

第二十八条　本办法自 2011 年 2 月 1 日起施行,建设部 1995 年 5 月 9 日发布的《城市房屋租赁管理办法》同时废止。

第七章　物业管理风险

本章学习目标

通过本章的学习，了解风险的由来和概念、风险管理的发展阶段和风险管理的意义，熟悉风险管理的含义和目标。熟悉物业管理风险的含义、特点和类型，掌握物业风险管理的方法。掌握治安管理风险、消防管理风险、设施设备管理风险、车辆管理风险的防范措施。了解物业保险的含义、特征、目的和原则；了解物业保险合同的含义、特点；熟悉物业保险合同的主要内容、物业保险的标的和物业保险的投保决策；掌握物业企业所涉及的两种主要保险——雇主责任险、物业管理责任险。

第一节　风险管理概述

一、风险的概念

“风险”一词的由来，最为普遍的一种说法是，在远古时期，以打鱼捕捞为生的渔民们，每次出海前都要祈祷，祈求神灵保佑自己能够平安归来，其中主要的祈祷内容就是让神灵保佑自己在出海时能够风平浪静、满载而归；他们在长期的捕捞实践中，深深地体会到“风”给他们带来的无法预测无法确定的危险，他们认识到，在出海捕捞打鱼的生活中，“风”即意味着“险”，因此有了“风险”一词的由来。

而另一种据说经过多位学者论证的“风险”一词的“源出说”称，风险（risk）一词是舶来品，有人认为来自阿拉伯语、有人认为来源于西班牙语或拉丁语，但比较权威的说法是来源于意大利语的“risque”一词。在早期的运用中，也是被理解为客观的危险，体现为自然现象或者航海遇到礁石、风暴等事件。大约到了 19 世纪，在英文的使用中，风险一词常常用法文拼写，主要是用于与保险有关的事情上。

现代意义上的风险一词，已经大大超越了“遇到危险”的狭义含义，而是“遇到破坏或损失的机会或危险”，可以说，经过两百多年的演绎，“风险”一词越来越被概念化，并随着人类活动的复杂性和深刻性而逐步深化，并被赋予了从哲学、经济学、社会学、统计学甚至文化艺术领域的更广泛更深层次的含义，且与人类的决策和行为后果联系越来越紧密，“风险”一词也成为人们生活中出现频率很高的词汇。

学术界对风险的内涵没有统一的定义，由于对风险的理解和认识程度不同，或对风险研究的角度不同，不同的学者对风险概念有着不同的解释。但可以归纳为以下几种代表性观点：风险是事件未来可能结果发生的不确定性；风险是损失发生的不确定性；风险是指可能发生损失的损害程度的大小；风险是指损失的大小和发生的可能性；风险是由风险构成要素相互作用的结果。

二、风险的类型

（一）按照产生的环境划分

静态风险是指在社会经济正常情况下，由自然力的不规则变化或人们的过失行为所致损失或损害的风险。如雷电、地震、霜害、暴风雨等自然原因所致的损失或损害；火灾、爆炸、意外伤害事故所致的损失或损害等。

动态风险是指由于社会经济、政治、技术以及组织等方面发生变动所致损失或损害的风险。如人口增长、资本增加、生产技术改进、消费者爱好的变化等。

（二）按照风险标的划分

财产风险是指导致一切有形财产的损毁、灭失或贬值的风险以及经济或金钱上的损失的风险。如厂房、机器设备、成品、家具等会遭受火灾、地震、爆炸等风险；船舶在航行中，可能会遭受沉没、碰撞、搁浅等风险。

人身风险是指导致人的伤残、死亡、丧失劳动能力以及增加医疗费用支出的风险。如人会因生、老、病、死等生理规律和自然、政治、军事等原因而早逝、伤残、工作能力丧失或年老无依靠等。

责任风险是指由于个人或团体的疏忽或过失行为，造成他人财产损失或人身伤亡，依照法律、契约或道义应承担的民事法律责任的风险。

信用风险是指在经济交往中，权利人与义务人之间，由于一方违约或违法致使对方遭受经济损失的风险。如进出口贸易中，出口方（或进口方）会因进口方（或出口方）不履约而遭受经济损失。

（三）按照风险产生的后果划分

纯粹风险是指只有损失机会而无获利可能的风险。比如房屋所有者面临的火灾风险、汽车主人面临的碰撞风险等，当火灾碰撞事故发生时，他们便会遭受经济利益上的损失。

投机风险是相对于纯粹风险而言的，是指既有损失机会又有获利可能的风险。投机风险的后果一般有三种：一是没有损失；二是有损失；三是盈利。比如在股票市场上买卖股票，就存在赚钱、赔钱、不赔不赚三种后果，因而属于投机风险。

（四）按照风险能否分散划分

系统风险（systematic risk）又称市场风险，也称不可分散风险，是指特定社会个体所不能控制或预防的风险。这种风险一般不是一时之间形成的，而是长期累积的结果，而一旦形成，任何社会和个体都很难在较短时间内阻止其泛滥和蔓延，比如经济萧条、通货膨胀、战争等。

可分散风险，又称非系统性风险（non - systematic risk）指的是公司内部的，可被分散的结构性风险（could be diversified）。值得注意的是，要与系统性风险（systemic rick）进行区分，systematic risk 与 systemic risk 看起来很像，但是后者指的是会引起整个市场或系统崩溃的风险。

（五）按照产生原因划分

自然风险是指因自然力的不规则变化使社会生产和社会生活等遭受威胁的风险。如地震、风灾、火灾以及各种瘟疫等自然现象是经常的、大量发生的。

社会风险是指由于个人或团体的行为（包括过失行为、不当行为以及故意行为）或不行为使社会生产以及人们生活遭受损失的风险。如盗窃、抢劫、玩忽职守及故意破坏等行为将可能对他人财产造成损失或人身造成伤害。

政治风险是因种族、宗教、国家之间冲突等引起的风险。

经济风险是指在生产和销售等经营活动中由于受各种市场供求关系、经济贸易条件等因素变化的影响或经营者决策失误，对前景预期出现偏差等导致经营失败的风险。比如企业生产规模的增减、价格的涨落和经营的盈亏等。

三、风险管理的发展阶段

现代意义上的风险管理理论与实践发轫于20世纪30年代的美国，按照大事件带来的风险管理的变化与理论界对风险管理发展历程进行的划分，风险管理研究可以划分为三个阶段。

（一）传统风险管理阶段

风险管理真正成为一门学科是从20世纪开始的。法约尔（1916）编著的《工业管理与一般管理》一书，首次提出把风险管理和企业经营相结合的思想。20世纪20年代末到30年代初的美国经济危机，将风险管理研究推向高潮。20世纪50年代，美国通用汽车公司发生的安全生产事故，成为风险管理学科发展的新契机。1984年、1986年发生在印度的美国联合碳化物公司农药厂的毒气外泄事故、苏联切尔诺贝利核电厂爆炸事故，加速了风险管理发展的国际化进程。

这一时期，对风险管理的认识相对比较肤浅，主要基于“风险是坏事”的认识，认为风险管理就是管理其产品在生产与交易过程中产生的某些财务风险与信用风险。这一时期促进风险管理加快发展的重大事件包括：美国1977公布实施的FCPA法案，1979年成立的国际风险管理协会，1980年成立的风险分析组织，1988年通过的巴塞尔资本协议，1989年公布的COSP内部控制管理框架等。

（二）现代风险管理阶段

1993年出现的首席风险总监，被视为风险管理由传统风险管理向现代风险管理转变的转折点，标志着风险管理进入现代风险管理阶段。这一时期的主要理论成果包括：佐敦（Jordon）提出VAR为给定置信区间的一个持有期间内的最坏预期损失，肯特·D. 米勒（Kent. D. Miller）

提出的整合风险管理概念，尼奥萨·瑟尔迪斯和尼奥斯·A.（Nieosa Seordis and Nieos A.）分析了风险集成管理和传统风险管理的区别。这一时期促进风险管理加快发展的重大事件包括：澳大利亚与新西兰于1995年9月联合颁布的《国家标准AS/NZS43601995：1999》，1996年成立了首个世界性的风险管理专家协会，1999年修订的巴塞尔新资本协议。

（三）全面风险管理阶段

《巴塞尔新资本协议》把市场风险与操作风险纳入资本约束范围，指出资本充足率、监管部门监督检查与市场纪律三大监管支柱，塑造成为促进全面风险管理理论走向成熟的重要力量。这一时期的主要理论成果包括：安娜·费尔南德斯·拉维达（Ana Fernandez - Laviada）系统研究了内部审计在风险管理中的重要作用，J. R. S. 弗雷泽（J. R. S. Fraser）分析了企业全面风险管理常见的十大误解，并且提出了实施全面风险管理需要注意的问题等。这一时期促进风险管理加快发展的重大事件包括：北美非寿险精算师协会于2001年明确提出的全面风险管理概念，由于2001年美国安然公司丑闻曝光导致2002年7月美国《萨班斯—奥克斯利法案》的出台，加拿大2002年颁布的《风险管理：决策者指南——加拿大国家标准》；英国2003年10月颁布了《AIRMIC/ALARM/IRM》；2003年成立的亚洲风险与危机管理协会；美国COSO委员会2003年7月第一次提出企业全面风险管理框架报告，COSO委员会2004年出台的COSO框架，把全面风险管理推向了新的高度。

四、风险管理的含义和目标

（一）风险管理的含义

风险管理思想古来有之，我国夏朝就有了“积谷防饥”的粮食储备制度，公元前，国外提出了共同海损制度及船货押贷方法。风险管理概念是在美国管理协会召开的一次关于保险问题的会议上首次提出的，以后有不同的学者对风险管理从不同的角度提出过风险管理的含义，我国的风险管理定义，在《中央企业全面风险管理指引》中指明了风险管理是一种进程与方法，指出风险管理的目标，是为企业的总体目标提供保障包括组织体系、信息体系、内部控制和风险管理策略等。本书认为风险管理是指经济组织或单位通过对风险的确认和评估，采用合理的经济技术手段对风险进行预测、控制和规避，缩小实际和期望之间的偏差，达到保护风险管理者目的的一种管理活动。

（二）风险管理的目标

风险管理是一项有目的的管理活动，只有目标明确，才能起到有效的作用。否则，风险管理就会流于形式，没有实际意义，也无法评价其效果。风险管理的目标可分为损前目标和损后目标两种。

1. 损前目标

（1）经济目标。

企业应以最经济的方法预防潜在的损失，即在风险事故实际发生之前，就必须使整个风险管理计划、方案和措施最经济、最合理，这要求对安全计划、保险以及防损技术的费用进行准确分析。

(2) 安全状况目标。

安全状况目标就是将风险控制在可承受的范围内。风险管理者必须使人们意识到风险的存在，而不是隐瞒风险，这样有利于人们提高安全意识，防范风险并主动配合风险管理计划的实施。

(3) 合法性目标。

风险管理者必须密切关注与经营相关的各种法律法规，对每一项经营行为、每一份合同都加以合法性的审视，不至于使企业蒙受财务、人才、时间、名誉的损失，以保证企业生产经营活动的合法性。

(4) 履行外界赋予企业责任目标。

例如，政府法规可以要求企业安装安全设施以免发生工伤，同样一个企业的债权人可以要求贷款的抵押品必须被保险。

2. 损后目标

(1) 生存目标。

一旦不幸发生风险事件，给企业造成了损失，损失发生后风险管理的最基本、最主要的目标就是维持生存。实现这一目标，意味着通过风险管理人们有足够的抗灾救灾能力，使企业、个人、家庭乃至整个社会能够经受得住损失的打击，不至于因自然灾害或意外事故的发生而元气大伤、一蹶不振。实现维持生存目标是受灾风险主体在损失发生之后，在一段合理的时间内能够部分恢复生产或经营的前提。

(2) 保持企业生产经营的连续性目标。

风险事件的发生给人们带来了不同程度的损失和危害，影响正常的生产经营活动和人们的正常生活，严重者可使生产和生活陷于瘫痪。对公共事业尤为重要，这些单位有义务提供不间断的服务。

(3) 收益稳定目标。

保持企业经营的连续性便能实现收益稳定的目标，从而使企业保持生产持续增长。对大多数投资者来说，一个收益稳定的企业要比高风险的企业更具有吸引力。稳定的收益意味着企业的正常发展，为了达到收益稳定目标，企业必须增加风险管理支出。

(4) 社会责任目标。

尽可能减轻企业受损对他人和整个社会的不利影响，因为企业遭受一次严重的损失会影响到员工、顾客、供货人、债权人、税务部门以至整个社会的利益。为了实现上述目标，风险管理人员必须辨识风险、分析风险和选择适当的应对风险损失的方法和措施。

第二节　物业管理风险

一、物业管理风险的含义及其特点

物业管理风险是指物业企业在管理物业过程中，在特定客观条件下，特定期间内，发生某种损失的不确定性或可能造成损害的差异程度。物业面临的风险通常有雷电、洪水、飓风和地震等自然界运动所造成的灾害，也有火灾、战争以及人为因素所导致的损害，还有由于物业管理疏忽或不当所引发的公众人身或财产的损害赔偿责任，物业管理人员的意外伤害责任及养老和健康的保障问题。

在物业管理的过程中，物业管理风险具有以下特点。

（一）客观性

物业管理者或业主对风险因素不可能全部发现和掌握，因此风险是不可杜绝的，但物业风险的发生是有规律性的，这让物业管理企业可以进行有效的风险管理。

（二）不确定性

风险的不确定性在于物业风险造成的损伤具体时间不能确定，发生空间不能具体确定，同时，其发生的损失大小等难以在事先完全确定。

（三）损害性

物业风险发生的后果往往会造成一定程度的损失，一为直接损失，即风险事故导致的有形物质损失，这种风险损失有时可以用货币衡量；二是由直接损失引发或连带的间接损失，比如心理创伤等，它是无法用货币来衡量的。

二、物业管理风险的类型

（一）按风险损失划分

1. 财产风险

财产风险是指特定的风险对业主的不动产、动产所造成的直接和间接的损害结果。不动产是指建筑物及其附属结构；动产则包括建筑物内各类设备与器材。这两类财产都可能遭受火灾、地震、爆炸等的侵袭而导致损失。

在财产标的物遭遇到实际损毁的直接损失之后，也会引起由于丧失使用标的及占有标的物权力的间接损失。

2. 责任风险

涉及物业方面的责任风险主要有公众责任风险和雇主责任风险两种。

公众责任风险，又称普通责任风险，主要是各种团体及个人在固定场所从事生产、经营等活动以及日常生活中由于意外事故而造成他人人身伤害或财产损失。

雇主责任风险，又称劳工风险，主要是雇员在受雇过程中，遭受意外而导致受伤、死亡或者与业务有关的职业性疾病所致伤残或死亡。

3. 人身损失风险

这类风险涉及物业管理公司员工的养老、疾病、丧失劳动能力以及死亡家属的保障问题。物业管理有关工作人员在就职期间罹患各种疾病，必然会带来额外费用的增加或获取收入能力的减弱，作为聘用企业理应提供相应的保险保障。同样，退休养老补充性保障也是聘用职工企业应该承担的重要责任之一。

专栏 7-1 大爷上班突发心脏病去世，公司至少要赔 70 多万！[①]

案情简述：

王大爷，今年 54 岁，北京户籍，在北京某物业公司工作，担任电工，每月工资 6000 元。双方签订了为期两年的劳动合同。2017 年 7 月 21 日早上 10 点左右，王大爷在执行物业公司抢修电路的紧急任务时突发心脏病，在送往医院的途中不幸去世。北京某物业公司没有为王大爷缴纳社会保险。王大爷有一位 79 岁的母亲需要扶养，王大爷的妻子 52 岁，也没有工作。北京某物业公司的 HR 向笔者咨询：王大爷是否构成工伤，公司应赔多少钱？

一、王大爷突发疾病死亡应视同工伤，享受工伤保险待遇

《工伤保险条例》第十五条规定：

职工有下列情形之一的，视同工伤：

（一）在工作时间和工作岗位，突发疾病死亡或者在 48 小时之内经抢救无效死亡的；

（二）在抢险救灾等维护国家利益、公共利益活动中受到伤害的；

（三）职工原在军队服役，因战、因公负伤致残，已取得革命伤残军人证，到用人单位后旧伤复发的。

职工有前款第（一）项、第（二）项情形的，按照本条例的有关规定享受工伤保险待遇，职工有前款第（三）项情形的，按照本条例的有关规定享受除一次性伤残补助金以外的工伤保险待遇

王大爷 54 岁，尚未达到法定退休年龄 60 岁，与北京某物业公司之间存在劳动关系。王大爷在上班时突发疾病，且在 48 小时之内死亡，视同工伤，应享受工伤保险待遇。

二、工伤死亡待遇标准

《工伤保险条例》第三十九条规定：

职工因工死亡，其近亲属按照下列规定从工伤保险基金领取丧葬补助金、供养亲属抚恤金和一次性工亡补助金：

（一）丧葬补助金为 6 个月的统筹地区上年度职工月平均工资；

（二）供养亲属抚恤金按照职工本人工资的一定比例发给由因工死亡职工生前提供主要生活来源、无劳动能力的亲属。标准为：配偶每月 40%，其他亲属每人每月 30%，孤寡老人或者孤儿每人每月在上述标准的基础上增加 10%。核定的各供养亲属的抚恤金之和不应高于因工死亡职工生前的工资。供养亲属的具体范围由国务院社会保险行政部门规定；

（三）一次性工亡补助金标准为上一年度全国城镇居民人均可支配收入的 20 倍。

① 孟晓娟："大爷上班突发心脏病去世，公司至少要赔 70 多万"，https：//m. sohu. com/a/206726678_712455。

伤残职工在停工留薪期内因工伤导致死亡的，其近亲属享受本条第一款规定的待遇。

由此可见，王大爷因工死亡，近亲属可以获得上述法定待遇，即一次性工亡补助金、丧葬补助金、供养亲属抚恤金。计算方法和标准如下：

1. 一次性工亡补助金。

计算公式：上一年度全国城镇居民人均可支配收入×20

根据国家统计局2017年2月28日发布的《中华人民共和国2016年国民经济和社会发展统计公报》，2016年全国城镇居民人均可支配收入为33616元。

故应支付给王大爷近亲属的一次性工亡补助金标准为33616元×20=672320元。

2. 丧葬补助金。

计算公式：当地上年度职工月平均工资×6

王大爷在北京工作，根据《北京市统计局关于公布2016年北京市职工平均工资的通知》，2016年北京市职工月平均工资为7706元。

故应支付给王大爷近亲属的丧葬补助金为7706×6=46236（元）。

3. 供养亲属抚恤金。

根据《因工死亡职工供养亲属范围规定》第二条规定：

因工死亡职工供养亲属，是指该职工的配偶、子女、父母、祖父母、外祖父母、孙子女、外孙子女、兄弟姐妹。“子女”包括婚生子女、非婚生子女、养子女和有抚养关系的继子女。“父母”包括生父母、养父母和有抚养关系的继父母；“兄弟姐妹”包括同父母的兄弟姐妹、同父异母或者同母异父的兄弟姐妹、养兄弟姐妹、有抚养关系的继兄弟姐妹。

《因工死亡职工供养亲属范围规定》第三条规定：

上条规定的人员，依靠因工死亡职工生前提供主要生活来源，并有下列情形之一的，可按规定申请供养亲属抚恤金：

（一）完全丧失劳动能力的；

（二）工亡职工配偶男年满60周岁、女年满55周岁的；

（三）工亡职工父母男年满60周岁、女年满55周岁的；

（四）工亡职工子女未满18周岁的；

（五）工亡职工父母均已死亡，其祖父、外祖父年满60周岁，祖母、外祖母年满55周岁的；

（六）工亡职工子女已经死亡或完全丧失劳动能力，其孙子女、外孙子女未满18周岁的；

（七）工亡职工父母均已死亡或完全丧失劳动能力，其兄弟姐妹未满18周岁的。

由此可见，王大爷的妻子虽然没有工作，但没有完全丧失劳动能力，不能领取供养亲属的抚恤金。但王大爷的母亲可以领取供养亲属抚恤金。

计算公式：死者本人工资×30%（每人每月）

故应每月应支付给王大爷的母亲的供养亲属抚恤金为6000×30%=1800（元），该费用按月支付直至被供养的情形消失。

三、公司未给王大爷缴纳工伤保险，应按照工伤保险待遇支付上述工伤死亡待遇

《工伤保险条例》第六十二条规定：

依照本条例规定应当参加工伤保险而未参加工伤保险的用人单位职工发生工伤的，由该用人单位按照本条例规定的工伤保险待遇项目和标准支付费用。用人单位参加工伤保险并补缴应当缴纳的工伤保险费、滞纳金后，由工伤保险基金和用人单位依照本条例的规定支付新发生的费用。

由于王大爷已经去世，公司也无法为王大爷补缴工伤保险，王大爷应享受的工伤死亡保险待遇应由北京某物业公司支付。北京某物业公司需向王大爷的近亲属支付一次性工亡补助金672320元、丧葬补助金46236元，两项费用合计718556元。另还需每月给付王大爷之母供养亲属抚恤金1800元。

（二）按管理阶段划分

1. 早期介入风险

有的物业服务企业在还没有确定取得项目接管权的时候，就投入了较多的人力、物力和财力，最终未被建设单位选聘，物业服务企业不仅蒙受人、财、物的损失，还将损害企业的品牌形象。

由于早期介入的特点，当物业服务企业不具备足够的有相当专业技术能力和物业管理操作经验的人员全过程参与时，不易发现其隐患；另外，也可能使提供的专业咨询意见和建议出现不足和偏差。此外，如果不能与建设、施工和监理单位有良好的沟通和配合，早期介入提出的合理化建议将得不到重视和采纳。以上几个方面都有可能导致物业建成后在管理中出现一定的风险。

2. 前期物业管理风险

前期物业管理的风险有许多方面，但最主要的是合同风险。合同风险具体包括三个方面：

（1）合同期限风险。

我国《物业管理条例》第二十六条规定，前期物业服务合同可以约定期限；但是，期限未满、业主委员会与物业服务企业签订的物业服务合同生效的，前期物业服务合同终止。因此，前期物业管理合同的期限具有不确定性，物业服务企业随时有可能被业主大会解聘。一旦被提前解约，企业对物业管理项目的长期规划和各种投入将蒙受损失。

（2）合同订立中的风险。

在前期物业服务合同的订立中，物业建设单位居于主导方面。而且物业相关资料的移交，物业管理用房、商业经营用房的移交，空置房管理费缴纳等均需要物业建设单位的支持与配合。因此，建设单位在与物业服务企业订立前期物业服务合同时，可能会将本不该由物业服务企业承担的风险转嫁给物业服务企业。此外，一些物业服务企业为了取得项目管理权，在合同签订时会压低管理费用，影响到接管项目后正常经营的维持；或对有关责任约定不清晰，或忽视免责条款，甚至作出一些难以实现的承诺，致使接管后发生的不测事件（家中财产被盗、人员伤亡等）都有可能被业主作为向物业服务企业索赔的理由。

（3）合同执行的风险。

前期物业服务合同是具有委托性质的集体合同，由建设单位代表全体业主与物业服务企业签订。虽然这种合同订立行为是具有法规规制的结果，但在业主入住和合同执行的过程中，由于缺乏相应法规知识或其他原因，可能会发生对前期物业合同订立方式、合同部分条款和内容不认同、不执行的结果和纠纷。

3. 日常物业管理风险

日常物业管理的风险包括两个方面：业主使用物业和接受物业服务过程中存在的风险，物业管理日常运作过程中存在的风险。这些风险包括治安风险、车辆管理风险、消防风险、设施设备风险、公共环境风险等等。

三、物业风险管理方法

物业风险管理的目标，根据风险发生时间先后，可以分为损前目标和损后目标。损前目标是以最经济的方式实施预防，主要通过相应的安全预算，比如保险与防损的费用等来实施，以降低潜在风险发生而带来的损失。在物业风险发生后，损后目标主要是保障企业的持续经营，尽可能减少因风险的产生而给企业、他人和社会带来的不利影响。

为防范物业风险，物业企业根据物业风险管理的目标，可以按照风险预防、风险识别、风险处理三个方面来推进风险管理。

（一）风险预防

风险预防是进行物业风险管理的第一环节，主要由以下三部分内容来组成。

1. 建立风险管理部门

由于物业管理企业利润微薄，对风险管理人员的成本控制较严。对于一般规模的物业项目，风险管理部门可归口业务部门来进行管理，而大型的物业项目则一般要单独设立风险管理部门。但是，不论物业项目是大还是小，其本身都存在风险，而且风险牵涉到物业企业的各个部门，因此在风险管理的职责范围内进行多部门的配合显得尤为重要。首先，在与人力资源部门配合过程中，人事风险的预估、人事纠纷的处理、劳资政策的调整等事项的及时办理，能大大降低物业管理的风险。其次，加强与财务部门的配合，充分利用相关数据，有效降低财产和责任保险以及员工福利计划等方面的风险。最后，与服务部门密切配合，形成物业服务过程中的纽带，降低服务过程中的风险。

2. 明确风险管理人员

通过专人、专业化的物业风险管理，可以让物业管理企业抵御风险的能力大为提升，降低发生风险的概率。所以，选择好风险管理人员，将对物业企业风险管理任务的完成起到至关重要的作用。而根据现代企业管理的相关理论，企业的最高管理者又是风险的最大承担者，这又让物业的风险管理提升到一个新的层面，必将推动风险管理的展开。作为物业风险管理人员，首先他必须具有较强的风险防范意识，因此对风险管理的基本知识应该具备；其次，对已经发生的物业风险，能进行有效分析，提出解决对策，因此要定期对风险管理人员进行培训。

3. 制定风险管理计划

在物业风险管理的一个周期内，风险管理人员应该制定一个有效的风险管理计划。一个完整的风险管理计划包含风险管理的主体结构、风险管理的控制目标、风险管理的说明等。首先，在风险管理的主体结构中，应该标明相关风险管理部门人员的主要职责、制定年度预算来配备相应物件、如何加强风险的过程管理、制定考评制度等；其次，物业企业在建立风险的管理目标后，要对相应风险管理指标进行细化，加强风险在实际运行过程中的及时比较与调控，让年度风险成本的投入标准得到有效控制；最后，对风险管理报告制度、风险控制与决策规则等做出相应的说明。

（二）风险识别

风险识别是对现实存在的潜在风险进行系统的调查研究，归类分析风险因素特点的过程。风险是会随着各种条件的变化而转变，因此，在项目管理的整个持续的过程里对风险的观测，可以提升风险识别能力，在风险不断变化过程中采取相应对策，有效控制潜在风险给企业造成的损失。根据物业管理的实际运行，按物业风险产生的原因，也可以把物业风险分为政策风险、服务风险、管理风险。

1. 政策风险

作为向广大业主提供服务的物业管理行业是一个新兴行业，由于政策法规制定的不健全以及对政策推动的不积极，这就给物业企业带来政策风险。具体而言，现有物业管理法律法规的司法解释还未完善，造成责任方难以界定。而在实际案件审理中，法院对弱势群体的界定与保护又对物业管理企业不利，这些风险给物业管理企业带来不少问题。再者，在政策推动方面，国家虽然极力促进物业管理的发展，在工商、税务等方面也出台了一些优惠政策，而事实上，物业企业并没有享受到优惠政策，营业税、所得税还是和普通企业一样。又由于物业企业没有执法权，如果没有政府的支持将很难对一些违法性行为进行制止，如一些违章搭盖的行为，这些都会提高物业管理的难度及风险。

2. 服务风险

物业风险存在于服务过程中，服务中的事件是不可预测的，因而风险也很难确定。

（1）自然灾害风险。

在物业企业实际运行过程中，由于自然灾害的不可抗性，因此各种自然灾害都会给物业服务企业带来一些无法预料的风险，这将会给物业服务企业带来难以估量的损失。

（2）安全风险。

物业的安全问题存在于服务过程中，它包含治安风险、车辆管理风险、消防风险等。随着改革开放的进程加快，人口流动加剧，由于人员结构复杂造成国家强制机构执法难度的加大，这无形中部分加载到物业身上，加大了治安风险。车辆停放服务是物业服务过程中附带产生的附加服务，受物业所有人委托来管理停车场，所停放的车辆可能遭到损坏或盗抢，这给物业服务企业带来较大的车辆管理风险。消防风险主要在发生火灾时，由于消防设施维护保养不善，而造成物业所有者生命财产的损失，这会让物业服务企业或责任人面临民法及刑责的风险。由于物业服务企业对物业公共部分管理能力的弱化，发生公共设备使用人的人身及财产损失，如建筑附着物的坠落、公共设施的损坏、水电以及相关配套设备管理的不善，都会给物业服务企业带来不小的设备管理的风险。

（3）业主维权风险。

由于对物业服务的不满，造成的业主投诉；这些投诉如果处理不当，将会让物业服务企业蒙受经济和声誉上的损失，甚至有可能被炒鱿鱼。

3. 管理风险

管理风险是物业服务中由于管理不善而降低了管理质量进而造成的风险，体现在物业服务的每个细节。对物业服务企业来讲，管理风险从管理者及组织架构上可以分为管理层的决策风险、人力资本风险以及财务风险。

（1）管理层的决策风险。

物业服务企业是一个微利行业，因此对决策失误而给企业带来的损害是非常致命的。企业的管理层由于对专业不是十分熟悉，做出的每一项决策都要慎之又慎。选择规模化的方式来降低企业运营成本，是物业服务企业增强市场竞争力的一个有效途径，但必须谨慎决策，不能盲目冒进。对于高层管理者来说，一旦决策失误，对企业带来的风险是巨大的。

（2）人力资本风险。

人才是现代企业最核心的竞争力，对于物业服务企业来讲亦是如此。人才是通过长时间培养形成的自有的竞争力，而人力资本的风险在于在短时间内造成人才的流失，比如跳槽、伤害等，它对物业服务企业产生很大的破坏力。首先，员工的跳槽将带来公司的经营风险，比较突出的一点是随着人员的流动，其所拥有的商业机密为对手所知，这对公司的决策将产生不良影响；其次，人身伤害风险也是物业服务企业难以承受的，比如物业保安的打架行为，有可能让物业服务企业走向破产；再次，因政策的影响而带来的用工成本的增加，无形当中增加了物业企业运营的风险。

（3）财务风险。

采取预收制度的物业服务企业，它在财务方面的风险如下：第一，房子空置而降低了物业费的收缴。由于买房投资在房地产业占有一定比例，因此真正装修并居家的比例并不高，这造成了大量应收款无法及时“回笼”，产生很大的财务压力。还有以各种理由不缴物业费或拖延缴纳物业费的，这也在一定程度上加大了财务风险。第二，代收代缴费用风险。现实情况，很多像供水、供电、供暖、有线电视等必须由业主去缴纳的费用，大量仍然由物业服务企业代收代缴，其中部分由物业企业代为垫资的部分，是形成物业企业财务风险的最主要方面。第三，财务管理的漏洞风险。由于物业服务企业员工操作水平有限，在财务管理缺位的情况下，很容易造成资产流失、财务风险。

（三）风险处理

1. 风险分析

物业风险分析是在物业风险识别基础上进行的深化，它通过定性化和定量化相结合方法对项目潜在风险进行分析，确定风险损失频率和损失程度，是确定风险决策的重要依据。物业分析风险要把握如下几个要点：风险分析的数据应翔实，它是对大量物业同类风险现象或同一物业风险事故进行大量的观测获得的；风险分析是定性和定量分析的过程，它的结果为后续物业风险管理流程节点提供依据；风险分析的重点应放在发生概率高及影响程度大的风险上。物业风险分析方法主要有层级分析法、列表法、模糊风险综合评价等若干种分析法。

2. 风险评估

物业风险评估是指在风险事件发生之后，对于风险事件给人们的生活、生命、财产等各个方面造成的影响和损失进行量化评估的工作。风险评估的主要工作为：第一，对风险本身的界定。包括风险发生的可能性、风险强度、风险持续时间、风险发生的区域及关键风险点。第二，对风险作用方式的界定。包括风险对企业的影响是直接的还是间接的，是否会引发其他的相关风险，风险对企业的作用范围等。第三，对风险后果的界定。在损失方面：如果风险发生，对企业会造成多大的损失？如果避免或减少风险，企业需要付出多大的代价？在冒风险的利益方面：如果企业冒了风险，可能获得多大的利益？如果避免或减少风险，企业得到的利益又是多少？对于物业风险的评估，要在一个动态的过程中不断追踪，以防止风险的转化。风险评估方法有定量分析法，如敏感性分析、概率分析等；以及定性分析法，包含幕景分析法、专家调查法、层次分析法等。

3. 风险应对策略

根据对物业风险的分析及评估，确定物业风险所应采取的对策，以降低风险给物业企业带来的负面影响。常用风险应对策略包括：

（1）风险回避。

对物业服务企业而言，高概率风险意味着可能带来的损失也很大。风险回避是一个量入为出进行取舍的过程，即根据自身的实力，改变原先的计划，有选择地放弃高风险经营项目来避免可能产生的潜在损失。当然，高风险也意味着高收益，因此盲目地进行风险回避也是不可取的。

（2）风险自留。

当预期风险不可避免时，物业服务企业通过设置风险金来承担风险的方式，即是风险自留。在处置自留风险时，企业要采取各种方式来降低潜在风险带来的损失。风险处置金的设置有助于提高工作绩效。

（3）风险预防。

风险预防，其重点是在物业风险发生前，采取一系列措施降低风险发生的概率，但如果风险已经发生，应采取主动的风险对策，遏制损失的扩大。

（4）风险转移。

物业服务企业在无力避免风险且又无能力承担风险时，可以通过风险转移，将风险尽可能地转移给第三方。风险转移可分为保险转移与非保险转移两种，保险转移即物业服务企业以小额保费来规避风险，非保险转移常以与第三方订立合同的形式转移出去。

专栏 7－2 万科物业风险管理体系[①]

风险管理体系是指对企业面临的风险进行识别、评估、控制及监督等的系统工程，包括风险管理目标、管理方法、制度和流程、控制措施、参与人员等，以将企业风

① 王明波：《向万科物业学习风险管理》，载于《城市开发（物业管理）》2013 年第 12 期。

险降至最低程度为最终目标。风险管理体系是企业的基础工程，涉及企业运营管理活动的各个方面和各个环节，庞大而精深。万科物业的风险管理体系也是如此。我们不可能窥知其全貌，但可以通过在公开的互联网络收集到的相关信息，作一个大致的了解。

一、董事长、总裁为正副组长牵头建设风险管理体系

风险管理工作是“一把手”工程，公司领导的意识和重视程度决定了风险管理体系的建设质量。通过流传出来的一份文档，可以确信，万科物业的风险管理体系是以董事长、总裁为风险危机领导小组正、副组长牵头建设的。

二、提前识别、主动防控的风险管理过程

风险管理过程包括对企业面临的风险进行识别、评估、控制及监督等活动。我们不清楚万科物业风险识别和风险评估工作是如何开展的，但通过对网络上收集得来的若干图片对万科物业风险防控措施进行分析，可以确信，如果没有对风险全面、系统的提前识别和评估等过程，万科物业的风险防控措施不可能达到一个相当系统而全面的程度。

三、风险管理需要企业全员参与

风险管理活动需要融入企业经营管理的实际工作中，因而必须要求企业全员参与。员工的风险意识和风险防控水平最终决定了企业的风险管理质量。

一是员工招聘条件中的“风险意识和判断力”。“风险意识和风险识别能力是万科对物业管理人员的基本要求。”初看这句话时，可能很多人都会以为这是一句夸大之词。然而，在2013年11月5日发布的维修人员招聘广告中，我们惊讶地发现：成都万科物业竟然将“风险意识和判断力”作为招聘人员的素质要求之一。

二是培训员工风险管理能力。在风险管理体系中对员工的培训和宣贯是将风险管理工作落到实处的重要环节。万科物业的风险管理体系规定每年必须进行《职员职务行为准则》的全员培训，提升员工的风险管理意识和能力。

四、风险管理需要融入物业服务的各个方面

企业面临的风险存在于经营管理活动的各个方面，因而企业的风险管理也需要融入企业经营管理活动的各个方面和各个环节，提前识别、主动防控，以此来避免或减少风险事件的发生。

万科人在企业专业能力建设方面一个成功的、独特的尝试是“前期介入”模式。前期介入是指在项目规划设计阶段开始，万科人就站在业主的立场上，全程参与项目规划设计、营销策划和工程施工，从而大幅度地减少质量隐患，确保业主入住后享受高素质、更便利的物业服务。在人员进出管理中的风险防控措施中，设施设备管理的风险防护也同样重要。

五、风险管理需要强大的制度保障和有效的监督

风险管理不仅仅是一项活动，更应该通过制度、流程、操作规范和有效的监督来建立风险管理的长效机制。没有长效机制做保障的风险管理只能算是表面工作，不能落到实处，因而也就发挥不了其应有的价值。

第三节 几种常见的物业管理风险的防范

一、治安管理风险

（一）治安管理风险的界定和表现形式

治安管理风险主要是指由于物业管理或外界第三人的过错和违法行为，给物业管理服务范围内的业主或使用人造成人身损害、丧失生命和财产损失等风险。目前因改革开放和市场经济的深入发展，我国人口的流动率日益增高，社会各层次的收入差距急剧增大，该社会问题产生的社会治安问题已明显体现在小区的物业管理服务中。入室盗窃、抢夺、抢劫、故意伤害、故意杀人等各类治安事件相继发生在各个小区，给物业管理服务工作带来了极大的风险。

（二）治安管理风险的防范措施

1. 明确物业管理单位的法律地位和职责

每一个小区和大厦都是社会的组成单元，都面临社会治安问题。应该明确的是社会包括小区和大厦的治安是由公安机关负责的，物业管理单位的义务是协助公安机关维护物业管理区域内的公共秩序。这点作为物业管理单位和业主都应明确，物业管理单位仅仅是依法成立的公司法人主体，不享有超过法律规定的任何行政管理职权和行政处罚权。物业管理单位的工作人员，包括保安人员都不具有超出普通公民的任何特权。因此，物业管理单位的治安防范义务是在一定限度内的、有限的义务。

2. 切实履行物业管理单位的义务

物业管理单位在明白自身法律地位职责的基础上，应在自己一定限度内有限地履行义务，协助公安机关维护小区和大厦的公共秩序，防范治安风险。

防范治安风险，针对不同管理服务区域的具体不同情况，制定相对完善和实用的制度，组建和设置相应的机构和人员，实施和执行制度规定。制度中应明确对小区和大厦往来人员的管理，制定关于定时安排人员巡逻和巡视，针对治安事件的处理程序等。鉴于住宅小区和大厦业主和非业主使用人的不同需求和特点，对于人员的往来管理是有区别的。住宅小区可以采用业主和非业主使用人凭密码和智能卡进出，来访者采用登记或经业主和非业主使用人同意后进入。小区或大厦是以办公为主的商业区域，因为人员进出过于频繁，进出人员数量过大，逐一登记制度是不必要和难以落实的，多数都采用对从大厦和小区搬离物品进行登记，并凭业主或合法的非业主使用人入住时预留的印鉴或签名确认。往来人员的登记和管理是由固定岗位的工作人员完成的，同时必须配备相应的其他人员进行定时的流动式巡逻和巡查工作，对已进入小区或大厦的人员的行为进行监督，及时发现和制止不法侵害的行为，第一时间报警，协助公安机关制止和防范违法犯罪行为，保护事发现场，以履行协助公安机关维护公共秩序的职责。物业管理单位应根据小区的不同情况与业主委员会协调共同组织一定数量的业主，结合自愿原则，建立业主防范体系，配合和促进物业管理单位的治安防范工作，既可以针对非法侵害行为，也可以监督和发现物业管理单位的工作漏洞，最终形成不同层次的防范体系。

作为物业管理单位，在严格依据经过业主大会确定的各项管理规定履行了自己义务，协助公安机关维护社会公共秩序，物业管理单位将不再承担业主或非业主使用人因第三人非法侵害导致的人身和财产损失的赔偿责任。

3. 明确分包单位的责任和义务

在目前物业管理行业中，有一部分企业将协助公安部门维护小区和大厦安全管理的工作委托给专门的保安公司，协商约定支付一定服务费，由保安公司根据物业管理单位的具体要求提供一定数量的保安人员，按合同约定提供物业管理单位要求的服务。该做法实际也是物业管理单位与其他主体分担法律风险的措施。

但众多的保安公司往往在合同中要求排除因小区盗窃和抢劫事件造成损失的赔偿责任，而法律目前对保安公司的义务尚没有明确的规定，造成聘请专业保安公司分担法律风险的目的实现起来变得极为困难。

专栏 7－3 小区楼梯防滑条破损致人死亡，物业公司有责任吗？①

案件简述：

原告近亲属陈某生前居住在贾汪区某小区，2015 年 9 月 9 日陈某下楼时被楼梯踏步裸露在外的防滑条绊倒摔伤，后因持续发热于当月 10 日被送到某医院住院治疗。

经查，陈某系被绊倒跌落致使右侧多发性肋骨骨折、右侧皮下血肿、右胸腔积液。因病情严重，9 月 12 日转往上级医院治疗，2015 年 10 月 10 日好转出院。2015 年 10 月 12 日因肺部感染、咳嗽加重再次住院治疗，并于 2015 年 11 月 10 日死亡。

原告认为死者陈某虽自身患有多种疾病，但不是死亡原因，其死亡与摔倒造成肋骨骨折并刺伤肺部导致肺部感染无法痊愈有直接的因果关系。

第一被告某建设公司作为房地产开发商因施工质量原因造成楼梯踏步水泥脱落而使防滑条裸露绊倒陈某，应对陈某的死亡结果承担赔偿责任；第二被告某物业公司作为物业管理部门没有尽到建筑设施的日常管理维护责任应与建设公司共同承担赔偿责任。事故发生后，原告多次与被告交涉，但被告拒绝承担赔偿责任，原告诉至贾汪法院。

庭审中原告诉称、证人证言、建设公司辩述及物业公司与建设公司的往来函件等证据均证明涉案楼梯确实存在磨损、脱落情况，存在一定的安全风险。

法院认为：

1. 原告家属陈某的死亡与涉案楼梯防滑条脱落之间存在因果关系。

2015 年 9 月 9 日陈某被楼梯裸露防滑条绊倒摔伤的事实有相关证人予以证明，物业公司虽然对证人证言有异议，但未向本院提供相关证据予以反驳，故对于上述事实法院予以采信。

---

① “楼梯防滑条破损致人死亡，谁之过?”，徐州市中级人民法院网：http：//xzzy. chinacourt. gov. cn/article/detail/2018/09/id/3517428. shtml。

陈某生前自身患有多种疾病，主要有帕金森病史和脑梗死病史，小脑萎缩病史，案发前陈某已多次摔倒，本次摔伤造成右侧肋骨骨折、胸腔积液、气胸、肺炎等症状，后病情加重为肺挫裂伤、肺部感染并最终死亡。楼梯防滑条外露绊倒陈某并不能必然导致陈某死亡，其死亡原因系自身疾病和绊倒摔伤导致肋骨损伤肺部二者结合所致。

2. 建设公司对楼梯防滑条没有保修义务。

根据相关法律规定，楼梯属于主体结构其保修年限为建筑的合理使用年限，但楼梯上的防滑条应当认定为属于楼梯扶手、拦挡、架构等装修工程项目，不属于主体结构范畴，按照法律规定装修工程的质保期限为2年。小区于2011年通过竣工验收，故建设公司作为建设方对于楼梯防滑条不再具有保修责任，免除其质保义务。

3. 物业公司对防滑条有修复义务。

根据建设公司和物业公司签订的物管合同，物业公司对房屋共用部分应当进行日常管理和维修养护；根据使用状况，属于小修范围的，应及时组织修复；属于大中修范围的，根据业委会的决定，制定计划组织维修。另《江苏省物业管理条例实施细则》规定，物业存在安全隐患、严重影响市容或者妨碍他人正常使用的，业主、物业使用人或者物业服务企业应当及时维修、养护或者采取防范措施。

基于上述物业服务合同和物业管理条例实施细则的相关内容，涉案小区的物业维护主体为物业公司。楼梯防滑条脱落属于建筑物构筑物的正常磨损，应当认定为物管合同中的小修范围，物业公司怠于修复，存在明显过错，应对死者家属承担赔偿责任。本院酌定由其承担20%的赔偿责任。

4. 原告对死者摔伤应承担过错责任。

陈某生前患有多种疾病且多指向行动不便，下楼时应当由其家属陪同，其家属未尽到安全陪护义务，存在重大看护过失，应承担主要责任。

目前该案经上级法院终审维持原判并已发生法律效力。

法官评析：

楼梯作为竖向交通和人员紧急流散的主要交通设施，人流量大、坡度陡，在使用过程中较易发生危险，恰恰因为楼梯的承载量大，导致楼梯附属设施磨损严重。生活中破损的防滑条极易绊倒上下楼梯的老人和儿童，甚至对于喜欢穿高跟鞋的爱美女士也是一种危险存在。防滑条本应是上下楼梯的安全保障，因破损增加通行风险，有违其设置初衷。

物业公司作为小区公共设施的养护主体，应当根据合同约定对小区范围内的易耗物件及时检修。针对存在的安全隐患，应当及时组织修复，避免物件损害侵权。

日常生活中对于行动不便的家人，同住家属应当履行看护责任，避免发生意外。

二、消防管理风险

（一）消防管理风险的界定和表现形式

消防管理风险其实也是小区或大厦公共设施管理服务风险之一，但由于消防设施自身的特殊性，同时消防往往影响广大业主重大生命财产安全，将此项风险单独列示更有利于物业管理服务风险的防范和广大业主公共安全利益的维护。消防设施的维修保养不善、无消防用水供应、消防报警系统失灵都可能导致重大人身和巨大财产损失，如此物业管理单位面临的风险不仅是经济赔偿的民事法律责任，直接责任人和单位主要负责人等个人还可能因此而承担刑事法律责任。

（二）消防管理风险的防范措施

1. 实施专业综合管理

小区和大厦的消防问题是关系到广大业主和非业主使用人生命、财产安全的关键问题，也是具有一定专业性的管理事项。物业管理单位首先在接手小区和大厦物业管理时，尤其是新建小区和大厦物业，应查验是否已通过消防部门的验收，是否取得消防验收合格证。接管后，物业管理企业还应设立消防机构，负责物业的消防管理。建立健全消防管理制度，让消防管理工作正常开展并有章可循。

2. 加强全面监督管理

消防安全检查是物业企业开展消防安全管理的一项重要工作内容，也是确保物业企业的相关消防安全管理制度和操作规程得到落实的有效手段。通过防火检查，目的是能够及时发现和消除火灾隐患，预防火灾发生。在消防安全检查组织形式上可采取日常检查和重点检查、全面检查与抽样检查相结合的方法，应结合不同物业的特点来决定具体采用什么方法。消防安全检查一般可分为、防火检查、重大节日检查和专项检查。

3. 及时维护消防设施

物业管理单位在进行物业管理过程中，对小区和大厦的消防设施和器械，进行日常的维护和养护。消防设施的维修和养护事项委托给专业的消防公司；对消防设施需要中修、大修等以及根据消防部门检查的整改意见需要支出维修费用时，应依法律规定的程序，经业主大会同意，从维修基金中开支。

4. 掌握正确的消防知识

根据“预防为主，防消结合”的方针，物业服务企业应该对业主或用户、企业员工开展消防宣传教育工作，也应对消防管理人员加强消防知识培训，在小区和大厦发生消防事故时，物业管理单位应在第一时间报警，并协助消防部门进行事故处理；确保消防设施、器械完好和功能正常；要求相关人员能够熟悉和掌握消防设施的正确使用常识。

5. 消防档案建设和管理

消防档案是单位在消防安全管理工作中，直接形成的文字、图表、声像等记载和反映物业消防安全基本情况和消防安全管理过程，按归档制度集中保管起来的文书及其相关材料。消防档案是物业的“户口簿”，是物业企业做好消防安全管理工作的一项基础性工作，也是物业企业发现消防管理问题，证明尽责的凭证之一。

三、设施设备管理风险

（一）设施设备管理风险的界定和表现形式

公共设施设备的管理是物业管理单位主要的义务之一，它们的管理不善可能造成业主的人身和财产损失。同时，公共设备设施的多样性和分布的分散性特点，随之而来产生了风险的频繁发生。公共设备设施包括供水、供电、安全报警系统、排水和排污系统、配套的娱乐活动设施等。这些都会因设备设施本身的磨损、老化、物业单位的管理缺位而造成一些可控或不可控的风险。

（二）设施设备管理风险的防范措施

根据《物业管理条例》第二十七条规定，全体业主依法享有的物业共用部位、共用设备设施的所有权或者使用权，物业本身及公共设备和设施的管理是物业管理单位的主要工作内容。小区和大厦公共设施、共用设备管理以及维护方面潜在的隐患也是物业管理风险的主要方面。为防止上述风险，物业管理单位应从以下几个方面着手：

1. 仔细查证物业状况

物业服务企业与开发商或业主委员会签订物业管理合同时，应当对物业共用部位、共用设备设施进行查验，与原开发商或业主委员会、原物业管理单位进行交接过程中，应对物业共用部位、共用设备设施的现状和存在的问题进行交底和记录，了解以往曾出现的故障和隐患，各方进行书面确认。这些记录和情况将成为以后防范风险的参考资料。对于交接过程中发现的重大损坏和人为原因造成的事故，根据不同情况，确定责任和修复费用的承担主体。

在办理物业承接验收手续时，物业管理单位应向建设单位接收下列资料：竣工总平面图，单体建筑、结构、设备竣工图，配套设施、地下管网工程竣工图等验收资料；设备设施的安装、使用和维护保养等技术资料：物业质量保修文件和物业使用说明文件；物业管理所必需的其他资料。在各方交接的过程中，向新的物业管理单位移交上述全部资料，是原开发商、业主委员会和原物业管理单位应履行的法定和合同义务，如果不履行，应承担相应的法律责任。

2. 明确风险责任主体

依据我国《民法通则》第一百二十六条的规定，建筑物或者其他设施以及建筑物上的搁置物、悬挂物发生倒塌、脱落、坠落造成他人损害的，它的所有人或者管理人应当承担民事责任，但能够证明自己没有过错的除外。物业管理单位根据上述规定，应首先明确自己的管理责任范围，管理责任范围决定风险责任承担的范围。建筑物属于业主自己入住的由业主自己维修和养护的部分，相应的责任和费用都由业主承担。如业主阳台放置的物品或者悬挂的物品坠落造成他人人身或财产损失的，由业主承担全部的赔偿责任；如果证明是受害人的故意行为造成的由受害人承担责任。在此情形下，无论是业主或非业主使用人的过失行为造成或者是业主未成年子女、来访的未成年人的行为导致的损害，业主都应承担相应的法律责任。物业管理单位分清上述责任，是防范自身风险的举措之一。

3. 提高风险防范意识

提高物业管理单位工作人员的风险防范意识尤为重要。工作人员的风险防范意识指导他们日常的管理服务行为规范化、制度化和法律化，没有工作人员的风险防范意识，一切防范风险的措施都将成为空话。

为培养物业管理单位工作人员风险防范的意识，除对工作人员按公司管理制度的培训和规定操作训练之外，还需要对工作人员进行专业的法律知识培训，学习和借鉴同行业其他物业管理单位已经发生案例的教训是提高风险防范意识最有效的方法之一。通过培训，工作人员对照案例分析自身管理行为的潜在风险之处，加以纠正和规范。作为物业管理单位的高层管理人员和各管理处的主任不仅需要知道规范的管理制度，还需要知道为什么制定这样的管理制度，这样才能有效地在物业管理服务中控制和防范各类风险的发生。

物业管理单位的高层管理人员应该将法律意识和风险防范意识不折不扣地贯彻在日常的各项管理制度和工作中，有的物业管理单位已经通过质量管理体系认证，但往往过多地流于形式和表面，没有与法律风险的防范结合在一起，造成对风险防范不是很有效。物业管理单位和各项制度的草拟应加入法律专业人员的修改意见和建议，各项工作的管理流程的设计也应征求法律专业人员的意见，将风险控制真正落实和渗透在具体工作的每个环节中，严格控制每个环节的法律风险，提高整体的管理效率。

4. 管理好设施设备

为防范风险，物业管理单位必须对所管理的全部建筑物的公共部位、共用设备和设施，按照经业主大会通过的各项管理制度的规定，做好日常检查、维修、保养工作，保持建筑物公共部位的完好，共用设备和设施的正常运行。

5. 严格把控分包合同

物业管理单位将设施设备管理中涉及的电梯等专项管理委托给专业的公司，由专业公司提供专业化的服务。上述分项发包形式也是物业管理单位防范风险的措施之一。

物业管理单位在专项管理分包中，选聘电梯等专业公司时，首先必须审查承包公司的法人资格和专业资质。分包给没有专业资质的公司，物业管理单位负有明显的主观过错责任。如果设备造成业主和非业主使用人的人身和财产损害后果，物业管理单位将依法承担赔偿责任。其次，在物业管理单位与专业公司的承包合同中，应明确约定，专业公司在承包期间因维修保养不善造成设施本身的损坏或给第三人造成人身或财产损失的，由专业公司承担全部的赔偿责任。

6. 掌握诉讼举证主导

在建筑物及公共和共用设备设施的管理中，物业管理单位全体人员应特别明确的一个问题，在目前的司法实践中，按照民法通则规定和最高人民法院的司法解释，由于建筑物及其他设施或附着物、悬挂物和坠落物造成的人身和财产损害诉讼，举证责任由建筑物或设施的管理人和所有权人承担，通俗地讲就是损害发生后，不是由受害人向法庭证明损害发生的原因、受害人只需要证明损害结果和该结果是由建筑物或设施导致的。而物业管理单位在法律上有义务证明自己在管理过程中是没有过错或损害结果是由受害人的故意行为造成的，如果不能证明这一点，法庭将依法推定管理人和所有权人负有过错责任。因此，物业管理单位平常对房屋、设备设施的维修、养护等进行现场施工的书面记录，以证实自己已履行了义务。

在公共和共用设备设施的管理和养护过程中，如果发生事故和损害事件，应向有关部门报告，由相应的部门对事件进行调查，并作出调查报告，对事件和损害发生的原因进行认定；该原因就是日后各方，包括法院认定过错和责任的依据，在一定程度上可以说是唯一依据。因为在很多情况下，如果当时不进行调查和认定，在诉讼过程中由于距离事件发生的时间太久，很难查清和证明原因：而法院也不是专业机构，只能依法委托专门的机构进行鉴定，但时间太长，现场已不存在，专业鉴定机构也无法鉴定，物业管理单位也将不得不承担举证不能的败诉后果。事件和损害发生后，应积极面对，暂时的回避是解决不了问题的，责任也是无法摆脱的。

四、车辆管理风险

（一）车辆管理风险的界定和表现形式

车辆管理风险主要指在物业管理区域中的停车场（库、棚、位）提供车辆停放服务过程中，车辆发生车身受损、车辆灭失等的风险。车辆停放服务是由小区物业管理服务附带产生的附加服务，通常由物业管理单位受开发商或小区业主委员会的委托进行停车场（库、棚、位）的经营管理。车辆停放服务另行向车辆停放人在物业服务费本身以外，收取的车辆停放服务费用。车辆停放期间，车辆可能遭故意或过失损坏，也可能在停放期间被盗窃或抢劫。该类事件和诉讼争议也使长期以来物业管理单位面临可能赔付金额较大的风险。

（二）车辆管理风险的防范措施

物业管理单位接受开发商和业主委员会委托进行停车场经营管理，应从停车场硬件建设与维护、车辆停放管理软件两方面防范风险。

1. 停车场硬件建设

物业服务企业在接管物业后，首先应规划好停车场。在规划停车场时，既要参考和利用已有的停车场位置，又要有新创造，规划设计出新的、因地制宜的、与物业区域协调的、符合实际需要的停车场。其次，对停车场内部进行设计。停车场内配置足够的光线，使车主能清楚地找到停车位，清楚地识别自己的车辆；使物业服务人员能轻易地发现盗窃车辆的案犯；还便于消防管理的实施等。配备齐全的消防设备，以免发生火灾的时候，能够及时灭火。规划好停车场内停车位置，一般停车场的停车位置划分为机动车区和非机动车区两个大的区域。做好停车场的环境卫生工作。如停车场内无货物堆积、道路阻塞现象；停车场内地面无水、无油、无污、无纸屑、无烟头等杂物；停车场道路平整无坑、无尖锐物、无金属钉。

2. 配备车辆管理人员

为做好物业管理区域内的车辆管理工作，提供安全有序的车辆停放管理服务，物业服务企业应根据小区车辆管理实际情况做好人员安排，包括小区车辆交通的疏导及管理人员、停车场维护人员、巡查人员和车辆收费管理人员等。

3. 车辆停放管理制度建设

在停车场硬件完善并符合要求后，还应制订车辆停放管理制度，对车辆的出入严格管理。停车场的工作人员对进入停车场的所有车辆发放停车凭证，该凭证可以是一次性的停车票，或者是多次反复使用的停车卡。该停车凭证应由物业服务企业或下属管理处加盖公章，应记载车辆牌号、进入停车场时间、发卡的经办人，对车辆明显的已有的损害和破损应记载在凭证上；同时对停车场的停放服务的具体内容和车辆停放人应注意的事项记载在该凭证上，告知车辆停放人。当车辆进入停车场后，停车场工作人员负责对车辆的停放位置和停放秩序进行规范和指挥，及时制止不规范的停放行为，防止造成停放车辆的损害，履行自身的管理职责。

车辆驶离停车场时，停车场管理人员应向车辆驾驶人员收取停车场发放的凭证，并仔细核对凭证上记载的车牌号和其他情况是否与车辆相符。当不一致时，应及时核对车辆行驶证件、驾驶人员的证件，与发放凭证的人员联系确认是否在记录中存在错误。确认驾驶人员后，予以放行，收取停放服务费，给予收款凭证，收款凭证上应记载停放的时间和车辆的牌号。如果车辆停放凭证丢失，应由车辆停放人持车辆行驶证件和驾驶人员的身份证前往管理处或物业管理单位，办理相应的凭证挂失手续，重新领取车辆放行凭证。

上述管理规范程序就是风险防范的过程，其目的在于确保停放车辆车身不被损害，确保停放车辆的完好。如果车辆停放人有意不按停车场的管理规定停放车辆，而停车场已进行明示告知，管理人员已进行劝止，停放人拒不纠正导致损害的，应由车辆停放人承担责任。

第四节　物 业 保 险

一、物业保险

（一）物业保险的含义及特征

物业保险从属于保险范畴，是指以物业和相关财产为标的，围绕物业经营和管理所涉及的各类风险的补偿和给付制度。物业保险既然从属于保险范畴，因而同样具有保险商品的共同特征。保险属于一种风险保障性质的商品。这种商品的供求双方都得遵循自愿对价、公平互利原则来完成交易。不过，保险商品也具有区别于一般商品的特征。

1. 保险是一种特殊商品，不属于物质形态的商品而是无形商品

投保人投保缴付了保险费，意在将自己可能遭遇的风险转嫁给保险公司，此时得到的只是一份保险合同，是保险公司的一种有条件的承诺，而并非即期可使用的商品。这份保险承诺也仅仅以约定的偶然发生的保险事故致使保险标的在保险金额内的损失为限。

2. 保险商品的价格具有预估性，且以迂回形式表示

保险经营事前不能测定其事件成本，只有到保险期满后才能计算出实际损失金额和经营费用开支。同时保险价格不是用货币单位直接表现出来的，而是以百分比的形式表示，与其他商品的价格的表现形式完全不同。物业保险也同样如此。

3. 保险商品的生产与销售过程是同步完成的

卖出一份保单，建立一份保险合同即为保险生产，这与其他物质形态的商品生产完全不同。物业所涉及的各个险种，也只有在出售给有关标的的利益人时，才算完成了整个物业保险关系。

4. 保险制度不等同于灾害救济，不同于银行储蓄，更不同于赌博

投保与承保是一种合同行为，合同双方存在一定的权利与义务关系，损失补偿或给付

是必须履行的义务。物业保险的相关利益人也必须按预先约定的权利与义务履行各自的职责，不得谋取任何的额外利益。

（二）物业保险的目的

1. 分散意外损失

由于物业管理所涉及的某些风险所造成的损失金额巨大，物业服务企业或业主即使已在预算中准备了备用金也难以应付如此巨大的损失。通过投保，物业服务企业就可以将意外经济损失分散、转移到保险人身上，以减轻物业服务企业和其所服务的业主的经济损失程度。

2. 利于善后工作

购买保险不仅可以分散、转移巨大的经济损失风险，还可在意外发生后，减轻物业服务企业处理索赔方面的负担，使物业服务企业能够专心处理意外的善后工作。否则，不但在索赔方面会带来不应有的损失（这是由于物业服务企业在处理赔偿的估价方面肯定没有专业保险人有经验），而且由于缺少精力顾及善后工作，不能及时恢复对用户的服务，从而导致物业服务企业的信誉受损。

（三）物业保险的原则

1. 诚信原则

所谓诚信原则，即要求订立保险合同的双方都要诚实守信。这里的诚信不仅要求在签订合同前当事双方如实说明情况和条款，而且要求在签订合同后如果情况有所改变，投保人应如实声明并作出双方同意的相应变动，否则承保人会以情况失实而拒赔。

2. 可保利益原则

这项原则要求投保人对投保标的具有一定的经济利益、经济效益或责任关系。如果投保人对投保标的无可保利益则保险合同为无效合同。

3. 近因原则

这项原则对风险的致因要求以最直接的因果关系来衡量。近因不是实践上最接近风险损失的原因，而是促成风险损失的最直接的原因。在损失的原因有两个以上且各个原因之间互有因果关系的情况下，则最先发生的原因为近因。承保人分析引起损失的原因是以近因为准的。

4. 比例分摊原则

比例分摊原则适用于投保人对投保标的进行了重复保险，也就是由多个保险人对同一标的承保的情况。在此情况下，一旦投保标的受到损失，则由所有承保此标的的承保人按承保责任的大小来共同分摊。

二、物业保险合同

（一）物业保险合同的概念

保险合同是投保人与保险人在公平互利、协商一致和自愿诚信原则的基础上，为实现一定的经济目的，依法约定权利与义务关系的协议。其中投保人一方要向保险人缴付与其所获保障权利相应的保险费，保险人一方则要承担已约定保险期限内，保险事故所造成保险标的损失的赔偿责任或人身保险金的给付责任。保险合同的订立意味着保险双方建立了权利与义务的对价关系，这种保险关系实质是一种民事法律关系。

（二）物业保险合同的特点

如前所述，保险合同是保险双方确立权利与义务关系的正式文件，也是保险双方协议内容的书面记载文件，因为我们也可将保险合同视为保险关系内容和形式的统一。保险合同是经济合同的一种，它既具有一般经济合同所共有的承诺性、有偿性、商业行为性的特征，又具有区别于其他合同的标志和特点。

1. 物业保险合同是以保障已约定的不可抗力风险为特点的合同

保险合同是将不可抗力自然灾害和意外事故风险所造成的损失作为核心义务，在被保险人和保险人之间进行转嫁和分摊。这一点是诸如买卖合同或租赁合同等其他任何经济合同所不具有的。

2. 物业保险合同是具有鲜明的附合性与条件性特点的合同

保险合同一般采用定式合同形式，其内容格式一般由保险行业协会和政府主管机构制定和审定，而且大多数险种都有标准化的条款。在签订保险合同的过程中，投保人只能概括地表示接受或者不接受，而不能逐条拟定基本条款。即使需要变动保险单上的某些内容，也只能在保险人事先准备好的附加条款和批单条款中作出“取与舍”的选择。因而保险合同全然不同于协商合同。

另外，保险合同不仅具有鲜明的附和特点，而且附有一些条件作为保险人赔偿与给付的决定性前提。投保人和被保险人必须严格履行了合同所约定的一切义务，才能顺利地获取保险人的赔偿。

3. 物业保险合同是具有射幸性的利益平衡合同

射幸合同，又称侥幸合同，是指合同的一方支付的代价所得到的仅是一个机会，是一个或是“一本万利”或是“一无所获”的可能性。具体来说，在保险合同有效期间，一旦发生合同所约定的保险事故，投保人就可以获得大大超过所支付的保险费的赔偿额；而如果在此期间无保险事故发生，投保人将一无所获。

对于大多数不出险的被保险人而言，虽然交付了一定的保险费，但通过保险可以解除后顾之忧，获得安全保障以及相关的防灾防损服务。保险公司收取的保险费是以大多数法则、概率规则和平均率为基础的，投保人所交付的保险费总额与保险人实际赔付的金额总和形成对价关系。这种对价又是相互联系且基本对应的，往往一方所享有的权益恰好是另一方应尽的义务。保险公司所收取的保险费中包括了经营的稳定系数和总准备金的提取因素，以足以支付各个年份的赔款成本为基本条件。因此，投保群体与保险公司的利益从长期和总体上看也是平衡的。这是保险合同有别于其他经济合同的又一特点。

（三）物业保险合同的主要内容

一份完整的物业保险合同，按照相关规范，一般应载明以下主要条款。

1. 当事人的姓名及地址

姓名包括自然人或法人的名称以及经济组织的名称；地址包括住址或经营地址。

2. 保险标的

为了确定保险的种类以及判断投保人或被投保人对所保标的有无保险利益的存在，保险人一般要求投保人在合同中详细、明确地记载投保标的。一个保险合同可以有单一的保险标的，也可以允许一个以上保险标的的集合。

3. 保险金额

保险金额也称保险额或保额，是保险人计收保险费的基础，也是保险人在损失发生时给付的最高金额。保额不得超过保险标的的保险价值，超过保险价值的，超过部分无效。

4. 保险责任范围

保险责任范围是指哪些风险的实际发生所带来的损害应由保险人承担补偿或给付责任。责任范围可以是单一的，也可以是多种责任的综合险，还可以是除了除外责任以外的一切险。

5. 除外责任

除外责任是指保险合同明确指明保险人不予承担的风险责任，一般包括战争造成的损失、自然损耗和被保险人的故意行为所造成的损失等。

6. 保费

保费也称保险费，是被保险人根据合同约定向保险人支付的费用。保费的多少取决于保险额的大小以及保险费率的高低这两个因素。

7. 保险期间

保险期间是指保险合同的有效期间。只有在此期间，保险人才承担保险责任。保险期间的开始，也就是保险合同的生效时间，它不同于保险合同的订立时间。订立时间可以是生效时间，也可以不是，这取决于双方合同的约定。我国规定，保险期的起讫时间为生效日当天北京时间的零点开始，至规定终止日北京时间 24 时止。

8. 违约责任

由于保险合同是保障性合同，也是最大诚意合同，所以，保险合同当事人在合同中明确规定违约责任是至关重要的，否则会引起不必要的法律纠纷。

（四）物业保险合同效力的维持及终止

签订了保险合同，保险关系确立后，有时也会因为多种原因导致合同失效，即依法终止原合同的效力或终止合同关系。

1. 保险合同关系的解除

保险合同关系的解除是指合同一方当事人依照法律或合同规定行使解除权，使合同的一切效果消失而恢复到合同订立前的状态。保险合同关系的解除分为协议解除和法定，协议解除是在保险合同规定的自然终止前，双方当事人约定在发生某种事项时行使解除权。法定解除则是在保险合同自然终止前，由于法律规定的原因，保险合同的一方当事人依法行使解除权。

2. 保险合同效力的终止

保险合同效力的终止是指保险合同的法律效力因法定或约定的事由出现而永远消失。

首先，即使保险有效期内没有发生约定的保险事故，或保险人只履行了部分赔偿责任，只要保险期限届满了，保险合同的效力也就此终止了。其次，保险期间因保险人已履行了全额保险责任而终止。在保险合同有效期内发生了保险事故，保险人赔偿了全额财产损失或给付了全额保险金后，则一般不论保险期限是否满期，保险合同效力便即行终止。

三、物业服务企业所涉及的主要保险

物业日常经营管理所涉及的保险，包括财产基本险、财产综合险、住房保险、机器设备保险、商业盗窃保险、物业管理责任险、雇主责任险，以及物业管理人员意外伤害保险、人身保险、养老保险、健康保险、员工忠诚保险等，本章主要介绍比较常见的雇主责任险和物业管理责任险。

（一）雇主责任险

雇主责任险是指被保险人所雇佣的员工在受雇过程中从事与保险单所载明的与被保险人业务有关的工作而遭受意外或患与业务有关的国家规定的职业性疾病，所致伤、残或死亡，被保险人根据《中华人民共和国劳动法》及劳动合同应承担的医药费用及经济赔偿责任，包括应支出的诉讼费用，由保险人在规定的赔偿限额内负责赔偿的一种保险。要更好理解雇主责任险，需要知道下列事项。

1. 雇员

雇员是指与被保险人签订有劳动合同或存在事实劳动合同关系，接受被保险人给付薪金、工资，年满十六周岁且不超过六十周岁的人员，包括正式在册职工、短期工、临时工、季节工和徒工等。短期工也可以投保。

2. 保险责任

在保险期间内，被保险人的雇员在其雇佣期间因从事保险单所载明的被保险人的工作而遭受意外事故或患与工作有关的国家规定的职业性疾病所致伤、残或死亡，符合国务院颁布的《工伤保险条例》第十四条、第十五条规定可认定为工伤的，依照中华人民共和国法律（不包括港澳台地区法律）应由被保险人承担的经济赔偿责任，保险人按照本保险合同约定负责赔偿：死亡赔偿金、伤残赔偿金、医疗费用、误工费用以及被保险人因保险事故而被提起仲裁或者诉讼的，对应由被保险人支付的仲裁或诉讼费用以及事先经保险人书面同意支付的其他必要的、合理的费用。

3. 工伤

职工有下列情形之一的，应当认定为工伤：

（1）在工作时间和工作场所内，因工作原因受到事故伤害的；

（2）工作时间前后在工作场所内，从事与工作有关的预备性或者收尾性工作受到事故伤害的；

（3）在工作时间和工作场所内，因履行工作职责受到暴力等意外伤害的；

（4）患职业病的；

（5）因工外出期间，由于工作原因受到伤害或者发生事故下落不明的；

（6）在上下班途中，受到非本人主要责任的交通事故或者城市轨道交通、客运轮渡、火车事故伤害的；

（7）法律、行政法规规定应当认定为工伤的其他情形。

职工有下列情形之一的，视同工伤：

（1）在工作时间和工作岗位，突发疾病死亡或者在48小时之内经抢救无效死亡的；

（2）在抢险救灾等维护国家利益、公共利益活动中受到伤害的；

（3）职工原在军队服役，因战、因公负伤致残，已取得革命伤残军人证，到用人单位后旧伤复发的。

职工有前款第（1）项、第（2）项情形的，按照本条例的有关规定享受工伤保险待遇；职工有前款第（3）项情形的，按照本条例的有关规定享受除一次性伤残补助金以外的工伤保险待遇。

4. 雇主责任险和其他保险的区别

雇主责任险和团体意外险的区别主要表现在以下两点：

被保险人不同：雇主责任险的被保险人和受益人为企业，是为企业转嫁应承担的员工意外以及职业病费用的风险；团体意外险的被保险人为企业员工，受益人为员工本人或其指定的受益人，保险公司赔付后无法免除雇主的赔偿责任，主要体现在企业对员工的福利方面。

保障内容不同：雇主责任险保障的是雇员工作期间发生的意外或由于工作导致的职业疾病，同时可扩展至非工作期间内的意外保障；团体意外险保障的是雇员日常工作生活过程中发生的意外事故，不包含职业病保障。

雇主责任险和工伤保险的区别主要表现为：

赔偿责任不同：工伤保险基金可以承担大部分的工伤赔偿责任，但仍有部分工伤赔偿责任需要用人单位自身承担（包括误工费及五到十级伤残的一次性伤残就业补助金），雇主责任险可以赔偿雇主对雇员依法应承担的经济赔偿责任，可以免除雇主的后顾之忧。用人单位申领工伤保险金的次数同时也反映该用人单位的劳动安全状况，可能会招致相应的行政处罚。雇主责任险赔偿与劳动安全记录无关，且理赔程序相较工伤保险基金申领程序简单、快捷。

（二）物业管理责任险

物业管理责任保险是指保险公司向物业管理企业收取保险费，承担物业管理企业因管理或从事管理的过程中的疏忽或过失造成第三者人身伤亡或财产损失，依法应由参加物业管理责任保险的物业管理企业承担的经济赔偿责任。

1. 保险责任

在本保险期限内，保险单明细表中列明的区域范围内的物业，因被保险人管理上的疏忽或过失而发生意外事故造成下列损失并产生的费用，依法应由被保险人承担的经济赔偿责任，保险人负责赔偿：

（1）第三者人身伤亡或财产损失；

（2）事先经保险人书面同意的诉讼费用；

（3）发生保险责任事故后，被保险人为缩小或减少对第三者人身伤亡或财产损失的赔偿责任所支付的必要的、合理的费用。

理赔金额以次计，每次事故总赔偿金额不得超过保险单明细表中列明的每次事故赔偿限额。

2. 公众责任险与物业责任险的区别

公众责任险的保险责任是提供被保险人在保险单明细表中列明的地点范围内依法从事生产、经营等活动以及由于意外事故造成第三者财产或人身的损失或费用，依法应由被保险人承担的民事赔偿责任。意外事故是指日常生活、生产中的疏忽大意、失职、犯罪等原因而造成的事故，如失火、爆炸、碰撞等。意外事故必须是非所预见、非所愿意、非所期待的事故，亦即危险的发生一般应是事起仓促、猝不及防或事故的发生纯属偶然，非始料所及或事故发生虽属意料所及但不能确知其必然发生或确定其发生时间。

而物业管理责任险的保险责任是在本保险期限内，本保险单明细表中列明的区域范围内的物业，被保险人从事物业管理上的“疏忽或过失”而发生意外事故造成第三者人身伤亡或财产损失，依法应由被保险人承担的经济赔偿责任。疏忽是指应当注意且能够注意，却没有注意。过失是指应该预见，却没有预见，或者预见到了却轻信能够避免。

四、物业保险投保决策

购买保险可以转移风险，并可以获得保险机构在降低风险方面的有效服务。但是为了获得上述好处，物业服务企业及业主必须支付一定的保险费，从而加大了管理开支或业主的负担。因此正确地进行投保决策就显得极为重要。物业服务企业为了能正确地投保，必须遵循一定的决策步骤，以获得降低风险和增加成本之间的最佳平衡。其基本步骤如下：

（一）详细调查

为了正确地投保，物业服务企业必须了解在其管辖的范围中存在哪些风险因素。为此就必须对所有的建筑、道路、设备设施以及各种物业管理工作，特别是维修领域进行彻底的调查，并进行分类登记。

（二）确定所需的保险

在调查登记的基础上，对各种风险按照前面讲的风险管理的方法来进行分类。也就是确定哪些风险是可以避免的，哪些风险是可以忍受而保留的，哪些风险是可以采取种种措施进行预防和抑制的，只有对上述三种方法不能解决的，并且潜在的损失将超出业主或物业服务企业能够或愿意承担的风险才确定购买保险。

（三）保险金额和保险费的确定

保险金额和保险费的确定，是根据风险带来的损失程度以及物业服务企业或业主的财务预算状况来确定的。保险金过多或不足都会对投保人不利。在这方面要注意保险的几个特点：一是保险价值一般是以重建、重置成本计算，不考虑市场价值，因此在投保时注意重建、重置成本，并且在续保时根据当时的重建、重置成本进行调整；二是赔偿额一般是根据保险金的比例来确定的；三是多种保险不会得到多重的赔偿，因为保险的原则是保障损失而不是借意外来牟利。

（四）分析保单条款

保单的条款与投保双方今后的权利、义务关系极大。对此，物业服务企业或保险经纪人要仔细分析各项条款，比较各种不同保险公司的同类保单的各种条款的优劣，选择最有利于自己的条件。

由于风险的识别及管理、保险合同的内容、投保额的计算、索赔的程序都是复杂的，其中涉及大量的专业知识，为了避免太多的麻烦，同时能提高投保的成本效益，在经济许可的情况下，物业服务企业可借助保险顾问或保险经纪人的帮助。保险顾问或保险经纪人的优点是有较深的专业知识，能帮助设计合适的保险计划和选择合适的保险公司。又由于保险顾问同时代表着许多投保人，因此在争取合理保费时要比单独的投保人处于更有利的地位。

专栏7－4 某保险公司物业保险方案

一、雇主责任保险

方案一（投保人数30人以下）（见表7－1、表7－2、表7－3）：

表7－1 一般工作人员 单位：元

主险	保额/保费									
死亡、伤残	10万	29	20万	57	30万	82	40万	110	50万	127
医疗费用	1万	11	2万	23	3万	30	4万	40	5万	48
主险保费合计		40		80		112		150		175
附加险										
误工补助补充责任保险条款		7		13		17		22		29
总保费合计		47		93		129		172		204

表7－2 保安人员 单位：元

主险	保额/保费									
死亡、伤残	10万	53	20万	103	30万	141	40万	190	50万	223
医疗费用	1万	25	2万	45	3万	54	4万	75	5万	94
主险保费合计		78		148		195		265		317
附加险										
误工补助补充责任保险条款		16		27		30		40		53
总保费合计		94		175		225		305		370

表 7-3　保洁及电工等室外工作人员　单位：元

主险	保额/保费									
死亡、伤残	10万	45	20万	88	30万	128	40万	169	50万	200
医疗费用	1万	20	2万	38	3万	52	4万	63	5万	86
主险保费合计		65		126		180		232		286
附加险										
误工补助补充责任保险条款		13		20		30		40		42
总保费合计		78		146		210		272		328

方案二（投保人数50人以上方案）（见表7-4、表7-5、表7-6）：

表 7-4　一般工作人员　单位：元

主险	保额/保费									
死亡、伤残	10万	26	20万	52	30万	75	40万	100	50万	115
医疗费用	1万	10	2万	20	3万	27	4万	36	5万	44
主险保费合计		36		72		102		136		159
附加险										
误工补助补充责任保险条款		6		12		15		20		26
总保费合计		42		84		117		156		185

表 7-5　保安人员　单位：元

主险	保额/保费									
死亡、伤残	10万	48	20万	94	30万	127	40万	173	50万	203
医疗费用	1万	23	2万	41	3万	50	4万	67	5万	85
主险保费合计		71		135		177		240		288
附加险										
误工补助补充责任保险条款		14		24		28		36		48
总保费合计		85		159		205		276		336

表 7-6　保洁及电工等室外工作人员　单位：元

主险	保额/保费									
死亡、伤残	10万	42	20万	81	30万	116	40万	154	50万	182
医疗费用	1万	17	2万	34	3万	47	4万	57	5万	78
主险保费合计		59		115		163		211		260

续表

主险	保额/保费									
附加险										
误工补助补充责任保险条款		12		20		27		36		38
总保费合计		71		135		190		247		298

二、电梯责任保险（见表7－7、表7－8）

表7－7 客货梯

每次事故赔偿限额为	人民币80万元
每次事故每人伤亡赔偿限额	意外医疗人民币2万元，财产损失人民币1万元
每个小区每年累计赔偿限额	人民币600万元
免赔额（率）	每次事故绝对免赔额为损失金额的5%
保费	110元/台

表7－8 手扶梯

每次事故赔偿限额为	人民币80万元
每次事故每人伤亡赔偿限额	意外医疗人民币2万元，财产损失人民币1万元
每个小区每年累计赔偿限额	人民币600万元
免赔额（率）	每次事故绝对免赔额为损失金额的5%
保费	200元/台

三、物业管理责任保险（见表7－9、表7－10）

表7－9 写字楼

场地面积	费率（‰）	金额（元）
50万平方米以下	1.4	7000
50万～100万平方米	1.6	8000
100万平方米以上	2	10000
投保方案	1. 累计赔偿限额为人民币500万元整，其中人身伤亡赔偿限额为人民币400万元整，财产损失赔偿限额为人民币100万元整； 2. 每次事故赔偿限额为人民币200万元整，其中每次事故人身伤亡赔偿限额为人民币150万元整，每次事故财产损失赔偿限额为人民币50万元整；	

续表

场地面积	费率（‰）	金额
投保方案	3. 每次事故每人人身伤亡赔偿限额为人民币 30 万元整，每次事故每人意外医疗赔偿限额为 3 万元整；每次事故每人财产损失赔偿限额为 5 万元整； 4. 每次事故医疗费用绝对免赔额 300 元，每次事故财产损失绝对免赔额 1000 元； 5. 责任免除：泳池、停车场、电梯、儿童游乐园； 6. 特别约定：每户财产损失赔偿限额为 1 万元整	

表 7－10　　小区

场地面积	费率（‰）	金额（元）
50 万平方米以下	1. 82	9100
50 万～100 万平方米	2. 08	10400
100 万平方米以上	2. 6	13000
投保方案	1. 累计赔偿限额为人民币 500 万元整，其中人身伤亡赔偿限额为人民币 400 万元整，财产损失赔偿限额为人民币 100 万元整； 2. 每次事故赔偿限额为人民币 200 万元整，其中每次事故人身伤亡赔偿限额为人民币 150 万元整，每次事故财产损失赔偿限额为人民币 50 万元整； 3. 每次事故每人人身伤亡赔偿限额为人民币 30 万元整，每次事故每人意外医疗赔偿限额为 3 万元整；每次事故每人财产损失赔偿限额为 5 万元整； 4. 每次事故医疗费用绝对免赔额 300 元，每次事故财产损失绝对免赔额 1000 元； 5. 责任免除：泳池、停车场、电梯、儿童游乐园； 6. 特别约定：每户财产损失赔偿限额为 1 万元整	

复习思考题

一、名词解释

纯粹风险、投机风险、系统风险、可分散风险、风险管理、物业管理风险、公众责任风险、雇主责任风险、风险识别、物业风险分析、物业风险评估、治安管理风险、车辆管理风险、物业保险、保险合同、雇主责任险、物业管理责任险。

二、简答题

1. 风险管理的发展阶段。
2. 按风险损失划分、物业管理风险的类型。
3. 物业风险管理方法。
4. 治安管理风险的防范措施。

5. 消防管理风险的防范措施。
6. 设施设备管理风险的防范措施。
7. 车辆管理风险的防范措施。
8. 物业保险的目的。
9. 物业保险的原则。
10. 物业保险合同的主要内容。
11. 物业服务企业所涉及的主要保险。
12. 公众责任险与物业责任险的区别。

三、实训题（建议安排学生以小组的形式完成下列实训题）

利用课余时间，实地调查×××物业的情况，了解物业企业在管理过程中所涉及或者潜在的主要风险（治安管理风险、消防管理风险、设施设备管理风险和车辆管理风险），并对这些风险进行分析，确定风险损失频率和损失程度，利用所学的知识帮助其设计风险应对策略。

第八章　物业客户关系管理

本章学习目标

通过本章的学习，了解客户关系管理的含义，物业服务企业进行客户关系管理的意义，熟悉物业服务企业客户关系管理的目标和内容。了解沟通的概念，熟悉客户沟通的分类，掌握物业客户沟通管理及其注意事项。了解客户投诉的定义与分类、客户处理的目的和原则，熟悉物业客户投诉处理技巧和客户群诉处理，掌握物业客户投诉处理的程序、客户投诉的统计分析。了解客户满意度的含义、级度，熟悉客户满意度调查的方式，掌握物业客户满意度调查的流程，客户满意度评价指标。

客户关系管理是一种商业管理策略，它通过企业组织、工作流程、技术支持和客户服务都以客户为中心来协调和统一于客户的交互行动，达到保有价值客户、挖掘潜在客户、赢得客户忠诚，并最终获得客户长期价值的目的。

物业服务企业属于服务性行业，提供服务商品，其客户是业主或物业使用人。在物业服务企业经营管理和服务过程中，不可避免地与客户发生复杂的关系，使客户关系管理变得十分重要。物业客户关系管理包括客户沟通管理、客户投诉管理、客户满意度管理等方面内容，旨在通过不断加强与客户之间的沟通交流、洞察并满足客户诉求、改进服务品质并提升客户感知，赢得客户满意和忠诚。

第一节　物业客户关系管理概述

一、客户关系管理的含义

随着信息技术的发展，电脑网络和软件改进了企业的管理和经营模式，企业内部的现代化管理水平有了很大提高。同时，随着企业竞争的加剧，企业与其外部的关系问题也引起了人们的高度重视，很多企业致力改善企业与客户的关系，企业的客户关系问题现在已成为企业管理领域的热点问题。可以预料，企业的客户关系是企业可以利用的一种重要资源，它在企业的生存和发展中将发挥越来越重要的作用。

客户关系管理（customer relationship management，CRM），是企业为了生存及持续创新而提供的新的思维方法与实现策略，是通过围绕客户细分市场来组织企业，鼓励满足客户需要的行为，并通过加强客户与服务企业之间的联系等手段，来提高盈利、收入和客户满意的遍及整个企业的经营服务策略。客户关系管理最初是由美国著名的计算机技术咨询和评估集团 Gartner Group 提出，并于 20 世纪末开始传入我国的，最先在我国的银行、保险、电信、IT 服务等行业，以及商业连锁机构得到广泛应用。

CRM 并不是一套单纯的软件和技术。从本质上讲，CRM 是在以“客户为中心”的理念基础上建立的一套关于客户关系、营销方针等的概念和企业运作方式，而以“客户为中心”的理念正是 CRM 的思想基础。以“客户为中心”的经营理念简而言之就是企业的生产、营销、服务都必须围绕着客户来进行，这种理念在贯彻到企业经营管理的各个环节中去时，具体表现为：进一步重视“客户资源”的价值，划分客户类型，为不同类型的客户制订针对性的营销策略；不断收集和研究客户需求。通过客户关系管理，企业一方面通过提供更快捷和更优质的服务吸引和保持客户；另一方面通过对业务流程的全面管理降低企业成本。

二、物业服务企业进行客户关系管理的意义

物业服务企业客户关系管理应当运用系统的思想，借助各种有效的方法，收集企业的客户信息，分析和利用这一信息资源，为企业的经营和发展提供新的商业战略和方法，扩展新市场和业务渠道，降低相关成本，提高客户的满意度和企业的盈利能力。

（一）有助于提高服务质量

物业服务企业是一个服务性行业，由于服务的即时性和无形性，物业管理的服务质量并不完全由企业本身来决定，而同客户的感受有很大的关系。即使被企业认为符合高标准的服务，也可能不为客户所喜欢和接受。对服务质量的测定有赖于客户的评价，而要了解客户的评价，客户关系管理应该是最有力的管理技术和实现手段。通过客户关系管理，物业服务企业从评价的结果与客户需求之间的差距获得服务内容、服务质量改善的动力，并付诸实施，让客户感到满意。因此，可以说客户关系管理是一个让客户满意的持续过程，是物业服务企业不断改进服务的过程。

（二）有助于提高客户的满意度和忠诚度

通过客户关系管理，让物业服务企业与客户的沟通变得更加方便，更加有人情味。企业了解了客户，客户也理解了企业，企业将主要精力集中于如何满足客户的需求上，使得客户对物业服务满意度和忠诚度提高，客户愿意积极配合物业服务工作，形成物业服务区域内和谐的工作和生活环境，物业服务企业也因此达到了盈利的目的。

（三）有助于降低公司成本

通过实施客户关系管理，物业服务企业可以很方便地把握用户需求，和业主相互理解、相互配合，不仅可以提供更快捷、更优质的服务，而且可以降低自己的服务成本。另外，和客户之间良好、稳定的关系，可以降低物业服务企业市场开拓成本。通过实施客户关系管理，物业服务企业和客户之间较容易形成合作伙伴关系，彼此之间达成一种信用关系，可以大大降低搜寻成本、谈判成本和履约成本，从而最终促使企业整体交易

成本的降低。

三、物业服务企业客户关系管理的目标

（一）了解客户，提炼激发客户真正的需求

首先，要明确谁是我们的客户。物业服务企业的客户包括在物业管理过程中所涉及的有关部门、企业和个人。其中最重要的当然是企业的顾客，即业主或非业主使用人。从广义上讲，物业管理过程中所涉及的有关部门，如政府部门、开发商、行业协会、居委会、媒体等可以看作物业服务企业的客户；物业服务企业的工作依靠员工完成，物业服务企业也应该为员工创造良好的生存工作环境，因此员工也是物业服务企业的客户。

其次，寻找有价值的关键客户。所谓有价值的关键客户是指那些占客户总数较低的比例，而能为企业带来大部分利润的顾客群。据调查，占总客户群20%的关键客户实现的利润往往占利润总额的80%以上。CRM所做的就是根据对不同客户的成本/利润分析，来寻找这些关键客户，并为企业如何对待这些不同的客户提出不同的策略，同时还要挖掘客户的潜在价值。客户的情况不是一成不变的，如果能够通过研究各类客户的情况，并对客户的发展状况和潜力进行跟踪，就能寻找出许多潜在的关键客户。

最后，要提炼激发客户的需求。客户的需求不是一成不变的。物业管理的客户服务需求有两大方面：一类是与物业正常使用与经营密不可分的项目管理需求；另一类就是客户的各种服务需求。既有现实的需求，也有潜在的需求。甄别你的客户与需求，是服务营销的第一步。接下来就要激发客户的需求，尤其是潜在需求。运用营销的AIDA植式，通过让客户知晓（awareness）、兴趣（interest）、欲望（desire）和行动（action）的过程，形成认识、情感、行为三个认知的不同阶段，提供企业与顾客进行说服式沟通的平台。目前，不少物业服务公司开设公司的网页，构建小区局域网等，通过其向客户进行可视化的宣传推广，激发客户的服务需求。

（二）构建高效的客户服务中心，建立和客户之间的良好关系

客户服务中心是信息汇集中心，也是信息处理中心和信息发布中心，是一个独立的并集接受投诉、具体调度、分工作业、跟踪检查、统计分析等多功能于一体的快速反应系统，相当于计算机术语当中的“中央处理器”。物业管理客户服务中心运作模式主要的特征是：一站式服务、全程式管理、信息流畅、集中处理、快速应答、及时反馈。主要涵盖问询服务、报修服务接待、业主投诉的接待与处理，以及业主满意度测评体系。客户的所有需要与投诉都可以通过中心得以回应与解决，因此，客服中心应作为核心部门，管理处的绝大部分管理工作都由客服中心来处理和完成；同时，还应将客服中心作为管理处对外联系、沟通的唯一窗口，由客服中心根据管理处内部系统程序进行处理，这样既提高工作效率，又避免对外工作的多头管理。

（三）提高客户的满意度和忠诚度，构建客户长期战略伙伴关系

客户满意度是指客户消费之后对企业产品或服务的综合评价指标。由于技术的不断成

熟和市场竞争的日趋激烈，企业提供的产品或服务在品质上的差别越来越小，同质化趋势显著，品质不再是客户购买时的主要依据，客户更重视企业能否满足其个性化需求，能否为用户提供更加优质、及时的服务。这时，客户满意度和忠诚度成为能否吸引客户的有效指标。常用的衡量企业客户忠诚度的考核指标包括客户重复购买率、客户需求满足率、客户对品牌的关注程度、客户购买行为的选择时间、客户对价格的敏感程度、客户对产品质量的承受力、客户对产品的认同度等。

我国物业的使用年限长达 40 ~ 70 年甚至更长，而业主委员会与物业服务企业所签署的服务合同通常是 3 年。合同期满，若更换物业服务企业，这对于供需双方都需要耗费成本，都不是优化的市场选择。为何业主“舍近求远”不愿意与物业服务企业签署长期合同，原因可能是多方面的，其中一个重要的原因是双方没有形成信任的长期合作关系。要想留住企业的顾客，保证他们不被竞争对手所吸引，就要与客户构建战略伙伴关系，提高客户的忠诚度。

四、物业客户关系管理的内容

物业服务企业在处理顾客服务的过程中，需要涉及的内容很多，主要包括以下几个方面。

（一）客户管理

管理客户的基本信息、详细信息、家庭信息、就业信息、联系方式、重要纪念日等信息。通过对客户信息全面的管理，帮助物业管理服务人员根据客户的特征进行个性化的关怀和服务。对这些客户进行进一步的跟踪和额外的关怀，努力促使客户推荐本企业的服务。

（二）活动管理

围绕客户、客户服务和客户投诉等开展各项活动。利用活动模板快速建立活动计划，并可以定时触发和提醒，实现客户服务和关怀的自动化，例如，在客户重要纪念日来临时，自动使用预设的信件模板为客户发电子贺卡等。

（三）客户服务

受理客户的服务请求和投诉，自动分派合适的服务人员根据服务请求提供即时服务，处理各种投诉。在客户服务中，注意使用智能化信息处理，提高服务人员解决问题的能力。跟踪服务和投诉的处理效果，改进服务质量。

第二节　物业客户沟通管理

在物业管理活动中，沟通是一种常见的服务行为，也是物业客户关系管理的重要的组成部分。科学掌握沟通方式、方法，提高物业管理服务品质，顺利完成物业管理服务，对于满足业主或使用人的需求有着积极和重要的作用。

一、沟通的概念

沟通是不同的行为主体，通过各种载体实现信息的双向流动，形成行为主体的感知，以达到特定目标的行为过程。良好的沟通可以使沟通双方充分理解，弥合分歧，化解矛盾。要理解沟通的含义，需了解行为主体、信息载体和特定目标的内涵。

行为主体：多指人与人，人与人群，人群与人群；随着科技和社会的发展，沟通的主体会逐渐打破人的范畴，动物、超级计算机、机器人很可能被纳入。行为主体中通常包括信息的发送者和接受者，一个完整的沟通过程中，同一个主体会扮演信息发送者和接受者的双重角色。

信息载体：对于人来说，包括本有和外有两大类。本有载体是指人不需假于外物的沟通媒介，包括语言、肢体动作、表情、眼神等；外有载体是指需要借助外物的沟通媒介，包括文字、书信、电话、电子邮件以及新媒体等。通常一次沟通过程中，存在着几种信息载体同时存在的情况。

特定目标：对于人来说，至少包括意识、行为和组织三个层面。意识层面通常包括情感、知识、思想等；行为层面通常包括动作、活动、习惯等；组织层面通常包括绩效目标、行动计划、团队氛围等。通常情况下，沟通是为了实现积极的目标。

在沟通的过程中，行为主体、信息载体和沟通环境都会影响沟通目标的达成。通常情况下，行为主体的状态、知识和经验结构、准备的充分性等因素会影响沟通的效果；信息载体的稳定性，识别度等因素会影响沟通的效果；沟通环境的噪声、氛围等因素也会影响沟通的效果。

需要特别强调的是，沟通是信息双向流动的过程，需要有信息的传递和反馈来共同组成。如果只有信息从发送者到接受者的传递，而没有反馈，通常意义上意味着沟通的失败或无效。

二、物业客户沟通的分类

（一）按沟通对象划分

1. 与政府相关部门的沟通

在物业管理过程中，物业企业要接受政府相关部门、如社区、消防管理部门、城市管理等部门的管理；在这些管理中，必然涉及很多内容需要沟通。物业服务企业在与政府相关部门的沟通中，物业服务企业要摆正位置，对政府职能部门提出的建议和要求应经过了解、调查和分析，做好沟通交流每个环节的准备。

2. 与建设单位、市政公用事业单位、专业公司等单位的沟通

物业服务企业要与物业开发单位或者建设单位进行前期介入、承接查验、物业移交等方面的沟通；要与市政公用事业单位进行关联业务沟通；要与专业公司进行业务承包、日常业务管理等方面的沟通。物业服务企业与建设单位、市政公用事业单位、专业

公司等单位的沟通交流要以合同准备为核心，明确各方职责范围、权利义务，做好沟通交流工作。

3. 与业主、业主大会和业主委员会的沟通

物业服务企业在物业管理过程中，与业主、业主大会和业主委员会的沟通是日常工作中重要的一个部分。他们之间沟通的内容很多，有：服务内容、标准、账目的公示与解释；服务相关事项（规定、要求）的咨询受理与解答；法规宣传；投诉受理与反馈；物业服务需求或相关需求的受理、解答等。

物业服务企业和管理服务人员为了使沟通工作达到良好的效果，在做好场地、人员、资料和相关服务工作的同时，应针对不同的对象、不同的内容做好相应的准备工作。

（二）按沟通模式划分

1. 语言沟通

语言是人类特有的一种非常好的、有效的沟通方式。语言的沟通包括口头语言、书面语言、图片或者图形。口头语言包括我们面对面的谈话、开会等。书面语言包括我们的信函、广告和传真，甚至用得很多的 E－mail 等。图片包括一些幻灯片和电影等，这些都统称为语言的沟通。在沟通过程中，语言沟通对于信息的传递、思想的传递和情感的传递而言更擅长于传递的是信息。

2. 肢体语言的沟通

肢体语言包含得非常丰富，包括我们的动作、表情、眼神。实际上，在我们的声音里也包含着非常丰富的肢体语言。我们在说每一句话的时候，用什么样的音色去说，用什么样的抑扬顿挫去说等，这都是肢体语言的一部分。

沟通的模式有语言和肢体语言这两种，语言更擅长沟通的是信息，肢体语言更善于沟通的是人与人之间的思想和情感。

三、物业客户沟通管理

（一）建立定期客户沟通制度

物业管理服务应区分不同沟通对象，并对其进行分析研究，针对客户特点和要求，定期走访客户，与客户进行沟通，全面了解和掌握客户需求，不断改进管理服务工作。客户沟通是一项长期性的工作，贯穿于物业管理服务的全过程，例如，定期召开业主座谈会，实施客户满意度调查，向业主委员会汇报物业管理相关工作等。

（二）建立跟踪分析和会审制度

在与客户沟通的过程中，要形成完整的沟通记录，包括时间、地点、沟通人员、事件和处理结果等。在每次沟通完成之后要按照客户不同类型分门别类地建立客户档案；实施跟踪分析和会审制度，评估客户沟通工作的效果；检讨物业管理服务工作和客户沟通存在的问题，适时采取相应措施，提升管理服务水平；同时，结合公司发展战略制订项目管理相关计划，确保物业管理服务工作的有序开展和顺利进行。

（三）借助现代信息技术

物业服务企业可以充分运用现代信息网络技术，拓宽与客户沟通的渠道，丰富沟通内容，提高沟通的及时性。有条件的物业服务企业要通过引进先进的客户管理技术和手段通过定量分析和定性分析相结合，将人工管理和技术管理相结合，建立行之有效的客户沟通和客户管理系统。

（四）关键客户沟通管理

1. 关键客户识别

在与客户的关系维护及日常沟通中，首先应当识别出关键客户。这样，物业服务企业可以运用更少的精力与资源，获得更好的服务效果。物业服务企业可以结合项目的实际情况，从业主拥有产权份额、业主在社区中的地位或职务、特殊需求等多个角度去识别关键客户。

专栏8-1　某物业项目关键客户的选取标准

1. 占物业建筑总面积5%以上客户或单位客户代表；
2. 业主委员会委员；
3. 业主委员会筹备小组成员；
4. 非常热心参与物业管理服务工作，在社区中具有一定号召力的客户；
5. 对开发建设单位、物业管理处有较深成见的客户；
6. 有特殊服务需求的客户；
7. 长期患病需要医疗仪器维持生命的客户；
8. 独居的残疾和年老体弱客户。

2. 客户背景资料分析

在与关键客户沟通前，物业服务企业应尽可能多地收集、分析关键客户的背景资料，如年龄、学历、工作单位、工作履历、家庭成员、家庭背景、爱好、特长、作息时间、家庭经济状况等，根据客户的个人特点及需求，确定与之沟通及维护关系的合适方式。

3. 日常沟通

应保持与关键客户的定期沟通，就近期物业管理服务的主要工作及成果向其介绍，并听取其对管理服务工作的意见和反馈。遇到重大节日或关键客户生日时，可以派人上门道贺、赠送贺卡等。为关键客户提供一些辅助性服务，例如，将公司刊物、物业管理简讯等定期邮寄给客户以示尊重。在组织社区文化活动时，应主动邀请关键客户参与。

4. 意见处理

对关键客户提出的意见或建议应当重点关注，在不违反法律法规的前提下尽可能采纳其意见或满足其要求，如确实无法实现的应当及时给予回复并表示歉意。在与关键客户沟通时如出现分歧，应在掌握其真实想法和动机的前提下坦诚沟通，争取其理解和支持。如分歧无法消除，可以向关键客户的家庭成员或工作单位寻求协助。

5. 特殊服务

对有特殊需求的关键客户，可以建立专门的台账，以便在紧急情况下能够从容应对。例如，对长期病患需要医疗器械维持生命的客户，如遇设备检修导致停水停电的情况，应提前派专人上门通知，以便客户做好应对。一旦发生意外停电，应立即派人上门查看病人情况，并采取必要措施确保病人的维生设备正常运行。

四、物业客户沟通管理的注意事项

（一）选择沟通环境

良好的沟通环境可使双方轻松愉悦地进行沟通和交流。客户沟通的地点可能是物业服务企业的办公区域，也可能是其他地点，如政府办公场所、业主家中等。应注意沟通场所的选择，必要时应对相关场所进行布置，做到摆放有序、干净整洁、明亮舒适。

（二）区别沟通对象

物业管理服务的沟通应根据沟通的对象、目的、内容和地点的不同采取相应的沟通方法。如和老人沟通时，首先要尊重对方，沟通的气氛要庄重，语速不宜过快；而与年轻人沟通，则可以相对自由放松。当对方偏离沟通主题时，应用适当技巧予以引导。

（三）注意沟通态度

物业管理服务人员在与客户沟通交流时，应态度诚恳、神情专注，没有特别情况不去做其他与沟通交流无关的事。对于较简单或能够立即回答的问题要当场解释，对于职权范围内可以决定的事项立即予以答复，对于较复杂或不能立即决定的问题要致歉并解释，请高级管理人员回答或另行约定沟通的时间、地点和人员。

（四）适度保持距离

沟通中物业管理服务人员要与客户保持适度距离，不应有多余的肢体动作或不恰当行为。注意倾听别人的谈话，不得轻易打断。服务行为要适度，避免影响沟通气氛。

（五）强调沟通技巧

在与业主正式沟通中，可以寒暄等方式为开场白，缓和气氛，使双方更好地交流。物业管理服务人员对客户所提任何问题和要求，均要采取与人为善的态度，给予充分理解，必要时可做耐心解释，但不宜指责、否定和驳斥。

（六）沟通资料存档

客户沟通的事由、过程、结果应记录归档。客户所提要求，无论能否满足，应将结果及时反馈客户。

专栏8－2　早期免收部分费用后期正常收取产生的纠纷

××大厦入住之初，物业管理处考虑到业主客户乔迁初期开支较多，主动优惠，对大多数户内维修暂时采取了无偿提供的方式（若当初就把这一想法向业主客户讲清楚，恐怕办了好事也不会惹出后来的麻烦）。入住满一年后，鉴于小区的经济运行状况，管理处决定按照法规规定，开始据实收取户内维修费用。然而这本来是合情合理的，却遇到了不小的阻力。

想一想：如果你是管理处经理，你会怎样和业主沟通来解决这个问题？

分析：为了突破阻力，管理处起草并在公告栏张贴了《致业主客户的一封公开信》。

公开信引用物业管理法规，详细介绍了物业管理费的开支范围和有偿服务与无偿服务的具体范畴，并说明了当初无偿提供户内维修的初衷，使大多数业主消除了“交了物业管理费，管理处就应包办一切”的误解，对户内维修有偿服务表示认同。

鉴于仍有个别业主客户不理解这一情况，管理处继续深入做工作。一方面强调办公室工作人员耐心接受业主客户的垂询，进一步加以解释；另一方面要求维修人员上门维修时必须保证时效和质量，同时加强与业主客户的思想沟通。

与此同时，管理处还公布了户内维修的收费标准，并告知业主客户选择服务商的权利。这样，就逐步理顺了所有业主客户的情绪，有偿进行户内维修也就容易落实下去。

第三节　物业客户投诉管理

物业管理投诉的接待与处理是物业管理服务中重要的组成部分，也是提高物业管理服务水准的重要途径。通过物业管理投诉不仅可以纠正在物业管理与服务运行中所出现的失误与不足，而且能够维护和提高物业服务企业的信誉和形象。物业服务企业要正确看待物业管理投诉，并把它转换为一种消除失误、改善管理与服务、加深与业主沟通联系的机遇。

一、客户投诉的定义与分类

（一）客户投诉的定义

客户投诉是指客户对企业产品质量或服务上的不满意而提出的书面或口头上的异议、抗议、索赔和要求解决问题等行为。客户投诉是消费者以商家的产品质量，服务态度等发生问题为原因，向商家主管部门反映情况，检举问题，并要求得到相应的补偿的一种手段。对客户来说，投诉是保护其自身利益的有效手段；对企业而言，客户投诉管理是客户服务一项不可缺的内容。

（二）客户投诉的分类

在物业管理活动中，引起投诉的原因很多，按照不同的分类方式，投诉有以下几种类型。

1. 按照投诉的内容划分

（1）房屋管理类投诉。

由于对房屋建筑主体及其附属构筑物的共用部位的维修、养护和管理不到位引起的投诉，包括楼盖、屋顶、外墙面、承重结构、楼梯间、走廊通道、门厅、道路等。如房屋损坏保养不到位、公共楼道修缮不及时、违章搭建、装修管理审批、监控不到位等。

（2）设备管理类投诉。

由于对房屋的附属配套的共用设施、设备的维修养护、运行和管理不到位引起的投诉，包括共用的上下水管道、落水管、垃圾道、烟囱、共用照明、天线、中央空调、暖气干线、供暖锅炉房、高压水泵房、楼内消防设施设备、电梯等（含外包）。

（3）安全管理类投诉。

由于对物业正常的工作、生活秩序维护、管理不到位，或采取的安全措施不当，导致存在安全隐患或发生安全事故等而引起的投诉。包括对外来人员、物品搬运、车辆道路、消防设施设备等的管理，对讲机使用（如保安夜间对讲机声音过大）、安全技术防范和突发事件处理等。

（4）环境管理类投诉。

由于对物业环境的净化和美化管理服务不到位引起的投诉。包括绿化、清洁卫生、垃圾清运、消杀、商铺环境（如油烟问题、占道经营乱摆卖等）、不能归属其他类别的噪声和对保洁外包方的监控等。

（5）综合服务类投诉。

由于除房屋管理、设备管理、安全管理、环境管理类以外的其他管理服务提供不到位引起的投诉。包括居家［家政、维修等（含外包）］服务、中介服务、社区文化、会所等由物业服务企业提供的社区配套服务及收费等。

（6）业主纠纷类投诉。

由于业户之间对毗连部位/设施、公共部位/设施的使用和相关权益归属存在纠纷，甚至互相侵犯权利、影响他人生活质量、损害公共利益而引起的投诉。如养犬、晨练等生活噪声、毗连部位维修（装修破坏防水层造成渗漏水等）及业户的违规违约或不当行为等。

（7）地产相关类投诉。

由于地产相关产品、服务提供不到位引起的投诉。包括房屋质量、配套设施、规划设计、地产联系的工程施工、配套服务、销售管理等。

（8）其他类投诉。

由于非上述各类原因引起的且物业服务企业不负有直接管理责任但通过物业服务企业的努力可以改善而产生的抱怨，包括由于政府机关、企事业单位的行为或责任引起的投诉，如市政配套（供水、供电、燃气、有线电视、宽频网、电话、交通）不完善或市政设施突发事件过多等。

2. 按投诉的性质划分

（1）有效投诉。

有效投诉包括客户对物业服务企业在管理服务、收费、经费管理、维修养护等方面失职、违法、违纪等行为的投诉，并经过有关行业主管部门查实登记的；客户提出的物业服务企业或管理人员故意、非故意，或失误造成客户或公众利益受到损害的投诉。

（2）沟通性投诉。

沟通性投诉有求助型投诉、咨询型投诉和发泄型投诉。

求助型投诉。客户有困难或问题需给予帮助解决的。

咨询型投诉。客户有问题或建议向管理部门联络的。

发泄型投诉。客户因受委屈或误会等，内心带有某种不满，要求问题得到解决的。

沟通性的投诉若处理不当，会变成有效投诉，所以必须认真处理沟通性投诉。

二、物业客户投诉处理的目的和原则

（一）物业客户投诉处理的目的

物业企业对客户投诉进行及时、有效的处理，可以达到以下目的。

1. 提高企业美誉度

客户发生投诉后（尤其是公开行为），物业企业的知名度往往会随着事件的曝光而增加。如果物业企业以消极的态度应对，听之任之或予以隐瞒，与公众不合作，企业的美誉度会随着知名度的扩大而下降。相反，在积极的处理和引导下，企业美誉度往往在经过一段时间下降后反而能迅速提高。

2. 提高客户忠诚度

据美国著名的消费者调查公司 TRAP 的研究发现，提出投诉的客户，若问题获得了圆满解决，其忠诚度会比那些从来没遇到问题的客户更高。因此，客户的投诉并不可怕，可怕的是不能有效地化解投诉，最终导致客户的离去。

3. 发现改进服务的方向

客户发生投诉，意味着物业企业提供的服务没能达到客户的期望和满足客户的需求，但从积极的一面思考，也表示客户仍对物业企业具有期待，希望能改善服务水平。因此，从后一角度来看，客户的投诉实际上是企业改进工作、提高客户满意度的机会。

（二）物业客户投诉处理的原则

1. 及时原则

对投诉及时做出反应，并在规定的时间进行有效处理，不能及时处理完毕的应按时跟进进展情况，并适时通知客户。

2. 诚信原则

注重承诺和契约，有诺必践；处理问题应以能够公之于众为标准，不暗箱操作；为保证诚信原则的贯彻，应注意不承诺能力以外的事情，不轻易承诺结果。

3. 专业原则

以专业标准要求自己，对客户体恤、尊重；协调专业部门从专业角度处理问题，做到实事求是、有根有据，维护公司专业形象。

三、物业客户投诉处理的程序

一般情况下，物业客户投诉处理流程包括以下几个步骤。具体见图 8 – 1。

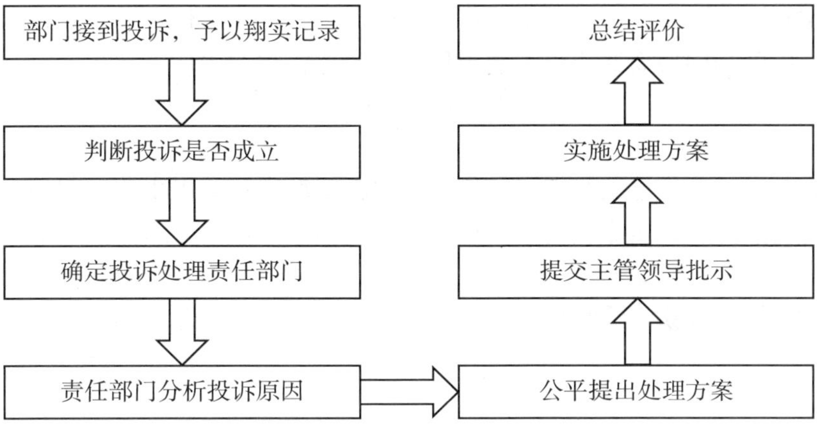

图 8 – 1　物业客户投诉处理的流程

（一）记录投诉内容

在接受投诉时，接待人员应根据客户投诉登记表详细记录客户投诉的全部内容，如投诉人、投诉时间、地点、投诉对象、投诉要求和接待人等信息。

（二）判断投诉是否成立

在了解客户投诉的内容后，要确定客户投诉的理由是否充分，投诉要求是否合理。如果投诉并不成立，就可以委婉的方式答复客户，以取得客户的谅解，消除误会。

（三）确定投诉处理责任部门

依据客户投诉的内容，确定该项投诉由谁（责任人或责任单位/部门）负责专项落实与处理。如果是物业设备维修问题，交由工程部处理；属安全管理问题，则交安全管理部处理。

（四）责任部门分析投诉原因

通过各种渠道与方法查明客户投诉的具体原因及造成客户投诉的具体责任人，并及时进行现场分析，弄清楚客户投诉问题的症结所在。

（五）公平提出处理方案

依据实际情况，参照客户的投诉要求，由处理投诉事件的专项负责人或由部门/单位提出解决投诉的具体方案。

（六）提交主管领导批示

针对客户投诉问题，主管领导应对投诉的处理方案一一过目，并及时做出批示。根据实际情况，采取一切可能的措施，尽力挽回已经出现的损失。

（七）实施处理方案

处罚直接责任者，通知客户，并尽快收集客户的反馈意见。对直接责任者和部门主管根据有关规定作出处罚，依照投诉所造成的损失大小，扣罚责任人一定比例的绩效工资或奖金。对不及时处理问题而造成延误的责任人也要追究相关责任。

（八）总结评价

对投诉处理过程进行总结与综合评价，吸取经验教训，并提出改善对策，从而不断完善企业的经营管理和业务运作，提高客户服务质量和服务水平，降低投诉率。

四、物业客户投诉处理技巧

（一）耐心倾听，不与争辩

要以真诚的态度、平和的心态认真耐心地听取业主的投诉，不要轻易打断。同时，可以通过委婉的方式进行提问，及时弄清投诉的原因和要求。对那些失实、偏激或误解的投诉，适度表示理解，不做任何敌对性、辩解性的反驳，以免发生冲突。

（二）真诚对待，冷静处理

对各种投诉、遭遇或不幸的倾诉，首先要设身处地从业主的角度考虑，适当表示理解或同情。例如，业主投诉时情绪激动、态度粗暴，物业管理人员应冷静处理，必要时暂时离开，避免冲突。

（三）认真对待，不敷衍塞责

具有管理责任部门经理应第一时间出面以示对当事人的尊重；迅速查明情况，高效率处理，属于物业服务企业的责任，不能推卸。

（四）坚持原则，不随意让步

以法律法规、合同、质量标准、国家规范为依据，明确事实。涉及赔偿问题要根据管理责任承担，必要时由公司进行协调。

（五）态度鲜明，不含糊其辞

对物业服务企业不应当承担责任的，应明确告知客户，即使客户不接受，甚至以曝光相要挟，都不能含糊其辞；对于不能即时答复的，应该在查清事实的基础上，给客户一个负责任的答复。

（六）统一回复口径

在回复客户应统一回答口径，避免不同的人回答结果不一样。

五、物业客户投诉的统计分析

投诉分析的内容应包括对投诉总量、投诉类型、投诉趋势等的比较和原因分析，针对性的纠正措施，对于重大投诉、代表性投诉个案进行深度剖析等，同时深层次地挖掘投诉产生与项目定位、客户群体、服务标准、收费标准、资源成本等方面的关系，为今后同性质项目的物业服务提供参考依据。

（一）投诉总体分析

投诉总数及其发展趋势分析（各时间段的纵向比较）、各月份投诉量的分析及产生原因。如：投诉与新业主入住或新员工培训不到位等因素是否有关。对各类投诉总数及相应的业务强弱项进行分析，找出工作不足之处并采取措施避免类似投诉发生。（着重从中挖掘客户关注业务，并进行横向比较分析）

（二）投诉重点分析

针对投诉的专业、投诉原因的细项分析，具体可参照影响服务过程质量的人、机、料、法、环五大因素：

1. 人

由于物业管理人员因素影响服务质量而引起的投诉，具体分为：

服务态度：即职业道德、敬业精神、服务礼仪、服务心态等。

服务规范：即是否严格按照公司有关规定、流程、标准、时限提供服务

服务技能：即是否拥有岗位所应具备的基本技能、专业知识和服务技巧等；

2. 机

由于物业管理服务设施因素影响服务质量而引起的投诉，具体分为：

外观完好性：即服务设施外观是否完好，包括外观整洁、没有破损、没有安全隐患、配件、说明书齐全等。

质量合格性：即服务设施质量是否合格，是否经常失效等。

功能适用性：即服务设施功能是否适用，其设置是否充分发挥了功效，是否达到了预期之管理服务目的。

3. 料

由于物业管理服务过程中使用的物料（主要是低值易耗品、标识等）或提供的信息的因素影响服务质量而引起的投诉，具体分为：耐用性、经济性、准确性。

4. 法

由于物业服务过程规范、流程、标准、管理方法、服务方式等因素影响服务质量而引起的投诉。

5. 环境

由于物业服务提供所处的外部环境因素影响服务质量而引起的投诉。

（三）投诉个案分析

主要针对具有代表性和影响面大的投诉，分析包括投诉要点及突出反映的问题，产生投诉的原因，处理过程和结果，事件恶化的原因经验教训和纠正措施等。

六、物业客户群诉处理

（一）群诉

在物业管理过程中，由于种种原因，有时候也会产生群体投诉的情况。如：由于物业自身工作失误遗留共性问题，且投诉处理不力；过高的预期与客观现实之间的差距，引发业主或使用人的共鸣。群诉容易引起社会和媒体的关注，如果处理不好，对公司的形象影响较大，物业公司理应重视。

（二）群诉客户常见的行为方式

1. 理性手段

向公司投诉，上级公司投诉，消协投诉、个别上访、找关系说情、网上投诉长期“抗战”、不断说理等。

2. 非理性手段

媒体曝光、挂布标、张贴标语、散发传单、阻挠施工，集体上访、打砸办公室销售场所、非法拘禁、堵塞交通及小区主要通道、演讲煽动、游行造势、打骂工作人员、寻死觅活耍无赖等。

（三）群诉处理的十二步骤

1. 建立组织保障（成立危机处理小组，明确分工）
2. 保证信息畅通（及时、准确、完整、扁平化、安全性）
3. 做好现场应对

（1）做好应对紧急事件的预案、预演，硬件设施准备；

（2）事先预估可能出现的情况；

（3）现场预留独立区域接待到访客户；

（4）准备应对现场媒体采访的情况说明；

（5）现场人员分工明确（指挥、接待、策应、问题分析）；

（6）与客户沟通的过程立场明确、态度谦恭，以倾听为主，如需表态则做到既坚持原则又不失礼貌；

（7）寻求第三方协助维持现场秩序，避免发生正面冲突，严防与客户发生肢体接触；

（8）现场取证并注意取证工作的技巧性（拍照、摄像和现场录音）；

（9）法律人员判断、并出具意见；

（10）当事件演变成为危机事件时，应制定面对客户、媒体、政府和内部员工的情况说明。

4. 搞清问题本质

相关部门立刻召开联席会议；收集尽可能多的信息和资料；判断群诉的核心问题；判断问题产生的原因和涉及范围；判断问题是否可以解决；判断问题未来的发展趋势；判断相关法律责任；确定问题的性质。

5. 防止负面报道

确定发言人；充分准备、审定物业企业提交给媒体的情况说明和资料；根据采访接待流程做好媒体曝光的应对；记录每一次采访意向；密切关注媒体与业主的接触；决定是否主动披露信息；决定披露信息的形式和方法；澄清事实，表明态度，引导媒体客观报道。

6. 抓住关键要点

关键部门（群诉处理时涉及政府各部门、媒体、消协、司法等多方面）一定要根据问题的实质，找到对问题解决有决定权、否决权或可能成为切入点的具体关键部门。找到关键的、能发挥决定性作用的人物，作为重点沟通对象。

7. 寻求各方支持

和政府、鉴定机构等重点部门，保持专人密切联系；经常性汇报有关情况；充分表明公司诚意与合法性；密切关注业主与政府、消协、鉴定等部门的接触。

8. 确定处理原则

以问题事实为依据，判断法律责任；以价值观为依据，判断客户关系责任；以社会大环境为依据，判断社会责任；以法律责任、客户关系责任、社会责任为依据，确定群诉处理原则。

9. 制订解决方案

（1）描述双方当前的立场；

（2）站在业主角度思考，评估对方的底线；

（3）评估我方损失，确定、调整我方底线；

（4）预测可能达成妥协的临界点，列出可能的各种妥协方案；

（5）列出谈判中可能发生的各种不利情况；

（6）列出对谈判过程有影响力的第三方对象；

（7）为“最重要的可能性”准备应对方案；

（8）对第三方对象进行有计划的公关；

（9）实施谈判，详细记录谈判过程；

（10）返回第一步，进行必要的调整。

10. 列清工作计划

11. 及时总结调整（过程调整、缺陷反馈、案例总结、项目总结）

12. 注重情感修复（不抛弃，不放弃；客户情感修复是处理群诉问题的必选动作）

第四节　物业客户满意度管理

在当前物业管理行业差异化竞争和多元化发展的双重作用下，客户满意的重要性已经被不少物业服务企业提升到了战略高度上，决定着企业的生死存亡。客户对服务的满意程度如何，不满意的地方在哪里，怎样才能带来让顾客满意的服务？这都是物业服务企业所必须要掌握的，而客户满意度测量则为物业服务企业带来了准确的参考数据，让品质提升有据可依。

一、客户满意度概述

（一）客户满意

客户满意的思想和观念早在20世纪50年代就受到世人的认识和关注。学者们对客户满意的认识大都围绕着“期望——差异”范式。这一范式的基本内涵是客户期望形成一个可以对产品、服务进行比较、判断的参照点。

菲利普·科特勒认为，客户满意“是指一个人通过对一个产品的可感知效果与其期望值相比较后，所形成的愉悦或失望的感觉状态”。

奥利弗和琳达（Oliver and Linda）认为，客户满意是“一种心理状态，客户根据消费经验所形成的期望与消费经历一致时而产生的一种感情状态”。

谢和威尔顿（Tse and Wilton）认为，客户满意是客户在购买行为发生前对产品所形成的期望质量与消费后所感知的质量之间存在差异的评价。

韦斯特布鲁克和赖利（Westbrook and Reilly）认为，客户满意是一种情感反应，这种情感反应是伴随或者是在购买过程中产品陈列以及整体购物环境对消费者的心理影响而产生的。

从上面的定义可以看出，客户满意水平是可感知效果或测量分析后效果和期望值之间的差异函数。

（二）客户满意度

客户满意度是对客户满意程度的衡量指标，指客户在接受某一服务时，实际感受的服务与客户的期望的差值。实际感受不及期望会造成客户不满意；实际感受与期望相称会达成客户满意；实际感受超过期望则客户十分满意、高兴或喜悦。值得注意的是，这种实际感受不一定全是真实的。

在物业管理活动中，影响客户满意程度的因素主要有三个。一是客户对服务质量的感知，即客户在日常生活、工作中感受到的服务水平；二是客户对服务的期望，需要注意的是，人们对服务的需求是不断变化和增长的；三是客户对价值的感知，即客户付出的总成本（包括物业服务费、时间、精力、情感等）与其享受到的总收益的比较。

（三）客户满意度级度

客户满意度是一种心理状态，是一种自我体验。对这种心理状态也要进行界定，否则就无法对客户满意度进行评价。心理学家认为情感体验可以按梯级理论划分为若干层次，相应地可以把顾客满意程度分成七个级度或五个级度。

七个级度为：很不满意、不满意、不太满意、一般、较满意、满意和很满意。

五个级度为：很不满意、不满意、一般、满意和很满意。

管理专家根据心理学的梯级理论对七个级度给出了如下参考指标：

1. 很不满意

特征：愤慨、恼怒、投诉、反宣传

分述：很不满意状态是指顾客在消费了某种商品或服务之后感到愤慨、恼羞成怒难以容忍，不仅企图找机会投诉，而且还会利用一切机会进行反宣传以发泄心中的不快。

2. 不满意

特征：气愤、烦恼

分述：不满意状态是指顾客在购买或消费某种商品或服务后所产生的气愤、烦恼状态。在这种状态下，顾客尚可勉强忍受，希望通过一定方式进行弥补，在适当的时候，也会进行反宣传，提醒自己的亲朋不要去购买同样的商品或服务。

3. 不太满意

特征：抱怨、遗憾

分述：不太满意状态是指顾客在购买或消费某种商品或服务后所产生的抱怨、遗憾状态。在这种状态下，顾客虽心存不满，但想到现实就这个样子，别要求过高吧，于是认了。

4. 一般

特征：无明显正、负情绪

分述：一般状态是指顾客在消费某种商品或服务过程中所形成的没有明显情绪的状态。也就是对此既说不上好，也说不上差，还算过得去。

5. 较满意

特征：好感、肯定、赞许

分述：较满意状态是指顾客在消费某种商品或服务时所形成的好感、肯定和赞许状态。在这种状态下，顾客内心还算满意，但按更高要求还差之甚远，而与一些更差的情况相比，又令人安慰。

6. 满意

特征：称心、赞扬、愉快

分述：满意状态是指顾客在消费了某种商品或服务时产生的称心、赞扬和愉快状态。在这种状态下，顾客不仅对自己的选择予以肯定，还会乐于向亲朋推荐，自己的期望与现实基本相符，找不出大的遗憾所在。

7. 很满意

特征：激动、满足、感谢

分述：很满意状态是指顾客在消费某种商品或服务之后形成的激动、满足、感谢状态。在这种状态下，顾客的期望不仅完全达到，没有任何遗憾，而且可能还大大超出了自己的期望。这时顾客不仅为自己的选择而自豪，还会利用一切机会向亲朋宣传、介绍推荐，希望他人都来消费之。

五个级度的参考指标类同上述七个级度指标。顾客满意级度的界定是相对的，因为满意虽有层次之分，但毕竟界限模糊，从一个层次到另一个层次并没有明显的界限。之所以进行顾客满意级度的划分，目的是供企业进行顾客满意程度的评价之用。

二、物业客户满意度调查

所谓客户满意度调查是用来调查一家企业或一个行业在满足或超过顾客购买产品的期望方面所达到的程度。面对愈发激烈的市场竞争，许多行业都开始重视客户的维护，而大部分企业都会利用满意度问卷调查方式来搜集相关的市场信息，物业服务企业也是如此，通过物业服务满意度调查来进行物业的管理，满意度调查成为所有行业经营管理的重要技术手段之一。

（一）物业客户满意度调查的作用

1. 能具体体现"以顾客为中心"这个理念

很多物业服务企业都开始意识到，工作的主要压力不是来自市场服务，而主要来自业主，业主的满意度已经成为衡量企业竞争力的重要因素之一。只有了解到业主最真实的想法和感受，才能够找出企业自身存在的一些根本性问题，从而有针对性地解决问题。但是，业主或使用人的需求和期望是随时不断变化的，当时满意不等于以后都满意，如业主或使用人提出要求才去满足，物业企业就已经处于被动了，必然会产生被忽视的感受。要获得主动，物业企业必须通过定期和不定期的顾客满意度调查来了解不断变化的业主或使用人的需求和期望，并持续不断地改进和优化所提供的物业服务的品质，真正做到以顾客为中心。

2. 确定顾客满意策略

物业企业进行顾客满意度调查，不只是为了得到一个综合统计指数，而是要通过调查活动，发现影响业主或使用人满意度的关键因素，以在提高顾客满意度的过程中能对症下药，制定有效的顾客满意策略。顾客满意度的测量始终要考虑竞争对手的情况，并进行比较，确定企业与其主要竞争对手在满足这些期望和要求方面成功的程度，即优势和劣势各处在什么位置。这样可以使企业做到知己知彼，制定出合适的竞争策略。

3. 节约企业成本，提高经济效益

顾客满意度调查贯穿企业生产经营全过程，从设计服务之初就考虑到业主或使用人的需求和期望，使其提供的产品或服务得到业主或使用人的认可，并获得顾客满意。之后，在定期的顾客满意度调查中，物业企业会越来越了解顾客，会准确地预测到顾客的需求和愿望的变化。这样，物业企业就不用花更多的时间和精力去做市场研究，服务的设计和提供也会少走不少弯路，在很大程度上减少了企业的浪费，压缩了成本，利用有限的资源最大限度地提高企业的经济收益。

（二）客户满意度调查技术

客户满意度调查进入中国十多年的时间，从最初的服务落实度调查，到感知质量调查，再到满意度指数模型调查，不断与多种研究技术和理念相结合，发展出满足不同需求的满意度调研技术。根据满意度调研关注点和解决问题的不同，到目前为止，满意度调研技术可归为10代。

整个10代的满意度调查，前3代是基础，经历了从服务过程调查（第1代）到服务效果调查（第2代），从服务质量调查到满意度指数调查（第3代）的发展过程。后7代是在前3代的基础上，根据不同应用要求延伸发展而来。以提升不满意客户为关注点，发展了不满意度调查（第4代）、短板改进调查（第5代）；为优化资源配置策略、确定资源投入边界，应用发展了KANO模型（第6代）；为分析差异化服务需求，将U&A研究（第7代）融入了满意度调查；第8代满意度重点关注高满意人群，第9代将提升用户体验作为调研重点，第10代强调以满意度调查为核心建立服务管理体系。

第1代到第10代的满意度调研技术，并不是一个替代关系，各代技术适用不同类型、不同发展阶段的企事业单位需求。循序渐进地采用有针对性的技术级别，可显著有效地管理和提升服务水平。

物业客户满意度调查，正是在现有满意度调研技术的基础上形成的满意度测评方法，主要实现统计业主对为其服务的物业服务企业提供的服务满意程度的调查。一般的满意度调查应由有资格的第三方机构针对物业服务企业服务的业主采用随机抽取样本的方式进行。自20世纪90年代起，物业服务企业开始导入客户满意度调查法则，尤其ISO 9000质量体系认证之后，八项质量原则使物业服务企业越来越重视服务，越来越关注顾客的感受。

（三）物业客户满意度调查的方法

1. 设立投诉与建议系统

以客户为中心的企业应当能方便顾客传递他们的建议和投诉，设立投诉与建议系统可以收集到客户的意见和建议。例如，很多餐厅和旅馆都为客人提供表格以反映他们的意见。医院可以在走道上设置建议箱，为住院病人提供意见卡，以及聘请一位病人专门搜集病人的意见。一些以顾客为中心的物业服务企业建立了一种称为“顾客热线”的免费电话，从而最大限度地方便顾客咨询、建议或者投诉。这些信息可以为物业企业提供很多好的主意，有助于企业更迅速地解决问题。

2. 顾客满意度调研

作为一个企业，不要以为建立了投诉与建议系统，就能全面了解客户的满意和不满意。一项在新加坡商场中所做的调查表明，当客户对劣质服务不满意时，会有下列反应：70%的购物者将到别处购买；39%的人认为去投诉太麻烦；24%的人会告诉其他人不要到提供劣质服务的商店购物；17%的人将对劣质服务写信投诉；9%的人会因为劣质服务责备销售人员。上述结果说明并不是所有不满意的客户都会去投诉，因此，物业服务企业不能用投诉程度来衡量顾客满意程度，应该通过个人访谈、小组访谈、问卷调查和电话询问等方式开展周期性的调查，获得有关顾客满意的直接衡量指标。

3. 失去客户分析

物业服务企业应当同抱怨甚至拒绝服务或正打算转向其他服务企业的客户接触，了解客户不满意的原因。

4. 竞争者分析

物业服务企业对竞争对手提供的服务进行分析，找出差距，寻找对策，制订并实施行动方案。

（四）物业客户满意度调查的流程

1. 确定调查的实施时间、范围

物业服务企业在进行客户满意度调查的时候，应首先确定调查的开始时间、结束时间、需要调查的区域，需要调查的物业管理项目。

2. 明确调查的方法

常用的调查方式包括访谈答卷、自主答卷、网络答卷三种。

（1）访谈答卷。

由调查员上门与客户面谈，并按照既定的问卷内容向客户提问。其好处是：可以深入了解客户的想法及意见，获得额外的信息。其弊端是：客户可能带个人成见而影响问卷结果，调查时间长。

（2）自主答卷。

由客户自行填写问卷。其好处是：方便答卷者，并且可以获得相对真实完整的答案。其弊端是：较难征询额外的信息，有时候答卷者不能完全理解所提出问题而出现答题偏差。

（3）网络答卷。

与自主答卷的区别是通过网络进行提交。其好处是：可以减少误差并提高数据的完整性，并且数据收集迅速。其弊端是：回收率会较低。

3. 初步确定调查的内容

物业企业开展客户满意度调查研究，必须首先识别客户和客户的需求结构，明确开展客户满意度调查的内容。不同的物业企业拥有不同的客户。不同群体的客户，其需求结构的侧重点是不相同的，例如，有的侧重于物业费用，有的侧重于服务，有的侧重于性能和功能等。一般来说，物业企业满意度调查的内容主要包括以下几个方面：绿化服务、保安服务、消防管理服务和设施设备管理服务等。

4. 了解客户期望

了解客户期望是为了能够判断明确自己产品和服务的哪些方面是促进客户满意度的动力，同时还可以确定出客户对优秀品质的期望。在了解客户期望过程的初期阶段，定性的开放式讨论可以说是最佳的选择，与其他方法相比，它可以提供更加深入的信息。个人专访及专题小组讨论也是较有效的途径。

（1）个人专访。

有利方面：深入客户所处的环境，了解客户的要求与期望程度；帮助发现客户的兴趣所在，并可进行深入探讨。

不利方面：占用时间长，费用高，无法集思广益。

（2）专题小组讨论。

有利方面：鼓励参与者相互启发和交流，可集思广益，并可加快完成速度。

不利方面：容易受到小组成员构成变化的影响，高度依赖主持人的主持技巧。

5. 量化和权重客户满意度指标

客户满意度调查的本质是一个定量分析的过程，即用数字去反映客户对测量对象的属性的态度，因此需要对调查项目指标进行量化。客户满意度调查了解的是客户对产品、服务或企业的态度，即满足状态等级，问卷的问题由若干道选择题组成，一般采用五级态度等级，每题设“非常满意”“比较满意”“一般”“不太满意”“非常不满意”五个测量等级，每个等级分别赋值 5 分、4 分、3 分、2 分、1 分。也有的问卷一般采用七级态度等级：很满意、满意、较满意、一般、不太满意、不满意和很不满意，相应赋值为 7 分、6 分、5 分、4 分、3 分、2 分、1 分。

对不同的产品与服务而言，相同的指标对客户满意度的影响程度是不同的。例如，售后服务对耐用消费品行业而言是一个非常重要的因素，但是对于快速消费品行业则恰恰相反。因此，相同的指标在不同指标体系中的权重是完全不同的，只有赋予不同的因素以适当的权重，才能客观真实地反映出客户满意度。物业客户满意度各个指标权重的确定建议采用德尔菲法，邀请一定数量的有关专家分别对调查的每一项内容进行权重，并请他们将各自的权重结果发送给调查者，调查者将综合后的结果再返还给专家，他们利用这一信息进行新一轮的权重，如此往返几次，一直到取得稳定的权重结果（1～3 级）。最终，各项客户满意度指标得分结果的计算公式为：得分 = 权重评分值。

6. 设计制作问卷

客户需求信息收集齐备后，应草拟问卷。如果缺乏这方面的经验，则可以求助于问卷设计专家或专业公司。一般问卷会包括测量说明、前言、客户基本信息（地址、姓名、电话）、定量问题、定性问题、结束语等。

7. 组建调查团队

对调查员进行必要的培训。为保证客户满意度调查正确性，调查员应当保持充分的独立性，不得与被调查的物业管理处有利害关系。

8. 确定调研的样本

在进行客户满意度调研的时候，由于有些项目客户群体太多，调研时不可能对所有的客户进行调查，这时候可以考虑采取抽样调查法。可以根据物业的形态、客户的类型，确定客户满意度调研抽样的要求，尽量保证样本是平均分布并且能够代表不同类型的客户。根据调研物业项目的规模及客户数量确定抽样的比例，一般抽样比例尽量不要低于 20%，绝对样本数量不要低于 20 个。

9. 发放、回收调研问卷

为保证调研的客观性，调查人员在发放、回收客户满意度调研问卷的时候，应该注意以下几个问题：严格按照既定的样本清单发放问卷，无特殊情况不得轻易更换既定的样本地址，不得使用物业管理处推荐的样本；调查问卷最好应由调查员亲自上门发放及回收（或采用邮寄的方式），不得由物业管理处员工上门去发放和回收问卷或者通过网络准确投放；在调查过程中，调查员不得将抽样样本透露给物业管理处，在上门访问时不应有物业管理处的人员陪同；调查问卷不得放置于物业管理处；问卷出现损坏、人为涂改或客户答题数量不足等，均应视为无效。

10. 分析统计测量结果

对客户满意度测量的结果进行汇总统计。一些物业服务企业进行客户满意度调查后，只简单地根据自己公司制定的测量和计算方法，计算一下均值比较即结束了。其实如果我们进一步选用合适的分析工具和方法，客户满意度测量结果可以给我们提供许多有用的信息。针对客户满意度调查结果分析，常用的方法有：方差分析法、双样本 T 检验、过程能力直方图和 Pareto 图等。

11. 改进

在对收集的客户满意度信息进行科学分析后，物业企业就应该立刻检查自身的工作流程，在“以客户为关注焦点”的原则下开展自查和自纠，找出不符合客户满意的流程，制定物业企业的改进方案，并组织企业员工实行，以达到客户的满意。

三、物业客户满意度评价指标

（一）物业客户满意度评价指标构建原则

1. 基本原则

客观、公正、全面是业主满意度评价指标的基本原则。对于物业企业来说，测评客户满意度的根本原因就是为管理者提供信息使其能够正确地做出决策，从而提高客户满意率，增加企业利润，故业主满意度评价指标体系的构建必须坚持指标的客观性、公正性、全面性原则。否则，物业服务企业将不能得到真正反映客户满意度的数据。

2. 指标量化原则

根据客户测量满意度指标和权重计算总体满意度指数。物业服务企业可以将满意度进行行业对比及年度对比，建立客户满意度跟踪体系。

3. 科学客观原则

客户满意度评价标准要科学，而且设定要客观。评价指标的构建应将客户的真实经历和满意度结合起来，而不是用生成的数据，从而降低猜测和想象带来的偏差。

（二）物业客户满意度评价指标体系

每个物业各具有特点，业主或使用人也有所不同，也具有不同的特点。物业企业对每个物业所提供的服务也会有所不同。物业企业应该根据各自提供的服务，设计满意度指标体系。一般情况，住宅物业和写字楼物业的客户满意度评价指标体系见表8－1、表8－2。

表8－1　客户满意度评价指标体系（住宅物业）

目标层	准则层	指标层
物业服务总体满意度	综合评价	分项评价
	物业服务	秩序维护人员服务
		保洁人员服务
		维修人员服务
		绿化人员服务
		车管人员服务
		消防类工作
		装修管理工作
		物业客户服务
	投诉服务	物业服务单位接受业主投诉的处理
		物业管理人员受理业主投诉的态度
		物业管理人员受理业主投诉的及时性
		物业管理人员对业主投诉的信息反映及反馈情况

续表

目标层	准则层	指标层
物业服务总体满意度	投诉服务	对投诉受理结果的满意度
		对重大投诉问题的处理方式、方法及结果的满意度
	与业主日常沟通	与业主日常沟通
	便民服务	无偿服务满意度
		有偿服务满意度
	营造社区文化	社区文化活动
		社区整体精神风貌
		社区的文化氛围

表 8-2　　客户满意度评价指标体系（写字楼物业）

目标层	准则层	指标层
物业服务总体满意度	综合评价	分项评价
	物业服务	秩序维护人员服务
		保洁人员服务
		维修人员服务
		绿化人员服务
		车管人员服务
		消防类工作
		装修管理工作
		物业客户服务
	投诉服务	物业客户服务人员
		投诉电话的畅通性
		物业管理人员受理业主投诉的态度
		物业管理人员受理业主投诉的及时性
		物业管理人员对业主投诉的信息反映及反馈情况
		对重大投诉问题的处理方式、方法及结果的满意度
		对投诉受理结果的满意度
		对重大投诉问题的处理方式、方法及结果的满意度
		有偿服务满意度

（三）客户满意度评价指标的计算方法

运用层次分析法得到一级指标对二级指标的权重和二级指标对三级指标的权重，利用所得权重对各指标满意度得分进行加权平均，最终得到业主总体满意度得分。具体算法为：

一级指标满意度得分 = Σ二级指标满意度的分数 × 二级指标权重

二级指标满意度得分 = Σ三级指标满意度的分数 × 三级指标权重

专栏 8－3 物业管理公司客户满意度调查问卷

为真实地了解物业管理公司的管理状况，并进一步改善其管理服务水平，提高您的满意程度，请您进行客观评价并提出宝贵意见/建议，感谢您的参与和支持。对您提供的信息，我们保证为您保密。(在您认为合适答案的选项框里打√，并在空白处提出具体意见)

性别：□男 □女 年龄： 职业：

一、您对该物业管理服务的综合评价：

□非常满意 □满意 □中等 □不满意 □非常不满意

二、保安

1. 您对安保辖区安全的满意度

□非常满意 □满意 □中等 □不满意 □非常不满意

2. 保安员的仪容、服装等满意程度

□非常满意 □满意 □中等 □不满意 □非常不满意

3. 保安员的举止、行为规范等文明素养满意程度

□非常满意 □满意 □中等 □不满意 □非常不满意

4. 您对保安处理突发事件的满意程度。有无专人处理

□非常满意 □满意 □中等 □不满意 □非常不满意

5. 每天巡查到位，发现安全隐患及时书面报告

□非常满意 □满意 □中等 □不满意 □非常不满意

三、消防安全

1. 物业管理公司为您安排过“消防演习”等消防知识普及活动吗？

□非常满意 □满意 □中等 □不满意 □非常不满意

2. 紧急逃生出口指示牌清晰可见

□非常满意 □满意 □中等 □不满意 □非常不满意

3. 如遇火警，灭火设施如灭火器唾手可得

□非常满意 □满意 □中等 □不满意 □非常不满意

4. 消防通道畅通无阻，令您放心

□非常满意 □满意 □中等 □不满意 □非常不满意

5. 消防设施是否有每天检查，有无缺失、失效、过期等现象

□非常满意 □满意 □中等 □不满意 □非常不满意

6. 水电工可以尽职尽责，提供优质服务

□非常满意 □满意 □中等 □不满意 □非常不满意

四、清洁

1. 公共区域（大堂、电梯、楼梯及公共卫生间）

□非常满意　□满意　□中等　□不满意　□非常不满意

2. 办公楼内的清洁是否及时到位

□非常满意　□满意　□中等　□不满意　□非常不满意

3. 外围整体的清洁

□非常满意　□满意　□中等　□不满意　□非常不满意

4. 物业管理辖区绿化质量

□非常满意　□满意　□中等　□不满意　□非常不满意

五、工程维修

1. 服务态度（比如礼貌、热忱、积极、面对及跟进您的需要等）

□非常满意　□满意　□中等　□不满意　□非常不满意

2. 彻底跟进直至解决您的问题

□非常满意　□满意　□中等　□不满意　□非常不满意

3. 工程维修人员的服务质量

□非常满意　□满意　□中等　□不满意　□非常不满意

4. 处理紧急事件的能力

□非常满意　□满意　□中等　□不满意　□非常不满意

5. 维修施工时对您构成的影响

□非常满意　□满意　□中等　□不满意　□非常不满意

6. 维修人员离开工作现场前清理好现场

□非常满意　□满意　□中等　□不满意　□非常不满意

六、客户服务

1. 客户服务中心职员的仪表及工作态度

□非常满意　□满意　□中等　□不满意　□非常不满意

2. 客户服务中心职员的沟通能力及服务意识

□非常满意　□满意　□中等　□不满意　□非常不满意

3. 如有停水、停电等突发事件，您对客服中心协调、处置方案及效率是否满意

□非常满意　□满意　□中等　□不满意　□非常不满意

4. 客户服务部能否按期、准确对业主的投诉及需求进行回访

□非常满意　□满意　□中等　□不满意　□非常不满意

七、拓展

1. 若在物业管理辖区内设立服务设施或项目，您希望是哪些？

□医疗保健室　□健身、文化设施或项目　□菜站　□小型超市或小卖部

2. 您现在支付的物业管理费用是________。您认为这个收费标准合理吗？

□合理低廉　□差不多可以接受　□高于其他物业管理公司　□太高，无法承受

3. 如果有物业管理公司能为您提供更优质、贴心的服务，但价格较平均水平略高，

您愿意支付可以承受的费用来享受更好的服务吗?

□愿意　□不愿意　□无所谓　□对物业失去信心

4. 您对现在的物业管理服务最不满意的方面是:

□绿化与卫生保洁情况

□治安和消防管理

□设施的维护与维修

□物业管理人员（保安等）的素质和能力

□其他

八、为了提高您的满意程度，请写下您对物业管理有何其他要求或建议，感谢您的配合!

____

四、物业客户满意度管理的注意事项

（一）客户满意是相对的

客户满意经营是企业应当遵循的基本理念，但客户满意是相对的。不管企业如何努力，要实现百分百的客户满意是不可能的。另外，提升客户满意度是需要成本的，客户满意度达到多少才是合适的，这需要企业综合考虑竞争对手的客户满意度、提高客户满意度的投资与提高市场份额的收益之间的关系、上述投资的机会成本等因素。

（二）不同企业之间的客户满意度测量数据难以比较

一些物业服务企业喜欢用自己的客户满意度数据与其他同行的数据进行比较，并据此得出优劣的结论，这是不科学的。由于不同企业所采用的客户满意度模型、测量方式、评价方法、评价问题等有很大的不同，因此最终的客户满意度结果往往是无法进行直接比较的。客户满意与否，更多是取决于客户的期望与客户实际感受的比较。而客户期望，又受到过往消费经历、自身专业知识、企业服务承诺、企业服务口碑等诸多因素的影响。

（三）客户满意度并不等同于服务质量

物业管理服务是项综合性服务，它包括了对人的服务及对物业的管理。由于缺乏专业知识或者是无法感知后台工作情况，客户对物业服务企业的满意度评价通常只限于其能够感受到的服务。对服务质量的评价，还需要其他方面的数据或事实进行补充。

复习思考题

一、名词解释

客户关系管理、沟通、客户投诉、有效投诉、客户满意度。

二、简答题

1. 物业服务企业进行客户关系管理的意义。
2. 物业服务企业客户关系管理的目标。
3. 物业客户关系管理的内容。
4. 物业企业客户沟通管理包含哪些内容。
5. 物业客户沟通管理的注意事项。
6. 按照投诉的内容划分，物业客户投诉可分为哪些。
7. 物业客户投诉处理的目的和原则。
8. 物业客户投诉处理的程序。
9. 物业客户投诉处理技巧有哪些。
10. 群诉客户常见的行为方式。
11. 物业客户满意度调查的方法。
12. 物业客户满意度调查的流程。

三、实训题（建议安排学生以小组的形式完成下列实训题）

根据本章所学客户满意度调查的知识以及《市场调查》的相关知识，联系×××物业，根据该物业的具体情况，设计评价指标，设计问卷，帮助其完成物业客户满意度调查，提交调查报告给物业公司。

第九章　物业服务质量管理

本章学习目标

通过本章的学习，了解服务的概念和特性，质量的含义和发展阶段；熟悉服务质量的概念、构成及其衡量方法。了解物业服务质量管理的概念和作用，熟悉物业服务质量管理的工作原则，掌握物业服务质量管理的八项基础工作和常用的测量方法。了解 ISO 国际标准化组织，ISO 9000 族标准产生的原因；熟悉 ISO 9000 族标准及其基本要求。了解质量认证的概念、分类、物业管理国际质量认证的意义；熟悉物业管理国际质量认证的机构，掌握物业管理企业建立国际质量管理体系的程序。

第一节　服务质量管理概述

一、服务的概念和特性

（一）服务的概念

服务是指为他人做事，并使他人从中受益的一种有偿或无偿的活动。不以实物形式而以提供劳动的形式满足他人某种特殊需要。“服务”也和“管理”一样，很多学者都给它下过定义。但由于它是看不到摸不着的东西，而且应用的范围也越来越广泛，难以简单概括，所以直到今天，还没有一个权威的定义能为人们所普遍接受。在古代“服务”是“侍候、服侍”的意思，随着时代的发展，“服务”被不断赋予新意。如今，“服务”已成为整个社会不可或缺的人际关系的基础。社会学意义上的服务，是指为别人、为集体的利益而工作或为某种事业而工作，如“为人民服务”。经济学意义上的服务，是指以等价交换的形式，为满足企业、公共团体或其他社会公众的需要而提供的劳务活动，它通常与有形的产品联系在一起。

1960 年，美国市场营销协会最先给服务下的定义为：“用于出售或者是同产品连在一起进行出售的活动、利益或满足感。”这一定义在此后的很多年里一直被人们广泛采用。1974 年，斯坦通指出：“服务是一种特殊的无形活动。它向顾客或工业用户提供所需的满足感，它与其他产品销售和其他服务并无必然联系。”1983 年，莱特南认为：“服务是与某个中介人或机器设备相互作用并为消费者提供满足的一种或一系列活动。”1990 年，格鲁诺斯给服务下的定义是：“服务是以无形的方式，在顾客与服务职员、有形资源等产品或服务系统之间发生的，可以解决顾客问题的一种或一系列行为。”当代市场营销学泰斗菲利普．科特勒给服务下的定义是：“一方提供给另一方的不可感知且不导致任何所有权转移的活动或利益，它在本质上是无形的，它的生产可能与实际产品有关，也可能无关。”

（二）服务的特性

1. 无形性

商品和服务之间最基本的，也是最常被提到的区别是服务的无形性，因为服务是由一系列活动所组成的过程，而不是实物，这个过程不能像有形商品那样被看到、感觉或者触摸到。对于大多数服务来说，购买服务并不等于拥有其所有权，如航空公司为乘客提供服务，但这并不意味着乘客拥有了飞机上的座位的所有权。

2. 异质性

服务是由人表现出来的一系列行为，而且每个员工所提供的服务通常是顾客眼中的不一样服务，由于没有两个完全一样的员工，也没有两个完全一样的顾客，那么也就没有两种完全一致的服务。

服务的异质性主要是由于员工和顾客之间的相互作用以及伴随这一过程的所有变化因素所导致的，这也导致了服务质量取决于服务提供商不能完全控制的许多因素，如顾客对其需求的清楚表达的能力，员工满足这些需求的能力和意愿，其他顾客的到来以及顾客对服务的需求程度。由于这些因素的存在，服务提供商无法确知服务是否按照原来计划和宣传的方式提供给顾客。

3. 生产和消费的同步性

大多数商品是先生产，然后进行存储、销售和消费，但大部分的服务却是与销售同时进行生产和消费的。通常，服务在生产的时候，顾客是在现场的，而且会观察甚至参加到生产过程中来。有些服务是很多顾客共同消费的，即同一个服务由大量消费者同时分享，比如一场音乐会，这也说明了在服务的生产过程中，顾客之间往往会有相互作用，因而会影响彼此的体验。

服务生产和消费的同步性使得服务难以进行大规模的生产，服务不太可能通过集中化来获得显著的规模经济效应，问题顾客（扰乱服务流程的人）会在服务提供过程中给自己和他人造成麻烦，并降低自己或者其他顾客的感知满意度。另外，服务生产和消费的同步性要求顾客和服务人员都必须了解整个服务的传递过程。

4. 易逝性

易逝性是指服务不能被储存、转售或者退回的特性。比如一个有 100 个座位的航班，如果在某天只有 80 个乘客，它不可能将剩余的 20 个座位储存起来留待下个航班销售；一个咨询师提供的咨询也无法退货，无法重新咨询或者转让给他人。

由于服务无法储存和运输，服务分销渠道的结构和性质与有形产品差异很大，为了充分利用生产能力，对服务需求进行预测并制定有创造性的计划成为重要和富于挑战性的问题。而且由于服务无法像有形产品一样退回，服务组织必须制定强有力的补救策略，以弥补服务失误。尽管咨询师糟糕的咨询没法退回，但是咨询企业可以通过更换咨询师来重拾顾客的信心。

（三）服务的分类

根据服务过程的完成方式，服务可以分为高接触性服务和高技术性服务。高接触性服务是指那些主要依靠人来完成服务过程的服务，而高技术性服务则是利用自动系统、信息系统或其他有形要素来完成服务过程的服务。在现代企业里，这种划分不是绝对的，高接触性服务既包括有形的资源，也包括高科技为基础的服务系统；而在高技术服务中，人的要素也是不可缺少的。

根据顾客与服务企业的关系，服务可分为连续性的服务和间断性的服务。在连续性服务企业，顾客和服务提供者之间存在着长期的互动关系，为企业与顾客建立良好的关系提供了大量的机会；而间断性服务企业，对于顾客流失却有着较大的承受力，在使用交易导向的营销模式上具有优势。

由于每一种服务都有其自身的特点，因此，企业只有根据不同服务类型进行服务质量管理，才能收到良好的效果。

二、质量与质量管理

（一）质量的概念

质量的内容十分丰富，随着社会经济和科学技术的发展，也在不断充实、完善和深化。人们对质量的认识也经历了一个不断发展和深化的历史过程，它的代表性的概念主要有：

1. 朱兰的定义

美国著名的质量管理专家朱兰博士从顾客的角度出发，提出产品质量就是产品的适用性。即产品在使用时能成功地满足用户需要的程度。用户对产品的基本要求就是适用，适用性恰如其分地表达了质量的内涵。这一定义有两个方面的含义，即使用要求和满足程度。人们使用产品，总会对产品质量提出一定的要求，而这些要求往往受到使用时间、使用地点、使用对象、社会环境和市场竞争等因素的影响，这些因素发生变化，会使人们对同一产品提出不同的质量要求。因此，质量不是一个固定不变的概念，它是动态的、变化的、发展的；随着时间、地点和使用对象的不同而不同；随着社会的发展、技术的进步而不断更新和丰富。

用户对产品的使用要求的满足程度，反映在对产品的性能、经济特性、服务特性、环境特性和心理特性等方面。因此，质量是一个综合性的概念。它并不要求技术特性越高越好，而是追求诸如性能、成本、数量、交货期、服务等因素的最佳组合，即所谓的最适当。

2. ISO 8402“质量术语”定义

质量：反映实体满足明确或隐含需要能力的特性总和。第一，在合同环境中，需要是规定的，而在其他环境中，隐含需要则应加以识别和确定。第二，在许多情况下，需要会随时间而改变，这就要求定期修改规范。从定义可以看出，质量就其本质来说是一种客观事物具有某种能力的属性，由于客观事物具备了某种能力，才可能满足人们的需要。需要由两个层次构成。第一层次是产品或服务必须满足规定或潜在的需要，这种“需要”可以是技术规范中规定的要求，也可能是在技术规范中未注明，但用户在使用过程中实际存在的需要。它是动态的、变化的、发展的和相对的，“需要”随时间、地点、使用对象和社会环境的变化而变化。因此，这里的“需要”实质上就是产品或服务的“适用性”。第二层次是质量是产品特征和特性的总和。因为，需要应加以表征，必须转化成有指标的特征和特性，这些特征和特性通常是可以衡量的：全部符合特征和特性要求的产品，就是满足用户需要的产品。因此，“质量”定义的第二个层次实质上就是产品的符合性。另外质量的定义中所说的“实体”是指可单独描述和研究的事物，它可以是活动过程、产品、组织、体系、人以及它们的组合。

质量是满足明确与潜在需求的特性总和。好的质量不仅包括产品性能达到指标，还包括深入分析用户的需求，尽可能地满足客户明确的和潜在可能的需求。质量需要依靠严格的管理规章制度和科学的管理理论方法得以实现和保证。

3. ISO 9000：2000“质量”

质量：质量是指一组固有特性满足要求的程度。上述定义，可以从以下几个方面来理解。

相对于ISO 8402的术语，更能直接地表述质量的属性，由于它对质量的载体不做界定，说明质量可以存在于不同领域或任何事物中。对质量管理体系来说，质量的载体不仅针对产品，即过程的结果（如硬件、流程性材料、软件和服务），也针对过程和体系或者他们的组合。也就是说，所谓“质量”，既可以是零部件、计算机软件或服务等产品的质量，也可以是某项活动的工作质量或某个过程的工作质量，还可以是企业的信誉、体系的有效性。

质量定义中的“特性”是指事物所特有的性质，固有特性是事物本来就有的，它是通过产品、过程或体系设计和开发及其后实现过程形成的属性。例如，物质特性（如机械、电气、化学或生物特性）、感官特性（如用嗅觉、触觉、味觉、视觉等感觉特性）、行为特性（如礼貌、诚实、正直）等，这些固有特性的要求大多是可测量的。而被赋予的特性（如某产品的价格），并非是产品、体系或过程的固有特性。

质量定义中的“满足要求”，就是应满足明示的通常隐含的或必须履行的（如法律法规、行业规则）的需要和期望。只有全面满足这些要求，才能评定为好的质量或优秀的质量。

顾客和其他相关方对产品、体系或过程的质量要求是动态的、发展的和相对的，它将随着时间、地点、环境的变化而变化。所以，应定期对质量进行评审，按照变化的需要和期望，相应地改进产品、体系或过程的质量，确保持续地满足顾客和其他相关方的要求。

“质量”一词也可用形容词如差、好或优秀等来修饰。在质量管理过程中，“质量”的含义是广义的，除了产品质量之外，还包括工作质量。质量管理不仅要管好产品本身的质量，还要管好质量赖以产生和形成的工作质量，并应以工作质量为重点。

（二）质量管理

质量管理是指确定质量方针、目标和职责，并通过质量体系中的质量策划、质量控制、质量保证和质量改进来使其实现的所有管理职能的全部活动。质量管理是在质量方面指挥和控制组织的协调的活动。质量管理，通常包括制定质量方针、质量目标以及质量策划、质量控制、质量保证和质量改进。

质量管理是伴随着产业革命的兴起而逐渐发展起来的。随着科学技术的发展和企业管理工作的不断推进，质量管理在企业管理中的地位和作用越来越重要，对质量管理相关理论、技术和方法的探索越来越丰富，已经逐渐形成一套科学的理论体系和管理方法。

纵观质量管理的发展过程，大体可分为三个阶段：质量检验阶段、统计质量控制阶段和全面质量管理阶段。在质量管理的发展进程中，不断地推出一些卓有成效的管理方法，如零缺陷理论、ISO 9000 标准、6SIGMA 管理、卓越绩效模式等，对质量管理的发展和进步起到巨大的推动作用。

1. 质量检验阶段

20 世纪前，产品质量主要依靠操作者本人的技艺水平和经验来保证，属于“操作者的质量管理”。20 世纪初，以泰勒为代表的科学管理理论的产生，促使产品的质量检验从加工制造中分离出来，质量管理的职能由操作者转移给工长，是“工长的质量管理”。随着企业生产规模的扩大和产品复杂程度的提高，产品有了技术标准（技术条件），公差制度（见公差制）也日趋完善，各种检验工具和检验技术也随之发展，大多数企业开始设置检验部门，有的直属于厂长领导，这时是“检验员的质量管理”。上述几种做法都属于事后检验的质量管理方式。

2. 统计质量控制阶段

1924 年，美国数理统计学家休哈特提出控制和预防缺陷的概念。他运用数理统计的原理提出在生产过程中控制产品质量的“六西格玛”法，绘制出第一张控制图并建立了一套统计卡片。与此同时，美国贝尔研究所提出关于抽样检验的概念及其实施方案，成为运用数理统计理论解决质量问题的先驱，但当时并未被普遍接受。以数理统计理论为基础的统计质量控制的推广应用始自第二次世界大战。由于事后检验无法控制武器弹药的质量，美国国防部决定把数理统计法用于质量管理，并由标准协会制定有关数理统计方法应用于质量管理方面的规划，成立了专门委员会，并于 1941 ~ 1942 年先后公布一批美国战时的质量管理标准。

3. 全面质量管理阶段

20 世纪 50 年代以来，随着生产力的迅速发展和科学技术的日新月异，人们对产品的质量从注重产品的一般性能发展为注重产品的耐用性、可靠性、安全性、维修性和经济性等。在生产技术和企业管理中要求运用系统的观点来研究质量问题。在管理理论上也有新的发展，突出重视人的因素，强调依靠企业全体人员的努力来保证质量。此外，还有“保护消费者利益”运动的兴起，企业之间市场竞争越来越激烈。在这种情况下，美国费根鲍姆于 20 世纪 60 年代初提出全面质量管理的概念。他提出，全面质量管理是“为了能够在最经济的水平上、并考虑到充分满足顾客要求的条件下进行生产和提供服务，并把企业各部门在研制质量、维持质量和提高质量方面的活动构成为一体的一种有效体系”。

三、服务质量管理

（一）服务质量概念

服务质量是产品生产的服务或服务业满足规定或潜在要求（或需要）的特征和特性的

综合。由于服务过程的顾客参与性和生产与消费的不可分离性，服务质量除了包括服务的安全性、有效性和经济性等一般要求以外，还包括以下内涵：服务质量是顾客感知的对象；服务质量既要有客观方法加以制定和衡量，更要按顾客主观的认识加以衡量和检验；服务质量发生在服务生产和交易过程中；服务质量的提高需要内部形成有效管理和支持系统；顾客对服务质量的认识取决于他们预期同实际所感受到的服务水平的对比；顾客对服务质量的评价同时涉及服务的结果和服务的质量。

因此，服务质量存在预期服务质量和感知服务质量的区别。预期服务质量是顾客对服务企业所提供服务预期的满意度，而感知服务质量则是顾客对服务企业提供的服务实际感知的水平，服务质量体现为顾客对二者的比较。

（二）服务质量构成

服务质量既是服务本身的特性与特征的总和，也是消费者感知的反应，因而服务质量既由服务的技术质量、职能质量、形象质量和真实瞬间构成，也由感知质量与预期质量的差距所体现。

技术质量是指服务过程的产出，即顾客从服务过程中所得到的东西。例如，宾馆为旅客休息提供的房间和床位，饭店为顾客提供的菜肴和饮料，航空公司为旅客提供的飞机、舱位等。对于技术质量，顾客容易感知，也便于评价。

职能质量是指服务推广的过程中顾客所感受到的服务人员在履行职责时的行为、态度、穿着、仪表等给顾客带来的利益和享受。职能质量完全取决于顾客的主观感受，难以进行客观的评价。技术质量与职能质量构成了感知服务质量的基本内容。

形象质量是指消费者企业在社会公众心目中形成的总体印象。它包括企业的整体形象和企业所在地区的形象两个层次。企业形象通过视觉识别、理念识别和行为识别等系统多层次地体现。顾客可从企业的资源、组织结构、市场运作、企业行为方式等多个侧面认识企业形象。企业形象质量是顾客感知服务质量的过滤器。如果企业拥有良好的形象质量，些许的失误会赢得顾客的谅解；如果失误频繁发生，则必然会破坏企业形象；倘若企业形象不佳，则企业任何细微的失误都会给顾客造成很坏的印象。

真实瞬间则是服务过程中顾客与企业进行服务接触的过程。这个过程是一个特定的时间和地点，这是企业向顾客展示自己服务质量的时机。真实瞬间是服务质量展示的有限时机。一旦时机过去，服务交易结束，企业也就无法改变顾客对服务质量的感知；如果在这一瞬间服务质量出了问题也无法补救。真实瞬间是服务质量构成的特殊因素，这是有形产品质量所不包含的因素。

服务生产和传送过程应计划周密，执行有序，防止棘手的“真实的瞬间”出现。如果出现失控状况并任其发展，出现质量问题的危险性就会大大增加。一旦真实的瞬间失控，服务质量就会退回到一种原始状态。服务过程的职能质量更是深受其害，进一步恶化质量。

（三）服务质量的衡量方法

1. 要素衡量法（SERVQUAL 法）

SERVQUAL 法是衡量顾客感知服务质量的方法之一，采用帕拉苏拉曼，泽塔姆与贝瑞于1988年共同研究出来的服务品质量表来对服务质量进行评估。它建立在服务质量的五个决定因素的基础之上，通过对顾客服务预期与顾客服务体验之间差距的比较分析来衡量。决定顾客感知服务质量的五个因素包括：有形性、可靠性、响应性、真实性、关怀性。在实际应用时，选取22个指标，每个指标的分值在1~7分之间，分别代表“完全同意”和“完全不同意”。被调查者根据服务体验来回答问题，说明他们期望的服务质量和感知的服务质量，由此确定总的感知服务质量的分值。分值越高，表明顾客服务体验与服务预期距离越远，即顾客感知的服务质量越低。

2. 关键事件衡量法

关键事件衡量法是另一种广泛运用的衡量顾客感知服务质量的方法，通过询问顾客对服务质量的看法（即向顾客询问哪些服务环节与服务标准不一致，是好还是不好）来度量顾客感知服务质量。这些经常与服务标准产生偏差的服务环节或过程就是关键事件。其次，向顾客了解具体原因，根据顾客的描述进行分析，以便找到服务质量问题及其产生的原因。同时，对评价良好的服务环节，也要找出原因并加以标准化以指导以后的服务过程。

第二节　物业服务质量管理概述

一、物业服务质量的概念

物业服务是指物业服务企业受物业所有人的委托，按照国家法律以及合同约定行使管理权，运用现代管理科学和先进的技术对已投入使用的物业以经营的方式进行管理，同时对物业的环境、清洁卫生、安全保卫、公共绿化、道路养护等统一实施专业化管理，向业主或租户提供多方面的综合性服务并收取物业服务费的服务。其最终目的是实现社会、经济、环境效应的同步增长。物业服务是服务的一种，也具有服务的特性。

物业服务质量是指物业管理服务活动达到规定要求和满足住户需求的能力和程度。其服务质量主要包括以下几方面内容：房屋的维护与保养质量、物业设施设备管理质量、物业安全管理质量、物业环境管理质量、物业客户服务质量（服务态度、服务技巧、服务方式、服务效率、服务礼仪等）等。

二、物业服务质量管理作用

（一）验证服务质量的一种措施

物业服务企业提供的产品是服务，服务具有生产与消费同步的特性，产品是否合格，是否满足客户的需求，是否达到物业服务合同的要求，无法像实物一样给出直接的评判参数，因此只有通过制定一个工作流程及工作标准，并通过品质管理来完成对服务流程的监测，并做出记录，以此来验证服务的合格性。

（二）是促进物业服务提升的一种手段

物业服务企业的运行不是依靠经验和某一个管理人员的意见，而是按照国家政策和行业规范，根据物业服务企业的管理模式和具体小区的服务需求，向业主提供规范、合理、适需的物业服务。通过物业服务质量管理，可以找出物业服务和业主期望的差距，从而提升物业服务质量。

（三）是物业企业可持续经营持续发展的生命线

有了较高的客户满意度、收缴率，服务组织就更有信心投入更多的资源用于服务提升实现良性循环，有了较高的客户满意度和客户信任度，就可以开展适宜的社区增值业务，既满足了客户的生活需求，同时又实现了企业的增收盈利。较高的客户满意度也是未来实施物业费调价的基础，同时也是口碑相传不断提升公司品牌形象和赢得市场占有率的法宝。

三、物业服务质量管理的工作原则

（一）预防原则

在质量管理工作中，应严格贯彻预防原则，对于任何存在的可能对质量的产生、形成和保证等产生消极影响的因素都要防患于未然。在日常的物业管理活动中，即要求分清明显瑕疵和潜在瑕疵，并尽量减少明显瑕疵的出现，把问题解决于潜在瑕疵阶段，最大程度上减小瑕疵对物业管理服务质量的不良影响。

明显瑕疵是工作统计中表现为损耗的瑕疵，它的出现已经对物业服务企业的服务质量造成消极影响。而潜在瑕疵则是存在于企业设备、环境、作业方式、思维方式、培训以及领导力等日常行动中，受到某种影响可能转化为明显瑕疵的因素。明显瑕疵和潜在瑕疵的存在和区分客观上要求物业服务企业必须加强对自身状况的分析，找出可能对服务质量体系造成影响的瑕疵，并对其加以处理。

（二）经济原则

在物业服务质量管理中，要求物业服务公司的一切活动均要围绕满足顾客的需求这一原则进行。但是在保证质量的前提下必须考虑质量管理活动的经济性，划定合理适当的经济界限，保证在满足顾客需求的基础上，也能够满足组织利益等要求，实现质量管理的利益最大化。

（三）协作原则

质量管理是一个组织的系统性工作，随着社会化大生产的发展和成熟，生产和管理分工越来越细，更加要求组织进行内外部的协作。这种协作不仅包括企业组织内部各部门及相关职位的协作，还包括组织内部与其外部进行的协作。

物业服务质量管理的协作原则要求物业企业在实施全面质量管理时，必须调动其自身的物力、人力等各方面资源。物业企业内部不仅要有明确的分工，还要在分工的基础上进行协作和配合。协作原则强调和重视团队协作精神，其主要内涵包括以下三个方面：首先，一个协作的团队必须要有共同的目标；其次，团队内部成员发挥其各自不同的优势；最后，协作原则要求团队进行有效的沟通。

（四）循环原则

物业服务质量管理是一个不断循环的过程，也应该遵循 PDCA 质量环。计划（plan）、执行计划（do）、检查计划（check）和采取行动（action）是一个循环推进的过程。在质量产生和形成的整个过程中，各个阶段均具有 PDCA 质量环。

PDCA 质量环在实行过程中主要包含以下步骤：

计划阶段：看哪些问题需要改进，逐项列出，找出最需要改进的问题。

执行阶段：实施改进，并收集相应的数据。

检查阶段：对改进的效果进行评价，用数据说话，看实际结果与原定目标是否吻合。

处理阶段：如果改进效果好，则加以推广；如果改进效果不好，则进行下一个循环。

PDCA 循环的特点是：大环套小环，物业服务企业总公司、分公司、项目处、部门和员工都可进行 PDCA 循环，找出问题以寻求改进；阶梯式上升，第一循环结束后，则进入下一个更高级的循环；循环往复，永不停止。

四、物业服务质量管理的八项基础工作

（一）标准化工作

所谓标准化是指为在一定范围内获得最佳秩序，对实际的和潜在的问题制定共同的和重复使用的规则的活动。标准化的主要内容就是标准化对象达到标准化状态的全部活动及其过程，它包括制定、发布和实施标准。标准化的目的在于追求一定范围内事物的最佳秩序和最佳表述，以期获得最佳的社会效益和经济效益。标准化工作是各项工作的基础，同时也是质量管理工作的基础。物业服务企业开展服务质量管理不能没有“标准”，要保证服务质量，必须做好标准化工作。按标准的对象来看，标准可以分为技术标准、管理标准和工作标准。

（二）质量信息工作

质量信息是反映产品质量和供产销各环节工作质量的基本数据、原始记录和产品或服务消费过程中反映出来的质量情况数据。它是进行质量管理的原始凭证，反映了影响产品质量的各方面因素和生产技术经营活动的原始状态、产品的使用情况以及国内外产品质量的发展动向。质量信息是有关质量方面的有意义的数据，反映了产品质量和企业生产经营活动各个环节工作质量的信息。质量信息工作是体现、改进企业产品或服务质量的依据，是质量管理工作的基础之一。物业企业开展服务质量管理，应重视质量信息工作，将质量信息工作当作一种主要资源。

（三）质量职权划分工作

质量职权划分是明确企业中每个部门、每个职位和每一项工作的具体任务、职责和权限，以便达到工作事情有人管，人人有专责，办事有标准，工作有检查、有考核，职责和

功过分明，从而把与产品质量有关的各项工作和全体员工的积极性结合起来，使企业形成一个严密的质量责任系统。物业服务质量管理应建立质量责任制度，明确企业各级领导、职能部门和基层员工的责、权、利。质量职权划分中责、权必须依存，必须相当，同时也要和职工的利益挂钩，以起到鼓励和约束的作用。

（四）质量教育工作

物业服务质量管理，要强化质量管理教育，提高全员质量意识，动员广大员工积极参与到质量工作中来。要自始至终进行质量教育工作，通过教育克服轻视质量的倾向，树立质量第一的思想，使员工掌握质量管理的知识，学会科学的质量管理方法。

（五）质量监督工作

质量监督是为了确保满足规定的要求，对实体的状况进行连续的监视和验证，并对记录进行分析。物业服务质量管理过程中，物业服务企业应该对领导、职能部门和员工在实行质量管理体系方面的表现和行为进行观察和监督，保证质量管理体系切实得以实行。质量监督工作还包括对企业质量管理行为进行表扬或批评。

（六）质量保证工作

为提升物业服务质量，在物业服务质量管理中，物业企业管理者和基层员工应该根据自身岗位职责和工作任务，对自己所负责区域的相关工作、相关流程以及服务生产和形成的环节进行质量方面的保证，保证不因自己所负责范围的工作或者流程影响企业整体质量目标和企业服务的质量。

（七）质量改进工作

质量改进是指为本组织及其顾客提供更多的收益，在整个组织内所采取的旨在提高活动和过程的效益和效率的各种措施。在物业服务质量管理中，应该在物业服务企业内部采取各种措施，不懈地寻找改进机会，通过采取纠正措施、预防措施，预防不良服务质量问题的出现，提高活动和过程的效益和效率。质量改进通过不断减少质量损失而为本组织和顾客提供更多的利益。质量改进活动涉及质量形成全过程及每一个环节，与过程中的每项资源（如人员、资金、设备、设施、技术和方法等）有关。质量改进活动应有计划有组织地开展，调动每一个成员积极参与。

五、常用物业质量测量方法

（一）调查访问法

调查访问法是访问者与被访问者通过面对面的接触、有目的的谈话，以寻求调研结果和研究资料的方法。

1. 调查访问法的类型

依据在调查访问时的控制程度不同，划分为三种不同的类型，一种称为结构型访问法，半结构访问法，另一种称为无结构型访问法。通常又被称作封闭型、半封闭型、开放型。

（1）结构型访问法，又称标准型。分为两种形式，一种是访问者按事先拟好的访问大纲，对所有被访者进行相同的询问，然后将被访者的回答，填到事先制好的表格中去。另一种是将问题与可能的答案印在问卷上，由被访问者自由选择答案。

（2）半标准（半结构）型访问法，这种方法只是将要问的有关问题交给访问者，但无一定的问题顺序，这种方法访问时比较方便，易于合作。

（3）非结构型访问法，又称非标准型访问法。这种方法指事先不预定表格，也不按固定的问题顺序去问，自由的交谈，适合于探索性研究。

2. 调查访问的步骤与技巧

调查访问的步骤与技巧决定调查访问所获得的资料是否有用，是否能回答所要解决的问题的一个重要方面。

（1）调查访问的步骤：取样、设计调查表与试查、计划、调查访问程序。

（2）访问技巧：是调查中确保研究目的的实现，获得确实有用资料的一个重要因素。包括：访问前准备好一切可用的记录工具、有充分的心理准备等。

（二）问卷法

问卷法是指调查者将其所要调查的事项，制成问题或表格，以邮寄或发放的方式寄给或发给有关的人们，请其照式填答寄回的一种形式。

问卷法的类型：结构型问卷与无结构型问卷。

1. 无结构型问卷

结构较松懈或较少，并非真的完全没有结构。这种形式的问卷多半用在探索性研究中，一般被访问的人数较少，不用将资料量化，必须向有关人士问差不多相同的问题。对于被访问的人来说，可以与其他被访问的人回答相同，也可以完全不相同，回答格式自由。这种问卷回答属于开放式，没有固定的回答格式与要求。

2. 结构型问卷

结构型问卷又称封闭式问卷，是对所有被测者应用一致的题目，对回答有一定结构限制的问卷类型。问卷还可根据是否使用文字，划分为图画式与文字式。图画式问卷比较适合文字能力较差的儿童与文盲被试，在跨文化研究中应用较方便，可少受文化影响。

（三）询问法

询问是各种品质检查中的一种常用方法，目的在于通过被询问者对某一事件或现象的反映程度从侧面了解真实信息。询问的对象一般为内部员工。询问法实施的步骤和注意事项如下：

1. 确定目的

在询问开始之前，询问者应明确询问目的，即通过询问要获取什么信息，并明确针对被询问者的回答，将能做出何种判断。例如：通过询问新员工对公司质量方针的熟知程度，了解部门对新员工的培训程度。

2. 选择询问对象

询问对象的选择依询问目的确定，一般采取抽样的方式，针对同一问题，所选择的询问对象一般不少于3人，同时询问对象的分布应具有一定的层次，例如："通过询问新员工对公司质量方针的熟知程度，了解部门对新员工的培训程度。"在询问时可以抽查近3个月入职的3个新员工，其中秩序、保洁、维修人员各1名。

3. 设定问题

根据询问目的，设置要询问的问题，一般宜选用开放式问题，例如，通过询问新员工对公司质量方针的熟知程度，了解部门对新员工的培训程度。可以设置如下问题："请您复述一下公司的质量方针是什么？"

4. 开始询问

在询问开始阶段，询问者应注意营造适合谈话的氛围，采取轻松方式消除被询问者的紧张情绪。询问过程中询问者应采取避免任何方式暗示或误导被询问者，但对于公司内部员工的询问，被访问者在回答完毕后，询问者有义务公布正确答案。

5. 得出结论

根据被询问者的回答，询问者要得出基于事实的判定，但在抽查样本较少的情况下，一般不宜做定性的判定，如要得出定性的结论，需加大样本继续询问。例如"通过询问新员工对公司质量方针的熟知程度，了解部门对新员工的培训程度。"所询问的3名新员工对公司的质量方针均不熟悉，据此还不能得出所检查部门"新员工培训不足"的定性判断，而只能得出结论："询问A、B、C 3名员工，他们对公司的质量方针描述均不准确。"通过询问，一般很难得出定性的判断，需要与其他检查方式和检查内容配合使用，才可以得出定性结论。

（四）体验感受法

检查人员在特定的环境以顾客身份做出某种与工作要求相违背的事情或以顾客身份感受员工提供的服务，以检验其业务熟悉程度，站在顾客的角度评价其服务是否满意或是否符合相关规定。为保证检查结果的客观性，被检查人员事先不清楚检查人的真实身份，通俗说法检查人员就是"神秘顾客"。

1. 确定检查的目的

在检查前需根据业务控制重点并结合各部门业务特点，设定需采用体验感受方法检查的项目，事先拟定时间、地点以及人员分工，此方法通常用于检查安全、客户服务等直接向顾客提供服务的环节。例如：如需检查某物业服务中心红外报警系统是否完好，值班人员反应速度，检查人员可以犯罪嫌疑人员身份翻越围墙，以达到检查目的。

2. 角色定位，适当提问

为保证检查结果的真实性，详细了解某一问题，在检查过程中可站在顾客的角度适当向服务人员提问，主要考核服务人员的礼仪和服务意识，在检查过程中切勿暴露身份。

3. 描述体验过程

检查结束后，需对检查过程做简要描述，并对结果做客观描述，通常不做深层次剖析。

4. 得出体验结果，发现问题

根据体验结果与相关要求对比，发现存在的问题或隐患，提出纠正预防措施。

（五）记录检查法

记录是指服务过程中需要记录的所有资料，包含书面记录、视频、音频、图片等。检查记录的方法如下：

（1）填写内容是否完整，填写时间、填写周期、填写人是否符合要求，审核审批人是否具有相应权限。

（2）现场及归档的记录是否采取了相应的防护措施，贮存环境是否适宜，是否存在损坏、遗失现象。

（3）记录是否清晰、统一编号、易于识别和检索。

（4）编目、归档、保管、查阅、借阅是否符合要求。

（5）保存期限是否符合规定，报废是否经过相应的审批手续。

（六）试验（测试）法

试验法在工厂产品的检测中使用较多，是一种模拟产品的使用环境来测试产品的性能是否能够满足设计需求的一种方法，在物业服务中，主要是对设备的日常工作性能和操作流程进行试验。

1. 试验法的实施

（1）确定需要抽样的项目，如设备、安全、清洁类。

（2）设置抽样的问题点，如在现场设置不合格，检测相关人员能否按时发现，并排除不合格；要求维修人员按规定流程进行设备操作，检测技术员是否能够正确操作，设备是否能正常运行等。试验居家服务人员是否按服务流程、礼仪规定向顾客提供服务，现场抽查，要求服务人员提供居家服务，检验服务是否达到标准，发现存在问题，提出改善措施。

2. 试验法的注意事项

（1）试验前要明确试验正确的结果。

（2）试验的结果与文件规定是否有可比性。

（3）试验的抽样要具有普遍性。

专栏9－1　绿城物业服务的“道与术”①

一、与时俱进的战略

自1998年绿城物业创立以来，针对不同的发展时期，绿城服务先后推出了三大发展战略：初期是基于基础物业服务的差异化服务战略，2007年后是基于园区生活服务体系的一体化战略，目前是基于智慧园区服务体系的平台战略。可以说，这是业内为数不多的，对企业发展给出的清晰定位，也是绿城服务不断审视内外部环境变化，结合自身优势，制定和践行有自身特色的发展战略。

① 杨萌、廖月华：《绿城服务的道与术》，载于《中国物业管理》2015年第12期。

在过去近20年的发展历程中，绿城服务的战略先导作用凸显无疑。统计资料显示，截至2015年9月，绿城服务在管合同建筑面积总和达7400万平方米物业，大部分位于杭州大本营及其他长三角城市，其中23.2%为绿城地产旗下项目，76.8%为其他房企项目，覆盖全国23个省、直辖市及自治区的73个城市，接管的物业类型涵盖市政公建项目、城市综合体、商务写字楼、别墅、公寓、学校、足球基地和高科技产业园等。

近年来，特别是2015年以来，“互联网+”和“共享经济”双重背景下的经济新常态，成为每一家企业必须要面对的大势。一方面，房地产行业从“黄金时代”迈入“白银时代”，使得物业服务成为房地产企业转型的战略抓手；另一方面，社区经济的勃兴，促使电商行业大量的邻里生活平台、社区O2O平台如雨后春笋般涌现——这些变化，勾勒出了“移动互联”时代下物业管理的发展趋势，那就是业主对物业管理的需求不再是满足“居住”和被动的“服务”，而是期待一种更为便捷、自主、智能的“生活方式”。

面对新机遇和新挑战，绿城服务结合行业变化和自身优势，以基础物业服务为依托，以常规服务、增值服务、专业服务为产业链的“一体化战略”升级为“平台战略”——一个愿景，即幸福生活运营商；两个载体，即美丽建筑，美好生活；三类用户：员工、业主和开发商；三大体系：物业服务、生活服务和平台服务；三项改革：服务平台化、管控同级化和专业市场化；三类增值：服务增值、一体化增值和平台增值。由此，绿城服务最终形成了一个业主、物业、商家参与互动、共生共荣、相互促进的服务生态圈，企业“幸福生活运营商”的愿景则跃然纸上。

二、不断迭代的服务产品

迭代原本是一个数学概念，后被互联网借用并为大众熟知。在物业管理行业，不少企业也遵循迭代的理念，将自身的服务产品不断优化和升级。从成立初期的基础物业服务，到2007年开展的园区生活服务体系，直至目前结合行业发展趋势及社区O2O市场开展的智慧园区服务体系，围绕满足业主不断变化的需求，并对自身的服务体系与核心价值进行不断的优化与革新，绿城服务先后推出了“三代”服务产品，这恰好与绿城服务的战略相吻合。

三、基础物业服务

在这一代服务产品中，李海荣曾将其内涵形象地比作三棵树：物业管理是一片沃土，物业服务企业要做的是，在这片沃土上种好三棵树。第一棵树：要做好基本服务，出发点在于“做标准”；第二棵树：开展个性化服务，突出几个层次，即舒适型、经典型、尊贵型，出发点在于“做品质”；第三棵树：充分运用各种资源，做好专业公司，创新经营工作，出发点在于“做利润"。

为了很好地让这一代产品落地，绿城服务一方面在制度、人力、管理等方面采取了一系列措施，并前瞻性地引入了当时最为先进的管理工具，如ISO质量管理体系、物业管理信息系统、800服务质量监督电话、第三方业主满意率调查、网站和手机短信服务平台等。同时，还专门成立了高端物业服务体系建设小组，组织员工多次深入香港的凯旋门、碧海蓝天等项目参观学习。值得一提的是，从企业创立之初，绿城服务就将自身的服务产品置于物业服务合同和相关法律框架之下，依法对物业项目实施维护和管理，依约向业主提供物业服务，这在物业纠纷时有发生的当时，是十分难能可贵的，对于当下行业中创业起步的许多企业来说，依然具有很好的启示作用。比如，当时上海绿城“群租案”的胜诉，成为国内同类案例中第一起物业服务企业胜诉的案件，不仅捍卫了物业服务企业的权利，也在业界引起了极大反响，中央电视台、上海第一财经等多家媒体和报纸进行了报道。

到今天来看，李海荣就基础物业服务所作的浅显比方依然并不过时。从标准、到品质，再到利润，这无疑既是物业服务质量的内在脉络，也是物业管理的经济学逻辑。

四、园区生活服务体系

绿城服务园区生活服务体系的提出是在2007年。当时，物业管理专业化、市场化的发展进一步推进，特别是《物权法》颁布之后，物业管理加速发展，业主的需求呈现出日益多样化的发展趋势，基于专业分工之上的多元化发展和基于基础物业服务之上的园区生活服务成为必然趋势。

2007年9月，“绿城园区生活服务体系”作为唯一的企业项目荣膺“中国城市管理进步奖”。专家评审团一致认为，“绿城园区生活服务体系”的出现，超出了房地产开发产业链的概念，是对过去“房产品”及“物业管理”等概念的一次重新诠释，标志着房地产业的发展已经逐渐触及其行业本质，而且会对行业未来发展产生积极深远的影响。

2008年，绿城服务开始在其各个项目试点园区推出生活服务体系产品，2009年，园区生活服务体系产品在绿城的所有项目进行推广。2010年5月，园区生活服务体系产品通过了住房城乡建设部专家组的课题验收。

绿城服务“园区生活服务体系”由健康服务、文化教育服务、居家生活服务三大子系统组成。健康服务致力于改善业主的生活方式，提高业主的健康水平；文化教育服务致力于营造浓厚的园区人文氛围，丰富业主的精神生活；居家生活服务致力于满足业主便民服务的需求，便利业主的日常生活。

时至今日，在园区生活服务体系的基础上，绿城服务创建了一条从少儿至老人，从医疗至殡葬，从学前教育至老年大学，对人的生命周期进行全面服务的服务链。长者服务方面，以“颐乐学院”为代表的“走读式”学习模式已经成熟，被誉为中国养老地产典范的绿城乌镇雅园业已交付使用，全覆盖式的长者服务计划已在园区启动。今年暑期，绿城服务联动绿城及蓝城集团开展了“奇妙一夏夏令营”活动，覆盖60多个园区，共2000名小朋友参加。在“奇妙一夏”活动的基础上，为丰富服务内容，绿城服务还首次尝试了针对18个月至6周岁的小业主提供早教服务，期间共有98名小业主参与了学习体验。

五、智慧园区服务体系

第三代心理学开创者亚伯拉罕，马斯洛认为，幸福是一定人生阶段内的生理满足的快乐、安全满足的快乐、情感满足的快乐、受尊重的快乐、自我实现的快乐的总和。

以幸福为基点，绿城服务推出了其第三代服务产品——智慧园区服务体系，通过构建技术系统（云平台）、服务系统（一体化服务平台）、社交系统（睦邻社）三大系统，旨在让服务更便捷、让生活更安定、让生命更健康、让邻里更和睦。

需要特别说明的是，绿城服务推出的第三代服务产品是由2014年绿城服务与住房城乡建设部共同成立的国家智慧社区联合实验室研发的。在绿城服务公司内部，这被视为绿城服务的又一个服务新纪元。

2015年4月，“绿城智慧园区服务体系”成功申报国家智慧城市专项试点，并确定在杭州绿域蘭园（城市精品公寓）、杭州绿城翡翠城（郊县大盘）、杭州绿城蓝色钱江（城市精品公寓+酒店式公寓集群）、乌镇雅园（学院式养老园区）、新疆百合公寓（城市精品公寓+生态大盘）和杭州绿城桃源小镇（理想小镇）六个典型项目试点。

从业主、员工和企业三个角度来看，绿城服务的智慧园区服务体系初步实现了以下目标：

业主：通过业主端的幸福绿城RIS（“幸福绿城”App. 微信、网站、其他触摸屏等），线上情助智慧营家、业主自治、健康促进、文化教育、友邻社交、金融服务、社区商圈等模块获取所需；线下则在园区五大服务中心，体验全融服务、文化教育、健康养生、休闲运动以及生活服务；抑或借助鼓邻社等组织，线上线下参加各种以睦邻交流、邻里互助、园区自治等为主旨的活动。

员工：通过智慧管理系统，线上受理、反馈业主服务诉求、监控第三方商家服务的提供、完成其他日常工作等，线下为业主提供现场服务。同样，第三方商家亦可通过其终端接入数据中心，完成类似操作。

公司：通过数据中心CRM系统，在线监控各分子公司的运营情况；在线进行制度、品质等监督和督导工作；根据数据库提供的客户习惯等数据，策划、调整服务产品；在线完成业主满意率等调研性工作等。

经过一年多的运营，智慧园区服务体系取得了显著成效。以“幸福绿城”App为例，2014年9月~2015年9月期间，覆盖园区数从8个迅速上升至265个，覆盖家庭数从949个升至11.8万多个，注册用户数从1091家提至14.8万家，整合优质商家逾千家；在线下，已运营健康服务中心66个，金融服务中心36个，生活服务中心200余个，并重点推动房屋返租、拎包入住、金融服务、优品百汇等服务产品的开展。再以睦邻社交系统为例，除了延续往年的红叶行动、海豚计划、颐乐学院等，根据兴趣组建各类睦邻社（球星睦邻社、舞蹈睦邻社、绿跑睦邻社、摄影睦邻社、书法睦邻社、烘焙睦邻社、旗袍社、超级奶妈社、腰鼓社等）500余个，实现社团的线上交流、线下活动。

绿城服务的智慧园区服务体系，是绿城服务在顺应互联网时代业主需求及新时期市场变革的前提下，前瞻未来物业管理行业发展及客户需求衍变，对于幸福生活的全新探索与实践。作为绿城服务的第三代服务产品，绿城智慧园区服务体系充分借助了科技的力量，并在传承、升级基础物业服务和园区生活服务体系的基础上，对资源进行了高效整合，让服务更有价值。

六、有生命力的企业管控体系

随着“体量”的增长，绿城服务的管理体系面对的是管控跨度快速增加、服务内容无限丰富、服务提供实时响应等方面的挑战。于是，以灵活的组织面对复杂的环境，通过互联网消除物理距离，将金字塔式的、命令制的科层管理转化为社区制的、共同决策制的同级管理，成为绿城服务企业管理的改革方向一变传统的职能管理关系为市场关系，变领导驱动模式为用户驱动模式，变执行文化为自驱动文化，构建起一个快速、高效，智慧、创新的同级管理管控体系，进而培育一线当家、用户驱动、自动监督、共同成长的生态系统。

绿城服务的同级管理管控体系由组织体系、考核体系、管理体系、创新体系四项体系构成。通过四项体系的牵引，以管理“互联网+”实现了对服务“互联网+”的支撑。

绿城服务推出同级管理管控体系，意在构建具有生命力的组织生态系统。因为，在绿城服务看来，实现品质最优+利润最佳的目标并不矛盾，对于一线员工来说，前者是利益分配系数，后者是利益分配基数，两者均高，方达成个人利益最大化；对于公司来说，前者可通过用户评价机制来实现，后者通过合伙人机制利益共享、风险共担来实现，而合伙人机制和用户评价机制有了数据驱动的管理体系和迭代升级的创新体系配合，才能在确保快速、高效的基础上，同步实现智慧、创新。

为了支撑同级管理管控体系的落地和执行，一方面，绿城服务应用数据驱动思维，对企业原有的管理信息系统进行了升级，将系统平台化，变管理员工为员工自助服务。如启用“绿城购”平台后，绿城服务将原来的采购管理从七步的传统流程变为三步的平台流程，并且平台可以自动形成可视化统计报表，供决策者分析参考。

另一方面，绿城服务推出了容错试错基金和模式，推动传统的“想清楚再干”计划型思维模式向“一边干、一边想、一边试错、一边升级”的迭代创新思维模式转变。目前，绿城服务设立了500万元年度“容错试错基金”，鼓励员工自主创新，并通过搭建BBS论坛、微信群等平台，让所有利益相关方参与决策，挖掘集体智慧。据统计，绿城服务容错试错基金首期申报共收到来自集团旗下不同组织或个人的41项立项申请，涵盖管理类、业务类和技术类。另外，截至目前，绿城服务的17家单位开展的基层员工职能优化试点，预期年度可节约员工成本近2000万元。

此外，绿城服务合伙人机制的推进，也极大地激发了基层管理者的工作积极性，从执行的基础层面，很好地保证了同级管理管控体系在绿城服务整个管理架构中的落地。2015年1月至9月，绿城服务的园区服务收入比上年同期增长60%以上，其中，先行开展合伙人机制的置换公司、酒店公司等收入则翻了一番，不能不说是制度和管理的改革进一步释放了人才和智力的红利。

《大学》里有这样一句话：“物有本末，事有终始，知所先后，则近道矣”，意思是说，要把握道，关键就是要认清什么是事物的根本，什么是事物的枝末，什么是原因，什么是原因导致的结果——用这句话的视角来总结绿城服务的发展脉络和逻辑，其确实已然“近道矣”。

第三节　ISO 9000 质量管理体系

一、国际标准化组织（ISO）

国际标准化组织（international organization for standardization，ISO）简称 ISO，是一个全球性的非政府组织，是国际标准化领域中一个十分重要的组织。ISO 一词来源于希腊语“ISOS”，即“EQUAL”——平等之意。ISO 国际标准组织成立于 1946 年，负责目前绝大部分领域（包括军工、石油、船舶等垄断行业）的标准化活动。ISO 现有 162 个成员，包括 162 个国家和地区。ISO 的最高权力机构是每年一次的“全体大会”，其日常办事机构是中央秘书处，设在瑞士日内瓦。中央秘书处现有 170 名职员，由秘书长领导。中国是 ISO 的正式成员，代表中国参加 ISO 的国家机构是中国国家技术监督局（CSBTS）。

国际标准化组织的目的和宗旨是：“在全世界范围内促进标准化工作的开展，以便于国际物资交流和服务，并扩大在知识、科学、技术和经济方面的合作。”其主要活动是制定国际标准，协调世界范围的标准化工作，组织各成员国和技术委员会进行情报交流，与其他国际组织进行合作，共同研究有关标准化问题。

自从 1947 年 ISO 组织成立以来，该组织已发布了将近 14000 条国际标准，包括用于质量和环境管理的 ISO 9000 族标准和 ISO 14000 标准，这些标准已经在 160 多个国家的超过 540000 多个机构中应用。ISO 标准条款涉及包括商业和技术等各个领域，从诸如农业、建筑业、机械制造工业等传统行业，到医疗机构、银行卡、玩具业，再到现在最新的信息技术发展领域，涉及各行各业各种产品（包括服务产品、知识产品等）的技术规范。

ISO 制订出来的国际标准有规范的名称，还有编号。编号的格式是：ISO + 标准号 + ［杠 + 分标准号］ + 冒号 + 发布年号（方括号中的内容可有可无），例如 ISO8402：1987，表示是 1987 年发布的标准号为 8402 的国际标准。

二、ISO 9000 族标准产生的历史原因

（一）国际贸易改革与发展的迫切需要

全球经济一体化的趋势，使全球范围内的经济发展、技术进步与标准化和质量的联系越来越密切。每一个想发展本国经济的国家，无论是发达国家还是发展中国家，都必须参与国际范围内的全球分工与合作，充分发挥本国资源禀赋优势。

国际市场不断开放和扩大，给企业提供了许多机遇，但同时也存在很多危机。在世界经济区域集团化的背景下，国际经济竞争更加激烈和残酷，国际贸易争端日益尖锐，各种形式的贸易壁垒层出不穷。为了克服这些危机，保证全球经济公平竞争，ISO 9000 族标准应运而生，并起到越来越重要的作用。

（二）企业产品质量提升的需要

消费者保护意识的崛起，使顾客价值观念发生变化。同时劳动生产率的提高使得商品供给日益丰富，相应地，生产厂商之间的竞争也日益剧烈。现代市场营销观念认为，实现企业各项目标的关键，在于正确确定目标市场的需要和欲望，并且比竞争者更有效地传送目标市场所期望的物品或服务，从而比竞争者更有效地满足目标市场的需要和欲望。在国际市场上，买方对商品质量的要求越来越严格，在质量与价格的对比中，买方越来越注重质量。在这种情况下，生产商必须站在顾客的立场上，不断加强管理，提高质量水平，满足顾客的需要。

在国际贸易中，竞争手段主要是价格竞争和质量竞争。低价竞销，是以牺牲企业利润为代价的，而且极易构成倾销。如果倾销成立，将会受到贸易制裁。所以，价格竞争的手段越来越不可取。20 世纪 70 年代以后，质量竞争已成为国际贸易竞争的主要手段，不少国家把提高进口商品的质量要求作为“限入奖出”的贸易保护主义的重要措施。实行 ISO 9000 族标准的质量管理，可以稳定地提高产品质量，使企业在产品质量竞争中永远立于不败之地。

（三）众多国家质量标准的出现

第二次世界大战期间，因战争扩大武器需求量急剧膨胀，美国军火商因当时的武器制造工厂规模、技术、人员的限制未能满足“一切为了战争”。为此面临千方百计扩大武器生产量，同时又要保证质量的现实问题。1959 年，美国国防部发布了世界上第一个质量保证标准，即 MIL—Q—9858《质量大纲要求》，该标准要求：“应在合同要求的所有领域和过程（例如，设计、研制、制造、加工、装配、检验、试验、维护、装箱、运输、储存和安装）中充分保证质量。”同时，美国国防部还根据不同产品的需要，发布了 MIL—Q—45028A《检验系统要求》，作为生产简单武器的质量保证标准。此后，美国国家标准学会（ANSI）和美国机械工程师协会（ASME）分别于 1971 年制订发布了有关质量保证的标准。美国在质量保证标准中所取得的成效，引起各工业发达国家的关注，并纷纷效仿美国，制订本国的质量保证标准。1979 年英国制订了 BS5750 质量保证标准，同年加拿大制订了 CSAZ—229 质量保证标准。此后，法国、澳大利亚、荷兰挪威等国也先后制订了各自的质量保证标准。

三、ISO 9000 族标准简介

ISO 9000 不是指一个标准，而是一族标准的统称。ISO 9000 族标准是由 ISO/TC176 制订的所有国际标准。其中，TC176 是指 ISO 中的第 176 个技术委员会，它成立于 1980 年，全称是“质量保证技术委员会”，1987 年更名为“质量管理和质量保证技术委员会”。TC176 专门负责制订质量管理和质量保证技术的标准。ISO 9000 族标准诞生以来，已经过五次更改，即 1987 年版、1994 年版、2000 年版、2008 年版和 2015 年版。

ISO 9000：1987 系列标准制定时期，制造业在世界各国的经济发展中占主导地位，因此 1987 版标准突出体现了制造业的特点，存在一些有待改进的问题：1987 版标准主要针对制造业编写，难以适应金融、教育、行政和商业服务等其他领域；从内容上看系列标准适用于大、中型企业，对小型企业则过于烦琐；全面质量管理中的成功经验、现代管理中的先进理念和方法在系列标准中强调得不足；标准的数量虽不多，但标准之间以及标准中一些内容之间的协调性还存在问题。

基于上述问题，1994 年 ISO 组织对 ISO 9000 进行了修订，此次修订后的系列标准 ISO/TC176 正式定义为 ISO 9000 族标准。这次修订保留了 1987 版标准的基本结构，只对标准内容做了技术性的局部修改。在做法上，此次修订采用了增加标准数量的办法，但 1994 版标准还存在没有解决的问题：虽然强调了体系，但是没有充分体现系统的理念；关注“文件化”和符合性，没有充分强调持续改进和总体绩效提高；标准数量增加，使“标准家族”过于庞大，给使用者带来新的困难和不便。

2000 年发布的第三版，是在总体结构和技术内容上做较大的全面修改。2000 版 ISO 9000 族标准更加强调了客户满意及监视和测量的重要性，促进质量管理原则在各类组织中的应用，满足了使用者对标准应用更通俗易懂的要求，强调了质量管理体系要求和指南标准的一致性。2000 年版 ISO 9000 族核心标准：ISO 9000：2000《质量管理体系——基础和术语》、ISO 9001：2000《质量管理体系——要求》、ISO 9004：2000《质量管理体系——业绩改进指南》和 ISO 19011：2002《质量和（或）环境管理体系审核指南》。

ISO 组织 2008 年 12 月 30 日发布第四版，此次标准的修订只是一次修正，肯定了 2000 版的成果，充分考虑了与 ISO 9001：2000 的连续性，ISO 9000：2008 标准与 2000 版相比变化不大，总体框架和逻辑结构未变，只是部分条款的要求更加明确、更具适用性，对用户更加有利，更加便于使用。

目前，ISO 正式发布的 ISO 9000 族，共有 21 项标准和 2 个技术报告。根据 ISO/TC 176 对 ISO 9000 族标准结构的调整，2015 年后，ISO 9000 族仅有 5 项标准，原有的标准或并入新的标准，或以技术报告的形式发布，或以小册子的形式出版发行，或转入其他技术委员会。它的五项标准为：ISO 9000：《质量管理体系——基本原理和术语》、ISO 9001：《质量管理体系——要求》、ISO 9004：《质量管理体系——业绩改进指南》、ISO 19011：《质量/环境审核指南》和 ISO 10012：《测量控制系统》。

四、ISO 9000 标准的基本要求

（一）控制所有过程的质量

ISO 9000 族标准是建立在“所有工作都是通过过程来完成的”这样一种认识基础上的。一个组织的质量管理就是通过对组织内各种过程进行管理来实现的，这是 ISO 9000 族关于质量管理的理论基础。当一个组织为了实施质量体系而进行质量体系策划时，首要的是结合本组织的具体情况确定应有哪些过程，然后分析每一个过程需要开展的质量活动，确定应采取的有效的控制措施和方法。

（二）控制过程的出发点是预防不合格

在产品寿命周期的所有阶段，从最初的识别市场需求到最终满足要求的所有过程的控

制都体现了预防为主的思想。

控制市场调研和营销的质量。在准确地确定市场需求的基础上，开发新产品，防止盲目开发而造成不合适市场需要而滞销，浪费人力、物力。

控制设计过程的质量。通过开展设计评审、设计验证、设计确认等活动，确保设计输出满足输入要求，确保产品符合使用者的需求。防止因设计质量问题造成产品质量先天性的不合格和缺陷，或者给以后的过程造成损失。

控制采购的质量。选择合格的供货单位并控制其供货质量，确保生产产品所需的原材料、外购件、协作件等符合规定的质量要求，防止使用不合格外购产品而影响成品质量。

控制生产过程的质量。确定并执行适宜的生产方法，使用适宜的设备，保证设备正常工作能力和所需的工作环境，控制影响质量的参数和人员技能，确保制造符合设计规定的质量要求，防止不合格品的生产。

控制检验和实验。按质量计划和形成文件的程序进行进货检验、过程检验和成品检验，确保产品质量符合要求，防止不合格的外购差产品投入生产，防止将不合格的工序产品转入下道工序，防止将不合格的成品交付给顾客。

控制搬运、储藏、包装、防护和交付。在所有的这些环节采取有效措施保护产品，防止损坏和变质。

控制检验、测量和实验设备的质量，确保使用合格的检测手段进行检验和试验，确保检验和试验结果的有效性，防止因检测手段不合格造成对产品质量不正确的判定。

控制文件和资料，确保所有的场所使用的文件和资料都是现行有效的，防止使用过时或作废的文件。

纠正和预防措施。当发生不合格或顾客投诉时，即应查明原因，针对原因采取纠正措施以防止问题的再发生。还应通过各种质量信息的分析，主动地发现潜在的问题，防止问题的出现，从而改进产品的质量。

面向全员培训。对所有从事对质量有影响的工作人员都进行培训，确保他们能胜任本岗位的工作，防止因知识或技能的不足，造成产品或质量体系的不合格。

（三）质量管理的中心任务是建立并实施文件化的质量体系

质量管理是在整个质量体系中运作的，所以实施管理必须建立质量体系。ISO 9000 族认为质量体系是有影响的系统，具有很强的操作性和检查性。要求一个组织所建立的质量体系应形成文件并加以保持。典型质量体系文件的构成分为三个层次，即质量手册、质量体系程序和其他的质量文件。质量手册是按组织规定的质量方针和适用的 ISO 9000 族标准描述质量体系的文件。质量手册可以包括质量体系程序，也可以指出质量体系程序在何处进行规定。质量体系程序是为了控制每个过程质量，对如何进行各项活动规定有效的措施和方法，是有关职能部门使用的文件。其他质量文件包括作业指导书、报告、表格等，是工作者使用得更加详细的作业文件。对质量体系文件内容的基本要求是：该做的要写到，写到的要做到，做的结果要有记录，即“写所需、做所写、记所做”的九字真言。

（四）持续的质量改进

质量改进是一个重要的质量体系要素，GB/T 19004.1 标准规定，当实施质量体系时，组织的管理者应确保其质量体系能够推动和促进持续的质量改进。质量改进包括产品质量改进和工作质量改进。争取使顾客满意和实现持续的质量改进应是组织各级管理者追求的永恒目标。没有质量改进的质量体系只能维持质量。质量改进旨在提高质量。质量改进通过改进过程来实现，是一种以追求更高的过程效益和效率为目标。

（五）一个有效的质量体系应满足顾客和组织内部双方的需要和利益

即对顾客而言，需要组织能交付期望的质量，并有持续保持该质量的能力；对组织而言，在经营上以适当的成本，达到并保持所期望的质量。既满足顾客的需要和期望，又保护组织的利益。

（六）定期评价质量体系

其目的是确保各项质量活动的实施及其结果符合计划安排，确保质量体系持续的适宜性和有效性。评价时，必须对每一个被评价的过程提出如下三个基本问题。过程是否被确定，过程是否恰当地形成文件；过程是否被充分展开并按文件要求贯彻实施；在提供预期结果方面，过程是否有效。

（七）搞好质量管理关键在领导

组织的最高管理者在质量管理方面应做好下面五件事：确定质量方针，由负有执行职责的管理者规定质量方针，包括质量目标和对质量的承诺；确定各岗位的职责和权限；配备资源，包括人力、财力、物力；指定一名管理者代表负责质量体系；负责管理评审，达到确保质量体系持续的适宜性和有效性。

第四节　物业管理国际质量认证

一、质量认证

（一）质量认证的概念

ISO/IEC 指南 2：1991 中，对“认证”的定义是“由可以充分信任的第三方证实某一经鉴定的产品或服务符合特定标准或规范性文件的活动。”也就是，当第二方（需方或买方）对第一方（供方或卖方）提供的产品或服务，无法判断其质量是否合格时，由第三方来判断。第三方既要对第一方负责，又要对第二方负责，做到公开、公正、公平，出具的证明要获得双方的信任。因此，第三方一般都由政府部门直接担任，或者由其认可的部门或组织担任，这些部门或组织就是所谓的“认证机构”。

质量认证也叫合格评定，是国际上通行的管理产品质量的有效方法。质量认证按认证的对象分为产品质量认证和质量体系认证两类；按认证的作用可分为安全认证和合格认证。

（二）质量认证的分类

1. 产品质量认证

产品质量认证，是指法定认证机构，依据具有国际先进水平的产品标准和技术要求，经过独立评审，对于符合条件的产品，颁发认证证书和认证标志，从而证明某一产品达到相应标准的活动。

产品质量认证分为安全认证和合格认证。凡根据安全标准进行认证或只对商品标准中有关安全的项目进行认证的，称为安全认证。它是对商品在生产、储运、使用过程中是否具备保证人身安全与避免环境遭受危害等基本性能的认证，属于强制性认证。实行安全认证的产品，必须符合《中华人民共和国标准化法》中有关强制性标准的要求。合格认证是依据商品标准的要求，对商品的全部性能进行的综合性质量认证，一般属于自愿性认证。实行合格认证的产品，必须符合《标准化法》规定的国家标准或者行业标准的要求。

产品质量认证的依据是认证检验机构对产品质量进行检验、评定所依据的标准和相应的技术要求。由于我国的标准体系中有国家标准、行业标准、地方标准、企业标准，不同产品有不同的特征及特性要求，所以认证机构在开展产品质量认证工作时，主要有以下几类依据：

第一、一般产品开展质量认证，应以具有国际水平的国家标准或行业标准为依据。对于现行国家标准或行业标准内容不能满足认证需要的，应当由认证机构组织制定补充技术要求。

第二、我国名、特、优产品开展产品质量认证，应当以经国家质量技术监督局确认的标准和技术要求作为认证依据。

第三、经过国家质量技术监督局批准加入了相应国际认证组织的认证机构（例如：电子元器件认证委员会、电工产品认证委员会）进行产品质量认证时，应采用国际认证组织已经公布的、并已转化为我国的国家标准或行业标准依据。

第四、我国已与国外有关认证机构签订双边或多边合作协议的产品，应按照合作协议规定采用的标准开展产品质量认证工作。

2. 质量体系认证

质量体系认证亦称质量体系注册，是指由公正的第三方体系认证机构，依据正式发布的质量体系标准，对企业的质量体系实施评定，并颁发体系认证证书和发布注册名录，向公众证明企业的质量体系符合某一质量体系标准的全部活动。

质量体系认证的对象不是该企业的某一产品或服务，而是质量体系本身。进行质量体系认证，往往是为了对外提供质量保证的需要，故认证依据是有关质量保证模式标准。为了使质量体系认证能与国际作法达到互认接轨，供方最好选用 ISO 9001、ISO 9002、ISO 9003 标准中的一项。要使质量体系认证能有公正性和可信性，认证必须由与被认证单位在经济上没有利害关系，行政上没有隶属关系的第三方机构来承担。申请认证的质量体系，当评定结果判为合格后，由认证机构对认证企业给予注册和发给证书，列入质量体系认证企业名录，并公开发布。质量体系认证，主要是为了提高企业的质量信誉和扩大销售量，一般是企业自愿，主动地提出申请，是属于企业自主行为。

产品质量认证与企业质量体系认证的区别主要是：认证的对象不是企业的质量体系，

而是企业生产的某一产品；认证依据的标准不是质量管理标准，而是相关的产品标准；认证的结论不是证明企业质量体系是否符合质量管理标准，而是证明产品是否符合产品标准。

二、物业管理国际质量认证的意义

自从 1987 年 ISO 9000 系列标准诞生以来，质量体系由于具有科学性、有效性和通用性的特点，很快被发达国家和许多发展中国家接受。贯彻 ISO 9000 族标准，建立质量管理体系，对物业管理企业的生存和发展有很大意义。

（一）提高物业服务企业的管理水平

欧美工业发达国家在多年质量管理和质量保证理论研究和实践的基础上制订的 ISO 9000 族标准，是质量工作经验的结晶，具有科学性和有效性。虽然物业管理企业主要提供各种服务活动，和工业企业主要提供各种工业制成品有很大的差异，但是质量管理和质量保证的许多基本原理是各种类型的企业共通的。物业管理企业可以借鉴工业企业成功的质量管理和质量保证的理论成果和实践经验。

在贯彻 ISO 9000 族标准后，物业管理企业学习欧美工业发达国家的质量管理和质量保证的成功经验，在规范性目标的指引下，深化质量管理，提高管理水平，增强企业的应变能力，同时也为提高和保证服务质量奠定了基础。

（二）提高物业服务质量

产品质量是市场竞争的基础，产品质量好并适销对路，企业就可以取得市场竞争的优势。这一点早已是国内外企业家的共识。提高产品质量，并能长期稳定地生产高质量的产品，最重要的一点就是企业必须建立健全质量体系。

物业管理企业不提供直接的物质产品，它提供的是各种类型的物业管理服务项目。但是物业管理企业也同样需要提高服务质量，获得顾客的满意和市场认同。在《物业管理条例》中业主委员会有权解聘不称职的物业管理企业，在市场上另外委任合格的物业管理企业。随物业管理行业的成长与壮大，物业管理行业内的竞争必将日益激烈。物业管理企业只有不断提高服务质量，树立企业形象，获得市场高度认同，物业管理企业才能在物业管理市场中找到自己的位置。

贯彻 ISO 9000 族标准建立起质量体系，开展各种预防性的和改进性的质量活动，最终必然落实到产品和服务质量上，使客户的满意程度大幅度提高。服务质量的提高并得到客户承认，就可以树立企业良好的市场形象，提高市场占有率，为物业管理企业在市场竞争中以质取胜奠定基础。

（三）提高企业的知名度

物业管理企业贯彻 ISO 9000 族标准，取得质量体系认证后，认证机构印发的认证企业名录，可以帮助物业管理企业扩大市场影响。同时，物业管理企业通过各种宣传渠道，广泛进行宣传，提高企业的知名度，取得用户的信任。业主和住户对物业管理企业的信任，也有利于业主和住户主动配合公司的服务工作。这样，在企业质量信誉好、用户信任的基础上，物业管理服务的市场占有率，就会不断提高，企业就可获得更大的经济效益。

（四）增强全体员工的质量意识

建立质量体系使每位员工都清楚自己该做什么、怎么做、做到什么程度，应留下哪些证据。这样就有利于物业管理企业的各项管理工作步入规范化、程序化、标准化的轨道，降低质量管理成本，提高工作效率和经济效益。

三、物业管理企业建立国际质量管理体系的程序

企业建立质量体系的做法和步骤，有许多共同之处。归纳起来，物业企业建立国际质量管理体系工作程序和步骤，大体可分为 3 个阶段 19 项活动。

第一阶段，进行质量职能分配，为建立质量体系打好基础

（1）建立质量体系领导小组，可以考虑以企业最高管理者（通常是总经理）为组长，以确保权威性；制订贯彻标准的工作计划。

（2）组织有关人员学习并掌握 ISO 9000 族标准，掌握有关质量职能的知识。

（3）调查企业职能分配现状，分析质量体系运行状况。

（4）选定质量体系要素，并将其展开成为质量职能和质量活动。将质量体系要素展开成质量活动，是一项艰巨复杂的工作，关系到能否做好质量职能分配的工作。

（5）制订质量体系要素及其质量职能和质量活动的分配方案，并组织讨论。

（6）企业最高领导者亲自主持会议，按“分配方案”对体系要素及其质量职能和活动进行分配，明确承担职能和活动的部门。

（7）确认质量职能和活动的分配结果。

第二阶段，编写质量体系文件，进行质量体系设计

（1）制订或重新审定质量方针，并正式发布。

（2）编写质量手册（见表 9 – 1）。

表 9 – 1　质量手册的内容和编制要求

项目	内容和要求
标题、范围和应用领域	应清楚标明手册的内容、范围和应用领域。内容、范围中应规定所有适用的质量管理体系要素
目录	应该列出质量手册各章节的题目和页码
前言	应介绍本企业和本手册的概况。本企业概况至少应包括单位的名称、地点和通信方法，还可包括业务往来、主要背景、历史和规模等
质量方针和目标	应规定本企业的质量方针，明确本企业对质量的承诺，概述质量目标，说明该质量方针如何被所有员工熟悉和理解，如何确保各级人员的贯彻和保持
组织结构、职责和权限的说明	可以在本部分或在体系要素程序中分条款详细阐明影响质量的管理、执行和验证职能的部门的职责、权限及其接口和联系方法

续表

项目	内容和要求
质量管理体系要素的描述	首先应明确质量管理体系由哪些要素组成，并分别描述这些要素。除组织结构中提到的职责外，主要阐明实施和控制该要素的各种质量活动的方法和引用的文件等
定义（如需要）	应尽量使用公认的术语和定义，如需要时可根据本企业的实际情况进行定义
质量手册的使用指南	需要时，可考虑增加一个索引，或增加一个标题、关键词、章号、页码对照表，或其他有助于迅速阅读质量手册的指南，也应包括本质量手册的编排方式以及各章的简短摘要
附录	支持性信息的附录

（3）在确认“分配结果”的基础上，制订企业二级部门的工作标准，规定部门的职责和职权。

（4）企业二级部门进行质量职能和活动再分配，并在此基础上制订部门内部机构和岗位人员的工作标准。

（5）制订程序文件、即管理标准和实施细则。

（6）制订质量计划。

第三阶段，学习和贯彻质量体系文件，组织体系运行

（1）组织学习质量体系文件。

（2）贯彻质量体系文件，有计划、有重点地开展质量活动，不断提高质量管理水平。

（3）开展质量体系审核。

（4）根据体系审核信息采取纠正措施或组织质量改进，提高体系运行的有效性。

（5）根据体系审核整改的信息进行考核，提高各部门贯彻体系文件的积极性。

（6）进行体系评审，根据评审信息采取纠正措施或组织质量改进。

在上述建立质量体系的 3 个阶段 19 项活动中，第一阶段重点应做好质量体系要素的展开和质量职能的分配。第二阶段重点是编好程序文件——工作标准和管理标准。程序文件应由各有关部门自己起草，并集中审查，确保其协调衔接性。第三阶段重点是认真贯彻程序文件和根据审核信息不断进行质量改进。

四、物业管理企业国际质量认证流程

（一）提出申请

典型的第三方认证属自愿性认证，需企业自行提出书面申请。目前物业服务企业的质量认证仅为自愿认证。在实际操作中，企业可以在提出正式申请之前，向认证机构口头提出申请认证的意向，获得必要的咨询，然后再正式填写认证申请书，附上质量手册，送交认证机构。

（二）认证机构受理申请

认证机构在接到物业服务企业请求认证的申请书后，将着手审查，并向符合条件的申请者发出接受申请的通知书，企业按通知书的要求缴纳相关费用。

（三）初始检查

认证机构委托认可的检查机构对申请认证的物业服务企业的质量体系进行初始检查。对物业服务企业而言，根据其行业服务性质的特点，一般选择 ISO 9002 标准建立其质量体系（当然，国内外目前已有一些意识超前的企业在选择 ISO 9002 认证的同时，还选择了 ISO 14000 标准作为其认证的目标）。因此，检查的依据就是 ISO 9002 标准以及企业的质量手册。检查的顺序是：

（1）检查物业服务企业所提供的质量手册是否符合 ISO 9002 标准的要求；

（2）现场检查质量体系的实际运转情况、质量手册的贯彻执行情况。

检查结束后即形成检查报告，做出结论性意见，送交认证机构，并通知企业。如果检查结论为“推迟推荐”，企业应在限期内改进质量体系，并由检查组进行复查，达到要求时即可向认证机构推荐。

（四）初始检验

检查机构在初始检查后抽取认证产品的样品，或由认证机构在市场上抽样，送交认可的检验机构进行检验，检验的依据是认证机构指定的产品标准。

（五）审查、发证

认证机构对质量体系检查报告和产品抽样检验报告进行审查，若认为符合认证条件，即可向申请企业颁发合格证书和合格标志；若不符合条件，企业将被告知“不推荐”及不推荐的原因。

（六）监督

认证后的监督是确保认证标志信誉的不可缺少的环节。实施认证后的监督管理，首先要求认证企业在其质量体系发生重大变化时，要及时向认证机构报告。

所谓质量体系发生重大变化包括：

（1）改变程序；

（2）质量管理办法、工作程序、措施有重大修改；

（3）发生了重大的质量事故等。

认证后监督的主要环节是监督检查和监督检验。其中，检查周期一般为半年，也可不定期进行，但不预告。

（七）处罚

在认证后的监督中若发现下列情况之一者，认证机构将终止或撤销对该企业的认证，并收回合格证书和合格标志，有时还要处以罚款。对非认证企业盗用认证标志的，将追究其法律责任：

（1）已认证服务项目的质量下降；

（2）已认证企业的质量保证体系已不再符合 ISO 9002 标准的要求；

（3）认证标志在非认证产品、服务项目上使用；

（4）将认证标志转让他人使用。

五、物业管理国际质量认证的机构

（一）认证的管理机构

开展物业管理国际质量认证，首先需要有一个管理认证的权力机构。这个机构的任务是制定认证的方针政策和各项规章、批准组织建立认证机构或对已建立的认证机构进行认可，并对已获批准或认可的认证机构进行定期监督检查，如发现认证机构在工作中失责或违反有关管理条例者，该权力机关有权撤销对认证机构的批准或认可的决定。在许多国家这个权力机关一般都是标准化组织或其授权的认可委员会。我国的认证管理机关是国家技术监督局或其授权的认可委员会。

（二）认证机构

认证机构是一个依据法律性文件建立起来的、由权威的第三方公证机构、由官方的和民间学术团体组建的机构。无论是哪种性质的认证机构，均须经认证管理机关的批准和认可。认证机构的主要职责是：受理企业的认证申请，发布认证标志并监督认证标志的正确使用；对质量检验机构和质量体系检查机构进行监督，督促其公正地履行自身职责。

（三）检验机构

检验机构的任务是根据认证机构的委托，对申请认证产品的样品按指定的标准进行检验，证明其是否符合标准规定的要求，并向认证机构提供产品质量检验报告。检验机构还承担着对认证产品的监督检验的职责。

（四）检查机构

检查机构的任务是根据认证机构的委托，指派注册检查员，按认证机构规定的要求，对申请认证的企业的质量保证能力进行检查和评定，做出结论，向认证机构提交检查报告，并进行认证后的监督检查。

复习思考题

一、名词解释

质量管理、服务质量、物业服务、物业服务质量、国际标准化组织（ISO）、产品质量认证、质量体系认证

二、简答题

1. 服务的特性。
2. 质量管理的三个发展阶段。
3. 服务质量构成。
4. 服务质量的衡量方法。

5. 物业服务质量管理作用。
6. 物业服务质量管理的工作原则。
7. 物业服务质量管理的八项基础工作。
8. 常用物业质量测量方法。
9. ISO 9000 族标准产生的历史原因。
10. ISO 9000 标准的基本要求。
11. 物业管理国际质量认证的意义。
12. 物业管理企业建立国际质量管理体系的程序。

三、实训题（建议安排学生以小组的形式完成下列实训题）

通过网络、实地调研等方式，阐述×××物业公司质量管理的措施。

参 考 文 献

［1］王佑辉：《物业管理国际质量标准》，华中科技大学出版社 2004 年版。

［2］王怡红：《物业服务质量管理》，中国建筑工业出版社 2017 年版。

［3］何江华、张杨、杨帆：《物业管理实务》，西南财经大学出版社 2015 年版。

［4］王敏、温国锋、王怡红：《物业管理实务》，清华大学出版社 2013 年版。

［5］田禹、刘德明：《物业管理概论》，清华大学出版社 2017 年版。

［6］于学军、李文秀、周文龙：《物业管理实务》，北京理工大学出版社 2015 年版。

［7］刘新华、周哲：《物业管理》，清华大学出版社 2016 年版。

［8］季如进：《物业管理》，首都经济贸易大学出版社 2004 年版。

［9］催琦、刘薇：《物业管理概论》，化学工业出版社 2013 年版。

［10］谌汉初、初志坤：《物业管理概论》，清华大学出版社 2014 年版。

［11］蒋贵国、胡家忠：《物业管理实务（第二版）》，华中科技大学出版社 2013 年版。

［12］张作祥：《物业管理实务（第三版）》，清华大学出版社 2014 年版。

［13］肖洁：《天成别墅物业服务质量管理研究》，电子科技大学出版社 2013 年版。

［14］王元泉：《服务质量管理研究》，首都经济贸易大学出版社 2004 年版。

［15］清大东方教育科技集团有限公司：《消防安全责任人员与管理人培训教程》，中国人民公安大学出版社 2018 年版。

［16］宁艳杰：《物业环境管理》，中国林业出版社 2013 年版。

［17］蔡任重、董卫东、唐飞：《物业服务质量管理研究与实践》，西南交通大学出版社 2011 年版。

［18］骆鑫、刘娅：《物业管理纠纷案例与实务》，清华大学出版社 2017 年版。

［19］张志红：《物业管理实务》，清华大学出版社 2016 年版。

［20］臧炜彤、崔琦、刘薇：《物业管理概论》，化学工业出版社 2013 年版。

［21］刘秋雁：《物业管理理论与实务》，东北财经大学出版社 2018 年版。

［22］刘德明：《物业管理概论》，清华大学出版社 2017 年版。

［23］和龙：《我国农村产业融合发展风险管理研究》，北京交通大学出版社 2018 年版。

［24］李笑宇：《融资租赁公司风险管理研究——以 BC 融资租赁公司风险管理为例》，西南财经大学出版社 2018 年版。

［25］谢爱国、踪程、董肇君：《房地产开发建设中的物业管理与服务》，载于《管理研究》2010 年第 17 期。

［26］吕景胜：《物业管理的风险防范》，载于《中国中小企业》2007 年第 8 期。

［27］刘树春：《物业管理风险防范：“预”与“防”并重》，载于《城市开发》2008 年第 2 期。

［28］王怡红：《物业管理实务》，北京大学出版社 2010 年版。
［29］赵婧：《物业管理公司的安全保障义务研究》，吉林大学出版社 2007 年版。
［30］付矗：《浅析物业管理风险与应对》，载于《科技信息》2010 年第 12 期。
［31］洪伟：《物业风险及其管理》，载于《漳州职业技术学院学报》2012 年第 12 期。
［32］朱家勇：《医药人力资源管理学》，中国医药科技出版社 2005 年版。